OEUVRES COMPLÈTES
DE
A. F. OZANAM
AVEC
UNE PRÉFACE PAR M. AMPÈRE
de l'Académie française

TROISIÈME ÉDITION

TOME ONZIÈME

LETTRES

II

PARIS. — IMP. SIMON RAÇON ET COMP., RUE D'ERFURTH, 1.

LETTRES
DE
FRÉDÉRIC OZANAM
1831-1853

TOME SECOND

PARIS
LIBRAIRIE JACQUES LECOFFRE
ANCIENNE MAISON PERISSE FRÈRES DE PARIS
LECOFFRE FILS ET Cⁱᵉ, SUCCESSEURS
RUE BONAPARTE, 90

1873

LETTRES
DE
FRÉDÉRIC OZANAM

I

A M. SOULACROIX.

Paris, 27 janvier 1842

Mon bon père,

Il y a bien des jours que j'aurais dû vous écrire; aujourd'hui je profite du triste loisir que nous ont donné les obsèques de M. Jouffroy; et je viens répondre brièvement à quelques-unes de vos obligeantes questions.

Votre paternelle sollicitude s'est intéressée à tous mes soucis, et vous nous écrivez des choses qui nous touchent trop pour que nous puissions jamais les oublier. Oui, nous le savons, au milieu des incertitudes du sort, de la santé, de la vie, nous pouvons nous livrer toujours à la Providence qui ne nous abandonnera pas, et à notre famille qui représente ici-bas la Providence pour nous. Il est consolant de ne point se sentir seul au monde, et tout en s'aimant tendrement l'un l'autre, de savoir que d'autres aussi nous aiment ailleurs.

J'ai repris mon cours, et bien que le sujet entamé l'an passé soit maintenant plus restreint, plus spécial, moins attrayant, l'auditoire se maintient; je le trouve toujours nombreux et bien disposé.

Mais les embarras de l'arrivée, la multiplicité des visites, les démarches, quelques articles dans les journaux, ne m'ont pas encore laissé la liberté nécessaire pour m'occuper d'un livre.

Vos observations sur ma manière défectueuse de travailler et sur la fatigue excessive qu'elle me cause sont parfaitement justes, et plus d'une fois je me les suis adressées moi-même. Malheureusement, en matière de style, l'habitude devient une seconde nature; et tout ce que je puis faire aujourd'hui, en luttant contre mes défauts, c'est d'empêcher qu'ils ne deviennent plus grands encore, sans pouvoir espérer de les corriger entièrement. Les difficultés résultent de l'état des sciences et des esprits. Aujourd'hui le progrès des sciences historiques et littéraires les a conduites à faire comme les sciences mathématiques et naturelles; elles s'isolent dans leur spécialité; elles se font un langage technique, et réservées à un petit nombre d'initiés, elles cessent d'être populaires. Il s'ensuit que des livres et des leçons accessibles à la foule des esprits éclairés n'acquièrent aucune considération parmi les hommes spéciaux, dont les œuvres à leur tour, par la sévérité de leur forme, découragent la bonne volonté du public. Assurément, avec du génie on saurait éviter à la fois le pédantisme des érudits et la superficielle médiocrité du vulgaire. Mais le génie est un don souverainement rare que Dieu donne une fois ou deux par siècle, et qui n'est pas prodigué dans celui-ci. Pour moi, il m'est presque toujours arrivé que mes compositions les plus faciles et les plus heureuses étaient les moins goûtées parmi les gens du métier.

Mon cours a bien eu cet avantage de réunir beaucoup d'auditeurs, et par conséquent de leur demeurer accessible, sans manquer aux devoirs d'un enseignement sérieux. Cependant parmi les personnages graves qui l'ont suivi, aucun ne m'a conseillé de publier mes leçons sténographiées et simplement revues. D'ailleurs, comme je touche à beaucoup de points, et à des points vivement controversés en Allemagne, un livre sur ce sujet, pour être fort et respecté, exigerait des vérifications immenses. La critique a bien plus de prise sur la parole écrite. Et puis il est douteux qu'en France où les questions purement littéraires ont peu d'attrait pour les esprits, un ouvrage sur la littérature allemande au moyen âge obtint une certaine popularité. Aussi la plupart de ceux que j'ai consultés, et particulièrement M. Mignet et M. Ampère, m'ont-ils conseillé de choisir plutôt dans mon cours un sujet particulier et pour ainsi dire un épisode. Il le faudrait à la fois plus restreint, pour qu'il fût possible de le traiter à fond et de satisfaire ainsi les juges difficiles; et cependant d'un intérêt plus général et plus positif, pour qu'il y eût lieu d'espérer une publicité étendue. J'ai cru trouver ce sujet dans quelques leçons de l'année passée, peut-être les meilleures que j'aie faites, sur le saint-empire romain du moyen âge. L'empire, la monarchie universelle des temps chrétiens, idée conçue par le génie de Charlemagne, imparfaitement réalisée par ses successeurs, développée dans le droit public, dans la philosophie, dans la poésie du douzième, treizième, quatorzième siècle, entrant en lutte avec la papauté, et succombant dans ce combat pour ne laisser après elle qu'un empire d'Allemagne, réduit lui-même de nos jours aux proportions d'empire d'Autriche.

Ce n'est point l'histoire détaillée des faits, c'est surtout l'histoire philosophique de l'institution, telle qu'elle résulte pour moi des écrivains allemands, que je trouve tout remplis de cette pensée. Un semblable travail qui n'est point fait jetterait une grande lumière sur les affaires générales de la vieille Europe. On y trouverait les causes de la chute de l'Italie et de la grandeur de la France : il y aurait place pour les plus célèbres personnages de ces temps : Grégoire VII, Innocent IV, Frédéric Barberousse, Rodolphe de Habsbourg. Les docteurs, les juristes et les poëtes y figureraient aussi à titre de témoins, et là reviendraient toutes mes études, seulement remaniées et mises en œuvre.

Ce sujet est fort approuvé de ceux à qui j'en parle. Après en avoir encore un peu mûri le dessein, je m'occuperai de l'exécution, et aussitôt après Pâques je rassemblerai les matériaux nécessaires. J'y rattacherai en même temps mes dernières leçons de cette année qui porteront sur les prosateurs, c'est-à-dire les chroniqueurs, les publicistes et les philosophes scolastiques.

Je sens bien que j'ai besoin de me remettre à écrire et qu'une trop longue interruption achèverait de me rouiller. C'est pourquoi j'ai commencé un article assez long sur les *Nibelungen* et sur la *Poésie épique* (1). Il vient d'être fini, et ne tardera pas à paraître : il en sera imprimé à part un certain nombre d'exemplaires. Mais j'ai assez éprouvé en le faisant combien il y a de différence entre la composition et la parole. Croyez que beaucoup l'éprouvent comme moi.

La nomination de M. Cousin au conseil royal est un événement favorable. Il portera au sein de ce

---

(1) *Œuvres complètes d'Ozanam*, t. VIII, p. 179.

corps, avec l'autorité de son talent nécessaire pour la défense de l'Université, un esprit moins hostile que M. Jouffroy et moins déclaré contre la religion.

On dirait que depuis quelques mois il y a recrudescence de mauvaise volonté à l'égard des principes conservateurs, dont cependant le gouvernement déplore la décadence. On vient d'envoyer prêcher le saint-simonisme au Collége de France, et un réfugié italien va remplacer M. Bautain à Strasbourg, pendant qu'on décerne la croix d'honneur, non-seulement à l'auteur d'un livre aussi antifrançais qu'anticatholique, mais à l'auteur d'un poëme encore plus licencieux que ses feuilletons. D'un autre côté, on autorise des cours publics pour les ouvriers, professés par des hommes notoirement hostiles aux idées chrétiennes, et qui s'emploient à ranimer de leur mieux les préjugés mourants et les haines éteintes.

Tout ceci m'inquiète souvent, mais ne me décourage pas. Je sais que dans nos convictions il y a une force plus grande que le mauvais vouloir de nos adversaires. Je ne gagnerais rien à les dissimuler, je n'acquerrais pas la confiance des supérieurs qui me connaissent, j'y perdrais celle de la jeunesse qui m'aime. Il n'est pas inopportun, dans les temps où nous sommes, de conserver quelque dignité et quelque indépendance.

Adieu, mon bon père, veuillez dire à Théophile que je m'associe par des souvenirs encore récents aux sollicitudes de son examen. Mille choses tendrement respectueuses à notre bonne mère. Je la remercie particulièrement de l'accueil que mes frères trouvent auprès d'elle. Mais je lui suis bien plus reconnaissant encore du bonheur qu'elle a créé autour de moi.

Dans cette année 1842, Ozanam s'établissait définitivement à Paris. Il commençait cette suite de cours qui attiraient chaque année un auditoire plus nombreux et qui firent sa renommée.

« Ceux qui n'ont pas entendu professer Ozanam, dit M. Ampère, ne connaissent pas ce qu'il y avait de plus personnel dans son talent. Préparations laborieuses, recherches opiniâtres dans les textes, science accumulée avec de grands efforts, et puis improvisation brillante, parole entraînante et colorée, tel était l'enseignement d'Ozanam. Il est rare de réunir au même degré les deux mérites du professeur, le fond et la forme, le savoir et l'éloquence. Il préparait ses leçons comme un bénédictin, et les prononçait comme un orateur; double travail dans lequel s'est usée une constitution ardente, et qui a fini par la briser. »

Nous joignons à ce jugement celui du P. Lacordaire sur les leçons d'Ozanam : « Ceux-là seuls qui ont dit leur âme devant un auditoire savent les tourments de la parole publique, tourments qui arrachaient à Cicéron ce cri plaintif : « Quel est l'orateur qui, au moment de « parler, n'a senti ses cheveux se roidir et ses extrémités « se glacer! » Ozanam, plus qu'un autre, était sujet au mal de l'éloquence... Défiant de lui-même, il se préparait à chacune de ses leçons avec une fatigue religieuse, amassant des matériaux sans nombre autour de sa pensée, les fécondant par ce regard prolongé de l'intelligence qui les met en ordre, et enfin leur donnant la vie dans ce colloque mystérieux de l'orateur qui se dit à lui-même ce qu'il dira demain, ce soir, tout à l'heure, à l'auditoire qui l'attend. Ainsi armé, tout pâle cependant et défait, Ozanam montait à sa chaire. Il n'y avait rien de bien ferme et de bien accentué dans son début; sa phrase était laborieuse, son geste embarrassé, son regard mal sûr et craignant d'en rencontrer un autre; mais peu à peu, par l'entraînement que la parole se communique à elle-même, par cette victoire d'une conviction forte sur l'esprit qui s'en fait l'organe, on voyait de moment en moment la victoire grandir, et lorsque l'auditoire lui-même était une fois sorti de ce premier et morne silence si accablant pour l'homme qui doit le soulever, alors l'abîme rompait ses digues et l'éloquence tombait à flots sur une terre émue et féconde. Des applaudissements sincères répondaient à l'orateur, et, tout palpitant d'un bonheur acheté par huit jours de travail et par une heure de verve, il retournait chez lui retrouver la peine qui est la condition de tout service et l'instrument de toute gloire.

« Il n'est pas ordinaire qu'un homme érudit soit un homme éloquent. La patience nécessaire à l'investigation des livres et des antiquités s'allie mal au feu qui jaillit d'une pensée créatrice... Ozanam, par un don singulier, possédait à la fois l'éloquence et l'érudition. L'une lui était aussi naturelle que l'autre. Il pouvait toute une nuit veiller dans les régions abstruses d'une langue ensevelie ou d'une œuvre inconnue, et le lendemain écrire des vers, préparer un discours, s'échauffer solitairement dans la contemplation directe du vrai et du beau. Non-seulement l'une et l'autre faculté lui appartenaient de naissance; mais l'une et l'autre étaient éminentes chez lui. Il était grand dans la poudre avec la pioche du mineur, et grand dans la lumière avec le simple regard de l'esprit. Cela lui donnait sa physionomie, mélange de solidité et d'enthousiasme jeune et ardent. »

II

A M. CHARLES OZANAM.

Paris, 30 janvier 1842.

Mon bon Charles,

J'ai tardé quelque temps de répondre à ta petite lettre. J'avais été pourtant bien sensible à cette aimable attention, d'autant plus méritoire au milieu de tes études et de tes devoirs. Mais toute la semaine passée, les tristes nouvelles que je recevais de Lyon m'avaient singulièrement abattu.

Au milieu de ces pertes qui éclaircissent si douloureusement les rangs de notre famille, vous avez dû être bien affligés, mes pauvres frères, et j'aurais beaucoup donné pour me trouver avec vous. Surtout Alphonse, obligé par son ministère de consolation de se mêler à tous ceux qui pleurent, le spectacle de tant de deuil et l'épanchement de tant de cœurs désolés lui ont laissé sans doute de cruelles impressions. Pour toi, tu ne les as vus que de loin et tu n'avais jamais connu intimement les parents que nous avons perdus.

Il faut se relever vers le ciel quand on est frappé sur la terre. J'ai peur que tout ceci ne remue un peu trop ton imagination, déjà trop portée aux pensées mélancoliques. A mesure qu'on est plus isolé ici-bas, il faut au contraire y devenir plus fort et plus courageux. Il faut dans les heures de tristesse, quand la vie est lourde à porter, il faut se souvenir que tout ce qui passe est court, et que dans quelques années nous retrouverons ceux qui nous manquent. Mais en même temps rappelons-nous que nous ne les retrouverions pas, qu'ils ne nous recevraient point, si nous nous présentions au rendez-vous les mains vides, et que ces jours rapides passés sur la terre doivent être bien remplis. Ils ne le seront que par l'accomplissement fidèle de la vocation à laquelle on est destiné : cette vocation, il la faut connaître, il la faut suivre : souvent, et j'en ai fait l'expérience, Dieu nous laisse à cet égard dans une longue incertitude; mais il ne refuse jamais ses lumières au moment du besoin. Il y a à cet égard, dans l'Oraison dominicale, une prière qu'on ne médite peut-être point assez : « Que votre volonté soit faite sur la terre comme au ciel; » c'est-à-dire, non point comme en enfer où elle s'accomplit par force et par contrainte, non comme parmi les hommes où souvent on la fait avec ignorance ou avec murmure, mais comme parmi les anges où on la sert avec intelligence et avec amour.

Pardon de ce petit sermon qui empiète un peu sur les droits de notre aîné. Mais une autre fois nous causerons plus gaiement. J'ai d'ailleurs disposé du peu de gaieté que les circonstances me laissent pour le pauvre Théophile, qui ne peut pas aussi vivement sentir nos chagrins et qui a bien assez de ses peines.

Adieu, nous vous embrassons, Alphonse et toi, de grand cœur.

III

A M. FALCONNET.

Paris, 31 janvier 1842.

Mon pauvre ami,

Au moment où je déplorais la mort inattendue de mon cousin Louis Coste, j'ai reçu la nouvelle d'une perte bien plus douloureuse. Ces coups redoublés, tombant l'un après l'autre sur ma malheureuse famille, tombent aussi sur moi. En voyant disparaître en si peu de temps plusieurs encore de ceux que j'aimais, j'ai senti se renouveler tous mes tristes souvenirs. Je me suis rappelé qu'il y a deux ans et demi vous veniez vous associer à mon deuil. Je me suis mêlé au vôtre : je l'ai accompagné de mes pensées et de mes larmes. J'ai pleuré avec toi, mon ami, j'ai cherché ta main pour la serrer, ton cœur pour le presser contre mon cœur, pour confondre ensemble notre désolation d'aujourd'hui, comme se confondaient nos affections d'autrefois. Car il en était ainsi : dans ton excellente mère, je retrouvais un peu la mienne ; elle m'en donnait le droit. J'allais chercher auprès d'elle des encouragements et des conseils, souvent sans d'autre but que d'épancher mes peines ou mes espérances, plus d'une fois pour m'entretenir de mes plus chers desseins. Et je n'hésitais pas, je savais que ma mère t'avait aussi regardé comme un fils; que ces deux saintes et affectueuses femmes, rapprochées par la main de Dieu pour s'aider l'une l'autre, avaient souvent échangé leurs pieuses inspirations, leurs maternelles sollicitudes, et que dans leurs deux âmes, il n'y avait qu'une même vertu.

Élevés ensemble, longtemps réunis dans une même tendresse, séparés par la distance des lieux, mais rencontrant dans nos carrières diverses d'analogues vicissitudes, il fallait donc que nous éprouvassions encore la cruelle fraternité du malheur. Hélas ! il n'était pas besoin de celle-là pour nous unir ! Et en ceci encore j'ai eu le privilége d'un funeste droit d'aînesse. J'en userai du moins pour te faire part de mon expérience récente, et t'adresser des paroles consolatrices que peut-être tu écouterais moins si elles n'étaient écrites sous l'impression d'une même destinée.

Sans doute rien n'est plus déchirant que cette longue absence, rien n'est plus sombre que cette solitude croissante et ce vide que la mort fait autour de nous, et dans le premier moment toute pensée de consolation semble impossible, injurieuse même pour notre tristesse. J'ai connu cet état : mais il a peu duré. Bientôt d'autres moments sont venus où j'ai commencé à pressentir que je n'étais point seul, où quelque chose d'une douceur infinie s'est passé au fond de moi ; c'était comme une assurance qu'on ne m'avait point quitté, c'était comme un voisinage bienfaisant quoique invisible, c'était comme si une âme chérie, en passant, m'eût caressé de ses ailes. Et de même qu'autrefois je reconnaissais les pas, la voix, le souffle de ma mère ; ainsi quand un souffle réchauffant ranimait mes forces, qu'une idée vertueuse se faisait entendre à mon esprit, qu'une salutaire impulsion ébranlait ma volonté, je ne pouvais m'empêcher de croire que c'était toujours elle.

Maintenant après deux années, après le temps qui peut dissiper les premiers égarements d'une imagination ébranlée, j'éprouve toujours ceci. Il y a des instants de tressaillement subit, comme si elle était là, à mes côtés ; il y a surtout, lorsque j'en ai le plus besoin, des heures de maternel et filial entretien, et alors je pleure peut-être plus que dans les premiers mois, mais il se mêle à cette mélancolie une ineffable paix. Quand je suis bon, quand j'ai fait quelque chose pour les pauvres qu'elle a tant aimés, quand je suis en repos avec Dieu qu'elle a si bien servi, je vois qu'elle me sourit de loin. Quelquefois si je prie, je crois écouter sa prière qui accompagne la mienne, comme nous faisions ensemble le soir au pied du crucifix. Enfin souvent, — je ne le dirais à personne, mais à toi je puis le dire, — lorsque j'ai le bonheur de communier, lorsque le Sauveur vient me visiter, il me semble qu'elle le suit dans mon misérable cœur, comme tant de fois elle le suivit, porté en viatique, dans d'indigentes maisons ; et alors j'ai une ferme croyance de la présence réelle de ma mère auprès de moi.

Et comment, en effet, elles qui ont été ici-bas comme des anges, mais des anges souffrants, qui ont connu les chagrins et les douleurs sans avoir à expier pour elles-mêmes, comment ne seraient-elles pas entrées en immédiate possession de la gloire et du bonheur ? Et pour elles est-il une autre gloire que leurs enfants, un autre bonheur que le nôtre ? Qu'est pour elles le ciel même, si nous n'y sommes pas ? Je suis donc très-persuadé que nous les occupons encore ; qu'elles vivent pour nous, là comme ici ; qu'elles n'ont changé que par une plus grande puissance et un plus grand amour.

Désormais chacune de nos bonnes actions, chacune de nos félicités est un de leurs bienfaits. Tu le sentiras aussi, tu fus toujours trop fidèle aux enseignements de ta mère, trop respectueux pour sa vertu, trop pénétré de son esprit, pour ne pas la revoir sous cette forme immortelle dont elle est revêtue. Tu es de ceux qui savent la valeur

des choses terrestres, et qui s'élèvent au-dessus
des sens ; dans cette sphère supérieure et lumineuse, dans ce monde idéal et éternel tu retrouveras à toute heure, et à ton gré, celle que tu
croyais avoir perdue. Ainsi le commerce des yeux
et de la parole se remplace par celui de la pensée. Une mystérieuse correspondance entrelace
ses relations actives dans l'intervalle qui nous sépare : à peu près comme ces lettres encourageantes que nous recevions à l'époque où, dans l'exil
de nos études universitaires, nous faisions l'apprentissage de notre isolement actuel. Et puis, la
séparation n'est pas sans fin ; encore trente, quarante années, et nous serons au rendez-vous,
pour ne nous quitter plus.

Nous prierons pour ta mère, nous serions plus
tentés de l'invoquer. Je voudrais aussi écrire à
ton père, toujours si bon pour moi ; mais c'est à
peine si j'ai le courage de finir ces lignes plusieurs fois interrompues. Tu craignais, je le sais,
que le mariage, ses sollicitudes et ses joies, ne
me rendissent plus étranger, plus insensible aux
devoirs et aux affections d'une vieille amitié. Oh !
je le sens bien maintenant, les liens du sang en
se multipliant s'affermissent, on ne comprend jamais si bien ce qu'il y a de sacré dans la famille qu'au moment d'en fonder une nouvelle.
Si les obligations de ta carrière t'amènent bientôt à Paris, tu viendras nous trouver, et tu verras

si un fraternel accueil ne t'attend pas dans notre humble maison ; si tu n'y as point toujours, avec une parente affectionnée de plus, l'ami de ton enfance, le compagnon de tes bonnes et mauvaises fortunes, ton cousin qui t'aime tendrement.

IV

A M. CHARLES OZANAM.

Le saint jour de Pâques 1842.

Mon cher frère,

Ce jour est trop beau pour ne pas le passer en famille. Déjà ce matin, à Notre-Dame, je n'étais pas seul. Depuis lundi dernier, chaque soir, plus de six mille hommes assistaient à la retraite prêchée par le P. de Ravignan. J'ai suivi ces admirables discours : il était impossible de rien entendre de plus élevé, de plus solide. Surtout on ne pouvait rien voir de plus beau que l'assemblée : à la sortie, la foule se pressait par les trois portes pour couvrir la place. La grande basilique avec sa façade noire et ses tours majestueuses, laissant apercevoir par son portail ouvert la nef illuminée, représentait pour ainsi dire l'édifice sacré de la foi, dont les mystères aussi sont imposants et sévères au dehors, mais recèlent au dedans d'infinies clartés. Aujourd'hui une communion générale d'hommes couronnait les pieux exercices : nos rangs serrés remplissaient la nef du milieu deux fois longue comme celle de Saint-Jean; il y avait de nobles et riches personnages, couverts de décorations, et à côté d'eux, des pauvres en veste à demi déchirée ; des militaires, des élèves de l'École normale et de l'École polytechnique, des enfants, mais surtout des étudiants en grand nombre. Après la communion, qui, donnée par deux prêtres, a duré une heure, un *Te Deum* magnifique a rempli les voûtes, et nous nous sommes séparés profondément émus (1).

De pareilles solennités sont une bien éloquente réponse à l'une des difficultés qui souvent effrayent les esprits de ton âge. En sortant de l'asile religieux où se passèrent les premières années et en se trouvant tout à coup au milieu du monde, on est consterné d'abord d'y trouver si peu de foi. On s'alarme de ce délaissement universel, et il ne manque pas de gens qui vous l'exagèrent encore, les uns par humeur chagrine, les autres par faiblesse, et quelques-uns dans l'espoir d'entraîner par l'exemple. Mais il n'y a que les enfants qui

(1) Ce fut en cette année 1842 qu'eut lieu pour la première fois la communion générale à Notre-Dame. Dès 1837, époque où le P. de Ravignan commença ses conférences, il regardait la retraite comme devant en être le couronnement nécessaire. La prudence le fit attendre jusqu'en 1841, et cette année-là même, afin de ne point rendre l'œuvre ancienne responsable du succès incertain de l'œuvre nouvelle, on les sépara entièrement. La retraite commença à l'Abbaye-aux-Bois; mais l'auditoire, qui était immense, la fit transporter à Saint-Eustache. On n'osa pas encore la terminer par la communion générale. Ce ne fut que l'année suivante que se réalisa cette grande pensée du P. de Ravignan.

aient peur de la solitude. Une âme ferme, nourrie aux grands souvenirs de l'histoire, n'ignore pas que souvent la vérité et la vertu se trouvèrent isolées parmi des multitudes ennemies, et que leur honneur fut de ne pas fléchir à l'entraînement général. Cependant quand on a vécu un peu davantage, on finit par faire deux autres remarques plus rassurantes. Premièrement dans les siècles qui précédèrent et qu'on a coutume de regarder comme des âges de croyance et de paix, on reconnaît des tentations et des périls comparables à ceux de nos jours. Jamais Dieu n'épargna l'épreuve à ses serviteurs, parce que jamais il ne voulut leur épargner le mérite et la gloire; et le résultat des luttes passées nous répond de l'issue de l'époque présente. En second lieu, si l'on y prend garde de plus près, on finit par découvrir autour de soi beaucoup plus de christianisme qu'on avait cru d'abord. On est tout étonné, dans cette société française, tourmentée depuis cent cinquante ans par tant de doctrines perverses, ébranlée par tant de scandales, si décriée à l'étranger, de voir des œuvres de charité si nombreuses, des pratiques si fidèlement observées, l'Évangile entouré de si unanimes hommages, l'Église assurée de tant de dévouements ; et encore tant d'habitudes chrétiennes, et de souvenirs salutaires, de dispositions favorables chez ceux qui ne sont pas avec nous. Je ne parle pas des campagnes et de beaucoup de provinces, où est vraiment la substance de la nation et où l'esprit catholique n'a pas cessé de vivre. Mais ici même, à Paris, à ce foyer de lumières humaines et d'ambitions, parmi ces intelligences usées, pour qui les plaisirs, les arts, les études, n'ont plus d'attrait, au milieu de la déconsidération de toutes choses, il n'y en a qu'une qui conserve de la dignité, des respects, de la popularité véritable, et c'est la religion.

Voilà un long épanchement de mes émotions de ce matin. Cependant je ne finirai pas sans te dire qu'à ces pensées d'intérêt général se sont bien doucement mêlées les affections du cœur. Cette fête est l'une de celles où les heures passent plus vite, où le recueillement est plus facile; on ne se lasse pas de prier. En priant pour tous, je ne pouvais oublier mes bons frères. J'ai demandé pour toi la sagesse qui raffermit l'entendement, la force qui soutient la volonté au milieu des orages de l'adolescence. J'ai demandé que tu conservasses cette piété dont tu es doué, que tu connusses ta vocation, que le courage ne te manquât pas pour la suivre, ni les consolations pour te l'embellir. J'ai aussi sollicité pour notre cher Alphonse les grâces dont son ministère a besoin; la joie de l'âme, récompense d'une vie vouée au bien. J'ai supplié que l'union fraternelle, symbole et prélude de la société céleste des saints, se maintînt parmi nous et que réalisant le dernier vœu du Sauveur à son Père, nous fussions un, comme ils sont un. En ce moment je ne doutais pas que nous ne nous trouvassions au même rendez-vous : notre pauvre mère y était aussi, puisque c'était auprès de Dieu.

Ce n'est pas sans un vif plaisir que nous avons appris ta place de second, mon bon Charles. Si tu continues de la sorte, rien n'empêche qu'à la fin de l'année tu n'aies part aux couronnes. Mais surtout c'est la preuve d'un développement intellectuel, de bon augure pour l'avenir. Tu dois en témoigner beaucoup de reconnaissance à l'excellent M. Noirot dont les soins t'ont facilité les abords de la philosophie. Veuille lui en faire de ma part les remercîments les plus tendres. Son enseignement est un véritable bienfait : j'éprouve encore chaque jour que son influence ne se borne pas aux premières années. Quand des circonstances meilleures nous auront rapprochés l'un de l'autre, tu seras tout étonné de la quantité d'idées communes que nous aurons ensemble. Pour moi, je me réjouis beaucoup de cette perspective : ta présence animera un peu notre isolement ; et Amélie qui t'aime bien sera enchantée d'avoir retrouvé un de ses quatre frères.

Embrasse bien tendrement Alphonse pour moi, et dis-lui que ç'a été une privation pénible de ne pouvoir aller, comme l'année dernière, le visiter à Pâques. Mes amitiés à vieille Marie.

Adieu.

V

A M. CHARLES OZANAM.

Paris, 23 juin 1842.

Mon cher frère,

Il est dimanche, nous sommes dans un petit palais avec jardin, au bord du Luxembourg, dont les vertes allées forment devant nos fenêtres d'admirables perspectives. Cette habitation fut bâtie pour Murat, beau-frère de l'empereur et roi de Naples; elle appartint plus tard au prince de Clermont-Tonnerre; de chute en chute elle est tombée à la possession de M. Bailly, qui a bien voulu nous y laisser établir pendant les extrêmes chaleurs.

Je me rappelle qu'Alphonse a dû quitter Lyon, que tu es seul, que par conséquent une petite visite fraternelle sera fort à propos. Et d'abord, mon petit ami, il faut que ton cœur et ton esprit deviennent assez énergiques pour ne pas s'effrayer de la solitude, pour ne pas s'y abandonner aux tentations mélancoliques qui ne manquent guère d'y venir.

Tu auras bientôt dix-huit ans, c'est l'âge où il m'a fallu quitter tout, car nous avions tout alors, et arriver ici, où je n'avais pas, comme tu les as, un frère, de nombreux parents et des amis. Au lieu de cela, une chambre presque toujours déserte, des livres qui n'avaient pas pour moi de souvenirs, des figures étrangères. Souvent depuis l'heure du repas jusqu'à minuit, la lueur de la lampe et la braise du foyer étaient mes seules compagnes ; et alors, en reportant mes pensées sur ceux que je ne voyais plus, je me demandais si, en retournant un jour à Lyon, je les y retrouverais.

Pour toi, quelle que soit la volonté de Dieu, quelque part que ta vocation te conduise, tu trouveras un frère qui te servira de guide et d'appui ; tu auras des voies préparées, un entourage ami, des périls moins nombreux. Sans doute il faut continuer à demander la lumière d'en haut pour que la lumière te soit donnée. Tu es dans une de ces époques de la vie où les facultés prennent un rapide accroissement : on se sent mûrir et grandir. Il faut tendrement remercier Dieu qui fait en nous cet ouvrage, et lui demander la grâce d'user saintement de ces bienfaits.

Mais en ce moment tu dois être exclusivement occupé de tes compositions et ensuite de ton examen. M. Noirot te conseille parfaitement : c'est dans les derniers mois du cours de philosophie que se traitent toutes les questions qui touchent aux choses importantes et pratiques de la vie, à la religion, à la politique, à la littérature. Les difficultés s'éclaircissent, le travail devient plus attachant et plus lumineux : l'esprit grandit et devient plus viril. On s'attache à ce qui est vrai, bon et beau ; c'est l'instant décisif, il n'en faut rien perdre. Le monde où tu entreras est malheureusement mauvais, étranger à notre foi, à nos saintes pratiques, à nos habitudes sévères. Il est temps que tu recueilles tes forces afin de t'y soutenir, ensuite ne crains pas : la Providence fera le reste.

Si j'étais auprès de toi, je chercherais à te servir en ce moment, à éclairer tes doutes, à diriger tes lectures. C'est un grand plaisir que de philosopher. Hier encore, nous passâmes plus d'une heure et demie avec un de mes amis à discuter des idées de Platon. Si tu m'écrivais longuement sur quelques points difficiles, je tâcherais de te répondre par de longues explications ; mais tu feras mieux de causer avec tes condisciples, avec Théophile surtout qui a beaucoup d'esprit et de l'habitude. Quant aux lectures, les écrits les plus modernes, quoique souvent assez peu irréprochables sous le rapport de l'orthodoxie, peuvent être utiles s'ils sont lus avec une bonne direction. Lis Descartes et Malebranche ; enfin, je t'ai dit d'acheter les *Esquisses de philosophie morale de Dugald Stewart*. Tu n'auras sans doute pas négligé l'histoire de la philosophie, sans laquelle la science est bien peu de chose : le *Précis* que je t'ai laissé est excellent, surtout pour le moyen âge. C'est M. Gerbet qui l'a écrit, sans le signer.

Ces vacances, si ton baccalauréat n'est pas encore passé, je pourrai te seconder mieux. Tu commences donc à savoir, mon pauvre ami, ce qu'il y a de rude au métier de jeune homme. Autrefois c'était la guerre, aujourd'hui ce sont les examens. Certainement, il y a des saisons de travail qui valent bien une campagne. En 1837, je travaillai pendant cinq mois, régulièrement dix heures par jour, sans compter les cours, et quatorze et quinze heures le dernier mois. Il faut beaucoup de prudence pour que la santé n'en soit pas affectée, mais peu à peu le tempérament s'y fait. On s'accoutume d'ailleurs à une vie sévère et active, et le caractère y gagne autant que l'esprit.

Adieu, mon bon Charles, bonjour à notre vieille Marie, je la félicite de sa bonne santé. On dit qu'elle va, vient et fait merveille. Je t'embrasse tendrement et te prie d'aimer toujours ton frère.

Ces excès de travail dont parle Ozanam n'étaient que trop vrais ; il fut toujours impossible de les modérer.

« Prenez garde, lui disait M. Victor le Clerc, dès la pre-

« mière année de son cours, modérez cette verve qui vous
« emporte; soyez toujours un orateur, mais un orateur
« plus calme; cette parole vive, émue, passionnée, qui
« éclate et retentit après de longues méditations; cet enthou-
« siasme, dont vous n'êtes point le maître et qui vous do-
« mine, inquiètent pour vous vos amis; songez à l'avenir;
« nous voulons que vous ne retranchiez rien de cet avenir
« qui vous est dû; nous le voulons pour vous et pour nous. »

Mais son cours n'était pas sa seule fatigue et ne bornait pas son zèle. De tous côtés, on venait lui demander de prendre la parole dans des assemblées de charité ou des réunions d'ouvriers : jamais il ne refusait. Il présida, plusieurs années, une conférence littéraire; sous sa direction, on y travaillait beaucoup, et bien des hommes de talent s'y formèrent.

Voici le langage qu'il tenait un soir dans une nombreuse assemblée de jeunes gens qu'il présidait au Cercle catholique :

« Messieurs,

« Tous les jours, nos amis, nos frères se font tuer comme soldats ou comme missionnaires sur la terre d'Afrique ou devant les palais des mandarins. Que faisons-nous, nous autres, pendant ce temps-là? Croyez-vous donc que Dieu ait donné aux uns de mourir au service de la civilisation et de l'Église, aux autres la tâche de vivre les mains dans leurs poches, ou de se coucher sur des roses? Ah! messieurs, travailleurs de la science, gens de lettres chrétiens, montrons que nous ne sommes pas assez lâches pour croire à un partage qui serait une accusation contre Dieu qui l'aurait fait, et une ignominie pour nous qui l'accepterions. Préparons-nous à prouver que, nous aussi, nous avons nos champs de bataille *où parfois l'on sait mourir.* »

VI

A M. L...

Oullins, près Lyon, 17 août 1842.

Mon cher ami,

Depuis quatre jours seulement je suis en vacances, à la campagne chez mon beau-père, où j'ai rejoint ma femme partie avec sa mère. J'étais resté, retenu par les recherches de mon livre futur, et au milieu de cet isolement dont j'avais perdu l'habitude, j'avais hâte d'en finir et d'être ici au moins à la fête de famille du 15 août. Ces longues heures de travail m'excuseront peut-être un peu de mon silence. Mais je m'étais promis de vous réserver un de mes premiers instants de loisir.

Causons d'abord de vous et des vôtres. La dernière fois que vous vîntes à Paris, j'eus à peine le temps de vous remercier de votre excellente lettre. On ne pouvait dire des choses plus amicales et plus chrétiennes. J'ai demandé à Dieu cette foi et ce courage dont vous saviez si bien le secret. Hélas! mon pauvre ami, vous aussi, vous en avez eu besoin. Je pense que du moins votre enfant continue à se dé-

.velopper heureusement sous vos yeux, grandissant de corps et d'esprit, et vous donnant toutes les joies de la paternité. Je vois avec envie cette jeune génération de petits anges qui fleurit autour de notre génération présente. Voici C... et A..., vous, et bien d'autres encore : voici de petites familles catholiques qui se forment et qui promettent de conserver les traditions de foi et de vertu.

Malgré toutes les grâces dont le bon Dieu me comble depuis quelque temps, mon caractère, loin de s'affermir et de s'élever, est plus que jamais rempli de troubles et de faiblesses. Les occupations littéraires auxquelles je me livre, en maintenant l'imagination dans une activité perpétuelle, lui donnent un empire désordonné. La lenteur inévitable d'une carrière me décourage souvent et m'effraye. Il y a dans l'extrême concurrence qui encombre toutes les avenues, quelque chose d'impatient, de tumultueux, à quoi je ne sais résister. Et, sans la sérénité douce qui règne dans mon intérieur, je me perdrais au milieu des agitations du dehors. Pourquoi n'ai-je pas dans la pratique cette confiance dans la bonté divine, dont je comprends si bien les motifs? Pourquoi cet empressement inquiet, point d'abandon et peu de prière? Pourquoi la mobilité désolante de mes idées ne me laisse-t-elle pas le refuge et le repos que d'autres trouvent devant leur crucifix? Pourtant j'ai autour de moi tant d'encouragements et d'exemples! J'ai fait une si heureuse expérience de la céleste sollicitude qui veille sur nous !

En ce moment, je suis un peu las de mes études et de mes efforts de l'année. Ce n'est qu'en finissant mon cours, que l'intérêt sérieux du sujet s'est nettement précisé pour moi. Il s'agit de montrer que l'Allemagne est redevable de son génie et de sa civilisation tout entière, à l'éducation chrétienne qui lui fut donnée ; que sa grandeur fut en proportion de son union avec la chrétienté; qu'elle n'eut de puissance, de lumières, de poésie, que par une communication fraternelle avec les autres nations européennes. Que pour elle, comme pour tous, il n'y eut, il n'y aura de véritables destinées que par l'unité romaine, dépositaire de toutes les traditions temporelles de l'humanité, comme des desseins éternels de la Providence. Tout ceci semble simple, naturel et d'une vérité triviale de ce côté du Rhin. Mais de l'autre côté l'orgueil national se complaît dans le rêve d'une civilisation autochthone, dont le christianisme les aurait fait déchoir; d'une littérature qui, sans le contact latin, se serait développée avec une splendeur sans exemple ; d'un avenir enfin qui sera magnifique si l'on se retrempe dans un teutonisme sans mélange. Le type germanique n'est plus Charlemagne, c'est Arminius.

Ces doctrines se reproduisent sous des formes différentes, à travers les différentes écoles philosophiques, historiques, littéraires, de Hégel à Gœthe, et de Gœthe à Strauss. Il me semble de quelque utilité de les attaquer chez eux, sur leur propre terrain ; de faire voir comment seuls ils n'étaient que des barbares ; comment par les évêques et par les moines, par la foi romaine, par la langue romaine, par le droit romain, ils sont entrés en possession de l'héritage religieux, scientifique, politique des peuples modernes ; comment en le répudiant ils retournent peu à peu à la barbarie. Une introduction qui précédera et des conclusions qui suivront l'histoire de la littérature chevaleresque, objet principal de mon livre, feront, j'espère, ressortir cette pensée. Croyez-vous qu'ainsi l'œuvre aura plus de valeur ?

L'*Introduction* m'occupe présentement. Pour cette partie dont je n'ai aperçu que tardivement l'importance, mes anciennes leçons m'ont été de peu de secours ; il m'a fallu faire d'immenses recherches. — La Germanie sous les Romains ; les établissements militaires, l'organisation municipale, les écoles. — La première prédication du christianisme avant l'invasion des barbares. L'action de l'Église en présence et à la suite de l'invasion. — La formation de l'État : d'un côté l'Empire, de l'autre les Villes. — Enfin, la conservation et la propagation des Lettres ; l'enseignement ininterrompu des langues et des arts de l'antiquité ; les admirables travaux qui se firent aux monastères de Fulde et de Saint-Gall devenus les écoles de l'Allemagne.

En l'absence des traités généraux, j'ai dû fouiller dans les histoires particulières, dans les vies des Saints, et les chroniques des villes. Il me semble avoir trouvé des faits ignorés et décisifs, qui établiront la perpétuité de la tradition savante, à une époque qu'on a coutume de flétrir du nom de barbarie, depuis Charles Martel jusqu'aux croisades. Je vais essayer la rédaction de ceci, environ deux cent cinquante pages, et j'en insérerai quelque chose dans *le Correspondant*, pour provoquer les bons avis. Ce n'est pas une petite affaire qu'un livre par le temps qui court, surtout pour moi qui compose lentement, et qui risque d'employer beaucoup de peine pour peu de résultat. Je n'hésite donc pas à recommander ce que je commence à vos bonnes et fraternelles prières.

Vous attendez probablement qu'arrivé ici, je vous donne des nouvelles de nos amis les Lyonnais. Cependant mon séjour n'a pas été assez long pour me permettre d'en voir beaucoup ; la Perrière pourtant a profité de notre voisinage et m'est venu trouver avant-hier. Il va dans le Bugey rejoindre Janmot dont la santé semble se relever peu à peu. Quant au docteur Arthaud, il porte sur son visage florissant la meilleure enseigne de son métier. Ils font ici beaucoup de bien, et la petite société de Saint-Vincent de Paul est au mieux avec l'archevêque.

VII

A M. L...

Paris, 9 mars 1843.

Mon cher ami,

Vous devez me trouver bien coupable. Après tant de projets de travail concertés ensemble, après tant de bons entretiens échangés, mon silence de deux mois peut vous paraître inexcusable. Il le serait en effet, si deux grands travaux, l'un pour le *Correspondant* (1), l'autre pour les *Annales de la Propagation de la Foi* (2), n'avaient rempli toutes mes heures : et vous savez que mes devoirs ne m'en laissent pas beaucoup. Je viens d'achever six semaines des plus laborieuses que j'aie passées en ma vie; me refusant toute distraction, et prenant sur mes nuits. Vous savez combien j'ai la composition difficile, et j'ai besoin plus que jamais de ne pas laisser rouiller ma plume : elle devient comme une vieille ra-

(1) *Le Correspondant. De la Tradition littéraire en Italie*, t. 1, p. 199.
(2) *Annales de la Propagation de la Foi*, t. XV, p. 169.

pière qu'on ne peut plus tirer du fourreau. Vous recevrez mon article imprimé à part, avec un bout d'exorde qui en fait ce qu'il était d'abord, la première leçon et le plan général de mon cours pour cette année. J'aimerais que vous m'en dissiez votre sentiment.

Ne croyez pas cependant, mon cher ami, que j'eusse oublié pour mes études personnelles les desseins de collaboration que nous avions formés. Il y a plus d'un mois, je vis M. Cousin, et je causai longuement avec lui de notre entreprise. Il l'approuva fort. Il trouva surtout le choix de l'*Itinerarium* excellent. Quant à saint Thomas, il balançait entre la traduction d'un opuscule à choisir entre trois ou quatre qu'il me désignait, ou d'un traité détaché de la *Somme*, qui aurait l'avantage de mieux montrer sa manière et sa méthode, pourvu néanmoins qu'on traduisît exactement, courageusement, sans mutiler. Il m'engageait à ne point trop tenir à Roger Bacon, m'offrant néanmoins de me donner, si je le voulais, un traité inédit de ce docteur. Il estime que le style de cette version devrait être cherché dans les écrits théologiques de Bossuet, dans la préface de la *Perpétuité de la Foi* d'Arnauld, dans Malebranche, tous excellents modèles d'un langage classique, en même temps que fidèles aux traditions de l'école. Enfin, M. Cousin croit à la possibilité, à la probabilité du succès.

D'un autre côté nous avons été moins heureux. Toutes les recherches pour trouver détachés les opuscules de saint Bonaventure sont demeurées inutiles. Mais n'est-ce pas une chose honteuse, déplorable, que dans une ville métropolitaine comme la vôtre, où il y a archevêché, chanoines, séminaires, les œuvres du Docteur Séraphique ne se trouvent nulle part? Voilà l'effet de l'expulsion des moines. Si vous aviez des Cordeliers, soyez sûr qu'elles ne manqueraient pas dans leur bibliothèque.

Je suis chargé de vous annoncer une grande nouvelle, qui consolera sans doute votre amitié comme la mienne. X... entre mercredi prochain chez les Pères Bénédictins de Paris. Depuis longtemps, vous le savez peut-être, il entretenait ce pieux dessein. Il a recouvré sa liberté, et il ne la prend que pour aller l'immoler à Dieu dans le cloître. Il y trouvera la paix dont il a tant besoin. Je suis heureux de le voir sortir de cette vie âpre et vulgaire pour laquelle il n'était pas fait. Cette âme excellente s'ouvrira sous l'influence de la prière, et produira quelque jour des fruits dont nous profiterons. Dès à présent, il me semble que pour nous, restés dans le monde, c'est un grand secours, que les vœux de tant d'amis engagés dans une vocation plus sainte. Beaucoup ont été bénis dans cette génération dont nous sommes. Si nous y songeons bien, elle nous paraîtra comme une troupe d'élite à la suite de laquelle il nous faut marcher, sous peine de désertion. Ne voyez-vous pas ces milliers de confrères de Saint-Vincent de Paul, qui nous entourent, nous entraînent dans leurs rangs, et qui nous forceront à la fin de faire notre salut?

Donnez-moi de vos nouvelles. Faites-moi savoir où en est la question de votre avancement. Enfin nous reverrons-nous aux fêtes de Pâques, comme vous nous permettiez de le croire?

Pardonnez si ma lettre est si courte, après avoir été si tardive. Ma leçon d'après-demain me presse. Mais dans le silence comme dans l'absence, croyez que vous êtes toujours présent à la pensée de votre ami.

VIII

A M. DUFIEUX.

Paris, 5 juin 1843.

Mon cher ami,

Lorsque je reçus, il y a deux mois, votre bonne lettre, je me réjouis de sentir se renouer des relations qui me sont si chères. Je ne répondis pourtant pas aussitôt ; cependant plus que jamais j'aurais eu besoin d'être soutenu par le souvenir et par les prières de mes amis. Souvent en priant Dieu, en lui exposant mes besoins, je songeais aux vôtres et j'espérais que vous faisiez de même : il y a un rendez-vous où les âmes chrétiennes sont sûres de se retrouver et de s'entendre.

J'ai pourtant saisi un moment de loisir bien court, et j'accompagne de quelques lignes l'envoi du *Bulletin du Cercle catholique*, où vous trouverez un discours de votre ami sur les *devoirs littéraires des chrétiens* (1), et l'allocution par

---

(1) *Œuvres complètes d'Ozanam* t. VII, p. 129.

laquelle Mgr l'archevêque y a répondu (1). Je l'adresse en même temps à nos amis, pour me servir de justification contre une attaque violente de *l'Univers*. Je veux parler d'un article publié le jour de l'Ascension, intitulé : *de la Modération et du Zèle*, où j'étais désigné comme un déserteur de la lutte catholique. C'était la réponse de ce journal à mon discours, dans lequel aucune expression ne s'adressait à lui. On m'en a fait des excuses ; mais j'ai dû craindre que mes amis de Lyon ne s'inquiétassent à mon sujet, et voilà pourquoi je vous fais passer les pièces de l'affaire.

Vous y verrez que le Cercle catholique, institution dont vous avez peut-être entendu parler et qui réunit un grand nombre de personnes respectables, m'avait engagé à prendre la parole dans une séance solennelle présidée par Mgr Affre. En acceptant cet honneur, j'avais consulté d'avance, sur le sujet de mon discours, Sa Grandeur, qui insista vivement pour que je traitasse ces questions sur lesquelles il paraissait bien aise d'avoir à s'expliquer publiquement. L'opinion de la plus grande partie du clergé de Paris désapprouve les emportements et les violences par lesquelles les pamphlets et les journaux compromettent la cause de l'Église. Aussi toute l'assemblée adhéra-t-elle à mes paroles, et celles que Monsei-

---

(1) *Œuvres complètes d'Ozanam*, t. VII, p. 158.

gneur daigna y ajouter consolèrent et affermirent les esprits. Quelques jours après, un discours de M. de Carné dans le même sens obtenait à la Chambre des députés le renvoi des pétitions au Ministre. Les idées graves et la discussion sérieuse finiront bien, Dieu merci, par l'emporter sur la polémique d'injures et de colère où les impies réussissent mieux que nous.

Ne pensez pas néanmoins que votre ami, dans les circonstances difficiles où nous sommes, n'ait eu des paroles sévères que pour les défenseurs imprudents de la vérité. Je fais mes efforts, qui sont faibles sans doute, pour soutenir, de concert avec M. Lenormant, M. Cœur et quelques autres, une lutte vigoureuse contre l'enseignement des professeurs du Collége de France. Pendant que M. Michelet et M. Quinet attaquaient le catholicisme même, sous le nom de jésuitisme, j'ai tâché de défendre dans trois leçons consécutives la Papauté, les Moines, l'Obéissance monastique. Je l'ai fait devant un auditoire très-nombreux, composé de ce même public qui la veille trépignait ailleurs. Pourtant je n'ai pas eu de tumulte, et en continuant l'histoire littéraire d'Italie, c'est-à-dire d'une des plus chrétiennes contrées qui soient sous le soleil, je rencontrerai à chaque pas, et je n'éviterai jamais l'occasion d'établir l'enseignement, les bienfaits, les prodiges de l'Église.

Assistez-moi seulement de vos prières, obtenez-moi cet esprit de force et d'intelligence que la chrétienté tout entière, agenouillée aux solennités de la Pentecôte, demande en ce moment. J'espère, avec la grâce de Dieu et votre secours, ne jamais manquer au mandat fraternel que mes amis catholiques me donnèrent, quand ils m'engagèrent à monter dans cette chaire qu'on m'offrait pour y défendre les intérêts, toujours inséparables, de la religion et de la bonne science.

Recevez pour madame Dufieux l'hommage de mon respect; souvenez-vous devant le bon Dieu de nos besoins et de nos épreuves. J'ai appris avec une extrême consolation la situation satisfaisante où vous êtes. Je fais des vœux pour votre santé, elle est chère à tant de monde qu'il faudra bien qu'elle se conserve.

Les vœux d'Ozanam furent exaucés. Il s'était consacré, par une vie d'études et d'abnégation, à cette mission du haut enseignement comme à un apostolat, et son éloquence était ce que Platon et Fénelon voulaient qu'elle fût : « l'expression forte et persuasive d'un cœur bien inspiré. » Aussi Dieu seul sait le bien immense qu'il fit dans ses leçons, qui lui coûtaient tant de labeurs et de si grandes fatigues. Que de courage au travail, de fortes résolutions, de travaux utiles, de belles vocations il sut inspirer à cette jeune foule qui l'écoutait! Il était applaudi avec passion, il était encore plus aimé. Quand il sortait, chacun se précipitait pour avoir un mot de lui, pour l'entendre encore; on lui faisait ainsi un cortége le long des allées du Luxembourg qu'il traversait pour rentrer chez lui. Il était épuisé, mais il rapportait souvent des joies qu'il prisait au-dessus des plus enthousiastes applaudissements. Plusieurs pourraient élever la voix et dire : « Vous m'avez fait chrétien, » comme dans cette lettre qu'il reçut un jour après une de ses leçons à la Sorbonne.

« 4 mai 1844.

« Monsieur,

« Il est impossible de ne pas croire ce que l'on exprime si bien et avec tant de cœur ; si ce peut être pour vous une satisfaction, que dis-je, un bonheur, éprouvez-le dans toute sa plénitude; avant de vous entendre je ne croyais pas; ce que n'avaient pu faire bon nombre de sermons, vous l'avez fait en un jour ; vous m'avez fait chrétien !...

« Recevez, monsieur, l'expression de ma joie et de ma reconnaissance. »

IX

A M. CHARLES OZANAM.

Nogent-sur-Marne, 25 juin 1843.

Il y a longtemps, mon bon frère, que je ne t'ai écrit. Tant que vous êtes ensemble, Alphonse et toi, l'autorité de l'Église et les droits de l'âge exigent bien qu'il ait les honneurs de l'adresse. Cependant aujourd'hui j'ai affaire à toi seul, pour te prier de remettre la lettre ci-incluse pour les intérêts de la société de Saint-Vincent de Paul. Je demande des renseignements sur les conférences de Lyon, afin d'en parler dans le rapport général que nous imprimerons le 19 juillet. Cette publication est devenue nécessaire au maintien de l'unité dans notre association que Dieu bénit et qui compte aujourd'hui près de quatre-vingts conférences en France, deux à Rome, plusieurs en Belgique et plus de cinq mille membres.

La société de Saint-Vincent de Paul te prépare ces jouissances de pieuse fraternité que j'y ai trouvées si nombreuses et si douces. Tu verras que le cœur gagne à s'élargir, que les affections anciennes se réchauffent au contact des nouvelles. Il me semble, je ne sais pourquoi, que je suis tout heureux et tout fier de t'y voir entré. C'est un lien de plus entre nous. Cela nous rapproche, en te mettant pour ainsi dire plus à ma portée. Tu dois porter un joyeux dévouement à des œuvres placées sous le patronage d'un si bon saint et qui ont reçu de la Providence de si incroyables bénédictions.

Remercions la divine Providence, mon cher ami, de nous avoir fait entrer tous deux dans cette jeune et croissante famille, qui est peut-être destinée à régénérer la France, en préparant à toutes les professions libérales, aux sciences, aux arts, à l'État, une recrue de chrétiens. Quoi qu'on en dise, le retour des esprits à la foi s'accomplit; il se fait lentement comme les choses durables, il ira jusqu'au bout, si nous ne le compromettons point par notre faiblesse ou notre imprudence. A mesure que tu entres plus sérieusement dans tes études, tu dois sentir mieux cette lumière supérieure que la religion donne et que rien ne remplace.

Pour moi, je suis près d'achever la première année de mon cours sur l'histoire littéraire d'Italie; elle m'a conduit, de l'ère chrétienne jusqu'au temps de Charlemagne. Ce travail a été pour moi, comme pour mes auditeurs, une étude plus profonde et plus vive de la papauté, par qui s'est fait ce difficile passage de l'antiquité aux temps modernes. Eh bien, j'ai éprouvé tout ce qu'on gagne à voir le christianisme de plus près : ses bienfaits, que je n'ignorais pas, je les ai trouvés plus grands encore que je les avais jamais crus ; plus que jamais, je sens combien on devrait aimer l'Église, qui a tant fait pour nous conserver, pour nous préparer, pour rendre possible, tout ce que nous avons de savoir, d'intelligence, de liberté et de civilisation.

J'enverrai à ton adresse, et tu le communiqueras à Alphonse, un exemplaire du dernier numéro du *Correspondant* (1). Vous y trouverez l'analyse d'une de mes leçons sur les moines : c'était une réponse aux attaques de MM. les professeurs du Collége de France.

Je te remercie des bonnes lignes que tu m'as écrites. Si je n'ai point répondu à plusieurs de vos questions, attribuez-le à mes sollicitudes qui ont été infinies. C'est une triste chose que d'avoir à converser ainsi de cent lieues de distance ; toutes les correspondances du monde ne valent pas une demi-heure d'entretien. J'appelle de tous les désirs de mon âme le moment qui finira ces éternelles séparations. Nous aimons trop la vie de famille pour que Dieu ne nous la rende pas tôt ou tard.

Adieu, mon bon frère, je t'embrasse tendrement, et Alphonse avec toi.

(1) *Le Correspondant. De l'Établissement du christianisme en Allemagne*, t. III, p. 193.

X

A M FOISSET.

Paris, 21 octobre 1843.

Monsieur et cher ami,

C'est à Paris seulement que je viens de recevoir votre aimable lettre: elle ne m'avait pas trouvé à Lyon, où j'ai passé de trop courtes vacances, qui se sont écoulées bien vite dans une douce réunion de famille, à la campagne; mais les courses de chaque jour à la ville, les visites d'arrivée à faire, à recevoir; quelques affaires de succession à régulariser, et bientôt après les adieux ; toutes ces occupations ont si bien dévoré tout mon temps qu'à peine ai-je pu trouver quelques heures de cabinet pour un article destiné au *Correspondant* de novembre (1). Encore n'ai-je presque rien fait à cause de cette infirmité d'esprit qui me rend incapable de travailler, quand je respire une atmosphère de dissipation et que je ne m'enferme pas

(1) Le *Correspondant*. De *l'Établissement du christianisme en Allemagne* (2ᵉ art.), t. IV, p. 357; — (3ᵉ art.), t. V, p. 166; — (4ᵉ art.), t. VI, p. 411.

dans un absolu recueillement. Ma vie se passe ainsi à lutter contre les circonstances pour leur disputer un loisir dont je profite mal. Souvent je m'enchaîne, pour ainsi dire, à la glèbe, refusant ce que je devrais aux convenances, à l'amitié, au repos même de l'esprit, ne voyant personne, n'écrivant nulle part. Je me fais ainsi de longues journées de travail, et c'est avec grand'peine encore que j'en arrache quelque fruit. Alors je m'inquiète de m'être engagé dans une carrière littéraire, pour laquelle je n'étais peut-être pas fait. Je compte mes trente ans, je me vois les mains vides d'œuvres, sans mérites devant Dieu, sans titres devant les hommes; je me décourage, et je vois que j'ai tort d'interrompre ainsi des relations d'amitié et de correspondance, qui me soutiendraient, m'éclaireraient, et m'auraient déjà peut-être épargné bien des sollicitudes.

Voilà l'explication de mes longs silences. Elle ne m'est pas honorable, et vous y voyez cette inégalité d'âme dont je souffris toujours. J'éprouve vivement en moi un mal que je crois être celui de toute la génération présente. Il y a beaucoup de bonnes intentions, beaucoup d'inspirations généreuses, peu de résolution, encore moins de persévérance. Je vois des intelligences élevées, des volontés droites, mais peu de *caractères*. Je ne parle ici que des gens de bien.

De tous les dons du Saint-Esprit, celui qui

manque le plus, c'est la *force*. On la connaît si peu que plusieurs pensent l'avoir, parce qu'ils ont la violence et l'emportement, qui sont au contraire, comme tout ce qui est convulsif, des preuves de malaise et de faiblesse. L'air que nous respirons n'est pas sain, et tout concourt à nous amollir. Dans ces courts moments que je passai avec vous à Bligny; en vous voyant entouré de cette pieuse et tendre famille, si aimé de tout le monde, si voué à tous les intérêts publics, joignant à vos laborieuses fonctions le soin de tant de bonnes œuvres, et trouvant encore tant d'activité pour les rapports d'amitié, tant de loisir pour les lettres, je croyais avoir une image d'un autre temps : quelqu'un de ces magistrats du dix-septième siècle, avec leur maison patriarcale et leur cabinet de savant, l'exemple d'une vie comme il n'y en a pas autour de moi, et comme je voudrais la mienne, pleine de choses et non de paroles. Ce souvenir, avec la belle nuit qu'il faisait, avec votre jardin vu aux flambeaux, avec cette religieuse chapelle où nous priâmes ensemble, et ensuite la gracieuse hospitalité de votre maison de Beaune, forme une des plus heureuses impressions de voyage que j'aie jamais remportées dans mon cœur.

J'espère donc que du fond de cette retraite où vous avez trouvé l'énergie dans le calme, vous continuerez de nous prêter la main, au milieu de cette existence agitée, tumultueuse, et par conséquent impuissante que nous menons. Nourri de la lecture des bons siècles, votre esprit en a la solidité : vous êtes homme de conseil en même temps que d'action. Plus que jamais peut-être votre intervention va devenir nécessaire, à l'entrée d'une campagne qui sera périlleuse pour les intérêts catholiques.

J'aperçois avec douleur de grandes divisions parmi nous, des défiances et des récriminations mutuelles : le clergé même divisé, les laïques mis en demeure par la publicité de juger leurs pasteurs; les indifférents scandalisés, l'irritation des mauvais portée au comble, les partis politiques profitant des controverses religieuses, et y portant leurs détestables habitudes. Je ne considère pas comme un moindre danger la mollesse qui céderait quelque chose de la sévérité du dogme, dans la discussion, ou des droits de l'Église, dans les affaires. La voie du *Correspondant* me paraît droite, elle n'a que le malheur de n'être pas suivie. Aucune propagation, aucune publicité sérieuse, pas d'annonces, pas de prospectus, une obscurité forcée où vont s'ensevelir les pensées qui devraient devenir l'opinion de tous les hommes de bien.

Ce serait un grand malheur que la chute du seul recueil que nous puissions avouer avec honneur devant l'Église et devant le monde. Pour moi, dans mon humble condition, j'y contribuerai de tout mon pouvoir. Je sollicite aussi vos avis; je les appelle surtout sur mon prochain article, suite du premier, et qui sera lui-même suivi d'un troisième. Vous jugerez, sur ces trois chapitres, le projet du livre. Bientôt peut-être, j'aurai besoin de vous parler une seconde fois de ma velléité de concourir à l'Académie française pour le discours sur Voltaire.

Dès ce moment, je veux vous remercier de l'obligeante communication que vous me faites. Cependant je ne puis vous dissimuler qu'elle m'embarrasse. J'aurais aimé ne pas savoir d'avance mon nom placé dans cette brochure de M. de Montalembert (1). Il y a assurément un honneur périlleux à être cité comme une exception à une règle injurieuse; mais c'est un honneur, et il y aurait lâcheté à faire effacer la citation. Je ne puis donc officiellement ni accepter, ni refuser l'éloge, et j'y dois rester étranger. Mais pour écarter toute réserve entre nous, voici mon opinion dont vous userez selon votre prudence. Si vous avez de pleins pouvoirs pour de courtes corrections, j'en demande une, non pas dans mon intérêt, mais dans celui de la vérité.

Il n'est pas vrai que les catholiques soient dans l'université à l'état d'un petit nombre d'exceptions : la lettre de l'Archevêque de Lyon le dit au-

---

(1) *Du Devoir des catholiques dans la question de la liberté d'enseignement.* (OEuvres complètes de M. de Montalembert, t. IV, p. 321.)

jourd'hui, elles sont nombreuses; et je suis témoin que les catholiques sont dans l'université, comme à peu près partout dans les fonctions publiques, une *minorité considérable*.

Il n'est pas vrai que M. Lenormant et M. Ozanam protestent contre l'enseignement de leurs collègues : d'abord parce que nous n'avons de collègues, que les professeurs de la Sorbonne, ceux du Collége de France n'ayant rien de commun avec nous; qu'à la Sorbonne, sur treize professeurs ou agrégés qui enseignent, il n'y en a peut-être pas deux qui depuis trois ans aient exprimé des doctrines hétérodoxes. Plusieurs autres, au contraire, et je cite par exemple M. Saint-Marc Girardin, ont combattu pour les idées vraies, morales, et chrétiennes. Ensuite nous n'avons pas protesté, puisqu'il n'y avait point lieu de le faire. Nous avons hautement professé notre foi, réfuté les systèmes contraires, cherchant à faire chrétiennement notre métier de professeurs, et à servir Dieu en servant les bonnes études. Mais nous n'avons point cherché à mettre dans la faculté de Paris une division qui n'existait point, à faire deux camps, à livrer des batailles : et je crois qu'il importe beaucoup au bien de la jeunesse qu'il n'en soit pas ainsi, que nos leçons ne soient point regardées par nos collègues comme des provocations qui solliciteraient une réponse, et que, si plusieurs sont étrangers à la foi, on n'en fasse pas des ennemis.

Adieu, monsieur et cher ami, veuillez présenter à madame Foisset mon profond respect avec les regrets de madame Ozanam qui ne peut se consoler d'avoir si malheureusement manqué l'occasion de la connaître. Nous remettons nos espérances à un autre voyage, mais heureusement nous savons où nous retrouver d'ici là. C'est dans cette union de cœur, de pensée et de prière, que je suis votre ami reconnaissant et dévoué.

Le R. P. Lacordaire a porté sur la conduite d'Ozanam dans ces circonstances délicates, un jugement trop juste et trop décisif, pour que nous hésitions à le reproduire,

« C'était le moment, dit-il, où les catholiques de France, pour la seconde fois, réclamaient avec énergie l'une des grandes libertés de l'âme, la liberté de l'enseignement. Le comte de Montalembert, du haut de la tribune pairiale qui l'avait autrefois condamné dans cette même cause, présidait à cette seconde campagne comme général, après avoir fait la première comme soldat. Sous lui, et chacun à son poste, on s'animait au devoir, et si toutes les voix n'étaient pas également dignes du combat, si l'injure et l'injustice appelaient trop souvent des représailles qu'il eût mieux valu ne pas mériter, du moins la trahison n'était nulle part, on pouvait regretter des paroles, on n'avait point à regretter de silence. Ozanam, par la position qu'il tenait de Dieu, était de nous tous le plus douloureusement placé. Catholique ardent, ami dévoué des libertés sociales, de celles de l'âme en particulier, parce qu'elles sont le fondement de toutes les autres, il ne pouvait cependant méconnaître qu'il appartenait au corps dépo=

sitaire légal du monopole de l'enseignement. Fallait-il rompre avec ce corps qui l'avait reçu si jeune et comblé d'honneurs? Fallait-il, demeurant dans son sein, prendre une part active et nécessairement remarquée à la guerre qui lui était faite? Dans le premier cas, Ozanam abdiquait sa chaire : pouvait-on encore le lui conseiller? Dans le second cas, il appelait le second résultat en se donnant le tort de l'attendre : pouvait-on encore le lui conseiller? Et cependant le professeur chrétien, le chrétien libéral, Ozanam, pouvait-il se séparer de nous?

« Il est rare que, dans les situations les plus délicates, et où tout semble impossible, il n'y ait pas un certain point qui concilie tout, comme en Dieu les attributs en apparence les plus dissemblables se rencontrent quelque part dans l'harmonie d'une parfaite unité. Ozanam conserva sa chaire : c'était son poste dans le péril de la vérité. Il n'attaqua point expressément le corps auquel il appartenait : c'était son devoir de collègue et d'homme reconnaissant. Mais il demeura dans la solidarité la plus entière et la plus avérée avec nous tous; je veux dire, quoique je n'aie pas le droit de m'y compter, avec ceux qui défendaient de tout leur cœur la cause sacrée de la liberté d'enseignement.

« Aucun des liens qui l'attachaient aux chefs et aux soldats ne subit d'atteinte. Il était et il fut de toutes les assemblées, de toutes les œuvres, de toutes les inspirations de ce temps, et ce qu'il ne disait pas dans sa chaire ou dans ses écrits ressortait de son influence avec une clarté qui était plus qu'une confession. Aussi pas un seul moment de défiance ou de froideur ne diminua-t-il le haut rang qu'il avait parmi nous : il garda tout ensemble l'affection des catholiques, l'estime du corps dont il était membre, et, au dehors des deux camps, la sympathie de cette foule mobile et vague qui est le public, et qui, tôt ou tard, décide de tout. » (*OEuvres du R. P. Lacordaire. Frédéric Ozanam*, t. V, page 404.)

XI

A. M. L...

Paris, 14 janvier 1844.

Mon cher ami,

Pendant que vous vous reprochiez de ne point écrire à votre vieil ami de Paris, je m'accusais de négliger mon ancien camarade de Sens et de même que vos grandes occupations justifiaient votre silence opiniâtre, les soins dont je suis surchargé excusaient peut-être mon retard. Plusieurs fois depuis mon retour à Paris, j'ai pris la plume pour vous entretenir un moment, et toujours quelque devoir impérieux me l'a retirée des mains. Mais après tout, l'amitié a aussi ses obligations, et certainement je ne me coucherai pas aujourd'hui sans finir cette lettre. J'ai besoin d'ailleurs de vous aller porter moi-même ces vœux de nouvelle année, que je formais pour vous il y a quinze jours, en recommandant à Dieu, l'un après l'autre, tous ceux qui me sont chers. Moi, qui ne mérite pas de trouver aucune douceur dans la prière, j'en trouve toujours dans celle-ci. J'éprouve une consolation extrême à représenter à Notre-Seigneur les nécessités de mes amis absents : je connais bien les vôtres, et depuis que j'ai cessé de vivre seul, je sais quelles grâces il faut demander pour le bonheur d'une jeune famille.

Je m'afflige, mon cher ami, de vous voir confiné dans une ville où votre zèle et votre savoir ne trouvent pas leur emploi ; lorsque la gravité des circonstances exigerait que tous les hommes de foi et de cœur missent la main à l'œuvre pour remuer la société et la refaire chrétienne, les imaginations vives et les plumes brillantes ne manquent peut-être pas, mais les jugements droits sont rares.

Je veux vous faire mes compliments de l'article que je viens de lire dans *l'Univers*, où j'ai reconnu votre main. Il est très-bien écrit : mais c'est mieux qu'un acte de talent, c'est un acte de courage. Vous avez honorablement rempli vos fonctions de magistrat en dénonçant à la publicité les emportements d'un homme dont vous vous faites un ennemi, mais qui, une autre fois, s'avancera moins, sentant que les yeux sont ouverts sur sa conduite.

Si les catholiques étaient résolus à publier toutes les tyrannies dont ils sont bien instruits, et à se bien instruire de toutes celles qu'ils veulent publier, je ne doute pas qu'ils ne parvinssent à se faire respecter tôt ou tard : mais il y faudrait le temps et la peine, chercher et vérifier, et ne se point contenter de l'*à peu près* qui ne devrait jamais satisfaire une conscience chrétienne, quand il s'agit de défendre la cause de la vérité. Ceci soit dit à propos des controverses présentes. Je vois avec plaisir que les hommes considérables y aient mis la main : et je trouve que M. de Montalembert a rétabli la question dans toute sa grandeur, en la plaçant là où elle fut toujours : entre toute l'Église et tout l'État.

Il est impossible de porter dans la discussion religieuse plus de dignité, de prudence et de charité que ne le fait un homme, dont on n'attendait pas précisément ce genre de mérite : je veux dire le P. Lacordaire. *L'Univers* vous donne des analyses de ses conférences; mais ce qu'il ne peut vous donner, c'est cet accent, ce geste, cette émotion, cette puissance sur la multitude qui font de lui le plus grand orateur de ce temps. Il a acquis beaucoup de théologie au fond, beaucoup d'habileté dans la forme, mais il n'a rien perdu, depuis ce temps où nous l'écoutions ensemble, recueillant ses paroles au milieu des frémissements de ce vaste auditoire. Je ne puis l'entendre sans me reporter à cette heureuse époque de notre jeunesse, sans penser à vous, et regretter que vous ne soyez point ici comme moi, pour renouveler vos impressions d'il y a neuf ans. Car il n'y a pas moins, mon cher ami, et voyez comme nous vieillissons. Vraiment ce serait la peine de venir à Paris pour la dernière conférence qui se fera dimanche prochain. Un grand seigneur comme vous, ayant bientôt pignon sur rue, ne doit point regarder au voyage!

J'oubliais de vous dire que j'ai le bonheur d'avoir ici mes deux frères. En même temps, nous avons amené notre vieille bonne : elle ne pouvait se résoudre après plus de soixante ans de service à quitter les enfants de ses maîtres (1). Ainsi, vous le voyez, j'ai emporté en quelque sorte les murs de la maison paternelle pour les relever à Paris ; tous les portraits de famille, quelques vieux meubles de ma

(1) Ozanam parle ici de la vieille bonne qui l'avait vu naître et l'avait élevé, type bien rare et presque inconnu aujourd'hui, du serviteur identifié à la maison de son maître et ne faisant qu'un avec la famille. Entrée, presque enfant, au service des grands-parents, Marie Cruziat, surnommée *Guigui*, était montée, de grade en grade, de la basse-cour jusqu'à la cuisine, dont elle garda et défendit le sceptre jusqu'au bout de ses forces. D'une probité à toute épreuve, d'une économie fabuleuse, dévouée jusqu'à travailler pour venir en aide à ses maîtres dans les jours de révolution ; toujours prête à toutes les fatigues, elle était douée d'un esprit fort original et d'un très-bon jugement. Chacun la consultait dans les petits et grands événements de famille ; elle donnait ses avis avec un grand sens ; il va sans dire qu'avec les années, elle les donnait souvent sans attendre qu'on les lui demandât, se croyant bien un peu le droit de gronder à sa guise, maîtres et gens. Elle avait conservé avec le costume des paysannes de son pays, toutes les traditions de la famille, et les rappelait sans cesse aux enfants qu'elle voyait naître, disant : Votre père faisait ceci, et votre grand'mère disait cela, et le père de votre grand-père n'aurait pas fait ainsi.

Elle mourut à l'âge de quatre-vingt-huit ans, après soixante-seize ans de service, entourée du respect et de la tendresse de ses enfants, comme elle disait, passant son temps à réciter des chapelets pour le repos de l'âme de ses vieux maîtres morts, et berçant la quatrième génération des mêmes contes et des mêmes chansons qu'elle avait appris dans la demeure de leur arrière-grand'mère.

grand-mère, ces reliques auxquelles s'attachent tant de souvenirs : nous avons repeuplé ainsi notre existence autrefois un peu solitaire; et mon contentement serait parfait, si la santé de madame Ozanam, quoique à peu près rétablie, ne me laissait toujours quelques inquiétudes pour l'avenir. Bien d'autres désirs s'agitent aussi dans nos cœurs et nous sentons que malgré tous les soins qu'on prend pour la félicité d'ici-bas, Dieu pourvoit à ce que nous ayons toujours besoin d'en espérer une autre.

Recevez les affectueux souvenirs de mes frères, et comptez bien que notre amitié n'est pas près de finir.

XII

A M. LE COMTE DE MONTALEMBERT.

Paris, 6 mai 1844.

Monsieur le comte,

Si je n'avais pas craint de troubler vos extrêmes occupations, j'aurais eu l'honneur de me présenter chez vous pour vous exprimer ma joie, et, permettez que je le dise, mon fraternel orgueil de chrétien. Je ne crois pas que jamais dans nos assemblées politiques la parole se soit élevée plus haut que dans la péroraison de votre dernier discours (1). On aperçoit assez quels maîtres et quels compagnons vous avez amenés avec vous dans votre exil de Madère : et je reconnais l'accent de saint Grégoire VII, de saint Anselme et de saint Bernard, quand vous défendez les libertés de l'Église, les plus vieilles, et pourtant les plus jeunes, et les seules impérissables libertés.

(1) *Discours à la chambre des pairs, du* 16 *avril* 1844. (*OEuvres complètes de M. de Montalembert*, t. I, p. 364.)

XIII

A M. FOISSET.

Paris, jour de Quasimodo 1844.

Monsieur et cher ami,

J'interromps un long silence. Nous finissons un hiver rempli pour moi d'occupations et de difficultés qui m'empêchaient de vous écrire, lorsque précisément elles m'en faisaient plus vivement éprouver le besoin. Au milieu de mes travaux habituels du collége Stanislas et de la Faculté des lettres, il a fallu suivre les négociations d'une affaire dont le résultat serait d'appeler mon beau-père à la place de chef de division au ministère de l'instruction publique, et de nous réunir avec la famille de ma femme. Voici trois mois que les premières démarches ont été commencées, et bien que la chose soit maintenant décidée, nous n'avons point encore la signature. Jugez si, au milieu des circonstances présentes, il est commode d'aller faire sa cour, et de s'exposer à des conversations sur des points difficiles où la conscience ne permet pas de rien céder.

Vous voyez donc que vos avis m'auraient été souvent nécessaires, et souvent dans mes embarras, ma pensée prenait le chemin de votre maison de Beaune où elle aurait été sûre de trouver un bon et judicieux conseil. Souvent aussi, nous nous rappelions les longues soirées que vous vouliez bien passer avec nous il y a deux ans, et nous sentions combien nous aurions encore besoin de votre visite amicale. Plusieurs fois j'ai pris la plume pour m'épancher un moment auprès de vous ; toujours des devoirs pressants me l'ôtaient des mains, et je suis arrivé ainsi jusqu'aux vacances de Pâques, que j'ai promis de ne pas laisser passer sans me donner enfin cette consolation.

Comme je sais bien que votre amitié s'intéresse à tous les détails de mon intérieur, je commence par vous dire que la Providence nous a fait cette année une vie douce et un peu plus animée, en rapprochant de nous mes deux frères. Avec eux, j'ai ramené une vieille domestique qui est depuis plus de soixante ans dans la maison, et qui nous a tous élevés. Nous avons rapporté nos portraits de famille, quelques anciens meubles, toutes ces choses qui perpétuent les traditions domestiques. Ainsi, nous nous sentons mieux établis dans notre jeune ménage, qui n'est pas sans gaieté. D'ailleurs le travail ne me laisserait guère le loisir de m'ennuyer, quand je le voudrais ; et quand je trouve quelques moments de repos, je n'ai pas besoin du monde pour les remplir, je les partage avec un petit nombre d'amis dont vous connaissez la plupart. Vous pensez bien que je vois souvent Wilson, Gouraud, M. de Carné; par conséquent vous êtes bien sûr qu'on parle souvent de vous. M. de Montalembert, surtout, m'exprimait l'autre jour, avec la plus vive chaleur, sa gratitude pour vos bons conseils, et le prix qu'il y attachait. Il attend beaucoup de votre amitié pour son *Histoire de saint Bernard*. Du reste, j'ai eu le plaisir de le trouver plus confiant et plus animé que jamais, n'ayant plus rien de ces découragements que vous lui avez connus. Il me semble que son beau talent s'est encore affermi; j'ai aimé la touche forte et simple de sa brochure, où je vous remercie en passant d'avoir conservé mon nom. Cette publication a décidé assurément plus de la moitié du mouvement que nous voyons aujourd'hui.

Pour moi, le cours des événements commence à fixer mes idées. Je crains toujours que les questions catholiques n'aient été soulevées trop tôt, et avant que notre nombre, notre influence, nos travaux, nous eussent mis en mesure de soutenir la lutte; je crains que des laïques sans grâce d'état, sans autorité, n'aient pris une responsabilité effrayante en engageant l'Église de France dans une crise dont nul ne peut prévoir l'issue. Mais lorsqu'elle s'y est trouvée inévitablement engagée, lorsque l'opinion publique était saisie; que les exagérations, les violences, les ignorances grossières de quelques écrivains avaient compromis les intérêts catholiques dont ils se rendaient les organes; j'ai regardé comme un bonheur que la controverse fût tirée de cette misérable polémique et reportée à sa véritable hauteur, par M. de Montalembert d'abord, et à sa suite par MM. de Carné, de Vatimesnil, par le P. de Ravignan, par NN. SS. les évêques, et particulièrement par les mémoires des archevêques de Lyon et de Paris. Voilà les représentants légitimes de nos droits, ceux que nous ne risquons jamais d'avoir à désavouer. Dès lors ce n'est plus une querelle de *cuistres* et de *bedeaux*, ce n'est plus même une discussion étroite entre les colléges et les petits séminaires, c'est cette admirable question des rapports de l'Église et de l'État, du Sacerdoce et de l'Empire, qui n'est jamais terminée, qui revient à toutes les époques mémorables de l'histoire : au siècle des Pères, au siècle des croisades, au siècle de Louis XIV, au siècle de Napoléon. Elle s'agite entre les hommes d'État et les hommes d'Église. Elle peut forcer les premiers d'étudier la religion, et les seconds de pratiquer la liberté; elle peut achever de détacher le clergé des traditions d'absolutisme auxquelles il tenait encore; elle peut remuer profondément le pays; il est bon qu'un grand peuple soit occupé de grandes affaires.

Il ne faut pourtant pas se dissimuler le péril. L'ignorance religieuse est si complète et la prévention si forte : nous avons si peu d'hommes pour retourner de notre côté l'opinion publique. Peut-être cet effort prématuré appellera-t-il une réaction terrible; un débordement voltairien peut se faire, et la foi d'un grand nombre y périr ! Mais au point où en sont venues les choses, il faut garder, et s'il se peut, étouffer ces inquiétudes, et il ne reste plus qu'à se tenir unis, pour vaincre, ou périr avec honneur. L'année dernière on pouvait encore retarder le combat, maintenant toute tentative de temporisation ne servirait qu'à diviser nos forces; il faut suivre le mouvement inévitable des hommes et des choses, en se confiant à Dieu qui le mène; et se tenir prêt à tous les sacrifices, en pensant que, s'ils ne servent pas à assurer le succès de la lutte présente, ils auront leur prix tôt ou tard, en ce monde ou dans l'autre; et que lorsque nous pensons avoir perdu nos efforts, notre temps, et nos peines, souvent la Providence en tire un bien beaucoup plus grand, auquel nous n'avions pas songé.

Telles sont mes dispositions d'esprit et de cœur, et vous comprenez que j'approuve tout à fait la polémique soutenue par *le Correspondant*, avec cette dignité, cette gravité que je voudrais voir dans tous les écrits émanés de plumes chrétiennes. Du reste, je pense toujours qu'il ne faut point réduire l'intérêt de cette revue à une seule question, à une seule controverse, et que son autorité en matière religieuse doit être soutenue par le mérite de ses articles scientifiques et littéraires. C'est précisément parce que les catholiques sont attaqués, qu'il est désirable qu'ils se fassent sentir et respecter partout, dans la politique, dans la science, dans les arts. Il faut reprendre par tous les côtés les esprits qu'on a corrompus par tous les côtés. Il faut montrer que toutes les vérités nous intéressent, que nous voulons le progrès de toutes les lumières légitimes, et qu'au milieu des combats nous avons encore l'âme assez sereine pour songer aux pacifiques intérêts de l'étude.

Au milieu d'un grand nombre d'articles excellents, parmi lesquels vous aurez comme moi remarqué ceux de M. de Champagny, nous avons regretté de voir si peu de ces pages que vous savez marquer au coin du bon siècle. Permettez-moi de vous reprocher votre extrême rareté. Le sérieux de vos recherches, la fermeté de votre style, sont pour moi des modèles qui m'apprennent beaucoup, en même temps que des souvenirs qui me consolent un peu de votre absence. Car vous êtes bien de ceux dont le caractère se retrouve dans leurs écrits. Hormis ce point, il ne me revient que des compliments sur *le Correspondant*. Pourquoi faut-il que la mollesse avec laquelle il est propagé l'empêche d'acquérir la publicité à laquelle il a le droit de prétendre ?

Adieu, monsieur et cher ami, laissez-moi vous prier de me répondre, ce que je ne mérite guère.

J'ai besoin de me sentir en communication d'idées et de sentiments avec vous. Nous avons eu à Notre-Dame d'amirables fêtes de Pâques, elles me rappelaient l'année où nous étions ensemble. De votre côté, vous n'aurez point passé ces grandes solennités sans songer à vos amis. Ne nous oubliez point devant Dieu. Madame Ozanam se recommande particulièrement au souvenir de madame Foisset et de mesdemoiselles vos filles. Et moi, je vois toujours cette touchante petite chapelle de Bligny que vous me faisiez visiter le soir aux flambeaux, et où je m'agenouillai un moment au milieu de votre famille assemblée. Ah! qu'il serait difficile, n'est-ce pas, que des chrétiens en vinssent à s'oublier quand ils ont de ces moments dans leur vie.

Je suis, je serai toujours de cœur, d'âme et d'action, votre ami tendrement dévoué.

XIV

A M. FOISSET.

Paris, 29 juillet 1844.

Monsieur et cher ami,

C'est en revenant de Dieppe que j'ai trouvé à la maison votre aimable lettre : et si je n'y ai point aussitôt répondu, c'est que j'attendais de pouvoir le faire avec quelque probabilité à vos affectueuses questions. Je ne puis assez vous dire combien me touche cette promptitude de l'amitié qui, à quatre-vingts lieues de distance, au milieu de tant d'occupations et de devoirs, s'émeut à la nouvelle du danger, prend l'alarme, et vient apporter l'appui de ses encouragements et de ses vœux.

Vous aviez bien raison, monsieur et cher ami : la perte inattendue de M. Fauriel a été pour moi un coup de foudre. J'avais en lui un patron bienveillant qui me prêtait ses lumières, dont la bonté m'assurait une suppléance perpétuelle dans la chaire où ses infirmités ne lui permettaient plus de paraître. Son attachement pour moi faisait ma sécurité. Nous avons eu le malheur de le perdre inopinément, à la suite d'une opération peu dangereuse, et faute d'observer les précautions d'usage. Il est mort trop tôt peut-être pour sa pauvre âme, n'ayant pas eu le temps de se reconnaître; trop tôt pour la science à laquelle il devait donner avant peu des travaux considérables qui vont se trouver perdus; trop tôt pour moi, qui avais besoin de ses conseils et de sa protection.

Maintenant, que fera-t-on de moi? Dieu seul le sait encore. Après quatre ans d'un enseignement dont le succès a dépassé toutes mes espérances, auquel j'ai tout sacrifié, et même un peu ma santé; lorsque d'ailleurs je n'ai eu que des relations bienveillantes avec tout le monde, et qu'enfin il ne me reste, hors de la Faculté, aucun autre titre universitaire, on ne peut pas songer à m'éliminer purement et simplement, et à mettre un autre professeur dans la chaire que je remplissais. La Faculté est de cet avis, et le plus grand nombre de ses membres sont disposés à me présenter au ministre en première ligne, ce qui déciderait ma nomination; seulement il leur semble convenable, par respect pour la mémoire de M. Fauriel, d'attendre l'époque de la rentrée. Mais une minorité peu nombreuse s'oppose à ces bonnes intentions, insiste sur mon âge de trente et un ans; mon défaut de titres scientifiques, mon entrée récente dans l'université; et propose qu'on me laisse le temps de gagner mes éperons, en prolongeant la vacance et en me confiant la chaire, l'année prochaine à titre de *chargé de cours*, c'est-à-dire à titre précaire.

Je vois parfaitement tous les dangers d'une situation provisoire dans un temps de luttes comme celui-ci, où les dispositions bienveillantes des esprits peuvent changer si promptement. Tout l'effort est donc sur ce point; plusieurs de mes amis me secondent de leurs démarches : mais tous peuvent me soutenir de leurs prières. Du reste, ce que je demande à Dieu, c'est que lui-même prenne la conduite de cette délicate négociation, en sorte que je n'y sacrifie ni mes devoirs d'état par imprudence, ni mon honneur de chrétien par pusillanimité.

Après tout, il peut être utile pour mon salut que je ne réussisse point ; et, dans ce cas, je ne désire que la fermeté, la résignation, la paix du cœur. La résignation à tout, même au précaire, même à l'incertitude, qui est peut-être le plus pénible à supporter ; mais dont il faut bien prendre l'habitude enfin, puisque Dieu l'a mise en toute chose, dans la vie, dans la mort, dans la santé, dans la fortune, et qu'il a voulu nous faire vivre — nous qui voudrions être sûrs de nos revenus, de nos projets, de nos succès, — dans le plus terrible de tous les doutes : « Si nous sommes à ses yeux dignes d'amour. »

Ces sentiments dont je cherche à me pénétrer depuis quinze jours sont heureusement bien assis dans le cœur de ma femme, qui pour comble d'épreuves se trouve éloignée de moi en un si pénible moment. Il a fallu que je demeurasse sur la brèche ; et il faudra, bien entendu, que j'y reste toutes les vacances. C'est assez vous dire que nous n'aurons probablement pas cette année la consolation de faire le pèlerinage de Notre-Dame de Bligny. Mais nos cœurs le feront plus d'une fois, en attendant qu'une meilleure année nous permette de vous rendre une visite où nous trouverions tant de charmes. Quelque prolongée que puisse être l'absence, l'amitié est entre nous désormais trop étroite pour se relâcher jamais, et trop de liens nous attirent à Lyon, pour que d'ici à peu de temps nous n'ayons lieu d'accomplir à la station de Beaune le vœu que depuis deux ans nos cœurs ont formé.

Adieu, monsieur et cher ami ; voyez combien nous avons plus que jamais besoin de votre assistance chrétienne, je suis bien sûr que vous ne nous oublierez pas.

XV

A M. L...

Paris, 27 août 1844.

Mon cher ami,

Dieu visite donc toujours ceux qu'il aime. Je ne viens pas vous dire toute la douleur que m'a causée votre chère lettre, vous savez assez par combien de côtés mon cœur touche au vôtre, et la nouvelle de votre malheur m'a ému jusqu'aux larmes. Je ne viens pas non plus vous consoler d'un chagrin dont je n'ai pas encore l'expérience, et qui est sans doute l'un des plus cuisants qu'on puisse ressentir sur la terre. Laissez-moi plutôt vous féliciter de la foi qui vous soutient dans une si grande épreuve. Car enfin, mon cher ami, il est certain de foi que les familles chrétiennes, que le mariage, la paternité, toutes ces choses saintes ne sont faites après tout que pour peupler le ciel. Il est également sûr qu'au milieu de ces dangers et de cette terrible incertitude du salut qui menace toutes les âmes, celle de votre chère enfant est entrée en possession du bonheur éternel.

Ainsi votre tâche est déjà remplie en un point, ce n'est pas inutilement que la bénédiction nuptiale est descendue sur vous, et la rosée d'en haut a porté son fruit. Vous aviez déjà en paradis une sainte qui est votre mère, vous y aurez maintenant un ange qui est votre fille : entre elles deux, elles vous garderont votre place ; et si vous trouvez que vous ayez trop à attendre pour les aller rejoindre, pensez que trente ans sont bientôt passés : nous savons maintenant vous et moi ce qu'il en est.

Mon cher ami, combien des miens ont déjà pris cette route. A la suite de mes pauvres parents, voici deux ans que plusieurs personnes de ma famille disparaissent, et s'en vont l'une après l'autre, et il me semble quelquefois qu'elles me font signe de venir. C'est là-bas qu'est la réalité de la vie : ici qu'aurions-nous sans les œuvres qui nous suivent, et Dieu qui nous visite?

Dieu, qui veut vous attacher à lui, vous prend par tous les liens les plus forts qu'il ait mis au cœur humain. Il ne vous est plus possible d'oublier cette patrie où vous avez envoyé de si chers otages. Votre regard tourné vers le ciel y trouvera la lumière et la fermeté qu'il lui faut pour les devoirs et pour les besoins de la terre. Le meilleur moyen de bien juger des affaires de la vie, c'est d'y porter le calme et le désintéressement, c'est de les considérer de haut, et comme des intérêts étrangers. Voilà pourquoi les grandes afflictions affermissent l'âme, quand elles sont chrétiennement portées. C'est ce qui se vérifiera pour vous, mon cher ami. Vous pensiez élever cette enfant bien-aimée, faire son éducation, et la mettre dans la voie du salut : c'est elle au contraire qui aura pris les devants, qui avec cette sagesse infinie que le bon Dieu donne sans doute à ses plus petits anges, achèvera de former votre vertu, continuera votre éducation de chrétien, et vous élèvera bien plus haut que vous ne pensiez faire pour elle. Ah! qui sait si son frère, qui vous sera conservé, n'aura pas bien besoin quelque jour, au milieu des périls de ce monde, d'avoir ce petit ange gardien qui intercède pour lui!

J'ai vu bien des gens envier à ma mère le bonheur d'avoir trois fils, demeurés fidèles à la foi catholique — quoique j'en connaisse un bien infidèle dans les œuvres : — c'est qu'elle avait au ciel onze autres enfants qui priaient pour eux. Pour moi, je crois fermement que si nous arrivons heureusement au terme suprême, nous le devrons beaucoup à nos petits frères et petites sœurs arrivés avant nous. Et c'est pourquoi je crois que ces jeunes élus portent bonheur aux familles où ils sont nés.

Ainsi, mon cher ami, vous voyez déjà se former cette couronne d'épines, qu'il faut que chaque chrétien porte au ciel pour l'y changer contre la couronne de gloire. Ainsi Dieu prend soin de nous ménager les épreuves, et il les multiplie pour ceux qui deviennent forts. Nous sommes tous deux jeunes et tous deux comblés de bienfaits providentiels ; et tous deux cependant nous avons assez appris que la vie n'est pas un lieu de repos : dans vingt ans d'ici nous le saurons bien mieux encore. Mais dans quarante ans au plus, nous saurons aussi ce que valaient ces peines et ce que pouvaient nous mériter ces fatigues.

Ne croyez pas pourtant, mon cher ami, que j'écrive ceci pour me dispenser des prières que vous me demandez. Je comprends combien vous devez souffrir de vos propres peines, de ce déchirement de la nature, et de la juste désolation de madame L... Nous demanderons que vous ayez la résignation, que vous ayez la santé nécessaire pour soutenir un coup si rude. Vous nous donnerez part dans vos souffrances qui doivent être bien méritoires. Ainsi se fera cet échange d'amitié dont j'ai tant besoin pour devenir meilleur.

Adieu, donnez-moi bientôt de vos nouvelles, ne fût-ce que par trois lignes jetées à la poste. Croyez du moins que, depuis votre lettre, mes pensées et celles d'Amélie ont été bien souvent vers vous.

XVI

A M. AMPÈRE.

Paris, 23 novembre 1844.

Monsieur et bien cher ami,

Je viens vous apprendre la grande nouvelle. Enfin samedi, à deux heures, M. le ministre de l'instruction publique a signé ma nomination. Déjà la présentation du conseil académique avait été unanime comme celle de la Faculté. Le conseil royal avait donné vendredi son avis conforme; il semblait donc qu'il ne restait plus qu'à signer. Et cependant, pour justifier ce que vous disiez si bien des alarmes du dernier moment, nous avons su que M. le ministre ne voulait plus terminer l'affaire, et donnait ordre de poser l'affiche des cours avec ma qualification *en blanc*, afin de prendre encore le temps de réfléchir. Il a fallu que M. le Clerc y mît un zèle et une fermeté peu ordinaires, et qu'il arrachât littéralement la signature. Enfin la chose s'est faite; exécutée hier par ma prestation du serment entre les mains du doyen, publiée aujourd'hui dans les journaux, portée à mes amis des quatre coins de la France par tous les organes de la publicité. Assurément nous attendions cette conclusion comme un grand bonheur; et toutefois il faut vous confesser que notre joie a été beaucoup plus vive encore que nous n'eussions pensé. Il est presque humiliant d'être si ému d'un avantage temporel; mais dans le premier moment, cette fin mise à tant de craintes et de sollicitudes, cette sécurité naissante, ce sentiment de paix, nous a touchés, Amélie et moi, plus que je n'ose dire.

J'étais si heureux de voir que cette vie si chère, attachée à ma vie, serait désormais assurée, autant que faire se peut humainement, contre les soucis et les vicissitudes qui fatiguent les plus nobles cœurs : qu'un rang honorable et digne d'elle lui était donné; et qu'en même temps je me trouvais dans des conditions d'indépendance qui me permettraient de faire mon devoir sans crainte de soupçons mortifiants et d'interprétations menaçantes! Bientôt les félicitations de nos amis sont venues ajouter à la douceur de ces premiers moments; nous ne savons plus si nous sommes plus joyeux de notre succès, que du plaisir qu'il fait à tant de gens de bien, à tant de personnes respectables, bonnes et dévouées.

Je savais bien, et Dieu nous en avait assez fait faire l'expérience, qu'on avait besoin de ses amis dans la tristesse : mais nous ne savions pas qu'on en eût tant besoin dans le bonheur. — Nous nous en apercevons assez au vide que nous fait votre absence, et c'est pourquoi j'ai voulu vous dire longuement et fraternellement, comme vous l'aimez, tout ce que nous avions ressenti, dans une circonstance si grande. Il faut que vous jouissiez un peu de ce que vous avez fait : vous qui, après Dieu, êtes l'auteur de toute cette prospérité : vous qui m'avez pris comme un frère dans la maison de votre saint et glorieux père; qui m'avez mis en chemin, qui m'avez conduit d'épreuve en épreuve et de degré en degré jusqu'à cette chaire où je ne m'asseois que parce que le seul homme qui en fût vraiment digne n'a pas voulu s'y asseoir.

C'est ainsi que la Providence miséricordieuse, dont les desseins paraissent si beaux quand on les voit d'un peu loin dans leur ensemble, me ménageait à Lyon, à l'âge de dix-huit ans, à l'âge où je demandais si instamment de savoir ma vocation, la connaissance de votre cousin, M. Perisse aîné, qui voulait bien me faire faire quelques bonnes œuvres, afin que par son entremise je vous fusse adressé, et que vous fissiez peu à peu, par vos exemples, par vos conseils et enfin par votre généreux désintéressement, toute ma vocation littéraire. Je vois assez tout ce que m'imposent de si grands bienfaits. Vous m'aiderez à ne point m'en rendre indigne : je veux que vous n'ayez jamais à regretter votre ouvrage. Mais ce que je veux, dès à présent, c'est qu'à ce premier rendez-vous où vous allez trouver les lettres de vos amis, vous trouviez aussi mes tendres, mes chaleureux remercîments; c'est que durant cette longue navigation du Nil où toutes mes pensées vous accompagnent, le souvenir de la bonne action que vous avez faite ne vous quitte pas, et qu'il soit en vous, comme l'une de ces bénédictions infiniment douces, que le ciel répand sur les belles âmes.

Adieu, monsieur et cher ami, que vous dire encore, sinon que nous vous aimons, non pas seulement cette chère Amélie et moi, mais mes frères, avec qui tout m'est commun, mais notre famille de Lyon, tout affligée de n'avoir pu vous voir au passage pour vous remercier; mais tous mes amis qui savent et qui admirent ce que je vous dois.

    Votre ami, votre heureux ami.

XVII

A M. FOISSET.

Paris, 27 novembre 1844.

Monsieur et cher ami,

Les journaux vous auront appris avant moi l'heureuse nouvelle de ma nomination. Je ne me serais pas laissé devancer, et j'aurais eu le plaisir de vous en porter le premier message, sans les occupations que m'a données ce grand événement. Mais vous m'avez montré trop d'amitié au moment des alarmes, pour que je ne vienne pas partager avec vous la joie du succès. Assurément il y a quelque chose de peu honorable pour un chrétien à se laisser toucher si vivement par un avantage temporel. Mais il est vrai de dire que tout n'est pas temporel dans un bienfait qui assure à ma vie plus de dignité, plus d'indépendance, et qui fixe pour toujours une vocation longtemps incertaine.

Nous aimons à y voir une disposition miséricordieuse de la Providence pour me montrer comment elle veut que je la serve en ce monde ; pour me rendre mes devoirs faciles, parce que je suis faible; et pour me préparer, par un moment de prospérité, aux épreuves de l'avenir. Et comment ne reconnaîtrions-nous pas une intervention toute divine, dans une affaire dont nous connaissons maintenant les vicissitudes, les obstacles qui l'ont traversée, et les coïncidences improbables qu'il a fallu vaincre, afin de nous faire arriver au but contre toute notre attente! Car nous sommes encore moins étonnés de ce qui s'est fait que de la manière dont il s'est fait; de l'unanimité que j'ai obtenue successivement dans le Conseil royal, dans la Faculté, dans le Conseil académique, sans qu'on exigeât de ma part aucune avance, aucune concession, aucune réserve; sans me faire insinuer, comme on l'aurait pu, de mettre plus de *prudence* dans mon enseignement; sans même vouloir que j'écrivisse, selon l'usage, une lettre de candidature, de crainte qu'on ne parût m'avoir fait des conditions. Il est impossible de pousser plus loin que M. le doyen de la Faculté la bienveillance et la délicatesse. Enfin ce qui met le comble à tant de satisfaction, c'est celle que nous témoignent nos nombreux amis : il semble qu'il s'agisse pour eux d'un succès personnel; et ils ont bien raison, car nous ne doutons pas que leurs bonnes prières nous aient aidés à réussir, comme nous comptons bien qu'elles nous aideront à nous montrer reconnaissants de la réussite et à nous en rendre dignes.

Dans cette persuasion où nous sommes, nos pensées devaient naturellement se tourner vers vous, monsieur et bien cher ami, et vers tous les vôtres, qui nous ont assistés de leur appui auprès de Dieu.

Votre ami tendrement dévoué.

XVIII

A M. FOISSET.

Paris, 5 avril 1845.

Monsieur et bien cher ami,

Vous pardonnerez encore cette fois à un homme qui a été fort souffrant, et qui, au lieu d'employer les vacances de Pâques à mettre à jour sa besogne et sa correspondance, les a passées à calmer des palpitations de cœur. Du reste, je me console d'avoir tardé si fort, puisque je suis en mesure de vous annoncer la fin de cette grande affaire de famille où vous avez bien voulu prendre un si aimable intérêt. Si le plus difficile était d'obtenir la nomination de mon beau-père, le plus inquiétant peut-être, c'était de faire voyager mon jeune beau-frère. Enfin, Dieu aidant, tout le monde est arrivé hier sain et sauf; et nous voici dans les premiers moments d'une réunion si désirée.

L'obligeante approbation que vous donniez à mon travail sur les *Sources de la Divine Comé-*

die (1) m'aurait plus encouragé si vous y aviez joint vos franches et instructives critiques. Vous savez combien je me fie à votre goût. Pour les *Souvenirs de Sicile*, il y a deux ans je me serais fait un plaisir de les rédiger : aujourd'ui la première vivacité en est trop effacée ; il faudrait revoir les lieux, au moins en gravures et dans les livres : ce serait long et terne. J'achève maintenant une notice sur M. Fauriel (2), qui paraîtra dans le *Correspondant* du 25 avril : je vous en demanderai sincèrement votre avis. Ces faibles travaux, avec un article pour le prochain numéro de la *Propagation de la Foi* (3), et le soin de ma seconde édition de *Dante*, ont rempli mon hiver.

Je meurs d'impatience de reprendre mes recherches sur l'Allemagne, qui commençaient à m'intéresser infiniment quand il a fallu les interrompre. Je désespère franchement de jamais rien faire de considérable avec ma lenteur et ma facilité à perdre le temps. Ah ! qu'il me faudrait cette activité que je vous vois, que je vois à mon beau-père, que je voyais à mon père, mais qui devient rare et qui semble se perdre. Il me semble que le grand secret de l'éducation devrait être de détruire cette disposition de l'esprit à se laisser distraire.

---

(1) *OEuvres complètes d'Ozanam*, t. V, p. 571.
(2) *M. Fauriel et son enseignement. OEuvres complètes d'Ozanam*, tome VIII, p. 97.
(3) *Annales de la Propagation de la Foi*, t. XVII, p. 161.

De toutes les qualités du grand siècle, celle qui soutenait toutes les autres, c'était peut-être celle que Bossuet prisait si fort, dont il regrettait si amèrement l'absence chez son élève : je veux dire l'application.

Je me ronge de remords ; cependant je viens de prendre de bien belles résolutions dans cette retraite pascale qui a été singulièrement édifiante et qui me rappelait la première où je fus avec vous. Le P. de Ravignan y a fait deux sermons où il a atteint ce qui s'est jamais prononcé de plus éloquent. Mais rien n'a égalé l'admirable cérémonie du Vendredi-Saint. Figurez-vous les cinq nefs de Notre-Dame pleines d'hommes : plus de chaises, afin de laisser passage à la marche processionnelle des saintes Reliques de la Passion. Tout tombait à genoux devant elles, pendant que des voix d'enfants chantaient à l'orgue le *Vexilla Regis*. Je ne m'étonne pas que cette solennité ait décidé un certain nombre d'âmes chancelantes. La communion du jour de Pâques dura bien plus que l'an passé, et l'augmentation s'est fait sentir dans toutes les paroisses. Vous voyez que nous ne sommes pas encore morts, mais, comme du temps de l'Apôtre, *quasi morientes et ecce vivimus*. Après tout ce qu'on a fait pour égarer la jeunesse, la manière dont elle accueille la parole catholique est vraiment merveilleuse.

Vous savez les triomphes du P. Lacordaire à

Lyon. Ah! que ne venez-vous ici pour que nous puissions causer encore ensemble de si chers intérêts! Nous nous associerions à vos inquiétudes de père, comme vous avez pris part à toutes nos sollicitudes de famille; nous dirions peu de mal du prochain, beaucoup de bien de la divine Providence qui a tant fait pour moi depuis un an, que je remercie de bien des choses, mais que je ne remercierai jamais assez de m'avoir donné un ami tel que vous.

XIX

A.M. X...

Paris, 17 juin 1845.

Mon cher ami,

Votre lettre est venue me confirmer les tristes nouvelles qu'on m'avait données. Pourquoi ne m'avoir pas dès le premier moment fait part de vos douleurs? je vous remercie de cette sollicitude qui vous faisait craindre de surprendre ma femme par des impressions pénibles. Mais Amélie n'a pas besoin de ménagements jusqu'à ce point de vouloir ignorer les peines de ses amis. Elle me charge de dire à madame X... qu'elle s'associe vivement à ses épreuves, et qu'elle ne se console un peu qu'en la sachant remise et en bonne voie de santé.

Vous demandez s'il y a de l'union à Paris, parmi les catholiques. Je crois que jamais on ne s'entendit mieux sur le but, mais que jamais on ne différa davantage sur les moyens. Vous pouvez, ce me semble, suivre de loin les mouvements et les divisions de l'armée militante. Je ne parle pas des catholiques froids, hésitants, inactifs, quoiqu'il en faille tenir compte, puisque beaucoup d'entre eux ont encore assez de foi pour vouloir sauver leurs âmes. Je laisse de côté le petit nombre de gallicans sincères, des hommes de bien timides, ou des esprits indépendants qui aiment à fair bande à part. Mais parmi ceux qui combattent vous apercevez d'abord les enfants perdus de l'*Univers*, que tout le monde désavoue, soit pour cause de violence, soit pour défaut de talent ; et il est vrai que jamais le journal ne fut si pauvrement écrit que depuis trois mois. Derrière ces tirailleurs vous trouvez à l'avant-garde l'éloquente phalange conduite par M. de Montalembert, grossie de l'accession de MM. Lenormant et de Cormenin. Ceux-ci ne sont assurément pas pusillanimes ; ils ont trop de talent pour ne pas rester dignes, sans cesser d'être forts. Ils montrent qu'on peut être véhément sans emportement, sans trivialité, sans injustice. Ils me semblent soutenus par ce petit groupe d'hommes capables, zélés, mais peut-être plus circonspects, où vous comptez M. Dupanloup, M. de Vatimesnil, MM. Beugnot, de Barthélemy, de Fontette ; je placerai sur cette ligne la rédaction habituelle du *Correspondant*. M. de Carné fait l'arrière-garde avec Sa Grandeur l'archevêque de Paris, et la *Presse*, dont les articles sur les affaires religieuses sont maintenant rédigés par des catholiques parfaitement intentionnés, mais peut-être un peu effrayés du bruit qui se fait autour d'eux. Ceux-ci gémissent de l'ardeur trop bouillante du jeune et noble pair : ils croient à la possibilité d'une transaction, au pouvoir du temps et de la modération pour mener à fin les questions difficiles. Ces trois fractions sont d'accord sur tous les chefs principaux, sur le maintien du concordat, par conséquent du budget des cultes ; sur le droit et le devoir qu'ont les catholiques de revendiquer les libertés créées par deux révolutions ; sur la nécessité d'obtenir l'enseignement libre, et le maintien des congrégations religieuses. Mais ces trois fractions diffèrent par les armes qu'elles emploient, par les voies de résistance qu'elles proposent : et pour mon compte je ne m'en afflige point. Je pense qu'on est plus fort quand on est plus nombreux, quand on combat en plusieurs régiments, et sur plusieurs points à la fois. Je ne voudrais pas qu'il y eût un *parti* catholique, parce qu'alors il n'y aurait plus une nation qui le fût, parce que nous réaliserions, pour ainsi dire, le vœu de Caligula, nous n'aurions qu'une tête afin qu'on pût l'abattre d'un seul coup. J'aime mieux que Dieu ait répandu ses dons avec diversité : qu'il y ait des hommes hardis, quand même on devrait les trouver téméraires ; qu'il y en ait de prudents, dût-on les accuser de tiédeur ; que surtout nul ne puisse par ses fautes personnelles compromettre la cause commune de l'Église, et qu'enfin le ciel nous préserve seulement de deux espèces d'hommes qui font perdre les batailles : les lâches et les traîtres.

Tout ce que vous me dites de votre société archéologique et de tous vos efforts pour réveiller vos concitoyens de leur sommeil, m'intéresse infiniment; continuez à faire le bien possible, en attendant le bien désirable. Je comprends tout ce que vous devez trouver d'affligeant dans vos fonctions officielles. Cependant tout ce que je vois d'hommes expérimentés continue de croire qu'après le clergé, la magistrature est encore de tous les corps de l'État le moins corrompu. Mais je m'habitue à compter toujours sur beaucoup de mal partout où je vois beaucoup d'hommes.

Adieu, mon cher ami ; venez donc bientôt, j'ai tant à vous dire, tant à écouter de vous.

XX

A M. FOISSET.

Paris, 7 août 1845.

Monsieur et cher ami,

Mes amis ont beaucoup à faire cette année pour m'aider à remercier Dieu. Après tant de faveurs qui fixaient ma vocation dans ce monde, qui mettaient fin à la dispersion de ma famille, un bienfait nouveau est venu me faire connaître la plus grande joie probablement qu'on puisse éprouver ici-bas : je suis père !

Nous avions beaucoup prié, nous faisions prier encore, jamais nous n'avions plus senti le besoin d'une assistance divine !

Nous avons été exaucés au delà de nos espérances. Ah ! monsieur, quel moment que celui où j'ai entendu le premier cri de mon enfant ! où j'ai vu cette petite créature, mais cette créature immortelle, que Dieu remettait entre mes mains ! qui m'apportait tant de douceurs et aussi tant d'obligations ! Avec quelle impatience j'ai vu venir l'heure de son baptême ! Nous lui avons donné le nom de Marie, qui était celui de ma mère, et en mémoire de la puissante patronne à l'intercession de laquelle nous attribuons cette heureuse naissance. Maintenant la mère, à peu près rétablie, a la consolation d'allaiter son enfant; c'est un plaisir bien laborieux, mais bien vif. Ainsi nous ne perdrons pas les premiers sourires de notre petit ange. Nous commencerons son éducation de bonne heure, en même temps qu'il recommencera la nôtre; car je m'aperçois que le ciel nous l'envoie pour nous apprendre beaucoup et pour nous rendre meilleurs. Je ne puis voir cette douce figure, toute pleine d'innocence et de pureté, sans y trouver l'empreinte sacrée du Créateur, moins effacée qu'en nous. Je ne puis songer à cette âme impérissable dont j'aurai à rendre compte, sans que je me sente plus pénétré de mes devoirs. Comment pourrai-je lui donner des leçons, si je ne les pratique? Dieu pouvait-il prendre un moyen plus aimable de m'instruire, de me corriger, et de me mettre dans le chemin du ciel?

Vous donc, monsieur et cher ami, qui exercez saintement ces grandes fonctions de père, souvenez-vous de moi devant Dieu, et demandez-lui pour votre jeune ami les lumières, les inspirations, les forces qu'il lui faut. Souvenez-vous aussi de mon enfant qui un jour vous le rendra, j'espère, et n'oubliez pas non plus sa mère qui vous est, vous le savez, bien attachée. Elle me charge de vous dire combien elle tient à un *Ave Maria* dans votre chapelle, quand vous y prierez en famille. Vos confidences paternelles de l'an passé nous reviennent maintenant à la pensée, et nous soupirons déjà en songeant qu'il faudra peut-être marier un jour notre petite Marie.

Si vous trouviez le loisir de nous écrire, si brièvement que ce fût, vous feriez une œuvre excellente, et dont on vous serait bien reconnaissant. Dites-nous ce que vous pensez de la complication des affaires religieuses. Du fond de votre retraite, vous devez mieux juger qu'on ne fait ici au milieu du bruit et du mouvement. Je vois beaucoup de divisions parmi nous, et je regrette que vous ne soyez pas ici pour y porter l'esprit d'union et de sagesse qui peut seul nous sauver.

Adieu, je termine plus tôt que je ne voulais une lettre commencée, interrompue, reprise dix fois au milieu des examens de baccalauréat qui me retiennent à la Sorbonne tout le jour. J'écris dix lignes pendant que M. Guigniaut et M. Garnier interrogent sur la philosophie, le grec et le latin, d'infortunés candidats qui n'en savent guère; et je pose la plume pour les questions d'histoire, de littérature et de géographie, parcourant toute la terre et tous les temps, après quoi je reviens à vous.

Pardonnez-moi donc de ne point vous dire tout ce que j'ai dans le cœur; vous savez assez quel tendre attachement vous a voué

Votre ami.

XXI

A M. L...

Paris, 27 août 1845.

Mon cher ami,

Si ma petite Marie savait écrire, elle vous écrirait assurément, pour vous remercier de l'avoir aidée à devenir chrétienne. Car si Dieu continue de lui prêter vie, comme il a fait jusqu'ici, il y a lieu d'espérer qu'elle le servira longtemps sur la terre. Pour le dire en un mot, on a pensé que vous apprendriez avec plaisir que votre filleule se porte bien, et se conduit encore mieux : ayant fini par s'entendre à merveille avec sa bonne mère, qui la nourrit sans trop de fatigues. Je ne sais rien de plus doux sur la terre que de trouver en rentrant chez moi ma femme bien-aimée avec ma chère enfant dans ses bras. Je fais alors la troisième figure du groupe, et je demeurerais volontiers des heures entières dans l'admiration ; si, tôt ou tard, des cris ne venaient me rappeler que la pauvre nature humaine est bien fragile, que sur cette petite tête bien des périls sont suspendus, et que toutes les joies de la paternité ne sont données que pour en adoucir les devoirs.

Mais puisque de sitôt Marie ne sera en mesure de correspondre avec son honoré parrain, je veux, à sa place, vous remercier encore une fois d'avoir bien voulu quitter pour nous tout ce que vous aviez de plus cher. J'espère que vous avez retrouvé madame L... et votre enfant bien portants. Après tant d'épreuves, la divine Providence vous ménagera quelques moments de repos et de bonheur. C'est par ces alternatives qu'elle exerce les chrétiens, et si elle aime le courage du juste qui soutient les tribulations, elle aime aussi à se voir servie avec joie et bénie par une famille heureuse qui lui rend grâces de ses bienfaits !

Écrivez-moi donc, mon cher ami, et dites-moi si vous allez à la campagne. Pour nous, on nous envoie prendre l'air à Nogent, qui est un joli village au delà de Vincennes. Amélie a besoin de respirer un peu après sa longue captivité de cet hiver. L'enfant n'y perdra rien ; et moi-même je ne serai pas fâché de prendre quelques vacances. De tout cet été je n'ai guère vu d'autre verdure que celle du tapis vert autour duquel nous faisons les examens de baccalauréat. Depuis trois jours je siége depuis dix heures du matin jusqu'à sept heures du soir ; et je ne puis même vous écrire ici que dans les courts intervalles entre la question de géographie et la question d'histoire. Voilà pourquoi je ne vous entretiendrai guère des grandes affaires du temps. Je vous dirai seulement que le bref du Souverain Pontife continue de faire sentir ses effets. Le nombre de nos conférences s'est accru depuis un mois de cinq. Nous en comptons six à Londres. Vous vous souvenez comme nous vous grondâmes quand vous amenâtes, en 1833, ce pauvre de la Noue, qui portait notre nombre à neuf : aujourd'hui nous sommes environ neuf mille.

Vous voyez que ces pauvres catholiques ne sont pas encore morts. Toujours comme du temps de saint Paul : *Quasi morientes et tamen viventes*.

Adieu, cher ami ; priez pour votre filleule, sans oublier son père et sa mère. Un lien sacré nous unit désormais devant Dieu et devant les hommes.

XXII

A M. L...

Nogent-sur-Marne, 11 septembre 1845.

Mon cher ami,

Pardonnez, si je réponds un peu tard à votre dernière lettre. Elle m'est venue trouver à la campagne, où je vis depuis tantôt quinze jours.

C'est une action méritoire d'avoir repris votre long travail sur saint Bonaventure; et ce mérite vous a porté bonheur, si j'en puis juger par mon impression. J'ai lu attentivement vos treize pages, et j'y ai trouvé ce qu'on désire le plus dans une traduction, et ce qu'on y trouve le moins, c'est-à-dire un style naturel, sans contrainte, sans affectation, sans néologisme, rien qui rappelle la présence du traducteur, et qui laisse regretter l'original. Je connais assez les difficultés de ce genre de besogne pour m'étonner de la façon dont vous les avez vaincues. J'ai adopté le système de coupures dans les fragments dont j'ai donné la traduction à la fin de mon volume sur Dante, et qui n'y venaient qu'à titre de pièces justificatives. Je répugnerais, au contraire, extrêmement à mutiler un auteur qu'il s'agit de faire connaître et comprendre. Ces lenteurs, qui m'impatientent, peuvent aider d'autres esprits ; et ces allusions obscures, qui me découragent, sont peut-être celles où d'autres, plus laborieux que moi, trouveront des lumières inattendues. Continuez donc, mon cher ami, ce travail épineux, en le mettant sous la protection du saint qui voulut sans doute servir Dieu non-seulement auprès de ses contemporains, mais auprès de la postérité. Je vous recommande toujours, comme modèle de style : la *Connaissance de Dieu et de soi-même*, le *Traité du libre arbitre*, et l'*Instruction sur les états d'oraison*, par Bossuet. Joignez-y la *Logique de Port-Royal*. Au fond la langue française dérive surtout du latin scolastique, et c'est lui qui a fait l'éducation de tous nos grands écrivains.

De mon côté, je pousse, autant que je puis, mon interminable volume sur l'*Histoire de la civilisation chrétienne chez les Germains*. Le séjour de la campagne me donne un loisir que je ne connaissais pas depuis longtemps. Nous sommes à trois quarts d'heure au delà de Vincennes, sur un coteau qui domine la Marne. Le jardin est grand, l'air très-pur, le temps admirable. Ma femme reprend rapidement ses forces, et mon enfant se développe comme une petite fleur. C'est un de ces moments de bonheur comme il y en a bien peu dans la vie, et qui font sentir de plus près la bonté de la Providence.

Nous comptons bien que vous viendrez cet Avent entendre le Père Lacordaire. D'ici là, ayez soin de vous aux premiers brouillards d'octobre; conservez-vous pour vos amis. C'est un peu vous conserver pour moi.

XXIII

A M. L..

Paris, 30 décembre 1845.

Mon cher ami,

Laissez-moi vous remercier vivement de votre aimable lettre : je suis plus touché qu'on ne peut dire de tous vos vœux pour notre bonheur, et surtout pour notre petit ange qui vous doit un peu ses ailes, puisque les anges de la terre n'en ont pas d'autres que la foi et la charité, conférées au sacrement de baptême. Croyez bien, mon ami, que si vous avez rempli ces fonctions de parrain avec une piété et une préoccupation de conscience, qui sont aujourd'hui bien rares, votre filleule apprendra aussi de bonne heure à connaître ce bienfait autrement qu'on a coutume de le faire. Votre nom sera un des premiers qu'on mettra sur ses lèvres, quand elle commencera à prier Dieu. Le temps me dure que ce soit bientôt. Il me semble qu'aussitôt que cette pauvre petite créature, si douce et si innocente, pourra murmurer une prière, il n'y aura plus rien que le ciel puisse lui refuser.

Cette année, ce sera nous, mon cher ami, qui la remplacerons, et si nos vœux sont moins purs, croyez-bien qu'ils ne seront pas moins vifs. Vous avez traversé, très-jeune encore, beaucoup d'épreuves, et par moment il semble que vous pliez sous le fardeau que Dieu vous a imposé; mais vous savez que son joug est doux et son fardeau léger, parce qu'il en porte la moitié la plus lourde; plus que tout autre, vous avez le secret de cette résignation qui est le fond même du christianisme. Ce que je souhaite donc, ou plutôt ce que j'espère, c'est qu'après vous avoir éprouvé, la divine miséricorde vous montrera des jours meilleurs, et que la joie rentrera avec la santé dans votre maison. Vous verrez votre cher enfant grandir en âge et en sagesse, et se rendre digne de l'éducation excellente que vous lui donnez. Il faut croire aussi que la société ne laissera pas plus longtemps sans emploi un dévouement qui pourrait lui être utile, et que cette année réparera enfin les torts des précédentes en vous donnant à remplir des fonctions plus actives.

Quoi qu'il en soit, je vois avec plaisir que vous avez pris le bon parti, en vous créant vous-même des occupations honorables et qui peuvent servir au bien public. Vous donnez un bon exemple en vous mettant à la tête de la société archéologique de Sens. J'ai toujours estimé que les laïques serviraient encore mieux la foi en s'emparant de tous les détails de la science pour les traiter chrétiennement, qu'en restant dans les généralités de l'apologétique où les théologiens ont laissé peu de chose à faire. J'approuverais tout à fait, par la même raison, le traité auquel vous songez et dont je serai curieux de vous entendre exposer le plan, surtout si c'est bientôt, et que nous y trouvions une prochaine occasion de vous revoir. Mais ce ne serait pas une raison d'interrompre votre traduction de l'*Itinerarium*, qui est si bien commencée et qui ferait à elle seule une excellente petite publication, lors même que vous n'y ajouteriez rien de plus.

Je ne saurais vous dire, mon cher ami, combien je suis charmé de cette activité où je vous vois. Je pense bien que vous ne négligez pas non plus la conférence de Saint-Vincent de Paul, et vous me paraissez en voie de faire un jour plus de bien par votre zèle libre et indépendant, que par toutes les attributions que la magistrature aurait pu vous conférer. Qui sait même si, en vous fermant pour quelque temps une carrière qui vous aurait absorbé tout entier, Dieu n'a pas voulu se réserver une partie de votre vie pour des intérêts plus grands?

Quant à moi, j'ai repris le fardeau annuel de mon enseignement, au milieu des inquiétudes que me causent les émeutes suscitées contre M. Lenormant, à la Sorbonne. Je les ai vues de près, et je puis vous assurer qu'il ne s'agit point d'un soulèvement des écoles, ni du fanatisme d'une troupe de jeunes gens échauffés. C'est beaucoup moins, et c'est beaucoup plus. C'est une affaire arrangée sans passion, mais avec un indigne calcul dans les bureaux de quelques journaux révolutionnaires, afin d'entretenir le public irréligieux dans cette espèce de fièvre où il était ces dernières années, et de susciter de nouvelles difficultés au gouvernement. Comme ces gens là y mettent toute l'opiniâtreté d'un parti pris, et que le gouvernement y met toute la faiblesse qu'il a continué de montrer dès qu'il s'agit de protéger les croyances, il y a lieu de craindre que les violences se renouvellent, et n'y eût-il, comme la dernière fois, qu'une soixantaine de tapageurs, s'ils reviennent dix fois, ils finiront bien par faire fermer le cours. Du moins, ne sera-ce pas sans protestations énergiques : car la jeunesse chrétienne s'est montrée plus ferme que de coutume dans cette affaire, qui aura du moins l'utilité de resserrer les rangs et d'aguerrir les cœurs.

Mais vous jugez du chagrin que j'éprouve à voir un enseignement si honorable et si bienfaisant menacé par de telles intrigues, et trahi par la mollesse de ceux dont le devoir était de défendre, là comme ailleurs, la cause de l'ordre public. Ah ! mon ami, qu'il se fait de mal dans le monde par l'inconséquence et la timidité des gens de bien ! Quant à moi, je ferai tous mes efforts pour qu'on ne sépare pas ma cause d'avec celle de M. Lenormant; tant que ses leçons seront troublées, je ne cesserai pas d'y assister, j'userai de toute mon influence sur un certain nombre de jeunes gens pour recruter l'auditoire. Si vous étiez ici, mon cher ami, vous nous aideriez de votre présence et de vos conseils. Soutenez-nous du moins de vos prières. C'est le jeudi 8 que la reprise du cours doit avoir lieu.

Adieu ; je vous embrasse tendrement ; ces pauvres lignes ne peuvent pas vous porter la moitié de ce que nous avons dans le cœur. Venez donc bientôt nous trouver.

XXIV

A M. L...

Paris, 7 août 1846.

Mon cher ami,

Voici quinze jours que je me reproche de ne pas vous avoir répondu et que j'en suis empêché par ces éternels examens qui ne me laissent aucun loisir. Il faut prendre le parti d'écrire sur la bienheureuse table verte, entre la question de grec et celle de mathématiques, entre les collègues qui bâillent et les candidats qui se troublent. Au milieu d'une occupation si peu récréative l'esprit est heureux de s'enfuir un moment, et de s'en aller à Sens vous chercher dans votre paisible demeure où je vous trouve dans la plus aimable compagnie. Je vois avec plaisir que la santé longtemps absente est enfin rentrée chez vous : c'est un grand bienfait de Dieu, qu'il faut tâcher de retenir par la prière d'abord, et ensuite par de bons soins. Ainsi je crois que vous avez une excellente inspiration en vous faisant bâtir une petite habitation au milieu des champs et des bois. Rien ne vaut mieux que le grand air, l'atmosphère embaumée, les exhalaisons même des étables, pour rétablir les personnes délicates. Profitez de la liberté que la Providence vous a donnée pour vivre plus que vous n'avez fait jusqu'ici à la campagne ; le corps s'en trouve mieux et le cœur aussi. Le séjour de la campagne est plein d'enseignement et de consolations dont nous nous privons en nous enfermant dans les murs de nos villes.

Ce n'est pas que vous perdiez votre temps à Sens, et je vous félicite de tout ce que vous y faites pour le bien public. Nous avons ce bonheur, nous autres catholiques, que notre cause veut être servie en même temps de deux manières qui se prêtent à la diversité des esprits : il lui faut des hommes de guerre et des hommes de paix, la croisade de la polémique et le prosélytisme de la charité. J'admire ceux qui combattent glorieusement sur la brèche, mais je ne puis me défendre de préférer pour nos amis et pour moi cet autre ministère moins dangereux, s'il est moins éclatant.

Vous faites plus que vous ne pensez en multipliant, comme vous dites, les *terrains neutres*, et en ajoutant un cercle à votre société de sciences et de lettres. Le bien de ces sortes d'institutions est si évident, qu'il effraye nos plus clairvoyants adversaires. Il y a quelques jours, étant au corps de garde pour mes péchés et pour le service de la patrie, j'entendais la conversation de deux fortes têtes de l'endroit; et le plus habile des deux s'indignait contre ces *sociétés archéologiques*, nouvellement imaginées par les réactionnaires, pour ramener le siècle présent à l'ancien régime, en le ramenant à l'étude du moyen âge. Cet homme avait jusqu'à un certain point raison dans la grossièreté de ses préventions.

Toute l'irréligion en France procède encore de Voltaire, et je ne sache pas que Voltaire ait de plus grand ennemi que l'histoire ; et comment ses disciples n'auraient-ils pas peur de ce passé qu'ils outragent, et qui les écraserait s'ils osaient s'en approcher? Leur peur fait notre force et notre lumière, elle nous montre où doivent porter nos coups. Grattons le badigeon que la calomnie a passé sur les figures de nos pères dans la foi, et quand ces belles images brilleront de tout leur éclat, nous verrons bien si la foule ne reviendra pas les honorer. Or la foule est plus conséquente que ceux qui s'appellent sages : elle ne sait pas comme eux accorder une admiration froide et inefficace; elle n'honore pas sans aimer, elle n'aime pas sans croire. On ne l'a éloignée de nous qu'en nous accusant, forçons-la de nous juger; elle aura assez de justice pour nous absoudre, et de générosité pour réparer son erreur. Faisons-lui voir surtout que nous abhorrons autant qu'elle ces abus qui firent l'ancien régime, que nous ne voulons point des faiblesses et des violences qui compromirent la société du moyen âge, et qu'enfin notre foi toujours jeune est en mesure de satisfaire aux besoins de tous les siècles, comme de guérir les blessures de toutes les âmes.

Voilà ce que des conversations fréquentes apprendront aux habitués du cercle de Sens. Les catholiques y trouveront aussi un autre genre de profit, ils s'accoutumeront à mieux connaître leurs frères égarés, à distinguer ceux qui sont étrangers à nos croyances d'avec ceux qui sont ennemis, à les plaindre, à les estimer, ce qui est beaucoup pour les gagner.

Avez-vous vu plus clair que moi dans la mêlée électorale, et comprenez-vous ce que chaque opinion a perdu de terrain? Pour moi, je suis affligé de la perte de deux hommes dont j'honorais le caractère, M. de Cormenin et M. Béchard. Peut-être rentreront-ils par d'autres colléges. Personne n'a vraiment intérêt à faire taire des voix si franches et si honnêtes. Mais rien n'égale l'emportement des partis. J'ai cherché, avec une curiosité qui n'a pas été contentée, votre nom dans la liste des candidats : c'est une affaire ajournée à quatre ans, et il se pourra bien qu'alors les circonstances vous portent où vous ne voulez pas monter. Jamais du reste on n'avait vu plus de nouveaux noms. S'il en sortait au moins deux ou trois hommes d'État! Maintenant c'est notre devoir de prier pour cette assemblée qui dispose des destinées d'un grand pays, et de solliciter pour elle les lumières dont elle a besoin : il lui en faudra beaucoup, si elle doit rompre avec les mauvaises traditions qu'elle trouvera établies, et nous donner enfin la première des libertés, qui est celle de servir Dieu et de faire du bien aux hommes.

Ne vous scandalisez pas trop de me voir peu au courant de ce qui vient d'exciter si fort l'attention publique et le zèle de nos amis communs. Depuis quinze jours je vis en ermite. Mais ne vous inquiétez point, mon ermitage n'a rien de trop rigoureux : j'ai choisi pour ma Thébaïde les collines de Meudon; ma petite cellule est bien habitée, et j'y fais une retraite peu méritoire entre Amélie et votre chère filleule. Ou plutôt ma pénitence, c'est de ne pas rester autant que je voudrais dans mon désert, et de passer, comme je vous le disais en commençant, le tiers de mon temps à la Sorbonne et un second tiers sur la grande route. Enfin nous bénissons Dieu du bonheur qu'il nous a donné avec notre chère enfant, et nous n'aurions pas de vœux à former si nous ne voyions le chagrin dans la maison de mon beau-père. Vous voyez que je vous mets au courant de nos peines de famille, comme de nos consolations ; c'est assez vous dire combien tout le monde est reconnaissant de votre amical intérêt. J'ajouterai que mon frère l'abbé est venu passer quelque temps auprès de nous, et que Charles continue avec succès ses études médicales.

Recevez les compliments que toute la maison vous envoie. Petite Marie voudrait certainement vous écrire, mais elle dort à l'heure qu'il est.

Votre ami dévoué.

A propos de Saint-Vincent de Paul, vous saurez que le conseil général a écrit une lettre à notre saint-père le pape Pie IX pour le féliciter de son glorieux avénement, lui offrir un exemplaire du Manuel et appeler sa bénédiction sur nos œuvres. C'est votre serviteur qui l'a rédigée dans son plus beau latin. J'ai l'avantage d'être le latiniste du conseil, comme je suis quelquefois le théologien de la Faculté ; j'espère que mes goûts de conciliation sont satisfaits.

XXV

A M. LÉON BORÉ.

Meudon, 22 septembre 1846.

Mon cher ami,

Voilà un bien long silence, et s'il était volontaire, une bien impardonnable ingratitude, après les deux aimables lettres que j'ai reçues de vous. Mais au moment où j'allais prendre la plume pour vous remercier, j'ai été saisi par les premières atteintes d'une grave maladie dont je relève à peine. J'ai eu une fièvre *pernicieuse* d'un caractère alarmant, et peut-être n'en serais-je pas revenu sans les soins excellents de notre ami commun, M. Gouraud, et sans la tendresse intelligente et courageuse d'Amélie, qui m'a singulièrement soutenu dans cette rude épreuve. Enfin, Dieu a bien voulu me laisser vivre afin que j'eusse le temps de devenir meilleur, et comme pour prolonger l'avertissement salutaire de la maladie, la convalescence, qui dure depuis un mois, me retient encore dans un état de faiblesse où tout exercice actif, toute application d'esprit m'est impossible. Je n'ai jamais mieux senti combien l'homme est peu de chose, et je ne puis vous dire combien je suis humilié de voir que, mangeant bien, dormant bien, il suffit d'une heure de travail le plus léger pour fatiguer ma tête et me réduire au repos. Cependant j'use des premières libertés que la médecine m'accorde pour réparer un retard qui pesait sur mon cœur.

Veuillez me servir d'interprète auprès de M. Döllinger, cet ecclésiastique éminent que j'apprends à aimer autant que je l'admire; dites-lui que je lui aurais écrit pour le remercier, si je n'avais été empêché par cette faiblesse qui me permet à peine d'adresser quelques lignes familières à mes plus intimes amis. Vraiment ces messieurs de Munich me comblent de bontés, bien au delà, non-seulement de mes espérances, mais de mes désirs. Ils ont égard à ce que je veux, bien plus qu'à ce que je fais, à la cause que je sers, bien plus qu'à mes services, et c'est par là seulement que je puis m'expliquer la désignation que l'académie de Munich a bien voulu faire, et qui est assurément un honneur trop grand pour moi.

Pour ajouter encore à tant de bonté, pourriez-vous me faire une liste de quelques ouvrages allemands, d'une littérature agréable et saine, point frivoles ni trop volumineux, entre lesquels mon jeune beau-frère choisirait pour traduire. Il sait parfaitement l'allemand, et Dieu, qui l'a privé de tant de choses, lui a donné une très-belle intelligence. Il a surtout besoin de ne pas se sentir inutile en ce monde, et serait très-heureux de faire connaître à la France quelques bons livres étrangers. Quelque chose de semblable à la *Jeanne d'Arc* de Guido Gœrres, par exemple.

De mon côté, vous avouerai-je, mon cher ami, que je n'ai presque rien fait pour vous? J'ai été longtemps débordé par des occupations innombrables et toutes impérieuses, à l'excès desquelles on a même attribué ma maladie; maintenant je suis condamné à un désœuvrement complet; afin de me distraire des livres et des hommes, on m'a relégué dans les bois de Meudon. Enfin je tâcherai de me mettre en règle avant mon départ, afin de ne pas être trop confus quand je vous reverrai à Munich. Ma femme prétend m'empêcher d'écrire trop longuement, mais je soupçonne qu'elle a voulu se réserver le plaisir d'entretenir madame Boré de nos projets de voyage, qui sont si près de se réaliser. Enfin je me laisse arracher la plume par obéissance, ne fût-ce que pour donner le bon exemple à tous les maris de la terre, et je finis brusquement en vous priant de présenter mes hommages à madame Boré, de vous souvenir de moi quand vous écrirez à votre bon et admirable frère, et de recevoir pour vous l'assurance d'une amitié déjà vieille, mais toujours chaleureuse.

A la fin de 1846, Ozanam venait de faire une très-grave maladie ; épuisé par un travail incessant et excessif, surchargé d'occupations, il perdit bien vite ses forces. Les médecins ordonnèrent une année de repos ; mais avec une activité si dévorante, une imagination si vive, comment passer toute une année oisif? Il n'y avait d'autres moyens que les voyages. Il partit pour l'Italie. Ce fut là une mine féconde où il puisa avec son ardeur accoutumée.

Il visita le Midi de la France, puis Gênes et Florence, pour passer ensuite l'hiver à Rome ; cet hiver lui fit grand bien. Au printemps, il visita le mont Cassin, puis il partit dans un de ces grands voiturins italiens, manière charmante de voyager que l'on ne connaît plus aujourd'hui, qui ne pressait pas et vous laissait entier à l'admiration et à la jouissance de ce beau pays ; il parcourut ainsi, à petites journées, toute l'Ombrie, les Romagnes, Ravenne, Venise, la Lombardie, et pénétra par le Splugen et le pays de Coire jusqu'à Saint-Gall, nom qui se rattachait à ses *Études germaniques*. Après Einsiedeln et la Suisse, il suivit le Rhin de Bâle à Cologne, puis reprit le chemin de la patrie par la Belgique et rentrait en France rétabli et l'esprit reposé.

Nous mettons ici, à leur date, quelques-unes des nombreuses notes de voyage d'Ozanam. Ces voyages se firent, ainsi que l'a dit M. Ampère, « au milieu d'un perpétuel enchantement. » Il emportait une invariable bonne humeur, une aimable gaieté qui fut un des grands charmes de sa compagnie. Il prenait beaucoup de notes, relevait des inscriptions, et glanait de tous côtés. Il partait avec un esprit curieux et enthousiaste ; les monuments, les beautés de la nature et les lieux historiques, dont sa vive imagination faisait revivre toutes les scènes, l'impressionnaient fortement. Chacun de ses livres fut le fruit d'un voyage. Il publia au retour les *Documents inédits pour servir à l'histoire littéraire de l'Italie depuis le huitième jusqu'au treizième siècle*, et après les *Poëtes franciscains*.

NOTES DE VOYAGE

FLORENCE VUE DU DOME.

Le 8 janvier 1847.

A la faveur d'une belle journée, nous sommes montés à la coupole de la cathédrale; nous en avons fait le tour intérieurement, en admirant la beauté du pavé en mosaïque dessiné par Michel-Ange, mais en regrettant ces ouvertures étroites qui ne laissent pas pénétrer le regard dans les trois nefs pour saisir l'ensemble de l'édifice. Cette impression défavorable s'est bien effacée lorsque, arrivés à la lanterne, c'est-à-dire à trois cents pieds de hauteur au-dessus du sol, nous avons découvert une des plus admirables vues qui soient au monde. Sous nos pieds la grande coupole avec les sept petites coupoles qui lui servent de contre-forts, comme une montagne de marbre, si élevée que le reste de la cathédrale semblait petit et fuyait bien loin au-dessous. Devant nous le campanile de Giotto, la plus belle tour qui ait jamais porté au ciel les prières des hommes. On reconnaît d'ici qu'elle est aussi parfaitement achevée au sommet qu'à la base, et que les moindres détails n'y sont pas travaillés avec plus de conscience là où ils peuvent captiver l'admiration de la foule, qu'à cette hauteur où ils ne sont vus que des oiseaux et des anges. Plus bas et comme écrasé, le baptistère de Saint-Jean. Il semble bien humble, et c'est cependant cet ancien temple de Mars, devenu la première cathédrale de Florence, et plus tard le baptistère commun de la ville et du territoire; c'est là le germe d'où devaient sortir tant de grands hommes et tant de monuments.

Étendons nos regards. Voici près du *ponte Vecchio* l'église des Saints-Apôtres bâtie par Charlemagne; d'un autre côté le clocher de Badia, l'une des sept abbayes fondées au dixième siècle par le comte Hugues, lorsqu'il eut dans la forêt cette vision de l'enfer qui toucha son cœur endurci. Au delà de l'Arno, San-Miniato bâti en 1013, par l'empereur Henri le Saint ; il semble que l'âme virginale du pieux fondateur se soit réfléchie dans ce gracieux édifice, dont la façade est le premier modèle des églises de Pise et de Lucques. C'est là que le Crucifix miraculeux baissa la tête pour approuver Jean Gualbert de l'héroïque pardon accordé à son ennemi.

Je me rappelle les merveilleux commencements de l'ordre de Vallombreuse, et ses luttes contre les évêques simoniaques; les femmes de Florence se réunissant en habits de veuves dans l'église de Saint-Pierre le Majeur pour se plaindre au prince des Apôtres de l'abandon où il a laissé son peuple; enfin le moine Pierre subissant l'épreuve judiciaire et passant au milieu des feux pour établir la culpabilité de l'évêque dont la déposition par le pape arrache Florence au despotisme féodal, l'attache pour jamais au parti de l'Église et de la liberté, et commence l'ère glorieuse de la république.

C'est aussi l'ère du génie. — Je vois les commencements de cette architecture menaçante qui convenait aux vieux Florentins. Il reste bien peu des tours qui hérissaient l'ancienne ville, lorsqu'en une seule fois, par exemple, on en renversa cent cinquante. Les Médicis ont abattu ces hauteurs comme Tarquin les pavots de son jardin. Cependant voici encore le palais de l'ancienne seigneurie, le *Bargello*, élevé par Lapo, et le beffroi qui chaque soir sonne le couvre-feu comme au temps de la république. Voici le palais Vieux et sa tour, bien digne par sa fierté de l'inscription qu'on y lit :

J. C. REX FLOR. ELECT. DECRET. S. P. Q. (1).

---

(1) Jésus-Christ, roi de Florence, élu par un décret du Sénat et du Peuple.

Je reconnais un peuple qui ne veut obéir qu'à Dieu, et qui encore ne lui obéira pas toujours. — Voici la loge d'Orcagna, ce portique ouvert où l'on faisait l'inauguration des magistrats, la publication des décrets, les principales cérémonies politiques quand tout se passait au grand jour et que les affaires de l'État étaient les affaires de tous. Non loin de là, s'élève Orsanmichele, orné de onze tabernacles où les douze corporations des métiers de Florence avaient placé ces belles statues, symboles de leur union, de leur piété et de leurs richesses. — Aux deux extrémités de la ville, au couchant et à l'Orient, Sainte-Marie-Nouvelle et Sainte-Croix, comme deux postes avancés des fils de saint Dominique et de saint François, pour la défendre contre l'hérésie et la corruption. Ces deux églises sont contemporaines du palais Vieux et de la cathédrale ; tant d'édifices ont été entrepris en vingt ans par cette même ville qui, depuis trois siècles, ne s'est pas trouvée assez riche pour achever la façade du Dôme. Il ne faut pas oublier du côté du nord l'*Annunziata*, berceau de l'ordre des Servites, fondé au treizième siècle par sept pieux citoyens de Florence ; et, enfin, si l'on veut descendre jusqu'au temps des Médicis, les palais Pitti, Strozzi, Riccardi, avec leurs murailles cyclopéennes, et le couvent de San Marco, encore tout rempli du souvenir de Savonarole.

Voilà ce que je découvre du haut de la coupole

de Brunelleschi. Mais si par la pensée je pénètre dans ces édifices dont je n'aperçois que les murs, je les trouve couverts et tout animés de peintures immortelles.

Comment, à l'ombre d'une architecture si sévère, a pu se développer et s'épanouir une peinture si naïve, si pleine d'innocence, de grâce et d'un céleste éclat? Comment au milieu des guerres civiles, des trahisons, des vengeances, a pu se faire l'éducation de toute cette école de peintres qui a des anges dans ses rangs? Où prenaient-ils ces vierges et ces chérubins? C'est qu'il faut passer par la croix pour aller à la gloire ; c'est dans les rigueurs de la pénitence et les douleurs de la vie que descendent les visions du ciel; c'est de la souffrance que naît l'amour, et de l'amour toutes les sortes de beautés.

Tout ce mystère de l'art florentin est déjà contenu dans la *Divine Comédie*, où mes pensées reviennent naturellement en apercevant la pierre sur laquelle Dante venait s'asseoir. Les abords du poëme ont aussi je ne sais quoi de menaçant et de sinistre. Mais passez la porte et franchissez l'enceinte de l'Enfer, et vous verrez si les images du Purgatoire n'égaleront pas les plus charmantes compositions de Giotto, et si le Paradis du poëte n'est pas aussi lumineux que celui d'Angelico de Fiesole.

Le jour baisse et je n'ai pas le temps de m'arrêter à ce dôme écrasé de Saint-Laurent de Médicis, qui fut bâti pour être le tombeau des princes, mais qui est aussi le tombeau de la liberté. Deux tyrans y dorment sous la garde des statues de Michel-Ange. Ce grand homme fut peut-être le plus savant des statuaires chrétiens, mais il en fut le dernier ; il enterra noblement la sculpture naïve du moyen âge, et laissa le mauvais exemple d'avoir cherché à étonner les hommes au lieu de les toucher et de les instruire.

Il vaut mieux jeter un dernier regard sur les collines qui entourent Florence, Fiesole, San Miniato, et les autres avec leurs contours harmonieux et leurs croupes si belles quand elles sont chargées de verdure. Alors la cité de marbre semble vraiment comme un ouvrage d'albâtre et d'ébène déposé dans une corbeille de fleurs : et l'on comprend cette étymologie du vieil historien Malespini, selon qui on la nomma *Fiorenza*, parce qu'elle était la fleur des Villes.

Nous redescendîmes à la lueur des flambeaux les interminables escaliers de la coupole ; arrivés au bas de l'édifice, nous nous trouvions bien petits, en vérité, et cependant, en y réfléchissant mieux, nous trouvions les hommes bien grands d'avoir pu élever ces monuments du haut desquels ils paraissent si petits.

FLORENCE.

Plus je passe devant ce dôme, plus j'en admire la hardiesse et la majesté. Je le comparais à une montagne; en effet, il en a les pentes abruptes, et la vue n'étant point arrêtée par la saillie des nefs mesure toute la hauteur de la coupole. Ces marqueteries, ces décorations des fenêtres, ces rinceaux de feuillages, ces légers fleurons, sont comme les riches minéraux, comme les plantes grimpantes et fleuries qui tapissent les flancs de l'Apennin. — Au sommet la croix s'élève comme la pensée de Dieu règne sur les sommets solitaires que visitent rarement les bergers et les chasseurs.

Florence est vraiment l'Athènes des temps modernes. Ses vieux monuments ont la beauté dorique, la beauté calme, sévère, quelquefois menaçante; mais la force y a produit la grâce. Voyez la loge d'Orcagna, Orsanmichele, le Campanile même, crénelé comme une tour de défense, enfin et surtout cet incomparable Dôme, gigantesque comme une montagne sortie de la main de Dieu, et travaillé avec la délicatesse d'une fleur qui sort aussi de la main de Dieu. Les contemporains la jugèrent ainsi; ils l'appelèrent *Sainte-Marie de la Fleur*. Il semble que toute la destinée de l'art est dans l'énigme de Samson : ce chef d'Israël trouva un rayon de miel dans la gueule du lion qu'il avait tué, et il proposa cette énigme aux Philistins : *La douceur est venue du fort...* Or les Philistins, instruits par Dalila, dirent : Quoi de plus doux que le miel et de plus fort que le lion? Ne pouvons-nous pas dire : Quoi de plus fort qu'Arnolfo di Lapo et de plus doux qu'Ange de Fiesole?

Quel pays que celui où, les portes du Baptistère étant mises au concours, on vit paraître à la fois parmi les concurrents Donatello, Brunelleschi, Giacopo della Quercia et Ghiberti! Il faut voir dans Vasari (1) ces assemblées, ces rendez-vous des artistes de Florence, se promenant ensemble devant la cathédrale comme les philosophes et les sculpteurs d'Athènes sur l'Agora et dans les jardins d'Académus. Les grands peintres comprenaient la fécondité de ces entretiens. Ils aimaient à les représenter. De là, les fresques de Giotto au Bargello, de Ghirlandaio à Sainte-Marie-Nouvelle, de Simon Memmi à la chapelle des Espagnols ; et ces beaux groupes de contemporains célèbres conversant ensemble. Là, revivent Dante, Brunetto Latini, Corso Donati ; — Politien, Marsile Ficin, Landino, — Cimabue, Arnolfo di Lapo et Lapo :

---

(1) Vasari, *Vita di Filippo Brunelleschi, scultore e architetto florentino*, t. I, p. 254.

toutes ces figures pensent, mais toutes ces figures vivent.

Voilà le caractère de l'école florentine : nulle part on n'a mieux exprimé la pensée, et nulle part on n'a mieux rendu la vie. Quand la force a rencontré la grâce, quand l'idéal et le réel se sont retrouvés, l'art touche à son apogée, et c'est ce qui arrive à l'avénement de Giotto, le plus grand peintre qui fut jamais, si l'on considère d'où il sortit, et ce qu'il créa.

Cependant l'idéal et le réel ne restent pas longtemps dans cette union féconde. Ils se divisent bientôt, et sont plus particulièrement représentés par des hommes différents. Benozzo Gozzoli, Masaccio, fra Bartolommeo expriment surtout la réalité et la force, Angelico l'idéal et la grâce. J'ai eu tort de dire que le Bienheureux ne traite jamais le nu, qu'il n'a pas le secret des grandes passions, qu'il donne quelque chose de céleste même aux démons, et d'angélique aux damnés. Dans le grand tableau du *Jugement dernier*, de l'Enfer, et du Paradis, les démons ont d'horribles figures, mais ce sont des figures d'animaux qui tiennent du chat et du singe. Le Bienheureux n'a pas su, il n'a peut-être pas voulu mettre l'empreinte diabolique sur la face humaine. Les réprouvés en général expriment plus de douleur que de rage et de perversité. Enfin Angelico a choisi le moment où le Sauveur se tourne vers les élus : « Venez, les bénis de mon

Père. » Avec ces paroles, l'allégresse descend sur toute l'assemblée des Saints. La Vierge surtout est admirable ; enveloppée dans une draperie blanche étoilée d'or, on la voit tout émue de bonheur et d'amour. Il faut bien reconnaître alors que le Bienheureux a aussi sa passion dont il est le peintre. Angelico est le peintre de la joie, il aime à en répéter les expressions, quoiqu'il les varie à l'infini, depuis les traits ravis dans la contemplation de Dieu jusqu'aux anges embrassant si tendrement les âmes sauvées et formant avec elles des danses éternelles sur l'herbe fleurie du Paradis.

Cependant le peintre angélique ne recule point devant les vérités sévères de l'Évangile. Mettant une seconde fois la main au même sujet, il choisit le moment où le Sauveur se retourne vers les réprouvés : *Ite, maledicti*. La pose du souverain Juge n'est point celle d'un proconsul romain, comme à la chapelle Sixtine ; c'est celle du Christ des *Improperia* : « Mon peuple, que t'ai-je fait. » Un reproche plein de douceur ; un Dieu qui ne damne point, mais qui ne peut empêcher le pécheur de se damner. En même temps, une tristesse infinie enveloppe toute la cour céleste ; la Vierge elle-même est frappée de crainte et de douleur.

Dans le *Jugement dernier*, tous les personnages sont vêtus ; mais les réprouvés de l'enfer sont nus comme dans Orcagna. Le nu est même traité avec respect et piété dans le tableau de la *Déposition de la Croix*, à l'Académie des beaux-arts, où le Christ n'est couvert que d'une draperie convenable : de même à la crucifixion de Saint-Marc.

Il ne faut pas croire non plus que le Bienheureux de Fiesole ne fit aucune étude de la réalité. Quand il dut peindre les médaillons dont il orna la grande crucifixion de Saint-Marc, Vasari atteste que les dominicains ne reculèrent devant aucune peine, aucune dépense, pour lui procurer les portraits de ces saints personnages. On a beaucoup dit qu'il aurait cru faire un sacrilége en introduisant des figures profanes et vivantes parmi les images des élus. Vasari atteste que, dans les peintures qu'il fit à Rome pour Nicolas V, il représenta le pape, l'empereur, frère Antonio qui fut archevêque de Florence, et d'autres encore.

Un autre point me frappe, c'est le règne de la tradition au milieu de la liberté des esprits. Il y a certains sujets, certains épisodes qui se répètent nécessairement de peintre en peintre. Ainsi Fiesole reproduit, après Orcagna au Campo Santo, le moine qui se glissait parmi les élus et qu'un démon ramène parmi les damnés. Simon Memmi, au capellone des Espagnols, a un groupe de musiciens et de mondains qui rappelle tout à fait ceux du *Triomphe de la Mort* d'Orcagna. La naissance de Jacob, au Campo Santo, celle de la Vierge d'André del Sarto à l'Annunziata, celle de la Vierge encore et celle de saint Jean, de Ghirlandaio, à Sainte-Marie-Nouvelle, remettent toujours en scène ces belles dames qui vont et viennent si gravement et si gracieusement. De même à la chapelle du palais Ricardi, Gentile da Fabriano, dans le tableau de la cavalcade des Mages, et tant de fois ailleurs.

PISE.

La Cathédrale. — Saint-Marc de Venise m'étonne, mais c'est une basilique toute grecque, c'est Sainte-Sophie qui a passé la mer. Saint-Martin de Lucques me rappelle encore les belles églises romanes des bords du Rhin. Notre-Dame de Pise ne me rappelle rien, rien ne l'annonce. On y retrouve bien sans doute les traditions de l'architecture catholique; mais quelque chose de souverainement nouveau y éclate : cette nouveauté, c'est l'inspiration, c'est le génie italien.

Buschetto et ses compagnons n'étaient que des barbares, ils bâtissaient en 1063; mais ces vieux tailleurs de pierre avaient compris que l'église doit être une Jérusalem céleste, et ils construisirent celle-ci avec tant de légèreté, qu'on ne saurait dire si elle s'est élevée de terre, ou si elle y pose seulement, descendue du ciel. Les quatre-vingt-quatre colonnes qui portent ses cinq nefs sont élancées comme les palmiers des jardins éternels. Des anges qu'on croit peints par Ghirlandaio, mais qui vivent assurément, montent et descendent en groupes charmants le long du grand arc du sanctuaire. Au fond de l'abside, entre la Vierge et saint Jean, le Christ est assis dans sa gloire, écrasant sous les pieds de son trône le lion et le dragon. Le fond d'or sur lequel il se détache est comme la lumière qui émane du Verbe divin pour éclairer le ciel et le monde : *Ego sum lux mundi*. Devant cette grande figure, sous le regard de ces yeux impassibles qui vous saisissent dès l'entrée de la cathédrale, on ne peut que tomber à genoux et dire : *Tu Rex gloriæ Christe, — tu Patris sempiternus es Filius*.

Les anciens maîtres appelaient cette sorte de représentation : une *Majesté* (1). Assurément une majesté infinie règne dans l'abside de Pise, comme une grâce inexprimable dans les colonnades, sans parler de la richesse des marbres, des mosaïques du chœur et de la grande nef, des tombeaux et des

(1) *Cimabue, pictor Majestatis, pro se et famulo suo, pro diebus 5 quibus laborarunt in dicta opera, ad rationem solid. 10 pro die. Morrona.*

Cimabue, peintre de la *Majesté*, pour lui et son aide, pour quatre jours pendant lesquels ils ont fait lesdits travaux, à raison de dix sous par jour.

niches fouillées par les plus fins ciseaux du seizième siècle, des tableaux d'André del Sarto et de Perin del Vaga, qu'envieraient les musées des rois. Il est vrai, je reconnais ici les traces de bien des époques différentes : des chapiteaux sculptés longtemps avant le Christ par quelque ouvrier d'Athènes ou de Corinthe, des colonnes romaines, des ornements imités de la fantaisie orientale, les tributs élégants de la Renaissance et de l'art moderne. Mais cette diversité ne me déplaît pas, j'y vois le christianisme qui a le secret d'employer et de consacrer tout ce qu'il trouve sur la terre; je vois, dans cette église de tant de siècles, l'image de l'église immortelle qui se bâtit avec les élus de tous les pays et de tous les temps.

Les dehors de la cathédrale ont d'autres beautés : cinquante-huit colonnes, divisées en cinq étages, le fronton triangulaire et les ailes ornées d'un acrotère élégant et couronnées de statues, une marqueterie de marbres précieux, des mosaïques resplendissantes au-dessus des portes de bronze. Des inscriptions nombreuses, fières, naïves, enchâssées dans l'édifice, rappellent l'époque de sa construction, l'industrie de l'architecte Buschetto, la richesse des dépouilles employées à construire ce temple national; les croisades des Pisans, la prise de Palerme, la conquête des Baléares et le fils d'un roi musulman emmené à Pise pour y recevoir le baptême.

Mais une cathédrale italienne n'était pas complète au moyen âge, si elle n'avait autour d'elle tout un cortége de monuments, soit pour satisfaire à la surabondance de la piété chrétienne qui n'avait jamais fini de s'épancher, soit pour répondre à tous les besoins de la vie religieuse. Autour de l'ancienne métropole de Milan se groupaient un campanile, deux baptistères, quatre oratoires, les palais de l'évêque et des chanoines, les écoles. Autour de la cathédrale de Pise, le baptistère, la tour, l'hôpital et le Campo Santo. Mais ici le baptistère n'est point un accessoire : c'est par lui-même un monument superbe, plus haut que la cathédrale, presque aussi élevé que le campanile, tel qu'il convenait enfin à une ville où affluaient les navigateurs de l'Orient, où l'on ramenait chaque année des milliers de prisonniers sarrasins, où l'on devait célébrer des baptêmes qui étaient à la fois des triomphes de l'Église et des triomphes de la patrie.

Une des plus grandes beautés de ces édifices, c'est la lumière qui les colore. Le soleil a échauffé et purifié leurs assises de marbre, il les a revêtues comme d'un vêtement blanc et doré, tel qu'on se figure celui des saints. Quand au 15 août, sous les feux de l'été, Notre-Dame de Pise apparaissait ainsi resplendissante, qu'on arborait au haut de la coupole le grand étendard national, le gonfalon rouge avec la croix blanche, qu'on déployait tout autour de l'édifice l'écharpe de soie enrichie d'or et de pierreries appelée la ceinture de la Vierge, ne pouvait-on pas dire que la cathédrale vivait, qu'elle était comme une personne glorieuse et immortelle, comme une épouse parée pour son époux?

Mais ce qui ajoute ici au charme infini de la beauté, c'est le charme des souvenirs. Ces magnifiques édifices sont les trophées des croisades italiennes, de ces croisades mal connues qui précédèrent, préparèrent, secondèrent les nôtres. Ce sont aussi les premières fleurs de l'art italien. L'architecte Buschetto, le peintre Giunta, le sculpteur Nicolas de Pise, ouvrent la longue suite de ces générations inspirées où Cimabue et Giotto ne viennent qu'au second rang. Florence reconnut longtemps cette supériorité pacifique; ses plus grands artistes ne se croyaient pas sûrs de leur pinceau, s'ils n'avaient travaillé au Dôme, à Sainte-Catherine, à Saint-François, s'ils n'avaient étudié l'antique sur quelqu'un de ces marbres que les corsaires pisans rapportaient avec les dépouilles des nations vaincues. Le Campo Santo était pour eux ce que furent les jardins des Médicis pour les artistes du quinzième siècle, quand Laurent le Magnifique y réunit des statues, des bas-reliefs inestimables, et les livra à l'imitation des peintres et des sculpteurs.

SAN GEMIGNANO.

De Florence à Rome, 17 janvier 1847.

Le 17 janvier, par un soleil de mai, nous avons traversé une des plus belles provinces de la Toscane; les oliviers, les chênes verts, les prairies complétaient l'illusion, et rien ne prouvait que nous ne fussions pas aux premières semaines du printemps. Arrivés à Poggibonsi, nous avons pris un barrocino pour nous conduire à San Gemignano. Un siége à deux places suspendu sur le brancard nous reçut tous deux; et le jeune garçon qui nous conduisait se tenait tantôt accroupi, tantôt agenouillé sur une natte à nos pieds. Après avoir traversé un vallon riant et cultivé, on commence à découvrir San Gemignano, posé comme un nid d'aigle à la manière de toutes les villes du Latium et de la Toscane, sur une haute colline; j'ai compté, de loin, dix ou douze tours. A mesure qu'on gravit, la vue devient admirable et s'étend sur un immense horizon. Enfin nous étions à la porte de la ville, défendue par un mur chargé de créneaux et deux bastions à demi ruinés : nous nous sommes enfoncés dans une longue rue qui passait encore sous deux portes, où j'ai cru reconnaître les restes d'une seconde et d'une troisième enceinte, et nous nous sommes trouvés sur la place principale ; d'un côté l'église s'élève sur un parvis précédé d'un grand escalier, et derrière elle un campanile crénelé ; à côté le palais de la commune, en face une sorte de portique ouvert pour abriter les réunions des citoyens, trois ou quatre maisons fortes achèvent l'enceinte. Six grandes tours carrées la dominent et la menacent ; tout le moyen âge est debout dans cet étroit espace. Si l'on entre dans l'église, rien ne vient détromper l'imagination. Les parois des nefs latérales sont entièrement couvertes de peintures. D'un côté l'Ancien Testament et surtout l'histoire de Joseph et celle de Moïse par Bertali, avec les traits légendaires mêlés par les Orientaux, de l'autre le Nouveau Testament par Berna. Dans une chapelle latérale repose sainte Fina, paysanne canonisée dont la mort et les funérailles ont été peintes par Ghirlandaio. Rien de beau comme cette bienheureuse étendue sur son lit de mort et deux femmes qui la pleurent. Dans le chœur trois tableaux de Pérugin, Benozzo et Passignano ; au-dessus de la Porte, une belle fresque de *Saint-Sébastien* par Benozzo, à l'entrée les restes d'un Enfer et d'un Paradis ; enfin, dans le chœur, l'histoire de saint Augustin et dix tableaux par Benozzo Gozzoli. Naïveté charmante de ces fresques !

Incroyable fécondité de ces vieux peintres qui

n'avaient pas assez des murs du Campo Santo, des églises, des cloîtres, des palais de Pise, de Florence, de Sienne, qui pénétraient jusque dans les moindres villes, qui entraient comme d'assaut dans les châteaux et les bourgades fortifiées pour s'y établir en maîtres, et pour s'y établir d'une manière mille fois plus durable que les gouvernements et les seigneurs.

Après une visite trop courte, nous sommes redescendus, toujours emportés par notre barrocino, menés au galop par notre jeune guide qui fredonnait : *Ti voglio bene assai.* Le soleil était couché et la douceur de l'air si grande, que nous ne frissonnions pas sous nos manteaux. Ce plaisir, pris à deux, le soir de ma fête, restera un des plus aimables souvenirs de ce voyage.

CHAPELLE PAPALE AU QUIRINAL.

Rome, 2 février 1847, jour de la Présentation.

C'est la première fois que j'ai vu la Papauté dans tout l'éclat de ses pompes, et dans la personne du nouveau pontife qui la rend si respectable et si populaire. Ce qu'il y a d'insolite pour nous dans ce cérémonial, cette chaise gestatoire, ces éventails de plumes de paon, ce dais, ces degrés du trône couverts d'officiers ecclésiastiques et civils, tous ces détails d'une étiquette qu'on est tenté de blâmer quand on ne la comprend pas, prennent un grand intérêt historique lorsqu'on y reconnaît les derniers vestiges du cérémonial romain sous les empereurs. C'est à la fabuleuse donation de Constantin qu'on faisait remonter le droit qu'avaient les papes de s'attribuer les insignes impériaux, la couronne, la chaise, les plumes, etc. Si la donation est apocryphe, les souverains pontifes n'en ont pas moins légitimement recueilli l'héritage de l'ancien empire. Ils ont sauvé Rome, ils l'ont arrachée, interdite aux barbares. Ils ont continué la conquête civilisatrice. Ils n'ont pas cessé de faire la loi, de rendre la justice, de mettre la paix parmi les hommes... *pacisque imponere morem*. Ils ont conservé la langue, les formes législatives, les arts de l'antiquité. Il était naturel qu'ils en retinssent les usages publics. Ainsi c'est peu de chose que cette faible représentation du Sénat de Rome, et cependant c'est beaucoup d'avoir maintenu au moins le nom du corps sénatorial, qui est comme le premier noyau de la municipalité romaine et de toutes les communes européennes. Le prince assistant au trône rappelle l'alliance du clergé et des laïques, d'où résulte l'harmonie de l'Église. Quoi de plus beau que ces deux évêques Grec et Arménien dans leurs costumes nationaux, témoins de l'antique unité de l'Orient et de l'Occident, témoins de cette admirable tolérance romaine qui, en maintenant une même foi, consacre la diversité des rites? Ils sont là pour montrer qu'une longue infidélité n'a point lassé l'espoir de Rome, et qu'elle compte toujours sur le retour des Églises séparées. De même les pénitenciers de Saint-Pierre représentent toutes les langues de l'Europe, et l'éducation commune que reçurent les peuples réunis en une seule croyance et en un seul culte.

Voici les généraux d'ordres religieux : Bénédictin, Franciscain, Dominicain, Jésuite, chacun rappelle un grand siècle de l'histoire ecclésiastique, une puissance mise au service de Dieu et de l'humanité. Si cependant vous craignez que ce pontife entouré d'un si imposant cortége, porté si haut, au milieu des hommages publics de la chrétienté, ne finisse par oublier qu'il est homme, qu'il est pécheur, attendez que la procession solennelle rentre dans le chœur ; vous verrez le pape descendre de sa chaise triomphale, s'agenouiller devant l'autel comme le dernier des chrétiens, et réciter avec le cardinal qui dira la messe, le *Confiteor* en se frappant la poitrine, il semble qu'il n'ait attiré à lui tant d'honneurs, qu'il n'ait réuni dans sa personne toutes les grandeurs humaines, que pour les humilier et les anéantir devant Dieu.

D'abord je n'apercevais le pape que de loin, sur

son trône, où il distribuait les cierges de la Chandeleur. Mais quand la procession s'est rapprochée, quand j'ai pu contempler de près les traits du Vicaire de Jésus-Christ, j'ai été touché jusqu'aux larmes; j'ai vu cette figure si douce et si sainte, ces yeux et cette bouche qui expriment tant de charité, cette tête qui commence à blanchir, non pas sous les années, mais sous les peines du pontificat. Au moment où il rentrait dans le chœur, je lisais ces paroles de l'*Introït* de la messe, pour le jour de la Présentation; ces paroles qui furent dites du Sauveur et qui s'appliquent si bien à Pie IX : *Veniet desideratus cunctis gentibus, et implebo domum istam gloria* (1). Oui, cette vieille maison du Quirinal si calomniée, si impuissante, disait-on, commence à se remplir de gloire, et tous les peuples regardent de ce côté.

MESSE PONTIFICALE ARMÉNIENNE A SAINT-BLAISE.

3 février.

En comparant le rite Arménien avec celui de l'Église d'Occident, je fais trois remarques. Pre-

(1) « Il viendra, le Désiré de toutes les nations, et je remplirai cette maison de ma gloire. »

mièrement, la perpétuité, l'identité du dogme, le même sacrifice parfaitement reconnaissable sous les formes qui ne varient que par le détail : l'offrande, la consécration, l'élévation, la communion des laïques sous une seule espèce. Secondement, le cérémonial, le costume surtout a bien plus d'antiquité, de fidélité, de majesté. On y reconnaît le caractère immobile de l'Orient, on y voit le génie d'un peuple dont il fallait frapper l'imagination et étonner les yeux. Ainsi, malgré l'esprit nouveau du christianisme qui est un esprit de liberté, qui n'a rien de secret, qui appelle également tous les hommes à la liberté et au salut, le rite arménien aussi bien que le rite grec a consacré l'habitude de fermer le sanctuaire, comme pour dérober les mystères aux yeux de l'assemblée. Troisièmement, la psalmodie qui dure pendant tout l'office et qui est soutenue tour à tour par l'évêque, les officiers et les clercs, n'est qu'une sorte de gémissement faible, languissant et monotone. Quelle différence avec les antiennes de l'Église d'Occident, ses hymnes de triomphe et ses chants tour à tour joyeux et terribles! D'un côté, ce sont bien les soupirs d'une chrétienté affligée et persécutée, qui craint d'élever la voix et de réveiller ses persécuteurs; de l'autre, ce sont les accents de cette société catholique qui a fait les croisades, et qui a conquis la moitié du monde. Il y a deux choses dans la liturgie, une représentation que j'ose appeler dramatique, et une composition musicale : la première, qui tient plus de la matière, est restée plus parfaite chez les Asiatiques, comme la sculpture est plus parfaite chez les anciens. La seconde, qui tient plus de l'esprit, a surtout pris l'essor en Europe : la musique convient mieux à ce besoin de l'infini qui tourmente les modernes.

XXVI

A M. L'ABBÉ OZANAM.

Rome, 17 février 1847.

Mon cher Alphonse,

J'ai bien besoin que tu prennes ma défense contre les mauvaises langues qui doivent accuser ma paresse et mon silence. Je te prie de m'excuser auprès de tous ceux à qui je n'écris pas. Je voudrais aussi que Charles passât chez M. Ampère pour demander de ses nouvelles, de celles de M. Ballanche et de madame Récamier, en ajoutant que j'écrirai dans quelques jours et que je suis bien honteux de ne l'avoir pas fait. La vérité est qu'à Florence mon temps a été entièrement pris par mes recherches dans les bibliothèques. Depuis que je suis ici, je me suis fait un scrupule de conscience de rien écrire avant d'avoir fini mon interminable préface, laquelle touche à sa fin. Mais quelques jours après mon arrivée j'ai été pris d'un malaise nerveux sans éprouver cependant aucun symptôme alarmant, ni rien qui ressemblât aux accès de fièvre de cet été.

Seulement je ne pouvais pas travailler, et je me trouvais parfaitement en harmonie avec l'esprit public qui n'était tourné qu'aux fêtes et aux divertissements.

Amélie a longuement conté à sa famille les plaisirs que nous nous sommes donnés. La vérité est que nous ne nous sommes pas refusé les joies permises et que nous avons pratiqué la maxime :

Si fueris Romæ, Romano vivito more.

Cependant nous prenons le proverbe dans toute son étendue, et comme nous nous sommes divertis avec les Romains, nous tâchons aussi de nous sanctifier avec eux. Samedi, 13 février, nous savions que le Pape dirait la messe à Saint-Apollinaire qui est l'église du séminaire de Rome, et que peut-être il y donnerait la communion aux laïques. Nous nous étions préparés, et le matin à sept heures et demie nous entrions à Saint-Apollinaire. Autour de l'église étaient suspendus des festons de verdure et la terre était jonchée de feuillages. On avait orné l'intérieur de draperies blanches, rouges, jaunes, bleues, à bordures d'or et d'argent, avec beaucoup de lustres, de candélabres et de flambeaux. Ces décorations qui choquent un peu nos regards, accoutumés à la nudité majestueuse des églises gothiques, ont cependant je ne sais quoi de joyeux et d'aimable. Elles conviennent à un peuple qui traite Dieu plus familièrement, plus tendrement, elles ont un air de fête de famille qui finit par me plaire. C'était bien une fête de ce genre qu'on allait célébrer. Les élèves du séminaire, au nombre d'une centaine, rangés sur la porte, attendaient en silence, mais tout rayonnants de plaisir. A huit heures et quart les cloches ont sonné, et le Pape est entré avec un cortége peu nombreux : quelques officiers de sa chambre, quelques prêtres, et six gardes nobles qui se sont tenus debout l'épée nue à l'entrée du chœur. Une vingtaine de Suisses distribués dans l'église y maintenaient l'ordre. Le Pape était en mozette rouge et en soutane blanche, le chapeau rouge à la main. Il s'est agenouillé sur un prie-Dieu au pied du grand autel, au milieu des séminaristes dont les files pressées encombraient le chœur. Il a dit une messe basse, assisté seulement de quatre prêtres, lentement et avec une grande piété : au moment de la communion, tous les élèves sont allés deux à deux recevoir la sainte Eucharistie de la main du Saint-Père qui avait bien vraiment l'air d'un père au milieu de ses fils. Jusqu'ici tout était édifiant; mais ce qui est devenu sublime, c'est quand le pape, en finissant de donner la communion aux ecclésiastiques, a exprimé le désir de la distribuer au peuple. Alors les gardes se sont écartés, et on a vu le souverain pontife descendre de l'autel tenant le saint Sacrement dans ses mains : en même temps, un mouvement s'est fait dans la foule pour aller au-devant de lui et se jeter à la sainte table. Les marches étaient couvertes de deux rangs de fidèles, serrés, troublés, émus jusqu'aux larmes. Point de distinction. Il y avait là, la reine douairière de Saxe, de pauvres Italiennes, des femmes, des hommes de différentes nations, et mon Amélie et moi dans cette foule, à côté l'un de l'autre, comme nous l'avons toujours été dans le bonheur et dans le malheur, comme nous espérons l'être jusqu'au bout de la vie et après la vie. Que nous aurions voulu avoir avec nous tous ceux que nous aimons ! Le cortége sacré s'est approché de nous. J'ai vu cette admirable figure de Pie IX tout éclairée par les flambeaux, tout émue par la sainteté du moment, plus noble, plus douce que jamais. J'ai baisé son anneau, l'anneau du pêcheur qui depuis dix-huit siècles a scellé tant d'actes immortels. Puis j'ai tâché de ne plus rien voir, de tout oublier pour ne plus songer qu'à celui qui est notre maître à tous et devant qui les pontifes ne sont que poussière. Une demi-heure après, la messe d'action de grâces étant dite, le pape est sorti au milieu de la foule agenouillée pour recevoir sa bénédiction.

Nous verrons d'autres fois Pie IX au milieu des pompes de la papauté ; mais il était touchant de le voir cette fois, visitant son séminaire comme un prélat consciencieux, et communiant son peuple comme un bon prêtre. On s'attend ici à trouver des cérémonies magnifiques, mais on aime bien mieux à les trouver édifiantes. C'est encore un des traits du caractère de Pie IX de rentrer dans ces fonctions pastorales un peu effacées jusqu'ici par les devoirs politiques. Quoi de plus petit aux yeux des gens du monde que de prêcher, de dire la messe, de donner la communion, de faire les fonctions du moindre curé de village ? C'est cependant par là que Pie IX gagne les âmes, et c'est en gagnant les âmes que les grands papes des premiers siècles ont conquis toute l'Europe. Vous verrez que ce sera l'évêque de Rome qui réconciliera encore une fois le monde avec la papauté.

Je ne me lasse pas de voir, de revoir ce saint homme qui semble destiné à faire sans effort, sans bruit, sans froissement une des plus bienfaisantes révolutions, et qui paraîtra peut-être dans l'avenir comme l'auteur d'une ère nouvelle. Amélie vous a écrit les détails de notre audience. Nous avions déjà vu le Pape à la chapelle du Quirinal, dimanche dernier je l'ai revu à une procession du Saint-Sacrement à l'église de Saint-Pierre. Nous ne serons contents que lorsque nous l'aurons trouvé, comme l'ont trouvé plusieurs étrangers de notre connaissance, se promenant à pied hors de la *Porta Pia*. Du reste, il est ici dans toutes les conversations et dans tous les cœurs. Sa personne soutient bien ce rôle glorieux et populaire, sa taille est haute et bien prise, son visage assez coloré, et comme il n'a que cinquante-quatre ans, il conserverait encore un air de jeunesse, si ses cheveux ne commençaient à grisonner et si quelques rides ne trahissaient déjà la fatigue du pontificat. On dit que depuis son élection il a beaucoup changé; mais ce qui ne change point, c'est l'expression de sa figure; je n'ai jamais vu réunies ensemble plus d'élévation, de candeur et de bonté! Quand il parle, il ne tarde pas à s'émouvoir, et cette émotion, cette voix pénétrante remue tous les cœurs. Il y a trois cents ans — depuis Pie V — que l'Église n'a pas eu de pape canonisé; mais celui-ci pourrait bien renouer sur la chaire de saint Pierre la longue chaîne des Saints.

Je m'aperçois que je ne finis pas, et qu'il faut cependant finir. Ne pense pas, cher frère, que j'aie oublié tes commissions. Déjà je t'ai acheté quelques petits livres de piété du quatorzième siècle. Mille choses à notre bonne vieille Marie, nous ne l'oublierons jamais. Adieu, mes bons frères, Amélie veut se charger de répondre elle-même à vos bonnes lettres; petite Marie qui nous voit écrire veut absolument de l'encre et du papier; elle barbouille depuis une demi-heure à côté de moi une lettre qui ne mérite pas l'honneur de vous être envoyée.

Tout à toi.

XXVII

A M. PROSPER DUGAS.

Rome, jour de Pâques 1847.

Mon bien cher ami,

Il y a longtemps que vous accusez mon silence, et vous ne comprenez pas qu'après avoir été si affectueusement accueilli par mes amis de Lyon, j'aie pu rester quatre mois sans leur adresser quelques lignes de souvenir. Vous verrez cependant que je ne suis pas sans excuses et que j'en ai malheureusement de trop légitimes. D'abord presque en vous quittant, comme je visitais les ruines de l'abbaye de Montmajour près d'Arles, je me suis maladroitement foulé le poignet de manière à passer un mois sans pouvoir toucher une plume. Quand j'ai repris l'usage de mes doigts, j'ai dû réparer le temps perdu et m'employer sans réserve aux recherches dont M. le ministre m'avait chargé ; je voulais lui adresser un premier rapport avant de rien écrire pour ma satisfaction personnelle.

Enfin j'avais acquitté ma dette, et je croyais avoir

un peu de loisir, quand un grand malheur est venu nous frapper, troubler tous nos projets, et m'ôter pendant quelque temps toute liberté d'esprit et de cœur. Un frère de ma femme, que nous avions quitté avec beaucoup de chagrin, mais avec la confiance de le retrouver à notre retour, a été enlevé tout à coup par une crise imprévue. Cette affreuse nouvelle nous est arrivée au moment où nous venions de finir une neuvaine avec la sainte sœur Makrena pour sa guérison. Il est bien vrai que les prières de la vierge polonaise n'ont pas été perdues : notre bien-aimé frère, qui avait eu la vie d'un martyr, a fait la mort d'un saint; à l'âge de vingt-trois ans il a quitté la terre, je ne dis pas avec une résignation, mais avec une joie toute divine; il laisse le vide le plus désolant dans sa famille dont il était l'âme, dont il faisait la douleur par ses souffrances et la consolation par ses vertus, par sa sérénité, par sa grande intelligence. Sa sœur ne s'est pas encore relevée d'un coup si terrible, et depuis vingt jours je n'ai guère d'autre soin que de la soutenir dans son affliction.

Nous serions même aussitôt partis de Rome, sans attendre la semaine sainte, si nous n'avions été retenus par des lettres de nos parents qui nous laissent entrevoir la pensée de venir nous rejoindre eux-mêmes ; cependant nous attendons encore leur réponse définitive, et dans le délai que nous donne cette incertitude, je saisis un moment pour vous assurer, cher ami, que je ne vous ai point oublié. Vous avez pris depuis longtemps vos mesures pour que l'oubli fût impossible, et vous n'aurez pas de peine à me croire, quand je vous dirai que votre souvenir m'a accompagné dans tous les beaux et saints lieux que j'ai visités, au tombeau des saints Apôtres où j'ai porté souvent des prières bien faibles, mais un peu moins froides qu'ailleurs, et enfin devant ce bon et admirable Pape dont vous voulez surtout que je vous parle : car pour vous, comme pour tous ceux que je vois ici, pour l'Italie comme pour le monde catholique, le grand événement, la grande affaire, celle qui peut décider toutes les autres, c'est le pontificat de Pie IX.

C'est bien le moment de vous parler de la Papauté, quand je viens d'assister à ses pompes les plus solennelles, quand je suis encore tout ému du plus beau spectacle qui soit sur la terre, celui de la messe papale et de la bénédiction *Urbi et Orbi*. Dites bien à ceux de nos amis qui seraient inspirés de faire le pèlerinage de Rome, dites-leur bien de ne pas croire tout le mal qu'on leur répète de Saint-Pierre et des cérémonies de la semaine sainte. Non, il n'est pas vrai que Saint-Pierre ne soit qu'un palais de *cardinaux*, une erreur des artistes demi-païens du seizième siècle, sans caractère religieux, en dehors des traditions antiques. D'abord ceux qui bâtirent Saint-Pierre se sont attachés à reproduire, en beaucoup de points, les dispositions de l'ancienne basilique qu'il s'agissait de remplacer ; cette église est faite, non pour la prière solitaire, mais pour les triomphes du christianisme, pour les fêtes royales du pontificat ; il n'y fallait, ni le demi-jour, ni le mystère de nos cathédrales gothiques, mais la splendeur, la lumière, l'espace. Sans doute, quand Saint-Pierre est vide, on n'en voit pas toute la grandeur ; mais il ne faut pas le voir vide ; il grandit à mesure que le peuple y entre : des milliers d'hommes arrivent par toutes les portes, il semble que Rome entière s'y précipite, et cependant il n'y a jamais de foule ; le flot de la multitude vient mourir contre les murailles, comme la mer contre les rochers, mais sans violence et sans bruit.

Le jour de Pâques, vingt mille personnes peut-être assistaient à la messe, et il restait une immense étendue pour la liberté des cérémonies ; vous ne pouvez rien imaginer de plus grave, de plus harmonieux que la disposition du cortége sacré et que ses processions du trône à l'autel. Au moment de l'élévation, quand le pape se retourne et montre la sainte hostie et le précieux sang, et que tous les ordres de l'Église représentés par leurs chefs et leurs délégués, toutes les nations chrétiennes représentées par leurs ambassadeurs, leurs pénitenciers, leurs pèlerins, sont prosternés dans une même adoration ; quand tous les souvenirs du catholicisme sont rassemblés autour de cet autel, où le souverain pontife sacrifie, depuis l'apôtre Pierre dont le tombeau est au-dessous, jusqu'à ces générations de papes et de saints de tous les temps, ensevelis sous le pavé de la basilique, alors, mon ami, on éprouve une joie infinie de voir enfin honorer dignement ce Dieu si méconnu et si outragé. Les hérétiques et les schismatiques qui se trouvent présents ne résistent pas à cette impression ; on les voit courber la tête avec les autres et s'écrier au moins : « Que c'est beau ! » Mais comment vous rendrai-je ce que j'ai vu lorsque, l'office s'achevant, les portes se sont ouvertes pour vomir la multitude sur la place déjà couverte d'une foule innombrable : car on évalue à plus de soixante mille hommes ceux qui attendaient la bénédiction ! Les gens des campagnes étaient venus par troupes, avec leurs costumes pittoresques ; les soldats y assistaient sous les armes, et une quantité infinie de Romains qui n'ont pas l'habitude de suivre ces cérémonies, s'y étaient rendus cette année, pour honorer la première Pâque de Pie IX.

Cependant, quand le pape a paru au balcon accompagné des cardinaux, le silence s'est fait tout d'un coup, si subitement, si universellement, si profondément, que l'on a pu entendre d'un bout à l'autre les oraisons et les prières prononcées par le pontife jusqu'au moment où, s'étant levé, bénissant la ville et le monde avec une majesté infinie, de toutes les parties de la place on a répondu :

Amen. C'est assurément le plus bel acte de foi que j'aie vu de ma vie. Mais à peine la cérémonie religieuse a-t-elle été finie, que l'enthousiasme populaire n'a pu se contenir, et ce qui ne s'était jamais vu sous le pontife précédent, les *vivats* ont éclaté; on agitait les mouchoirs et les chapeaux, un amour immense enlevait pour ainsi dire tous les cœurs. La garde civique voulait mettre ses schakos au bout des fusils et le genou en terre, pour rendre ainsi à Pie IX un honneur militaire qui n'a été rendu qu'à Napoléon ; mais le pape, instruit de ce projet, avait fait défendre qu'on mêlât aucune démonstration politique à une solennité toute sacrée. Cependant la garde civique a longtemps attendu sur la place, avec une foule innombrable, dans l'espoir de saluer le pape au passage quand il retournerait au Quirinal. Il a encore éludé cet empressement en retardant son départ jusqu'à quatre heures du soir, et alors, quand sa voiture a paru, le peuple s'est précipité pour dételer les chevaux ; le pape ne le permettant point, on l'a accompagné jusqu'au Quirinal, c'est-à-dire à plus d'une demi-lieue de distance, et la place du palais s'est trouvée en un instant encombrée d'une multitude qui saluait Pie IX des plus vives acclamations. Il a fallu qu'il reparût encore au balcon pour donner encore une fois sa bénédiction pontificale et paternelle. Déjà la veille quatre cents jeunes gens, avec des torches, s'étaient rendus sous ses fenêtres pour lui chanter une cantate et lui souhaiter, suivant le pieux usage du pays, *la bonne Pâque;* l'avant-veille au soir, comme il avait voulu, outre le lavement des pieds officiel, aller laver les pieds aux pauvres dans l'hospice des pèlerins, quand il est sorti, les rues se sont illuminées comme par enchantement sur son passage. On a fait ce qu'on a coutume de faire pour le saint Viatique quand il est porté la nuit; chacun est sorti sur sa porte, on s'est mis à la fenêtre avec la lampe à la main; mais ces lampes qui s'éteignaient étaient de bien faibles images de l'affection ardente de ce peuple pour son évêque et son prince. Ils en sont épris, ils en parlent avec ivresse, et cela depuis dix mois bientôt, ce qui est beaucoup dans un siècle où les plus belles popularités ne durent guère, au milieu d'une misère publique qui se fait sentir ici durement, comme ailleurs, et que les ennemis de la papauté ont cherché à exploiter contre elle.

Gardez-vous donc de ces hommes circonspects, qui, sans oser attaquer ouvertement le pontife réformateur, se hasardent à rappeler les commencements de Louis XVI, ou qui regrettent que Pie IX se prête et paraisse trouver quelque douceur à ces manifestations populaires. Au contraire il s'y refuse, autant qu'il est en lui, par humilité, par sagesse; mais enfin il est père, et comment repousserait-il opiniâtrément ces témoignages d'amour qui consolent son cœur de tous les soucis du gouvernement et du pontificat?

Vous savez quelles oppositions il trouve dans une partie du sacré-collége, de la prélature, de la noblesse romaine et de la diplomatie ; mais ne le croyez pas aussi isolé qu'on le dit : il rallie à ses desseins quelques-uns des cardinaux les plus vénérés pour leurs vertus et leur capacité ; peu à peu il réforme et recompose cette cour où il a tant d'adversaires. Il y a moins de ressources chez les laïques, jusqu'à présent étrangers aux affaires et qui ont besoin de faire leur éducation politique, pour occuper une place convenable dans le gouvernement et dans l'administration ; c'est à quoi Pie IX s'applique en faisant entrer un grand nombre de laïques dans les différentes commissions consultatives qu'il a composées, et, ce qui est plus décisif, en formant d'un ecclésiastique et de quatre laïques le tribunal de censure récemment institué.

Cette institution a beaucoup occupé les esprits et mécontenté quelques impatients qui auraient voulu une brusque déclaration de la liberté de la presse. Cependant deux hommes entourés de toute la confiance du parti progressif, M. le professeur Orioli et M. d'Azeglio, ont pris la défense de l'édit de censure ; ils ont fait voir tout ce qu'il y a de bienfaisant dans cet acte où la discussion est permise sur toutes les matières d'administration publique ; où la délibération et le contrôle mutuel de cinq personnes remplacent l'arbitraire d'un censeur unique ; où sont indiqués les cas dans lesquels la publication peut être arrêtée, en sorte qu'en dehors de ces cas prévus la censure ne peut plus inquiéter les écrivains. Aussi les esprits commencent à revenir sur cette mesure et à comprendre qu'elle rentre dans la politique de Pie IX, toujours réformatrice, mais jamais révolutionnaire. C'est ainsi qu'il n'a voulu faire aucune destitution ; mais il a profité de la mort de plusieurs magistrats pour supprimer leurs places, et réduire en un seul trois tribunaux qui énervaient l'administration de la justice par le conflit de leurs juridictions exceptionnelles. C'est ainsi encore, qu'au lieu de détruire quelques ordres religieux inutiles, mais non pas scandaleux, il leur a fait défendre de recevoir des novices ; et dernièrement il a profité de l'extinction des Hiéronymites pour donner leur couvent à la congrégation enseignante des Somasques, et pour établir dans une des dépendances de cette maison un dépôt de mendicité.

Tous ces traits sont d'un souverain aussi sage que bienfaisant. Je pourrais vous en citer d'autres qui sont d'un pieux évêque, d'un prêtre zélé, d'un saint : c'est là surtout ce qui nous touche de près, et Pie IX ne peut rien faire de mieux pour réconcilier le monde avec la Papauté que de laisser effacer, par moments, dans sa personne, le prince temporel dont on n'a pris que trop d'ombrage, pour ne laisser paraître que l'évêque de Rome et le vicaire de celui qui a dit : « Je suis le bon pasteur. » Voilà pourquoi il reprend l'une après l'autre toutes les fonctions actives de l'épiscopat, prêchant son peuple et son clergé, donnant la confirmation et les saints ordres, visitant *incognito* les écoles d'adultes, les hôpitaux, les pauvres dans leurs greniers, allant dire la messe basse dans une humble église et y distribuant la sainte communion à tous ceux qui se présentent, comme nous avons eu le bonheur de la recevoir, ma femme et moi, de ses mains. Avec cela une pureté de mœurs qui a fait l'admiration de tous ceux qui l'ont connu jeune prêtre, et d'une telle charité qu'au moment où il vint au conclave, il fut obligé d'emprunter six cents écus pour faire sa route. Encore à cette époque abandonnait-il à ses frères ses revenus patrimoniaux ; aujourd'hui il les a repris pour ses aumônes, ne voulant pas grever davantage le trésor obéré, en sorte que la famille Mastaï pourrait se plaindre d'avoir un pape qui la ruine autant qu'il l'honore.

Mais ce qui éclate surtout en lui, ce sont deux sentiments qui ont fait la grandeur de tous les grands papes : cette foi inébranlable en l'autorité divine dont il est le dépositaire, et une profonde conviction de son indignité ; une confiance en Dieu qui le met en état de tout entreprendre, un mépris de lui-même qui le met en état de tout souffrir ; de là, cette auréole de sainteté qui éclaire sa belle physionomie, et cet accent chaleureux qui anime ses paroles. Nous avons eu l'honneur d'être reçus en audience particulière, et Sa Sainteté a voulu faire asseoir ma femme, caresser et bénir ma petite fille de dix-huit mois. Le pape nous a parlé de la France, de la jeunesse des écoles, des devoirs de l'enseignement, avec une noblesse, avec une émotion, avec une grâce inexprimables. Comme je lui disais que la juste popularité de son nom hâterait encore le retour des esprits au catholicisme : « Je sais bien, a-t-il répondu, que Dieu a fait ce miracle, et que tout à coup les préventions contre le Saint-Siége se sont changées en respect et en amour ; et ce qui me confond, c'est que pour ce changement il ait voulu se servir d'un misérable comme moi. » Ces mots étaient dits avec une humilité si sincère, si touchante dans le vicaire de Dieu, que nous en avons été émus jusqu'aux larmes.

Il faut vous dire, puisque vous êtes père et que vous comprendrez mon orgueil, que ma petite Marie se conduisit comme un petit ange ; qu'en nous voyant, sa mère et moi, agenouillés devant le pape, elle se mit à genoux toute seule, joignant ses mains avec un petit air de vénération, et le pape en fut si content, que trois ou quatre jours après il eut la bonté de s'en souvenir et de dire à un prêtre français en lui parlant de nous : « Ils m'ont amené leur petite fille qui a été tout à fait charmante ; cette pauvre enfant s'est mise d'elle-même à genoux devant moi et me regardait comme si j'étais le bon Dieu. » Ne trouvez-vous pas que ma petite Marie avait raison, et qu'elle reconnaissait bien le représentant de celui qui a dit : « Laissez venir à moi les petits enfants. »

Je puis dire, pour votre gouverne, que, si je ne me trompe point, les hommes les plus considérables de ce pays approuvent la thèse de liberté soutenue par l'*Univers*, en désapprouvant la violence de son langage et l'âpreté de sa polémique. On voudrait que les questions agitées en France finissent, non par une rupture, mais par un accord de l'Église et de l'État.

Quant aux jésuites, je les vois contents du pape; d'où je conclus qu'il est content d'eux. Cependant ils n'ont pas cette influence excessive qui exciterait la jalousie des autres ordres, et ce qui étonne et ravit le plus, c'est de voir l'accord des religieux de toute robe en faveur du nouveau pontificat; prions Dieu de conserver cette heureuse concorde et de donner de longs jours à celui qui en est l'auteur.

20 avril.

P. S. Il se trouve que cette lettre, retardée par mille circonstances, n'est point partie avant mon voyage pour le Mont-Cassin. Au retour j'ai eu l'honneur d'avoir une nouvelle audience de Sa Sainteté, et je suis heureux d'un retard qui me permet de vous dire qu'une fois de plus les paroles du vicaire de Jésus-Christ m'ont laissé pénétré de vénération et d'amour. Ah! priez et faites prier pour qu'il vive!

NOTES DE VOYAGE

NARNI, TERNI, ASSISE.

Avril 1847.

A quelque distance de Civita-Castellana, dans les premières gorges de l'Apennin, la route serpente le long d'une vallée étroite et profonde où coule la Nera ; tout à coup la vallée s'ouvre, les montagnes s'écartent à droite et à gauche et forment un admirable bassin. Au point même où le chemin tourne et démasque ce paysage inattendu, s'élève, bâtie sur le rocher, la vieille ville de Narni, avec ses constructions pittoresques, sa place publique et son palais communal qui ont bien le caractère italien, et sa cathédrale où tout respire l'antiquité. J'y remarque les deux ambons en forme de chaires placés comme à *Ara Cœli* au pied des deux colonnes de la grande nef les plus rapprochées du chœur, et une confession au-dessous du grand autel. C'est là que repose saint Juvénal, évêque et martyr. Je voulais savoir si les hymnes en l'honneur de saint Juvénal, copiés dans le manuscrit du Vatican, sont en usage dans le diocèse de Narni? Je fis une recherche inutile dans le bréviaire de MM. les chanoines, et je ne trouvai pas le moindre clerc. Je tente une visite à M. le curé. Il fait chaud. M. le curé ne veut pas descendre et me parle de sa fenêtre ; une conversation archéologique s'établit du deuxième étage à la rue : décidément mes hymnes sont inédits.

De Narni à Terni, on suit une plaine riante et cultivée. On arrive à Terni assise au pied des montagnes, et de là on visite la cascade. Impossible de dire ce qu'il faut payer d'abord : au maître de poste qui seul a le droit de conduire les voyageurs auprès de la cascade, ensuite au guide qu'il faut prendre pour aller de l'endroit où la poste s'arrête à la cascade, aux maîtres de la première propriété et de la seconde qu'il faut traverser avant d'approcher de la cascade, au *padrone* du trou par où l'on voit le commencement de la cascade, à ceux qui ont fait les sentiers pour descendre le long de la cascade, au *padrone* du balcon d'où l'on voit le milieu de la cascade, au *padrone* de la planche qu'il faut passer pour aller au bas de la cascade, au *padrone* des ânes qu'il faut enfourcher pour gravir la montagne en face de la cascade, au *padrone* du pavillon d'où l'on voit la totalité de la cascade, au *padrone* de la porte qu'il faut traverser en revenant de la cascade, aux *padroni* de rien du tout, à qui tous les messieurs voyageurs donnent au retour de la cascade. Avec cela, la cascade de Terni est un admirable spectacle qui tient tout ce qu'on s'en promet. Le fleuve tombe et se brise à moitié de sa chute sur des rochers d'où il retombe en cascades nouvelles et remonte en poussière jusqu'en haut. Pour moi, je ne suis point désenchanté d'apprendre que ce n'est point l'ouvrage de la nature : ce sont les Romains qui ont ouvert cette brèche aux eaux du Velino pour sauver les terres désolées par ses débordements. Je reconnais bien ces Romains qui ne souffraient aucune résistance. Ce fleuve les gênait, ils l'ont jeté dans la vallée à trois cents pieds de profondeur.

De Terni à Spolete on traverse un autre embranchement de l'Apennin. A Spolete comme à Terni, comme à Foligno, se lit cette inscription sur toutes les portes : *Viva Pio nono, liberatore!* De Foligno à Pérouse, on côtoie un bassin riant et fertile entouré de belles montagnes. A moitié chemin, à droite, sur une haute colline, apparaît la cité d'Assise.

Rien ne m'a plus touché que cette pieuse et charmante ville encore toute pleine des souvenirs de ses saints. Sur la vieille porte est inscrite la bénédiction prononcée par saint François, lorsqu'au moment de mourir il fut prié de bénir sa patrie.

Puis, comme pour garder la ville de ce côté, est placée la belle église de Sainte-Claire. C'est un édifice du treizième siècle du style gothique le plus pur : une façade très-simple, ornée seulement d'un portail et d'une rosace, des arcs-boutants soutiennent l'église des deux côtés, comme les câbles qui amarrent un vaisseau, un clocher élevé, construit du côté du chevet, une seule nef en forme de croix, les arcades et les fenêtres ogivales, pas d'ornements inutiles. Sous le grand autel repose le corps de sainte Claire; la voûte qui le couronne est couverte de fresques de Giottino : il y a représenté, en quatre compartiments, la gloire des vierges ; dans une chapelle latérale, on conserve le crucifix qui parla à saint François au commencement de sa conversion. L'église de Sainte-Claire fut bâtie pour recevoir les religieuses franciscaines, après que le pape eut ordonné qu'elles fussent transférées dans la ville, afin de ne plus courir les mêmes périls qu'à Saint-Damien. — C'est aussi là que fut célébrée la canonisation de saint François.

A l'autre extrémité de la ville, le *Sagro Convento*. Un cloître mène à l'église inférieure ; on y entre par un portail latéral, orné avec beaucoup de grâce et de simplicité. La chapelle souterraine où se trouve le tombeau de saint François est l'ouvrage du dix-neuvième siècle, sans aucun mérite architectural, et cependant elle me touche profondément. Ce siècle-ci a voulu lui aussi faire quelque chose pour la gloire du Saint : il n'a point gâté par des restaurations mal entendues l'œuvre des siècles précédents; il ne pouvait rien élever au-dessus, il a creusé au-dessous, il a cherché à se rapprocher de la sépulture sacrée, à se réchauffer à ce foyer d'amour. — Dans l'église inférieure : une voûte surbaissée laisse pénétrer un demi-jour qui obscurcit les peintures, mais qui répond à la vie obscure et mortifiée de saint François. — Peintures de Simon Memmi dans la chapelle de Saint-Martin; de Taddeo Gaddi, de Cavallini dans les bras de la croix; le sujet de la cruxifixion y est traité à plusieurs reprises avec une touchante prédilection ; toujours autour de Jésus crucifié des groupes d'anges qui pleurent. A la voûte, au-dessus du grand autel, peinte par Giotto, se voit la Sainte Obéissance, la Sainte Pauvreté et ses noces avec saint François, la Sainte Chasteté, saint François dans la gloire. Admirable symbolisme! la Vierge dans la tour, le bain sacré, la Pénitence. — Enfin l'église supérieure, élancée, lumineuse, avec des arcades ogivales d'une élégance parfaite, de beaux vitraux, des stalles en marqueterie. Rien qu'une croix simple sans chapelles latérales. Sur les murs est représentée la vie de saint François attribuée à Giotto, et au-dessus des scènes de l'Ancien et du Nouveau Testament, par Cimabue. Cimabue a aussi peint la voûte et particulièrement les quatre pans de l'église latine qui sont d'une beauté et d'une conservation parfaite. A l'extérieur une façade très-nue, seulement un portail et une charpente à rosace. Ici, comme à Sainte-Claire, c'est bien le caractère primitif de l'ordre de Saint-François : c'est pauvre et beau.

Dans ces vieilles peintures, il y a une pureté admirable; il y a une humilité parfaite de l'artiste qui ne semble jamais songer à soi, il y a une charité ardente qui donne à la lumière même je ne sais quoi de chaleureux. Il semble que tout ceci ait été peint par des saints ou par des gens bien près de l'être. On reconnaît l'inspiration qui sort du tombeau sacré, qui rayonne tout autour et qui jette un jour surnaturel sur tout ce qui l'approche. Je commence à comprendre que ce Saint populaire, qui ne vécut que pour les pauvres, qui prêcha dans leur langue, fut véritablement le père de toute la peinture, comme de toute l'éloquence, comme de toute la poésie italiennes.

Hors de la ville et à peu près à mi-coteau, se trouve l'église de Saint-Damien, à la reconstruction de laquelle saint François travailla de ses mains, et dans laquelle, plus tard, il installa sainte Claire. C'est là que cette vierge héroïque arrêta les bandes sarrasines de Frédéric II en sortant au-devant d'elles avec le saint Sacrement dans ses mains. On voit encore le ciboire qu'elle portait. On voit aussi le chœur étroit et bas, les bancs grossiers où les pauvres compagnes de sainte Claire chantaient les louanges de Dieu.

Du haut des terrasses de Sainte-Claire et du *Sagro Convento* on domine le bassin de l'Ombrie et ses admirables campagnes illustrées par tant de miracles. C'est là que fut célébré le fameux *Chapitre* des cabanes de feuillages où, onze ans après la fondation de l'ordre, cinq mille religieux se trouvaient réunis. Ces beaux lieux n'ont pas changé, tous les souvenirs y sont vivants, et l'on ne s'étonnerait pas d'y voir recommencer les mêmes prodiges. Au pied de la montagne est l'église de Sainte-Marie-des-Anges malheureusement refaite sur les plans de Vignolo ; au dedans le petit sanctuaire de la *Portioncule*, peint par Overbeck, et dans le monastère on voit le lieu où saint François avait coutume de prier, celui où il mourut, celui où il se précipita dans les ronces, remplacées maintenant par de belles roses sans épines.

Non jamais pèlerinage ne fut plus doux, nous étions pénétrés d'un sentiment qui ressemblait à la joie, mais plus calme et plus durable ; les paroles ne nous venaient plus qu'avec des larmes. Il nous semblait que le ciel était plus beau, les hommes meilleurs, et que volontiers nous aurions dressé là notre tente pour le peu de jours qu'il nous reste avant de la replier.

Si l'on considère l'Italie du moyen âge, on y peut tracer un cercle qui commence à Pise, à Florence, qui embrasse la Toscane, l'Ombrie, une partie du patrimoine de Saint-Pierre et qui finit à Viterbe.

C'est là que rayonna pendant trois siècles le plus vif éclat de la sainteté chrétienne : à Pise, saint Reynier ; à Florence, saint Jean Gualbert et l'ordre de Vallombreuse. Saint Philippe de Bennizzi et les Servites, le B. Giovanni delle Celle, sainte Madeleine de Pazzi ; à Sienne, appelée l'antichambre du Paradis : il suffit de nommer sainte Catherine et saint Bernardin. A Cortone, sainte Marguerite ; à Assise, saint François, sainte Claire et leurs disciples. Puis saint Nicolas de Tolentino, sainte Angèle de Foligno, sainte Rose de Viterbe et saint Bonaventure à Bagnarea. Mais ce foyer de sainteté est en même temps le foyer de l'art chrétien ; les premières inspirations du génie sortent des sanctuaires vénérés par la piété des peuples. Saint François meurt, il faut que la colline de l'Enfer où il a sa tombe, devienne la colline du Paradis, et Cimabue, Giotto, Simon Memmi, Gaddi, Cavallini, viendront ouvrir l'ère nouvelle de la peinture chrétienne. Un prêtre de Bolsena a le malheur de douter de la présence réelle en célébrant. L'hostie saigne pour le convaincre, les linges miraculeux sont recueillis avec respect ; il est décidé qu'une basilique superbe s'élèvera pour recevoir ce précieux dépôt, et vers 1280 commence la construction du dôme d'Orviéto qui occupera six générations d'artistes, à commencer par Jean et André de Pise, pour finir par le Bienheureux Angelico de Fiésole et Luca Signorelli. Un archevêque de Pise conçoit la pensée de donner à ses citoyens une sépulture glorieuse, il fait transporter sur des navires la terre sainte destinée à couvrir les os des citoyens pisans. Et aussitôt, pour enclore cette poussière sacrée, s'élève un admirable portique, et pendant deux cents ans, les plus grands maîtres de la Toscane ne croiront pas leur gloire complète s'ils n'ont pas une fresque au Campo Santo. Même merveille à Padoue. Saint Antoine, *il Santo* populaire, a fait pour ainsi dire germer autour de lui d'innombrables chefs-d'œuvre d'art.

XXVIII

A MM. L'ABBÉ ET CHARLES OZANAM.

Florence, 29 avril 1847.

Mes bons frères,

Voici bien longtemps que je n'ai pu vous écrire un peu longuement, à mon aise, comme mon cœur en avait besoin. Vous savez que je devais à d'autres le peu de temps dont je pouvais disposer. D'un autre côté il fallait me hâter d'employer le petit nombre de jours qui me restaient pour mes recherches et mes études. Amélie a été la première à vouloir que je reprisse mon travail, et je l'ai laissée pour aller visiter le mont Cassin. J'y suis allé par la diligence de Naples et revenu de même passant deux nuits en route et trente-six heures seulement à l'abbaye. Assurément, si je n'avais été conduit que par la passion des arts, j'aurais éprouvé un bien cruel désappointement : dans un lieu qu'on s'attend à trouver tout rempli de souvenirs de l'antiquité chrétienne, on ne voit qu'une église du dix-huitième siècle, riche en marbres, en dorures, mais sans un tableau, sans une statue de quelque prix. Heureusement j'ai pu communier au tombeau de saint Benoît et j'ai retrouvé toutes les traditions bénédictines dans l'admirable bibliothèque de l'abbaye et chez les savants religieux qui m'en ont fait les honneurs. Ils m'ont fait voir ton nom, mon cher Alphonse, sur le registre où s'inscrivent les étrangers; et il m'a été bien doux de te revoir au moins de cette manière. Ils m'ont aussi montré des manuscrits très-précieux dont j'ai tiré quelques copies : ce ne sera pas la partie la moins intéressante de mon butin littéraire. Mais ces bons moines, qui savent tant de choses, ne savent pas se chauffer. Ils m'ont laissé mourir de froid dans leurs belles archives, et je suis reparti avec un malaise qui a fini à Rome par un accès de fièvre. Par bonheur la fièvre n'a duré qu'un jour et m'a laissé en assez bon état pour aller, le lundi soir, à l'audience que le Souverain Pontife voulait bien m'accorder.

J'avais à le remercier de l'appui qu'il avait daigné donner à mes recherches, je voulais lui offrir un exemplaire de mon livre et aussi lui remettre des lettres de la Société de Saint-Vincent de Paul. Il était neuf heures du soir quand on m'a fait entrer, et le Pape paraissait très-fatigué des affaires qu'il venait d'expédier avec son ministre et plusieurs autres fonctionnaires publics. Cependant Sa Sainteté m'a accueilli d'une manière si cordiale que j'en ai été profondément touché, il m'a demandé des nouvelles de ma santé, de ma femme, de ma petite fille, avec un accent d'amitié et de familiarité charmante, et moi, le voyant si bienveillant pour tous les miens, je lui ai parlé de mes frères, de celui qui est prêtre, et je lui ai demandé pour tous deux sa paternelle bénédiction. Vous voyez bien, mes chers amis, que vous êtes toujours avec moi dans les meilleurs moments et que je ne puis vous oublier, surtout quand j'ai quelque bonheur. J'aurais bien désiré vous avoir dans une circonstance qui a terminé dignement mon séjour à Rome. Charles surtout, avec son caractère chaleureux et enthousiaste, aurait été bien heureux d'assister à une scène qui réalise tout ce que l'imagination la plus exigeante pourrait rêver ; et qui malheureusement n'a pas de chance de se reproduire à Paris ; il faut au moins vous conter ceci en détail.

Mercredi 21, Rome célébrait l'an 2600 de sa fondation. L'autorité, qui se sent assez aimée pour avoir peu à craindre, avait permis un grand banquet national. Les tables, dressées au-dessus des thermes de Titus, avaient réuni huit cents convives, sans compter près de deux mille personnes invitées à prendre place dans l'enceinte ornée de drapeaux, de devises et de fleurs. Le dîner n'était qu'un prétexte, car les quatre plats qu'on y servit n'auraient pas effrayé la sobriété des Curius et des Caton. Mais on s'y nourrit de discours, on s'y enivra de harangues et de chants patriotiques. On y entendit successivement tout ce qu'il y a d'hommes influents, capables d'exercer quelque ascendant sur l'opinion publique : M. Orioli, professeur célèbre autrefois exilé; M. le marquis d'Azeglio, gendre de Manzoni. Chaque discours était salué de nombreuses acclamations que nous entendions du haut du Colisée, où nous étions allés pour considérer un spectacle si nouveau. Du reste tout le monde s'accordait à louer le Pape, qui était assez sûr de son peuple pour pouvoir permettre sans danger une réunion dont tant d'autres gouvernements auraient eu peur.

Les esprits étaient ainsi préparés quand, jeudi matin, se répandit une nouvelle aussi importante qu'inattendue. Le Pape, par une circulaire du cardinal Gizzi, venait d'ordonner que chaque province envoyât le nom de trois citoyens notables, parmi lesquels le gouvernement en choisirait un pour venir à Rome représenter la province d'une manière permanente et donner toutes les informations nécessaires pour une complète réforme des institutions municipales. Nous ne savions rien de cet acte qui occupait toute la ville, et nous ne cessions de regretter la seule chose qui manquât pour compléter notre séjour, nous aurions voulu être témoins de quelqu'une de ces belles ovations populaires dont nous avions entendu si souvent parler. Il en coûtait beaucoup à Amélie de partir sans avoir revu encore une fois le Pape et sans emporter une dernière bénédiction. Le soir, en nous promenant, nous espérions le rencontrer peut-être, comme cela nous était arrivé, mais cette espérance s'était évanouie comme tant d'autres. Nous rentrions au logis quand on nous annonça que tout se préparait pour remercier le Pape de son nouvel édit et qu'il y aurait une belle fête aux flambeaux. Nous dînâmes donc à la hâte avec l'abbé Gerbet et quelques amis qui étaient venus nous faire leurs adieux, nous descendîmes au Corso. Le rendez-vous était à la place du Peuple. On y distribuait des torches, et ceux qui les prenaient se rangeaient par dix avec un chef de file. Mais la foule était si grande, que nous ne pûmes arriver qu'un peu au-dessus de l'église de Saint-Charles. Là nous vîmes commencer la marche triomphale. Elle s'ouvrait par plusieurs rangs d'hommes armés de torches ; ensuite venait la circulaire du cardinal Gizzi imprimée sur une grande toile blanche et portée comme une bannière, puis un corps de musique militaire, puis une colonne serrée de gens avec des torches et qu'on évaluait à près de six mille. Rien n'était plus remarquable que l'ordre qui régnait dans cette armée improvisée, et rien n'était plus touchant que de voir côte à côte, dans les mêmes rangs, des hommes des plus hautes classes, des ouvriers en veste, des prêtres en costume, plusieurs avec des cheveux tout blancs, et tous unis dans un même sentiment, exprimé par un même cri : *Viva Pio nono! Viva Gizzi!* C'est assurément la première fois que j'ai entendu crier des *vivats* à un ministre.

A mesure que le cortége s'avançait dans le Corso, les maison s'illuminaient sur le passage. A tous les étages on voyait les fenêtres s'ouvrir et les gens se pencher avec des lampes; souvent il y avait des lampions, des verres de couleur, des drapeaux chargés de devises; et des salves d'applaudissements s'échangeaient entre les fenêtres et la rue. Ce bruit joyeux et cette multitude de lumières nous rappelaient la fête des *moccoli*, comme on la fait le mardi gras, mais avec bien moins de puérilité; d'ailleurs la gravité de l'événement qu'on célébrait donnait à toutes ces démonstrations un caractère noble et sérieux. Après avoir suivi la foule jusque vers la place Colonna, nous nous jetâmes dans les rues adjacentes pour gagner plus vite la place de Monte Cavallo où l'on se rendait : elle était déjà couverte de monde. Nous eûmes le bonheur de trouver une voiture où on invita Amélie à monter, je me tenais sur le marchepied, et de là nous embrassions tout l'ensemble du spectacle. Bientôt nous vîmes arriver les torches, qui se firent place au milieu des rangs serrés de la multitude et qui vinrent former un carré devant la porte du palais papal. Au milieu du carré était l'édit porté en bannière, et la musique. Après qu'on eût exécuté quelques airs, un grand cri s'éleva : on voyait des lumières passer derrière les fenêtres du palais, elles s'avançaient doucement, jusqu'à la fenêtre du balcon, qui s'ouvrit et laissa paraître le Souverain Pontife accompagné de deux prélats et de quelques domestiques avec des flambeaux. Il semblait doucement ému de la reconnaissance qu'on lui témoignait, et saluait à droite et à gauche avec beaucoup de grâce. De tous côtés on lui répondait par les acclamations les plus vives, les femmes agitaient leurs mouchoirs, les hommes leurs chapeaux, on battait des mains et l'on ne se lassait pas de répéter *Viva Pio nono!* Ce n'était point le mot d'ordre banal d'une ovation publique; ils savent bien qu'il faut demander qu'il vive, et qu'à sa vie sont attachés les plus grands intérêts de l'Italie et du monde. Mais voici ce qui m'a le plus touché. Le Pape a fait un geste, et aussitôt on n'a plus entendu que le mot *zitto* (chut), et en moins d'une minute le silence régnait dans cette foule enivrée. Alors on a pu écouter la voix du Pontife qui s'élevait pour bénir son peuple; et lorsque étendant la main et faisant le signe de la croix il en a prononcé les paroles solennelles, un grand cri d'*amen* s'est élevé d'un bout à l'autre de la place. Rien de plus beau que cette ville tout entière priant avec son évêque, à cette heure avancée de la nuit, à la clarté des étoiles par un ciel superbe. Et pour bien marquer qu'il s'agissait d'un acte tout religieux, aussitôt que le Pape s'est retiré du balcon, toutes les torches se sont éteintes en même temps, et la scène n'est plus restée éclairée que par quelques pots de flammes de Bengale allumés sur les terrasses des palais voisins.

Ainsi personne n'a eu l'idée de continuer le plaisir de la promenade aux flambeaux, comme parmi tant de cris, personne n'avait eu la pensée de crier contre l'Autriche, contre le cardinal Lambruschini, contre les partisans de l'ancien gouvernement : rien qui marquât ni de la haine ni de l'animosité, rien que du respect et de l'amour. Du reste, dans une si grande foule, avec des voitures et des chevaux, aucun désordre, pas un sot qui eût, comme on l'aurait à Paris, du plaisir à effrayer les femmes ; j'aurais pu y laisser aller petite Marie avec sa bonne, tant il y a de sagesse, de dignité, d'obligeance même dans ce peuple. A neuf heures et demie nous quittions la place du Quirinal avec les derniers groupes, et nous rentrions en trouvant les rues calmes et silencieuses comme elles le sont à minuit. Ces Romains étaient allés dormir comme d'honnêtes enfants qui, avant de dormir, avaient voulu dire bonsoir à leur père.

Voilà comment nous avons eu la bénédiction du Pape avant de partir. Aussi avons-nous fait bon voyage, et en six jours nous sommes arrivés à Florence, en visitant la cascade de Terni et la ville d'Assise. Je crois qu'il n'y a pas de sanctuaire, même à Rome, où j'aie éprouvé des impressions plus douces qu'en entendant la messe au tombeau de saint François, en parcourant ces trois églises qui le couvrent, et dans lesquelles le génie du treizième siècle a épuisé tout ce qu'il pouvait concevoir de beau et de touchant. Nous avons aussi vu tous les lieux consacrés par le souvenir de saint François et de sainte Claire, la maison où saint François naquit, le lieu de sa conversion, celui où il fut enfermé par son père, le jardin d'épines où il se précipita, et qui a produit depuis six cents ans de belles roses blanches, le lieu où il mourut, la Portioncule, l'église de Saint-Damien, sur la porte de laquelle sainte Claire arrêta une horde de Sarrasins en leur présentant le Saint-Sacrement. Nous éprouvions, Amélie et moi, une consolation infinie à nous rappeler ainsi, sur les lieux mêmes, tout ce que nous avions lu dans le charmant livre des *Fioretti*, à admirer ces peintures des vieux maîtres, toutes pleines de foi et de pureté, à prier, pour nous et pour les nôtres, des Saints si bons et si puissants. Nous avons tâché de vous apporter quelque souvenir d'Assise, quelques feuilles des rosiers miraculeux, un peu de poussière de la tombe sacrée, quelques images bien grossières, mais qu'on distribue aux pauvres pèlerins italiens, et qui font faire des prières plus ferventes que les plus beaux tableaux de nos expositions.

Adieu, mes bons frères; je voudrais que ce séjour où j'ai trouvé tant d'instruction et de consolation ne fût pas entièrement perdu pour vous; du moins, au retour, nos conversations en auront plus d'intérêt et d'agrément. Mille amitiés à ma vieille bonne. Votre sœur et votre nièce vous embrassent.

XXIX

A M. L...

Venise, 20 mai 1847.

Mon bien cher ami,

Il ne sera pas dit que ce long voyage se sera achevé sans que vous ayez reçu une ligne de moi. Je n'ai pas oublié que vous étiez de ceux qui nous serraient la main le jour du départ, et qui nous promettaient de nous accompagner de leurs bonnes prières. Assurément, je vous aurais écrit de Rome pour vous féliciter de votre nomination, mais j'attendais de mieux connaître tant de choses, dont je me plaisais à vous entretenir, et qui devaient vous intéresser. Pendant ce temps-là, un grand malheur est venu tout à coup troubler toutes mes pensées et déranger tous mes projets. Vous savez probablement que le frère de ma femme, ce beau jeune homme que vous avez vu, et dont vous admiriez comme nous la résignation, est mort le 9 mars dernier, avec tous les sentiments d'un jeune saint, mais en laissant sa famille dans une douleur inexprimable.

Nous étions à Rome depuis un mois et demi quand nous avons reçu la funeste nouvelle, et ma femme, malgré tout son courage de chrétienne, a passé trois semaines dans un état qui me faisait désirer de l'emmener sur-le-champ à Paris, et qui en même temps rendait le voyage impossible. Cependant l'assistance de quelques amis, notamment de l'excellent abbé Gerbet, la grandeur des cérémonies de la Semaine Sainte, la certitude que cette chère âme avait échangé une cruelle vie contre le bonheur du ciel, toutes ces choses réunies ont rendu à ma pauvre Amélie un peu de calme ; et le 23 avril nous nous sommes remis en route à petites journées, en achevant de voir l'Italie pour compléter mes études, mais en renonçant à revenir par l'Allemagne, afin de ne pas trop retarder le moment où nous reverrons notre famille, qui a besoin de nous. Cette dernière partie de notre séjour en Italie a été bien empoisonnée. Ce n'est qu'à travers ce voile que nous avons vu Assise, Ravenne, Venise et tant de merveilles : mais, à mesure qu'on avance dans la vie, n'a-t-on pas toujours un voile de tristesse devant les yeux, et ne faut-il pas s'habituer à voir ainsi les beautés de la terre, ne fût-ce que pour s'en détacher ?

Maintenant, mon bien cher ami, que de choses j'aurais à vous dire, et par où commencer, si ce n'est en vous assurant que nous avons bien tenu la parole que nous vous avions donnée de prier pour

vous à tous les sanctuaires où nous irions? Plus
que jamais, cette fois, le voyage d'Italie a été pour
nous un pèlerinage plein de consolations spirituelles. Nous avons passé près de la moitié de notre
temps auprès des tombeaux de ces grands hommes,
de ces saintes femmes, dont on croit mieux comprendre la vertu quand on voit les lieux où ils vécurent et ceux où ils reposent. Nous avons communié à la messe que l'abbé Gerbet nous a dite dans
l'église de Saint-Pierre, sur la sépulture même du
saint apôtre, et là, pendant plus d'une heure, nous
avons pu nommer à Dieu, avec l'abondance d'un
cœur ému, tous ceux que nous aimons. Nous ne
vous avons pas oublié, vous en êtes bien sûr, et
nous avons même fait joindre les mains à votre petite filleule, afin qu'elle priât pour vous comme
elle sait. Nous sommes descendus cinq fois aux catacombes, presque toujours avec l'abbé Gerbet, qui
nous en expliquait les constructions et les peintures. Il terminait ordinairement la visite par la lecture d'une homélie sur les martyrs, et par la récitation des litanies. Je ne sais rien au monde de
plus émouvant que la vue de ces cimetières des
premiers chrétiens, rien de mieux fait pour ramener à la foi, pour y affermir les esprits. Nulle part
on ne voit mieux l'innocence, la simplicité, l'invincible courage de l'Église naissante, et tout ce
qui fait sentir sa divinité. Nous avons aussi parcouru et étudié les anciennes basiliques romaines,

bien moins détruites qu'on ne le dit communément, et dont les mosaïques, les sculptures, les inscriptions représentent si vivement les vieilles mœurs catholiques pendant les siècles appelés barbares. On arrive ainsi, par une suite de monuments, depuis le premier oratoire construit par saint Clément sur la tombe de saint Pierre, jusqu'aux modernes merveilles du Vatican, et la tradition se continue dans le marbre et dans la pierre, comme dans l'enseignement et dans la discipline. Hors de Rome, j'ai visité le mont Cassin, où j'ai trouvé la science et l'hospitalité des fils de saint Benoît. Nous avons vu, à Sienne, la maison de sainte Catherine ; à Bologne, le tombeau de saint Dominique ; à Padoue, celui de saint Antoine de Padoue, et presque toujours ces lieux vénérés ont attiré, inspiré des générations d'architectes, de peintres, de sculpteurs. Il semble qu'il suffisait d'enterrer quelque part un saint pour y faire germer tous les arts.

Mais, de tant de sanctuaires, aucun ne nous a plus touchés qu'Assise, où la mémoire de saint François et de sainte Claire est si pieusement, si tendrement conservée. Je voudrais pouvoir vous peindre cette vieille et charmante ville d'Assise, posée sur une colline, dans un des plus riants bassins de l'Ombrie, et qui a gardé toute sa physionomie du treizième siècle. Je voudrais vous faire lire sur la porte la dernière bénédiction que saint François mourant donna à sa ville natale ; vous conduire ensuite à l'église gothique, simple et nue, mais d'un style parfaitement pur, où repose le corps de sainte Claire. A l'autre extrémité de la ville s'élève le *Sagro Convento*, édifice incomparable qui couvre la sépulture de saint François. Figurez-vous une église à trois étages. L'inférieure, qui est souterraine, renferme le corps du saint; celle du milieu, de plain pied avec le sol, est déjà plus grande, mais encore basse et obscure, les peintures dont elle est couverte expriment plutôt les mystères douloureux du Christ, et la vie mortifiée de saint François; la troisième, où l'on monte par un escalier, mais qui a une porte de niveau avec le sommet de la colline, est une construction élancée comme nos plus belles églises gothiques, percée de grandes fenêtres ogivales, toute pleine de lumière et de fresques superbes, où tout respire la gloire et l'immortalité. Les plus anciens et les plus pieux maîtres de la peinture italienne ont épuisé leur génie sur ces murailles. On n'y voit du reste ni marbres, ni pierres dures, ni rien de ce luxe fatigant qui gâte si souvent les églises d'Italie. C'est une fidèle image du saint qu'on y honore : c'est pauvre et beau.

J'aurais bien aimé que vous eussiez pu entendre la messe avec nous au tombeau de votre saint patron; nous y avons prié pour vous bien particulièrement. J'ai aussi pensé à vous en visitant le lieu de sa naissance et celui de sa mort; enfin, le jardin où il se précipita dans les ronces pour sauver sa chasteté. Les ronces se changèrent en rosiers sans épines, qui refleurissent encore toutes les années. J'en ai cueilli pour vous quelques feuilles, flétries et décolorées maintenant, comme les souvenirs de ce voyage si tristement fini.

Si nous avons beaucoup vécu avec les morts, comme il convenait à notre chagrin, nous n'avons pourtant pas oublié les vivants. Je regarderai comme un des grands bonheurs de ma vie de m'être trouvé à Rome pendant cet hiver de 1847, au milieu des glorieux débuts du pontificat de Pie IX; d'avoir vu de près cet admirable pape, d'avoir assisté à ce réveil général de l'Italie, qu'il a tirée d'un sommeil bien voisin de la mort. Assurément, la popularité d'un pape ou son impopularité n'est point ce qui doit affermir ou ébranler la foi ; mais le cœur se remplit d'un doux et tendre orgueil à voir le Père en qui l'on croit, entouré de tant d'admiration et d'amour.

Vous allez croire que nous sommes des saints. Mais, mon bon ami, combien il s'en faut, pour ma part! Je n'ai pourtant pas perdu tout à fait mon temps, et je me suis, tant bien que mal, acquitté de la mission dont le ministre m'avait chargé. J'ai trouvé beaucoup de complaisance chez les bibliothécaires, et quelques documents curieux dans les bibliothèques, et je rapporte de quoi publier, si l'on veut, un volume intéressant de pièces inédites (1). Quant aux santés, la mienne n'est point mauvaise; et celle de ma femme semble se raffermir un peu. Mais ce dont nous ne saurions assez remercier la Providence, c'est que dans l'espace de sept mois, avec des froids et des chaleurs extrêmes, notre enfant n'ait pas eu deux jours d'indisposition. Cette exemption des misères humaines me confirmerait dans la pensée que c'est un petit ange, si je ne lui voyais par moment la turbulence d'un petit diable.

Adieu; tout en vous parlant des miens, je n'oublie pas les vôtres. Vous savez que ma femme partage à cet égard toutes mes sollicitudes; elle vous serre cordialement la main, et elle voudrait mettre pour vous, sous ce pli, un des plus jolis baisers de votre filleule.

Adieu; encore une fois, tout à vous.

(1) Ce volume fut imprimé en 1850 sous le titre : *Documents inédits pour servir à l'histoire littéraire de l'Italie, depuis le* vii° *siècle jusqu'au* xiii°, *avec des recherches sur le moyen âge italien.* Il est précédé d'une préface considérable sur *les Écoles en Italie aux temps barbares.*

NOTES DE VOYAGE

VENISE.

Mai 1847.

Nous sommes arrivés à Venise à l'heure la mieux choisie pour faire connaissance avec cette merveilleuse ville. La nuit tombait; à la clarté d'un reste de crépuscule et de quelques fanaux, nous parcourûmes le grand canal dans toute sa longueur, bercés au fond de la gondole qui nous portait et qui rasait à chaque instant d'autres gondoles rapides et silencieuses. Je m'étonnais de voir ces embarcations d'une coupe si gracieuse, uniformément tendues de laine noire, le drap retombant devant et derrière la cabine avec des glands noirs, comme autant de catafalques. Est-ce un reste du caractère mystérieux des anciens Vénitiens? est-ce une manière de porter le deuil de la liberté et de la gloire?

Nous avancions cependant et nous voyions à droite et à gauche les palais avec leurs riches galeries ; jusqu'à ce que nous nous engageâmes dans le petit canal qui nous menait à l'hôtel. Après les premiers soins du débarquement et de l'installation nous sortîmes à pied, nous passâmes un petit pont et après avoir suivi quelque temps la petite rue qui longe Saint-Moïse, nous nous trouvâmes sur la place. Elle était inondée de la lumière que versaient les becs de gaz et qui la faisaient paraître immense. A gauche, les vieilles Procuraties si élégantes et si simples, où les ouvertures sont si nombreuses avec des supports si légers. A droite, les Procuraties nouvelles et le Campanile, pesant, trop peu orné, mais imposant par sa hauteur. Au fond, la basilique de Saint-Marc, sa façade découpée, ses dômes et ses croix : puis, en retournant, la piazzetta, le palais ducal superbe et menaçant, les deux colonnes de saint Georges et de saint Marc, et enfin la mer. Cette fois, je ne voyais plus, je rêvais, et je ne pouvais croire à la réalité de cette vision, il me semblait que toute cette féerie allait s'effacer aux premiers rayons du jour : il était dix heures, on entendait de la musique de tous côtés, des groupes d'hommes et de jeunes femmes s'arrêtaient sous les portiques, et je commençais à comprendre tout ce qu'il y avait eu de voluptueux, de dangereux, dans cette vie enchantée des anciens Vénitiens, tout ce qui avait fait le charme de cette cité magique et tout ce qui en avait fait la perte.

Le jour est venu, dix fois je l'ai vu se lever sur Venise, et dix fois j'ai trouvé que mon rêve n'était pas évanoui : Venise m'a tenu bien plus que je ne m'en étais promis. Aucune église d'Italie, ni celle de Pise, dont j'aimais tant les belles colonnades, ni celle d'Orvieto avec ses bas-reliefs et ses peintures, ni le dôme de Saint-Vital de Ravenne, ni les mosaïques de Saint-Apollinaire, de Sainte-Marie Majeure et de la cathédrale de Montréal ; aucun monument religieux ne m'a paru plus instructif que Saint-Marc, qui réunit le style de l'Orient et celui de l'Occident, dont les mosaïques savamment disposées contiennent toute l'histoire du christianisme, tandis que les inscriptions qui couvrent ses murailles forment un grand poëme religieux.

Le palais ducal unit aussi d'une manière surprenante la sévérité et la légèreté. Rien de plus austère que ce grand mur percé de larges ogives béantes. Rien de plus hardi que de faire reposer cette masse sur une galerie découpée à jour où il y a si peu de pierres et tant de vide. On est effrayé surtout quand on considère l'angle qui fait le coin de la place et de la rive des Esclavons, ces colonnettes si grêles rappellent que tout l'édifice, la basilique, la place et la piazzetta reposent sur des pilotis, et que toute cette création de l'homme, comme celle de Dieu, est sortie de l'abîme. J'ai moins admiré les salles fameuses qui occupent l'intérieur et les peintures dont elles sont couvertes. Les grandes pages de Tintoret, de ce pinceau brillant, facile et trivial, m'ont fait regretter les peintures des deux Bellini qu'elles ont remplacées : elles ont gâté l'héroïsme de la vieille histoire de Venise. C'est ainsi que le pape Alexandre III est représenté mettant le pied sur le cou de Frédéric Barberousse. Dans les anciennes fresques du palais de Sienne, comme dans l'histoire, il n'est pas question de cet acte brutal : le pape bénit et absout. Il ne faut pas oublier les deux balcons donnant sur la piazzetta et sur le quai tout ornés de sculptures comme le portail d'une cathédrale gothique. Jusqu'ici c'étaient des beautés connues d'avance par les récits des voyageurs. Mais j'étais loin de m'attendre à la magnificence de ces deux belles églises de Saints-Jean-et-Paul et de Sainte-Marie la Glorieuse, à la grâce de ces deux élégants édifices de Saint-Zacharie et de Sainte-Marie dell'Orto ; à ces admirables tableaux des vieux maîtres qui peuplent le musée de l'académie : les deux peintres de Murano et leur paradis, Vivarini, Cima de Conegliano, Carpaccio si grave et si simple, Bonifazio et les deux Bellini, ces deux frères unis dans une même gloire et dans le même tombeau.

Que d'heures charmantes, que de moments trop tôt passés en gondole, sur les lagunes, et sur la grève du Lido où nous trouvions enfin les flots retentissants de l'Adriatique ! Que d'intéressants pèlerinages chez les bons Arméniens de Saint-Lazare, qui font si bien les honneurs de leur petit couvent aux briques rouges et aux riants jardins, aux îles de Murano et de Torcello, où d'antiques sanctuaires survivent encore à une prospérité qui n'est plus! On dit que dans la basilique de l'Assomption de Torcello, l'évêque qui siégeait sur le trône épiscopal entouré de six rangs de prêtres et de diacres assis sur les bancs de pierre, comptait sous son autorité quatre cent mille diocésains. Aujourd'hui le prêtre qui garde ces ruines a un troupeau de quinze ou vingt familles. Cependant ces jouissances étaient mêlées de bien des tristesses. Je voyais dans une des salles du palais les figures allégoriques de Véronèse représentant tout ce qui fit la puissance de Venise avec des devises fastueuses : la foi, *nuncquam derelicta;* la justice et la force, etc., *fundamentum reipublicæ, custodes libertatis;* la marine, *robur imperii;* et cette liberté avait été bien mal gardée, cet empire bien mal soutenu. Dans la salle du grand Conseil, la suite des portraits des doges, et après le dernier la place restée vide pour les doges qui devaient suivre. Sur la place, les trois mâts dépouillés des bannières des trois royaumes qui faisaient jadis la gloire de la république, et sur la piazzetta, les canons autrichiens et les grenadiers hongrois qui les gardent.

SAINT-GALL.

2 juin 1847.

J'approchais avec émotion de ce pays de Saint-Gall, qui fut longtemps le foyer de la civilisation chrétienne pour l'Allemagne. Le lac de Constance s'étendait devant nous avec ses rives doucement inclinées, sans bornes comme la mer, et brumeux comme la mer du Nord. On apercevait Arbon et Bregentz, ces deux stations du pèlerinage de saint Colomban. A Rohrschach, nous nous enfonçâmes dans la vallée où coule la Steinach : ces lieux n'ont plus, comme au temps de saint Gall, un aspect sévère et menaçant. La pente n'est point rapide, les hautes montagnes ne paraissent pas encore, le pays tient moins de la Suisse que de la Souabe; et je comprends pourquoi ce fut de ce côté que s'étendit principalement l'influence de la puissante abbaye. Dans l'endroit le plus élevé de la vallée, à 2,000 pieds au-dessus du niveau de la mer, est la petite plaine où le saint construisit sa cellule. Tout auprès, un ruisseau tombe en cascade. A l'orient, la vue s'étend jusqu'au lac, à l'occident, la vallée s'abaisse de nouveau, et s'enfoncé vers le pays de Schwitz et de Glaris, au sud, les montagnes d'Appenzell couronnées de neige se montrent derrière des collines boisées; d'autres collines, chargées de bois de pins, s'élèvent du côté du nord : tout ce paysage a une majesté qui n'est pas sans douceur. Mais au lieu de la solitude, des monuments sacrés, qui répondraient à la grandeur et à l'antiquité des souvenirs, je n'ai trouvé qu'une église construite avec le luxe et le goût détestable du dix-huitième siècle, deux hauts clochers flan-, quant une abside mesquine et surchargée d'ornements; de somptueux bâtiments monastiques de la même époque, à demi ruinés maintenant et envahis par les administrations civiles; enfin, une ville manufacturière et marchande, vivant de petite industrie et de petit commerce, où l'on ne fait plus de théologie, plus de grec ni de latin, mais d'admirables mousselines. Le monastère est remplacé par un chapitre, à la tête duquel on vient de mettre un évêque, accepté à grand'peine par les grands esprits du lieu. De tant de vieilles gloires, il ne reste que la bibliothèque en partie dévalisée au dernier siècle par ceux de Zurich. La ville a tué l'abbaye, qui fut sa mère.

EINSIEDELN.

3 juin 1847.

Einsiedeln nous a consolés de Saint-Gall. Cette grande colonie monastique qu'on trouve tout à coup dans une gorge sauvage, où l'on ne s'attendait à voir que des chalets et des pâtres, surprend et repose les yeux. Au cœur du canton de Schwitz, entre le lac de Zurich et celui des Quatre-Cantons, au pied du mont Etzel couvert de sapins, et au bord d'un torrent, s'élève l'abbaye d'Einsiedeln, malheureusement reconstruite au siècle dernier, mais au moins encore debout, encore peuplée de ses religieux bénédictins, encore en possession de sa riche bibliothèque, de sa juste réputation de science et de régularité.

Quelle admirable histoire que celle de saint Meinrad, ce noble Germain du neuvième siècle, qui, après avoir été la lumière du couvent de Reichenau, alla servir Dieu dans la solitude, et y mourir sous les coups de deux meurtriers! Sur son tombeau s'érigea la chapelle de Notre-Dame des Ermites, et la vénération des peuples s'y attacha; le ciel s'ouvrit pour la bénir, et ce fut la croyance universelle que le Christ lui-même était venu la consacrer, accompagné de la Vierge, des anges et des saints. À dater d'alors, le sanctuaire d'Einsiedeln n'a pas cessé de recevoir des milliers de pèlerins et de les renvoyer pleins de foi ; de répandre dans toute la Suisse et l'Allemagne méridionale des rayons de lumière et d'amour.

Encore aujourd'hui l'église moderne enveloppe la chapelle reconstruite, après un incendie, sur la place et les proportions de l'ancienne. L'image de la Vierge qu'on y honore est la même que saint Meinrad avait emportée au désert. Quinze mille pèlerins y viennent chaque année. J'ai vu ces bonnes gens, agenouillés par groupes, dire à haute voix leurs prières devant chaque autel. J'ai vu une vieille mère, à la tête de sa famille, réciter les oraisons auxquelles tous les autres répondaient. Souvent debout, le chapelet ou le livre à la main, ils demeuraient immobiles, dans une attitude singulière de recueillement et de respect. J'ai remarqué un jeune paysan à genoux, le corps en avant et pour ainsi dire élancé comme dans une extase qui commençait à le détacher de la terre. Combien il est faux de dire que cette race germanique ne soit point faite pour le catholicisme !

L'aspect de la petite ville d'Einsiedeln est très-semblable à Notre-Dame de Lorette. Un nombre infini d'auberges, de boutiques de chapelets, tout semble n'exister que pour les pèlerins. En face de l'abbaye, les habitations sont resserrées, presque toutes sont en pierre. Plus loin elles s'éparpillent, elles s'isolent; elles ne sont plus qu'en bois. On voit bien comment un monastère engendrait une ville. Si la ville devenait plus grande, un jour ou l'autre, elle tuerait peut-être le monastère ; mais Einsiedeln est à deux mille neuf cent quatre-vingt-dix pieds au-dessus du niveau de la mer, à mille pieds de plus que Saint-Gall, et il faut encore quelque temps avant que les manufactures et les usines aillent s'implanter à cette hauteur. L'industrie est une plante grimpante, mais le monachisme est monté plus haut qu'elle.

Les chalets de la Suisse sont bien riants ; mais ces constructions de bois accusent un peuple encore nomade. Les peuples vraiment civilisés et sédentaires bâtissent en pierre ; la pierre ne se déplace pas. On reconnaît les mœurs décrites par Tacite : « *Colunt discreti, ut fons, ut nemus placuit.* » A Schwitz, par exemple, à peine quelques maisons se tiennent et se touchent ; les autres se détachent, et toute la ville est éparse dans la vallée et sur les pentes voisines.

Nous avons vu la Via Mala, les bains de Pfeffers ; nous avons suivi des torrents dans les vallées étroites, assourdis par le bruit des cascades, écrasés par la hauteur menaçante des rochers. J'ai admiré toutes ces choses ; mais j'aime encore mieux un paysage silencieux et découvert, comme à Ragatz ou sur le lac des Quatre-Cantons ; de grandes lignes, des montagnes qui s'élèvent sur de larges bases et par des pentes douces, des transitions ménagées depuis la rive couverte de jardins jusqu'aux glaciers déserts. En général, les spectacles étranges, les beautés dramatiques de la nature, me touchent moins que ces beautés calmes, sans violence et sans bruit.

ÉCHALLENS.

21 juin 1847.

Un des plus doux moments de ce voyage de Suisse, c'est la demi-heure que nous avons passée à Échallens. Nous n'avions ni calculé ni prévu cette station de notre pèlerinage. La chose s'était arrangée d'elle-même, comme tout ce qui s'arrange bien. Échallens se trouvait à moitié chemin du trajet de Lausanne à Yverdun. Je me rappelais que c'était le lieu où mon grand-père s'était retiré pendant les derniers mois de la Terreur, et dont ma mère m'avait si souvent parlé. Que n'aurai-je pas donné pour connaître la maison qu'habita ma famille ! Du moins je voyais les petits bois et les jolis sentiers où ils allaient conduits cueillir des fraises. L'oncle chartreux marchait le premier en éclaireur, et, quand il avait découvert un nid de fraises, il appelait ses joyeuses nièces : « Venez, mesdemoiselles, c'est tout rouge. » Et l'on revenait avec des paniers tout pleins de ces jolis petits fruits qu'on mangeait avec du lait excellent. J'ai visité l'église où ma bonne mère a fait sa première communion, sous la direction de ce bon curé, qui lui répétait : « Nous irons les deux, nous irons les deux en Paradis. » Je l'ai trouvée comme ma mère me l'avait décrite, partagée, hélas! entre les deux cultes, le sanctuaire réservé aux catholiques, et fermé par une grille de bois, la nef commune aux catholiques et aux protestants ; d'un côté, la chaire du curé et le baptistère ; de l'autre, la chaire du pasteur et la table de la Cène. Cette chère église est bien misérable ; cependant j'y ai prié avec plus d'émotion que de coutume ; j'y ai remercié Dieu des grâces qu'il avait faites en ce lieu même à la petite exilée. J'ai prié pour ma bonne mère, parce que c'est un devoir de prier pour les morts ; mais, comme je la crois heureuse et puissante dans le ciel, je lui ai demandé de veiller sur nous, de nous aider à finir heureusement ce voyage trop long, et surtout d'obtenir à ses enfants quelques-unes de ses douces vertus. Ma femme et ma belle-mère priaient avec moi, et ma petite Marie s'agenouillait bien sagement devant la grille du sanctuaire. Amélie a voulu cueillir quelques fleurs sur la petite éminence où s'élève l'église. Ces fleurs ne sont pas celles que notre bonne mère foulait en allant à la messe, mais elles leur ressemblent, et plaise à Dieu que nous lui ressemblions autant !

LA VALLÉE DE MOUTIERS.

Juin 1847.

Après une journée passée à traverser le lac de Neufchâtel, et à côtoyer celui de Bienne, nous avions pris dans les montagnes un chemin escarpé et pittoresque qui nous avait menés coucher à Sonceboz, à une demi-heure environ de Pierre-Pertuis. Le lendemain, nous passâmes le Pertuis, c'est-à-dire le trou de rocher probablement percé par la nature et agrandi par la main des hommes, et nous nous trouvâmes sur l'autre versant du Jura, nous commençâmes à descendre dans cette belle vallée de Moutiers qui sillonne, à peu près du sud au nord, l'ancien territoire de l'évêché de Bâle.

C'est un admirable pays. Deux fois au-dessus et

au-dessous de Moutiers, les gorges se resserrent, les rochers qui se poursuivaient depuis longtemps, sur la rive droite et la gauche du torrent, semblent se joindre et l'enfermer comme dans une prison dont les murailles hautes de cinq à six cents pieds vont toucher les nues. En quelques endroits, pour compléter l'illusion, les couches horizontales du rocher paraissent les assises d'un monument, et le sommet, sillonné, ébréché par la foudre et par la pluie, imite les créneaux d'une forteresse à moitié démantelée. De longues rangées de pins se tiennent en haut, hérissées et menaçantes, comme une armée en bataille. Quelquefois les constructions des hommes se confondent avec celles de la nature, et je ne puis oublier une gracieuse église, nichée à une hauteur infinie au-dessus de nos têtes, et dont le petit clocher semblait tout joyeux de porter la croix si près du ciel. Je ne parle pas des cascades et du torrent qui s'en allait à grand bruit, tantôt à nos pieds, tantôt à une extrême profondeur, à demi caché par les touffes d'arbres penchées sur lui. J'aimais mieux les autres passages, et c'étaient les plus nombreux, où la vallée s'élargissait, les pentes s'inclinaient, s'arrondissaient en mamelons, formaient plusieurs plans disposés les uns derrière les autres, se couvraient de verdure et non pas seulement de sapins, mais de chênes, de châtaigniers, de feuillages plus variés et plus riants, pendant que la rivière pacifiée semblait comme un lac encadré dans des rives fleuries. De distance en distance, des croix, des madones, de petites chapelles dans le rocher, rappelaient qu'à la vue de ces beautés de la terre les hommes s'étaient souvenus de Dieu.

Ce qui me frappait surtout, c'était l'activité industrieuse qui animait ce tableau. Le torrent faisait mouvoir beaucoup d'usines : il y avait des moulins, des scieries, des fourneaux pour travailler le fer, et moi, qui n'ai pas de passion pour les merveilles de l'industrie, je ne pouvais me défendre d'une pensée qui m'a poursuivi tout le jour. J'admirais cette loi du travail, venue de Dieu, embrassée par l'homme, s'étendant avec le progrès des siècles et des mœurs, et n'épargnant rien de ce qui semblait fait pour la liberté et le repos. Quoi de plus libre que l'eau et le feu? et cependant on est venu chercher ce torrent au fond de son désert; on l'a contrarié par des barrages, emprisonné dans des canaux, pour le jeter sur des roues, pour l'attacher comme un esclave à la meule, pour faire agir des soufflets et des scies. On a enchaîné le feu dans les hauts fourneaux, dans la pompe à vapeur, dans la bruyante locomotive, on l'a attelé comme une bête frémissante. Quoi de plus calme, de plus majestueux, dans le repos et le silence, que ces grands arbres, qui semblaient nés pour ne rien faire, comme des fils de rois! on les fait pourtant descendre de leurs rochers; on les précipite dans la rivière, qui passe au bas et les emporte; on les réunit en radeaux Le Rhin les emmènera dans des villes laborieuses, où les uns seront équarris, façonnés sur les chantiers, pour former la quille, le mât de quelque vaisseau, et porter jusqu'au bout du monde le poids du trafic et de la spéculation; les autres soutiennent la charpente de nos maisons; les plus chétifs serviront à chauffer nos foyers. Voici un enfant qui garde des moutons : ne sont-ce pas les plus oisives des créatures! Mais, si les moutons ne font rien, c'est leur laine qui sera foulée, tordue, qui prendra mille formes pour nous vêtir; et cet enfant qui siffle auprès d'eux, je veux qu'il n'écrive ni ne lise ; il faut bien au moins, tôt ou tard, qu'il sache son catéchisme, c'est-à-dire qu'il s'habitue aux idées de Dieu, de l'âme, de la mort, de l'éternité, c'est-à-dire aux plus laborieux exercices de l'esprit humain, à des méditations qui effrayaient Platon et qui inquiétaient Descartes.

OBERWESEL ET STOLZENFELS.

30 juin et 1er juillet 1847.

C'est au-dessous de Bingen que la vallée du Rhin se resserre tout à coup, et que le fleuve, pressé entre les rochers, se creuse un lit profond. Cette gorge se prolonge jusqu'à Coblentz ; l'entrée est gardée du côté du sud par les ruines féodales d'Ehrenfels, au nord par la citadelle moderne d'Ehrenbreistein. Après, vient cette longue suite de châteaux, d'abbayes, de petites villes : Rheinfels, Rheinstein, Bacharach avec les tours de son ancienne église réduite en cimetière, et les restes d'une ancienne église de Templiers. Plus loin, Caub et la petite île fortifiée du Pfalz, s'élevant sur les eaux comme un vaisseau amarré qui n'attend que des ordres pour lever l'ancre et descendre le fleuve.

Chaque sinuosité du Rhin forme comme un lac dont on ne voit pas les issues. Tout à coup le fleuve retourne, l'ouverture de la vallée se démasque, et un nouveau spectacle commence. Vers le milieu du trajet, au bord de l'un de ces lacs admirablement encadrés, là où le Rhin est plus étroit, la gorge plus solitaire, où les montagnes plus arides ne laissent voir que le rocher entrecoupé de vignes, loin de tout ce qui peut rappeler la civilisation moderne, s'élève une petite ville où le moyen âge est tout debout, Oberwesel.

Sur la rive gauche du fleuve s'étend une muraille d'environ un quart de lieue, encore crénelée à moitié, ailleurs ouverte par de larges brèches. Elle est percée de plusieurs portes à plein cintre, basses et sombres; elle est fortifiée de meurtrières et flanquée de sept tours. A l'extrémité vers le nord, une haute tour ronde à deux étages, puis deux tours carrées, puis une tour ronde plus basse; ensuite vient la grande brèche suivie de deux petites tours octogones, et l'extrémité sud est marquée par une tour carrée, avec un couronnement octogone en ruine. Cette ligne forte se replie et enveloppe toute la petite ville à peu près en forme de trapèze. Du côté occidental une grande tour carrée s'élève entièrement ouverte d'un côté; le lierre et les plantes grimpantes n'ont pas manqué de jeter leur voile sur ces débris. — Dans cette enceinte, il y a des vergers, des jardins, un petit nombre d'habitations en bon état, surtout des masures et des chaumières, de misérables constructions de bois. Mais comme dans les mœurs du moyen âge, si les hommes ont des habitations misérables, ils ont mis la grandeur et la magnificence dans les églises.

Deux grandes églises gardent, pour ainsi dire, les deux entrées de la ville, l'une au nord-ouest, l'antique paroisse de Saint-Martin ; l'autre, au midi et hors des portes, est une ancienne abbaye de femmes, sous l'invocation de la Vierge. Entre les deux, et vers le bord du Rhin, la petite chapelle de Saint-Werner, petit oratoire gothique, humble et charmant comme le saint enfant, comme le jeune martyr égorgé par les Juifs, en l'honneur duquel elle fut élevée. L'église de Saint-Martin était fermée à cause des réparations qu'on venait d'y commencer ; mais on voyait à l'extérieur une belle nef percée de fenêtres ogivales. Pour façade, une large et haute tour carrée, crénelée, avec quatre petits balcons, exécutés aux quatre angles, et surmontés d'une petite tour octogone basse et qui manque de couronnement ; dans les fenêtres et les arcs de la frise, tantôt le plein cintre, tantôt l'ogive. Cet édifice a par-dessus tout un caractère de force et de puissance. L'église de Notre-Dame est un chef-d'œuvre d'architecture ogivale, à l'exception du clocher volumineux et lourd. Mais les nefs sont admirables, et celle du milieu s'élance avec une légèreté singulière : l'abside, tournée vers le Rhin, est percée de cinq longues fenêtres. La façade est très-simple, et ne présente qu'une porte surmontée d'une belle fenêtre ogivale.

Au-dessus de la ville et du côté du sud, sur une colline escarpée, est le château, dont les vastes ruines annoncent une antique prospérité. Cependant les puissants seigneurs qui l'habitaient se faisaient gloire d'être bourgeois d'Oberwesel. La ville, au temps d'Henri VII, était ville impériale; c'est pourquoi on voit des aigles sur les murs. Nulle part au monde le moyen âge ne paraît plus conservé; l'imagination a peu de frais à faire pour réparer les brèches de la vieille enceinte, et pour la repeupler de ses vieux habitants.

Ce travail de l'imagination est encore plus facile à Stolzenfels. Maintenant qu'un prince en a relevé et meublé les murailles, il n'en coûte rien pour se croire transporté au siècle de la chevalerie, et pour se représenter les conditions de la vie féodale. On comprend cette vie solitaire, mais indépendante; incommode, mais superbe; cette richesse qui ne donnait point ce que nous appelons l'aisance, mais la force; ce plaisir des yeux qui dominaient une admirable contrée sans y découvrir ni maître ni obstacle. A cette hauteur, au-dessus des petits intérêts et des petites craintes, il était facile que les cœurs fussent élevés, invincibles. Si les nobles ont fait les châteaux, on peut dire aussi que les châteaux ont fait les nobles. Rheinfels, Ehrenfels, Marxsburg, Stolzenfels, Heidelberg, ce sont les berceaux, ce sont les nids de tous ces aigles de batailles; s'ils n'avaient pas habité dans les tempêtes, ils n'auraient pris ni un vol si haut, ni un cœur si intrépide.

XXX

A M. FOISSET.

Château d'Arminvillers, 8 octobre 1847.

Monsieur et cher ami,

En quittant Rome, je vous écrivis un billet bien laconique ; mais je me consolais par la pensée de vous adresser à mon retour une longue lettre, où je vous féliciterais tout à mon aise de l'heureuse union dont vous m'aviez donné la nouvelle. J'y portais trop d'intérêt pour l'oublier, j'en ai su le lieu, le jour et l'heure ; et au moment où le Père Lacordaire bénissait votre bien-aimée fille et votre nouveau fils, au milieu d'une cérémonie où se trouvaient réunis tant d'éloquence, tant de talents et de vertus, si votre émotion paternelle vous eût laissé voir tous ceux qui assistaient par la pensée à ces noces chrétiennes, vous m'auriez aperçu dans le nombre, et j'ose croire que vous ne m'auriez pas vu le moins fervent ni le moins touché. Mon cœur y était pour deux, et si au sortir il m'eût été possible de vous approcher, à travers cette foule affectueuse qui vous pressait, en vous faisant compliment de votre gendre, je vous aurais remercié pour mon jeune ami.

La vérité est que le matin même de cette belle journée, comme nous montions en voiture dans je ne sais quelle bourgade de Suisse, je me souvins de ce qui devait se passer à Beaune, je le rappelai à ma femme qui aime tout ce qui vous est cher, et nous nous y unîmes d'intention.

En arrivant à Paris, j'y trouvai cette quantité d'affaires attardées qui attendent un voyageur au retour et qui lui montrent combien il s'est trompé en comptant sur ce moment-là pour écrire à ses amis. Il est de fait que me voici revenu depuis deux mois, et que vous n'auriez point encore ces quatre lignes, si je ne m'étais dérobé pour huit jours aux importuns, et renfermé avec ma femme et mon enfant dans un château fort, garni de ses fossés et de son pont-levis, au milieu des forêts de la Brie, mais chez un châtelain fort courtois, M. de Francheville, dont vous avez dû lire, dans le *Correspondant*, quelques jolies pages.

Pour moi j'en ai lu de bien éloquentes, laissez-moi le dire, de bien courageuses, de bien chrétiennes, sur les *Girondins*. « *Irascimini et nolite peccare.* » Je me rappelais encore cette belle fresque du Vatican que je venais de voir, où les anges fustigent Héliodore, le violateur du temple. Il me semblait qu'ils vous eussent prêté leurs verges. Et qu'on sent bien cependant qu'elles arment une main amie, et qu'en brisant l'idole, vous cherchez à retrouver, à toucher le cœur chrétien qui battait naguère dans sa poitrine ! N'ajouterez-vous point quelque chose à ce travail, un des meilleurs, si je ne me trompe, qui soient sortis de votre plume, et n'en ferez-vous point un livre, que nous voudrions tous avoir, dont nous serons heureux, dont nous avons besoin ? Car vous avez beau dire, le christianisme, qui peut se passer de tout comme Dieu lui-même, veut aussi comme Dieu être servi, représenté par des hommes. Cela est si vrai, que la Providence ne l'en a jamais laissé manquer, ne fût-ce que pour la consolation des faibles dans la foi, et pour soutenir ces esprits pusillanimes qui ont besoin d'être fiers de leur religion pour en être convaincus. Toutes les défections sont rachetées par des vocations, saint Cyprien répare la chute de Tertullien, et tous les scandales des apostasies contemporaines ne s'effacent-ils pas devant l'astre naissant de Pie IX ?

Il ne fallait pas moins que vos articles, applaudis, comme on a dû vous le dire, dans des rangs bien différents des nôtres. Il fallait cette verve et cet éclat pour relever un peu *le Correspondant*, qui languit bien depuis quelques mois. En revenant de Rome où tout est si grand, dans un moment où il semblerait facile aux catholiques, soutenus par l'admiration du monde pour leur pontife, de reprendre une haute position, j'ai été attristé de trouver qu'ici ils étaient restés sur le terrain étroit et défavorable où ils avaient été obligés de se renfermer en des temps moins heureux. Après la condamnation de *l'Avenir* et sous le règne de Grégoire XVI, je comprends que les catholiques se fussent, pour ainsi dire, retirés et retranchés dans deux questions de liberté sur lesquelles ils savaient que Rome ne les foudroierait jamais, la liberté de l'enseignement et celle des corporations religieuses. Mais je m'afflige de voir qu'après quinze mois d'un pontificat qui rappelle celui de Grégoire II et d'Alexandre III, d'un pontificat destiné à terminer la querelle qui fait depuis soixante ans le déchirement de l'Europe, en concluant enfin l'alliance de la liberté et du christianisme, *le Correspondant* n'ait de véritable intérêt, de chaleur, de persévérance, de longs et fréquents articles que sur ces deux points, les Congrégations et l'Université. Non certes qu'il faille abandonner deux thèses si éloquemment soutenues, mais il faut reprendre les autres, et, en continuant de défendre deux causes qui ont le malheur de n'être pas populaires, nous jeter dans celles où nous sommes sûrs d'une juste et solide popularité. J'ai proposé, par exemple, à *l'Univers* d'ouvrir une souscription catholique pour donner au pape des fusils destinés à l'armement de sa garde civique. J'y voyais l'utilité de prouver aux Romains que, derrière la froide réserve du gouvernement français, il y avait la chaleureuse adhésion de la France, de la France chrétienne, et que le souverain pontife pouvait compter sur d'autres sympathies que celles des radicaux et des mécréants. On a loué mon idée, qui était aussi celle de plusieurs. Mais, si on ne l'a pas mise à exécution, ne serait-ce point dans la crainte de nuire, par une sorte de concurrence, au pétitionnement pour la liberté d'enseignement? Et comment se faisait-il, par exemple, que *le Correspondant*, qui a eu, qui possède encore des amis à Rome, qui est en mesure de se faire parfaitement renseigner, n'ait pas encore publié un travail sérieux sur les événements qui vont peut-être marquer notre siècle d'un signe aussi mémorable que le siècle où les papes, désespérant enfin des restes de la société antique, abandonnèrent Byzance et se tournèrent vers Charles Martel et ses Francs? Pardonnez ce qu'il y a peut-être de trop vif dans mes mécontentements. Mais je suis encore tout ému d'avoir vu, d'avoir entretenu, d'avoir approché pendant trois mois ce grand et saint homme, dont nous ne sommes pas dignes, puisque nous ne savons pas le juger !

Vous recevrez avec cette lettre un exemplaire d'un livre sur *les Germains* (1), que j'ai eu le tort

---

(1) *Les Germains avant le christianisme.* Œuvres complètes d'Ozanam, t. III.

peut-être de publier, mais que vous aurez la bonté d'accueillir avec indulgence.

Je pense que vous aurez du plaisir à savoir que, pendant notre séjour à Rome, nous avons beaucoup vu l'abbé Gerbet ; il a été le guide de nos pèlerinages, le consolateur de nos peines. Il travaille toujours au troisième volume de sa *Rome chrétienne*, qui va être achevée. Si nous l'avions ici, ne serait-il pas, à l'Académie française, le successeur naturel de Ballanche? Vous avez su la mort si sainte de cet excellent homme. Mais ce que les journaux ne vous ont pas assez appris, et ce que j'ai connu de bonne source, c'est l'éclatante conversion de Frédéric Soulié.

XXXI

A M. FOISSET.

Paris, 26 janvier 1848.

Mon cher ami,

Je profite du premier moment libre que je trouve, pour vous souhaiter la bonne année et pour répondre à vos lettres; je mets du nombre celle que vous m'adressâtes en me renvoyant mes cahiers de *Droit commercial*, qui s'étaient égarés pendant mon absence et que j'ai eu la surprise de retrouver il y a quelques semaines. Que vous avez dû être fâcheusement étonné de mon silence à cet égard, quand vous m'avez écrit si longuement, avec tant d'affection, avec cette ouverture de cœur et ces aimables détails qu'on réserve aux vieux amis! Vous m'adressiez un appel dont mon cœur a été bien ému, vous m'excitiez à des pensées dont je ne suis pas digne. Je conserve toutes vos lettres comme des trésors d'amitié chrétienne; mais je ne crois pas que nulle autre m'ait plus touché.

Ceci ne veut pas dire que je n'aie pas été très-reconnaissant de ce que vous m'avez écrit au mois d'octobre. Comment ne vous remercierais-je pas d'avoir bien voulu accueillir ma demande indiscrète, et vous charger d'être le parrain de mes *Germains*, de *mes barbares*? J'en suis d'autant plus reconnaissant que je sais bien de quelles occupations vous êtes surchargé ; je ne voudrais faire tort ni à vos justiciables, ni à vos pauvres, ni au public qui attend de vous quelque œuvre de longue haleine ; et cependant rien ne serait plus utile que votre jugement sérieux et motivé sur un livre qui doit peut-être décider de l'emploi de mes prochaines années.

Mes deux essais sur Dante et sur les Germains sont pour moi comme les deux jalons extrêmes d'un travail dont j'ai déjà fait une partie dans mes leçons publiques, et que je voudrais reprendre pour le compléter. Ce serait l'histoire littéraire des temps barbares ; l'histoire des lettres et par conséquent de la civilisation depuis la décadence latine et les premiers commencements du génie chrétien jusqu'à la fin du treizième siècle. J'en ferais l'objet de mon enseignement pendant dix ans, s'il le fallait et si Dieu me prêtait vie ; mes leçons seraient sténographiées et formeraient la première rédaction du volume que je publierais, en les remaniant à la fin de chaque année. Cette façon de travailler donnerait à mes écrits un peu de cette chaleur que je trouve quelquefois dans la chaire, et qui m'abandonne trop souvent dans le cabinet. Elle aurait aussi l'avantage de ménager mes forces en ne les divisant point et en ramenant au même but le peu que je sais et le peu que je puis.

Le sujet serait admirable, car il s'agit de faire connaître cette longue et laborieuse éducation que l'Église donna aux peuples modernes. Je commencerais par un volume d'introduction, où j'essayerais de montrer l'état intellectuel du monde à l'avénement du christianisme : ce que l'Église pouvait recueillir de l'héritage de l'antiquité, comment elle le recueillit, par conséquent les origines de l'art chrétien et de la science chrétienne, dès le temps des catacombes et des premiers Pères. Tous les voyages que j'ai faits en Italie l'an passé ont été tournés vers ce but.

Viendrait ensuite le tableau du monde barbare, à peu près comme je l'ai tracé dans le volume qui attend votre jugement : puis, leur entrée dans la société catholique et les prodigieux travaux de ces hommes, comme Boëce, comme Isidore de Séville, comme Bède, saint Boniface, qui ne permirent pas à la nuit de se faire, qui portèrent la lumière d'un bout à l'autre de l'empire envahi, la firent pénétrer chez des peuples restés inaccessibles, et se passèrent de main en main le flambeau jusqu'à Charlemagne. J'aurais à étudier l'œuvre réparatrice de ce grand homme, et à montrer que les lettres, qui n'avaient pas péri avant lui, ne s'éteignirent pas après.

Je ferais voir tout ce qui se fit de grand en Angleterre au temps d'Alfred, en Allemagne sous les Othon, et j'arriverais ainsi à Grégoire VII et aux croisades. Alors j'aurais les trois plus glorieux siècles du moyen âge : les théologiens comme saint Anselme, saint Bernard, Pierre Lombard, Albert le Grand, saint Thomas, saint Bonaventure ; les législateurs de l'Église et de l'État, Grégoire VII, Alexandre III, Innocent III et Innocent IV ; Frédéric II, saint Louis, Alphonse X ; toute la querelle du sacerdoce et de l'empire ; les communes, les républiques italiennes, les chroniqueurs et les historiens ; les universités et la renaissance du droit ; j'aurais toute cette poésie chevaleresque, patrimoine commun de l'Europe latine, et, au-dessous, toutes ces traditions épiques particulières à chaque peuple, et qui sont le commencement des littératures nationales. J'assisterais à la formation des langues modernes ; et mon travail s'achèverait par la *Divine Comédie*, le plus grand monument de cette période, qui en est comme l'abrégé et qui en fait la gloire.

Voilà ce que se propose un homme qui a failli mourir il y a dix-huit mois, qui n'est pas encore bien remis, assujetti à toutes sortes de ménagements ; que vous connaissez d'ailleurs plein d'irrésolution et de faiblesses.

Mais je compte d'abord sur la bonté de Dieu, s'il veut achever de me rendre la santé, et me conserver l'amour qu'il m'a donné pour ces belles études.

Je compte ensuite sur mon cours, où je trouverai désormais, au lieu d'une distraction, un soutien, une règle, une raison de ne pas abandonner mon plan. J'y trouverai aussi la mesure dans laquelle des questions si multipliées doivent être traitées, non pour le petit nombre des savants, mais pour le public lettré ; car, je n'ai jamais eu la prétention d'aller jusqu'au fond d'aucun de ces sujets dont chacun suffirait à l'emploi de plusieurs vies. D'ailleurs, voici huit ans que je me prépare sans interruption, soit par mon enseignement, où j'ai fait successivement l'histoire littéraire d'Italie, d'Allemagne, d'Angleterre, au moyen âge, soit par les fragments où j'ai essayé de fixer et de réunir quelques-unes de mes recherches et de les soumettre aux bons conseils de mes amis.

Maintenant que je me suis laissé aller à une confession si longue et si indiscrète, faites qu'elle me profite, et outre l'avis que vous voudrez bien me donner publiquement sur mon pauvre livre, soyez assez bon pour me dire ce que vous pensez du dessein d'y donner suite. Je vous demandais tout à l'heure d'être *impartial* : j'ai rayé le mot, sachant bien que je demandais une chose impossible à l'amitié ; mais soyez sincère, je suis encore assez jeune pour être corrigible.

Les études sur les *Poëtes franciscains* se rattachent au plan que je viens de vous confier, et aux origines de la *Divine Comédie*. Je crains que le second article ne vous ait beaucoup moins satisfait que le premier : mais il était nécessaire pour arriver au troisième, qui sera non le meilleur, mais le plus intéressant, sur le Bienheureux Jacopone de Todi. Vous voyez que je n'abandonne pas le *Correspondant*, malgré les dissidences que je vous ai exprimées sur les affaires d'Italie. Cependant n'allez pas croire que je sois devenu *Giobertiste*, comme le disent quelques personnes contrariées de ne pas me voir partager leurs alarmes. J'honore les grands services philosophiques rendus par Gioberti, mais je déplore son dernier livre; je pense, comme on l'a si bien dit, que c'est un crime contre la liberté de vouloir inaugurer son règne par des proscriptions. Seulement je persiste à tout espérer de la sainteté, de la haute intelligence, du grand caractère de Pie IX, et à remercier Dieu de nous avoir donné le plus grand pape peut-être que le monde ait vu depuis six cents ans. J'ai admiré comme vous le beau discours de M. de Montalembert, tout en regrettant qu'il s'engageât et nous engageât peut-être plus qu'il n'aurait voulu sous les drapeaux du ministère, et qu'il rompît trop durement, sans distinction et sans réserve, avec toutes les fractions de l'opposition libérale.

Après que je vous ai tant parlé de moi, vous m'en voudriez si je ne vous disais rien de ma famille. Madame Ozanam, qui est toujours de moitié avec moi, surtout quand il s'agit de vous, et qui tout à l'heure encore voulait me prendre une de vos lettres sous prétexte qu'elles lui appartiennent ; ma chère Amélie, dis-je, si longtemps éprouvée par le chagrin, jouit depuis quelques mois d'une satisfaisante santé. Notre petite Marie se porte à ravir, grandit et ne maigrit pas ; et la voici à l'âge le plus heureux de l'enfance, deux ans et demi ; déjà assez développée pour causer, comprendre et nous couvrir de caresses, trop petite encore pour étudier, pour se faire sérieusement punir.

Nous jouissons avec une profonde reconnaissance de ce court bonheur que Dieu nous a donné. Nous avons aussi les souvenirs de notre beau pèlerinage de l'année dernière et dont les émotions ne s'effaceront pas de sitôt. Enfin, nous avons des amis, qui sont en grande partie les vôtres; il est inutile de vous dire ce qu'on trouve de ressources auprès d'eux dans les bons et les mauvais jours. Je ne parle pas de la famille de ma femme, de mes frères que vous ne connaissez point et dont la tendresse nous est bien douce.

Vous voyez que la divine Providence me traite avec ces ménagements dont les faibles ont besoin. Assurément, elle y mêle assez d'épreuves pour me rappeler qu'il faut chercher le repos ailleurs qu'ici-bas, mais jusqu'à présent elle me fait un partage bien indulgent ; et je suis bien mauvais de n'en pas montrer plus de reconnaissance. La jeunesse s'en va et je ne m'aperçois point que j'en devienne meilleur. Voilà que dans trois mois j'aurai trente-cinq ans.

<blockquote>Nel mezzo del cammin di nostra vita.</blockquote>

En supposant que je fasse le reste du chemin jusqu'au bout, il faudra bien y arriver et j'ai peur de m'y trouver les mains vides. Priez pour moi, monsieur et cher ami. C'est beaucoup de prier pour ceux qu'on aime, mais c'est encore mieux de venir les aider de ses encouragements et de ses conseils. Ne vous verrons-nous point ce printemps? Vous ne sauriez croire combien votre charité et votre sagesse seraient utiles dans ce pays-ci. J'en veux garder l'espérance, elle me rend moins amer l'adieu par lequel il faut finir cette lettre, en m'excusant bien de la finir si tard.

XXXII

A M. FOISSET.

Paris, 22 février 1848.

Monsieur et cher ami,

Je ne peux pas vous laisser sous une impression fausse, ni supporter la pensée d'un dissentiment considérable avec un esprit et un cœur que j'aime comme vous le savez. Cependant croyez-moi reconnaissant pour la franche cordialité de vos critiques : vous ne fûtes jamais ni plus chaleureux, ni plus aimable, ni plus pressant; ces pages-là sont de celles qu'on garde et qu'on relit.

Premièrement soyez assuré que l'article dont il s'agit n'était point pour moi une affaire littéraire et d'amour-propre, mais une affaire de cœur et de conscience. Je savais que ma sincérité déplairait; je n'aime pas les orages, je n'ai cédé qu'au besoin de remplir un devoir, persuadé que mes amis faisaient fausse route. M. Lenormant a mis une grâce parfaite à insérer mon travail, il m'a demandé le sacrifice de quelques expressions que j'ai corrigées : il n'avait pas d'objection particulière contre les *barbares*. Néanmoins je m'attendais aux plaintes et aux remontrances. Elles arrivent en foule. Mais, d'un autre côté, je reçois les adhésions les plus complètes de bien des catholiques zélés, fatigués de la politique étroite, violente de *l'Univers* comme de la politique impopulaire et découragée du *Correspondant*. Mais vous ne savez pas que mon article est la rédaction d'un discours (1) prononcé au *Cercle catholique*, dont j'ai atténué les expressions bien loin de les aggraver, et qui ont l'approbation du vénérable M. Desgenettes, de M. de Saint-Seine et de beaucoup de gens de votre connaissance. Hier encore, le Père Lacordaire me répétait qu'il partageait toutes mes opinions et qu'il s'étonnait seulement qu'on pût les trouver hardies. Enfin vous-même, monsieur et cher ami, vous pensiez comme moi le 2 octobre, je le vois bien et je m'en félicite ; ne puis-je pas espérer que vous n'avez pas changé d'avis et que j'ai encore la douceur d'être d'accord avec vous?

S'il en est autrement, alors c'est moi qui me suis mal exprimé, et je le crois, puisque vous ne me comprenez pas. Quand je dis *passons aux barbares*, je ne dis pas de passer aux radicaux, à ces radicaux dont on s'occupe et dont on s'effraye. Encore bien moins aux radicaux suisses pour lesquels

---

(1) *Les Dangers de Rome et ses Espérances*. (*Correspondant*, t. XXI, p. 412.)

je n'ai pas le moindre goût et qui me font l'effet d'une aristocratie d'aubergistes et de maîtres de poste. A mon gré, nos amis ont précisément le tort de ne voir que la question suisse, de s'être trop compromis pour ce même *Sonderbund* dont vous reconnaissez les erreurs; d'avoir espéré comme Dieu ne veut pas qu'on espère : *hi in curribus et illi in equis;* d'avoir enfin subordonné, sacrifié à la question de Lucerne la question de Rome, et mesuré tout leur intérêt pour le pape à l'intérêt que le pape prendrait à leurs malencontreux alliés. De là le mécontentement, la froideur, et par-dessus tout la terreur présente, et cette impuissance où l'on est de ne rien attendre du côté du Vatican parce qu'on a trop attendu des sept Cantons. Maintenant on voudrait nous faire porter le sac et la cendre et déchirer nos vêtements. Pour moi, je crois que c'est la politique de Dieu, de ménager toujours quelque épreuve à son Église quand il lui prépare un grand triomphe, et c'est précisément parce qu'on nous a battus au pied des Alpes que j'attache un regard confiant sur les collines éternelles. C'est là que je crois voir le Souverain Pontife consommer ce que nous appelions de nos vœux depuis vingt ans : passer du côté des *barbares*, c'est-à-dire du camp des rois, des hommes d'État de 1815, pour aller au peuple.

Et en disant *passons aux barbares*, je demande

que nous fassions comme lui, que nous nous occupions du peuple qui a trop de besoins et pas assez de droits, qui réclame avec raison une part plus complète aux affaires publiques, des garanties pour le travail et contre la misère, qui a de mauvais chefs, mais faute d'en trouver de bons, qu'il ne faut pas rendre responsable ni de l'*Histoire des Girondins*, qu'il ne lit pas, ni des banquets où il ne dîne pas. Nous ne convertirons peut-être pas Attila et Genséric; mais, Dieu aidant, peut-être viendrons-nous à bout des Huns et des Vandales.

Lisez le commencement de *la Cité de Dieu*, Salvien, Gildas, et vous verrez que dès le cinquième siècle beaucoup de saints avaient plus de goût pour les Goths, les Vandales, les Francs ariens et idolâtres, que pour les catholiques amollis des villes romaines. Franchement, n'y avait-il pas quelque indulgence à ne pas désespérer du salut de Clovis?

Concluons donc qu'il ne s'agit point de ce parti détestable des Mazzini, des Ochsenbein et des Henri Heine, mais des peuples entiers, en y comprenant ceux des campagnes comme des villes. Et s'il ne faut rien espérer de ces barbares-ci, nous sommes à la fin du monde et par conséquent de nos disputes.

Vous me demandez de combler quelques lacunes; vous craignez que je n'aie fait tort aux rétrogrades, trop bon marché aux impatients, diminué les sujets de crainte, surfait les espérances. Assurément, il est bien aimable de votre part, après avoir bien voulu lire mes vingt-quatre pages, de m'en demander cinquante autres pour les prouver. Beaucoup de gens trouveraient que c'était déjà trop d'un article. J'avoue que je ne suis pas en mesure d'écrire un livre, le livre qu'il faudrait, avec texte, citations, pièces à l'appui. Quant aux rétrogrades, je demande s'ils ne sont pas aussi païens que tous les radicaux de la terre, ceux qui veulent régner par la force et par l'étouffement des esprits, et s'il est plus innocent de tirer sur les moines à Palerme qu'à Fribourg. En ce qui touche les impatients, je proteste contre ce mépris avec lequel nos amis traitent la *consulte d'État*, un corps entièrement composé par le choix libre et personnel du Souverain Pontife.

Ne croyez pas ceux qui trouvent plus commode de condamner en masse un parti, un peuple entier, que d'étudier les différences qui le divisent. Je trouve que vous parlez un peu légèrement du Père Ventura, aussi grand théologien que grand orateur. Mais surtout, combien je m'afflige d'entendre répéter cette comparaison de Pie IX avec Louis XVI, qui est la thèse favorite de tous les rétrogrades, la thèse des ambassades de France et d'Autriche à Rome ; la thèse de tous ceux qui n'aiment ni le pape ni la liberté. Comment peut-on le comparer même à saint Célestin ? A-t-on vu qu'il pliât sous le fardeau? On lui reproche ses deux secrétaires d'État tués sous lui! Ne sait-on pas que la difficulté capitale d'une ère nouvelle, c'est de trouver des hommes nouveaux; que la plus terrible tâche de Pie IX, c'est de faire l'éducation politique de ses ministres et de son peuple? Il n'a pas hérité de Sixte V : je le crois bien, et je m'en réjouis. Il faut remonter peut-être jusqu'à Alexandre III pour trouver une âme de la trempe de la sienne. A l'heure qu'il est, vous aurez lu son admirable proclamation du 10 février, vous aurez vu sa conduite dans la soirée du 11, et j'aime à croire que vous aurez béni Dieu de nous faire assister à ce que nous n'étions pas dignes de voir.

En voilà bien long. J'espère avoir assez défendu mes *Barbares*, pour obtenir de vous quelque chose en faveur des *Germains*. Je retourne avec prédilection à cette antiquité loin des orages du présent. Ne craignez pas que je prenne le goût de la politique. Le temps me dure de retrouver assez de forces pour reprendre le dessein dont je vous parlais. Je louerai Dieu s'il me donne de pouvoir ensevelir ma vie dans ces chères études. Il faudra bien le louer aussi quand il me condamnerait à ne travailler comme à présent que par intervalles et avec de pénibles ménagements. Heureusement il m'a donné deux bons anges pour me garder contre l'ennui. L'un des deux vous aime beaucoup, vous rend tout l'attachement que vous lui portez et vous félicite un peu méchamment d'avoir marié mademoiselle votre fille à un universitaire. Pour moi, je vous prie de complimenter mon collègue de Besançon. Sérieusement, nous vous serons unis de cœur et d'âme le 29, et nous prierons pour vous, à charge de revanche.

XXXIII

A M. L'ABBÉ OZANAM.

Paris, 15 mars 1848.

Mon cher frère,

Nous nous plaisons à te supposer bien installé chez ce prêtre éclairé et charitable, auprès de qui tu trouves les égards dont tu as besoin, et la société attachante qui te console un peu de ton exil. Nous espérons même que, les forces revenant, tu pourras reprendre quelques-unes de tes occupations pieuses et trouver quelque douceur à évangéliser cette classe ouvrière qui doit être si nombreuse à Lille et pour laquelle tu as constamment eu une si juste prédilection. J'ai toujours approuvé et maintenant je suis heureux d'avoir partagé ton penchant pour ces hommes laborieux, pauvres, étrangers aux délicatesses et aux politesses de ce qu'on appelle les gens bien élevés. Si un plus grand nombre de chrétiens et surtout d'ecclésiastiques s'étaient occupés des ouvriers depuis dix ans, nous serions plus sûrs de l'avenir, et toutes nos espérances reposent sur le peu qui s'est fait jusqu'ici. J'entre tout à fait dans ta pensée pour ce qui concerne le dimanche. Je vais rédiger moi-même un petit écrit sur cette question que je ferai distribuer et afficher, et peut-être sera-ce un moyen d'engager les ouvriers à faire une pétition sur ce point.

D'un autre côté, je vais avoir tout à l'heure à la maison une réunion de professeurs où l'on s'occupera de fonder des cours publics et une sorte d'école du soir pour ces braves gens. Les ecclésiastiques des Carmes nous prêteront leur concours, et Monseigneur nous donne un local. De ton côté, fais-moi savoir ce qui se fait dans ce genre à Lille ; et aussi quels sont les députés que les catholiques du département du Nord veulent porter à l'assemblée nationale.

Le premier devoir pour des chrétiens, c'est de ne pas s'effrayer, et le second de ne pas effrayer autrui, de rassurer au contraire les esprits troublés, de leur faire considérer la crise présente comme un orage qui ne peut pas durer. La Providence est là, et jamais on ne voit qu'elle ait laissé se prolonger plus de quelques mois ces secousses financières qui ébranleraient l'ordre matériel des sociétés. Ne nous tourmentons pas trop du lendemain et ne nous disons pas : « Que mangerons-nous et de quoi nous habillerons-nous ? » Ayons du courage, cherchons la justice de Dieu et le bien du pays, et le reste nous sera donné par surcroît. Mais voilà un bien long sermon à un sermonneur; mille tendresses de la part de tous ceux qui t'aiment ici.

XXXIV

A M. FOISSET.

Paris, 22 mars 1848.

Monsieur et cher ami,

C'est répondre bien tard à vos deux bonnes et affectueuses lettres. Mais elles sont arrivées dans un moment difficile, où je partageais l'inquiétude générale, où j'étais hors d'état de me recueillir et de m'entretenir avec vous doucement et librement, comme vous l'aimez, et comme il convient à l'amitié chrétienne. Aujourd'hui j'ai plus de calme, mais bien peu de loisir, et cependant je ne puis résister au besoin de vous exprimer, ne fût-ce qu'en six lignes, combien vous m'avez touché.

Pour ce qui me concerne, vous avez bien tort, monsieur et cher ami, de me croire l'un des hommes de la situation. Jamais je n'ai mieux senti ma faiblesse et mon incompétence. Je suis moins préparé que tout autre aux questions qui vont occuper les esprits, je veux dire à ces questions de travail, de salaire, d'industrie, d'économie, plus considérables que toutes les controverses politiques. L'histoire même des révolutions modernes m'est à peu près étrangère. Je m'étais renfermé avec une sorte de prédilection dans ce moyen âge que j'étudiais passionnément; et c'est là que je crois avoir trouvé le peu de lumière qui me reste dans l'obscurité des circonstances présentes. Je ne suis pas homme d'action, je ne suis né, ni pour la tribune, ni pour la place publique. Si je puis quelque chose et bien peu de chose, c'est dans ma chaire; c'est peut-être dans le recueillement d'une bibliothèque, c'est tout au plus de tirer de la philosophie chrétienne, de l'histoire des temps chrétiens, une suite d'idées que je puisse proposer aux jeunes gens, aux esprits troublés et incertains, pour les rassurer, les ranimer, les rallier, au milieu de la confusion du présent et des incertitudes formidables de l'avenir.

Je ne sais si je m'abuse, mais il me semble que ce plan de Dieu dont nous apercevions les premières traces se déroule plus rapidement que nous n'avions cru, que les événements de Vienne achèvent d'expliquer ceux de Paris et de Rome, et qu'on entend déjà la voix qui dit : *Ecce facio cœlos novos et terram novam!* Depuis la chute de l'empire romain, le monde n'a pas vu de révolution pareille à celle-ci. Je crois encore à l'invasion des Barbares, mais jusqu'ici j'y vois plus de Francs et de Goths que de Huns et de Vandales. Enfin je crois à l'émancipation des nationalités opprimées, et plus que jamais j'admire la mission de Pie IX, suscitée si à propos pour l'Italie et pour le monde. En un mot, je ne me dissimule, ni les périls du temps, ni la dureté des cœurs ; je m'attends à voir beaucoup de misère, de désordre et peut-être de pillages, une longue éclipse pour les lettres auxquelles j'avais voué ma vie. Je crois que nous pouvons être broyés, mais que ce sera sous le char de triomphe du christianisme.

Restons sur cette espérance, et maintenant, monsieur et cher ami, laissez-moi vous dire encore une fois toute ma reconnaissance pour cet affectueux abandon avec lequel vous me permettez de pénétrer dans votre cœur. Je n'y trouve rien qui ne m'émeuve, qui ne m'attache et ne m'édifie. Continuez-moi un attachement si cher. Croyez aussi à celui de ma femme. Grâce à Dieu elle a du courage. Priez pour nous.

XXXV

A M. L...

Paris, 12 avril 1848.

Mon cher ami,

Quand vous ne m'auriez pas écrit, je me serais fait un devoir et un plaisir de répondre à votre excellente circulaire. Je n'en ferai peut-être pas l'éloge, mais j'en exprimerai sincèrement mon opinion, en vous déclarant que j'y retrouve sous une forme plus précise et plus satisfaisante tous mes sentiments, toutes mes pensées : la république dont je ne veux pas, et celle que je veux. Je vous trouve dans une parfaite mesure de sagesse et de hardiesse, ferme sur tous les points qu'il est impossible d'abandonner, courageusement résolu à toutes les réformes nécessaires. Vous me faites regretter de ne pas appartenir à votre département pour vous donner mon suffrage et celui de mes amis. J'espère beaucoup de votre candidature : mais, quel qu'en soit le succès, laissez-moi vous louer, mon cher ami, du courage qui vous a fait renoncer à votre vie douce et paisible pour accepter une mission où il y a autant de danger que de gloire. Je prie Dieu d'accepter et de récompenser votre sacrifice et de vous honorer en vous mettant au nombre des instruments qu'il va employer à ce grand ouvrage.

Pour moi, on m'avait fait la politesse de m'inscrire ici sur plusieurs listes. Mais, après s'être rendu compte des forces dont l'opinion catholique pouvait disposer, on a dû reconnaître que nous serions hors d'état de vaincre seuls. Ce que nous avons de mieux à faire, c'est de porter nos suffrages sur des candidats républicains qui partagent notre foi, ou qui offrent des garanties sérieuses à notre liberté. Tout au plus, nous serait-il possible de faire passer deux ou trois des nôtres, en nous attachant à ceux qui par leur célébrité ou leur influence peuvent réunir d'autres suffrages. Ce sont par exemple M. de Melun, M. Thayer et surtout le Père Lacordaire. J'ai donc remercié ceux qui me portaient et j'ai pensé bien faire de ne pas diviser les suffrages dans un moment où il importe si fort qu'il n'y ait point de voix perdues.

Toute la part que je prendrai à la vie politique, à laquelle personne ne peut s'arracher aujourd'hui, se réduira donc au peu que je ferai pour *l'Ère nouvelle*, qui paraît décidément le 15 avril. Si vous venez ici dans quelques semaines, soit à tout autre titre, soit comme je l'espère, en qualité de représentant du peuple, vous ne tarderez pas à comprendre pourquoi l'*Univers* ne peut pas rester l'organe unique des catholiques. Nous voudrions fonder une œuvre nouvelle, pour des temps si nouveaux, qui ne provoque pas les mêmes ressentiments et les mêmes soupçons. D'ailleurs, puisqu'il y a plusieurs opinions parmi les catholiques, il vaut mieux qu'elles soient fidèlement représentées par plusieurs journaux, et que par suite de leur diversité même, l'Église de France cesse d'être responsable de ce qui se passe dans l'esprit d'un journaliste.

Vous ne sauriez croire du reste quelle hostilité s'est déchaînée contre le Père Lacordaire et ses amis depuis la publication du prospectus, quelles suppositions odieuses on a répandues, tout ce qu'ont inventé certains légitimistes, certains doctrinaires et ceux qui ne veulent de la république que comme d'un pont. Heureusement le Père Lacordaire garde une admirable sérénité ; jamais je ne l'ai vu plus égal, plus disposé à servir les desseins de Dieu sans se troubler des passions humaines. L'archevêque de Paris, violemment attaqué lui-même, a voulu lui donner un témoignage éclatant de confiance en lui conférant le titre de vicaire général.

Vous ne sauriez croire quel besoin j'aurais maintenant de vous voir et de vous dire ce qui déborde dans mes pensées. Si vous ne venez pas ici, il n'est pas sûr que je n'aille pas vous faire une visite aux vacances de Pâques.

Au moment même de terminer cette lettre, je reçois de Lyon des propositions très-instantes pour me laisser mettre sur une liste de candidats. On m'assure que la division des partis et des suffrages sera si grande, que j'aurais chance de réunir un nombre suffisant de voix. D'un autre côté, je ne suis pas bien robuste de santé pour affronter les orages de l'Assemblée nationale. Mes habitudes de parole ne s'accommodent guère avec la tribune où il faudrait monter. Mes amis d'ici sont partagés. Plusieurs me conseillent d'attendre l'assemblée suivante. Qu'en pensez-vous? Si vous me répondez courrier par courrier, votre lettre peut encore m'arriver avant que j'écrive à Lyon ; car je n'écrirai que samedi. Je suis dans une perplexité douloureuse.

XXXVI

A M. L'ABBÉ OZANAM.

Paris, 12 et 21 avril 1848.

Mon bon frère,

Au milieu des préoccupations qui remplissent tous mes moments, tous les oublis sont pardonnables ; et voilà pourquoi j'espère que tu nous excuseras d'être restés cette fois si longtemps sans t'écrire. La semaine dernière a été consacrée aux élections de la garde nationale, qui nous ont pris bien des heures, soit par les réunions préparatoires, soit pour les scrutins. Enfin nos soins n'ont pas été inutiles; nous avons réussi à faire passer quelques citoyens excellents, et en général cette première épreuve du suffrage universel a tourné au profit de l'ordre en même temps que de la liberté. Maintenant toutes nos sollicitudes se portent sur les élections des représentants du peuple, et si, comme je l'espère, nous parvenons à écarter les intrigues, nous avons chance de faire arriver le Père Lacordaire et ce qu'il y a dans le parti républicain de plus chrétien et de plus honnête. C'est à mon avis ce qu'on doit faire à peu près partout; ne pas perdre ses voix sur des candidatures sans valeur, et appuyer de ses suffrages les hommes de l'opinion démocratique qui sont disposés à faire respecter les consciences.

Nous avons vu avec déplaisir que la tranquillité de Lille avait été troublée par des rassemblements dangereux. Heureusement tu n'avais rien à craindre. Mais nous voudrions que les ouvriers de Lille et de Lyon imitassent la modération et la sagesse de leurs frères de Paris. Voilà sept semaines que cette grande et opulente ville n'a ni gouvernement, ni police régulière; et cependant on n'entend pas parler plus qu'auparavant ni de vol, ni de meurtre, ni de désordre grave. Ne croyez pas les malintentionnés qui vont semant des fables absurdes, rien de tout cela n'est vrai et rien n'est plus contraire aux disposition du peuple de Paris, qui cherche toutes les occasions de témoigner son respect pour la religion, sa sympathie pour le clergé. Mon ami l'abbé Cherruel, qui a béni treize arbres de la liberté. est encore tout ému des preuves de foi qu'il a trouvées dans cette foule où depuis 1815 on habituait le prêtre à ne voir que des ennemis de Dieu et de l'Église.

Occupe-toi toujours des domestiques autant que des maîtres, et des ouvriers comme des riches; c'est désormais la seule voie de salut pour l'Église de France. Il faut que les curés renoncent à leurs petites paroisses bourgeoises, troupeaux d'élite au milieu d'une immense population qu'ils ne connaissent pas. Il faut qu'ils s'occupent non-seulement des indigents, mais de toute cette classe pauvre qui ne demande pas l'aumône et qu'on attire cependant par des prédications spéciales, par des associations de charité, par l'affection qu'on lui témoigne et dont elle est touchée plus qu'on ne croit. C'est maintenant plus que jamais qu'on devrait méditer un beau passage du chapitre II de l'Épître de saint Jacques, qui semble écrit tout exprès pour le temps présent.

Parmi les occupations de cette semaine, l'une des plus graves a été de me décider sur la proposition d'un grand nombre de Lyonnais qui m'ont offert de me porter à l'Assemblée nationale. Mon premier mouvement a été de refuser une mission si peu conforme à mes habitudes et à mes études. Cependant, après y avoir songé devant Dieu et pris conseil de ceux qui ont des droits sur ma conscience et sur mon cœur, en réunissant les conseils de ma famille et de mes amis, je me suis déterminé à un sacrifice que je ne pouvais refuser sans manquer à l'honneur, au patriotisme et au dévouement chrétien. On me porte donc à Lyon; j'espère que je n'y aurai qu'un nombre honorable de suffrages, et que la Providence m'épargnera la périlleuse gloire d'être représentant du peuple. Cependant, si elle m'y destine, j'espère qu'elle me donnera le courage nécessaire pour ne point trahir ses desseins. Je sais ce que je risque ; mais le plus que je puisse exposer, c'est la vie, et depuis deux mois Dieu nous la fait assez rude pour nous apprendre à n'y tenir que juste autant qu'il le veut pour notre amendement et notre salut. Quant à la fortune, il serait égoïste d'y songer dans un moment où il s'agit de sauver ou de perdre la France.

Voilà donc, mon cher frère, une autre raison de prier très-particulièrement pour moi, et je te demande à cette intention, si tu en peux disposer, ta messe de Pâques, jour où peut-être ma destinée doit sortir de l'urne électorale.

Recommande bien aux personnes que tu connais de ne pas perdre leurs voix sur des candidats excellents d'ailleurs, mais qui n'auraient pas de chances sérieuses. En votant pour eux, on ne fait pas seulement un acte inutile, on sert la cause de candidats dangereux auxquels on donne une chance de plus. Il vaut bien mieux au dernier moment se rallier à d'honnêtes gens dont on ne partage pas l'opinion.

Ton frère qui t'aime tendrement.

XXXVII

A M. L'ABBÉ OZANAM.

Paris, 7 mai 1848.

Mon bon frère,

Je t'écris plus souvent que tu ne crois, car j'ai bien l'honneur de correspondre avec dix-huit cents prêtres pour le moins, toi, compris, par l'entremise de *l'Ère nouvelle*. Cette occupation et celle de mon cours, que je reprends, suffisent à mes forces, qui ne sont pas tout à fait telles que je les voudrais, si je les juge par la fatigue que me laissent mes exploits militaires. L'autre jour, ayant eu la faveur de monter la garde à la porte de l'Assemblée nationale, j'ai failli périr de lassitude et de chaleur. Il faut pourtant bien que j'aie l'honneur de la protéger, puisque je n'ai pas celui de l'éclairer de mes lumières. Ma candidature, annoncée seulement quatre jours avant les élections, n'a réuni que le nombre insuffisant d'environ seize mille voix. Il en résulte qu'en m'y prenant plus tôt, en me rendant sur les lieux, je pouvais réussir ; mais Dieu sans doute a voulu m'épargner des devoirs trop redoutables, et me renvoyer aux études dont il m'a donné le goût.

XXXVIII

A M. L'ABBÉ OZANAM.

Paris, 3 juillet 1848.

Mon cher frère,

Après ces grandes émotions on ressent plus vivement le besoin de se voir, de s'entretenir, de s'aimer ; et le spectacle des luttes civiles rend plus douces, plus nécessaires que jamais les affections de familles. Aussi jamais tu ne nous as plus manqué. Nous étions heureux de te savoir loin des dangers que nous courions ; et cependant je ne pouvais m'empêcher de penser au bien que tu aurais fait au milieu de ces blessés et de ces mourants : je songeais à ta belle conduite en 1831 à Lyon, et j'étais sûr que tu aurais recommencé. Amélie a du reste rassuré tes inquiétudes, elle t'a dit que nous étions sains et saufs quoique nous ayons eu des craintes pour Charles Soulacroix qui est allé trois fois au feu. Pour moi, mon peloton a été retenu presque tout le temps au coin de la rue Garancière et de la rue Palatine, puis au coin de la rue Madame et de la rue de Fleurus. Nous avons eu bien des alarmes, des coups de fusil dans le voisinage et de mauvaises patrouilles à faire sur les boulevards; mais, grâce à Dieu, nous n'avons pas brûlé une amorce. Ma conscience était en règle, et je n'aurais pas reculé devant le péril. Cependant je dois avouer que c'est un terrible moment que celui où l'on embrasse sa femme et son enfant en pensant que c'est peut-être pour la dernière fois.

Tu as dû trouver les détails de ces cruelles journées aussi longs que tu pouvais les désirer dans *l'Ère nouvelle*. Ce journal me prend dans ce moment-ci la plus grande partie du temps que me laissent les examens. Depuis dix jours j'ai y fait cinq articles. Il est vrai qu'au milieu de l'agitation des événements je ne serais capable d'aucun autre travail. Nous avons d'ailleurs la consolation de faire quelque bien, car dans les rues de Paris on a vendu jusqu'à huit mille exemplaires par jour.

J'avoue qu'en un pareil moment on est heureux de ne pas avoir à Paris ceux qu'on aime. Ce n'est pas une émeute, c'est la guerre civile que nous avons eue, c'est-à-dire la plus opiniâtre des guerres, celle qui n'attend qu'une occasion pour renaître. Je n'ai guère d'espoir qu'en Dieu et dans les mérites de notre saint archevêque. Par un concours de circonstances qu'il serait trop long d'expliquer, j'avais eu l'honneur de l'accompagner avec M. Bailly et M. Cornudet lorsqu'il est allé de chez lui chez le général Cavaignac, au milieu des acclamations de la multitude.

Adieu, cher frère, prie pour nous.

Ozanam fait ici allusion au fait suivant : étant de service comme garde national, le dimanche, 25 juin, avec M. Cornudet et M. Bailly, à un poste de la rue de Madame, ils s'entretenaient ensemble des rumeurs de plus en plus sinistres auxquelles donnait lieu la prolongation de la lutte ; tout à coup la pensée de l'intervention de l'archevêque jaillit de leurs angoisses, et il leur parut que ce serait un grand triomphe pour l'Église si Monseigneur se faisait médiateur au milieu de cette effroyable guerre civile. Ils allèrent aussitôt en parler à M. l'abbé Buquet, qui les approuva et leur donna une lettre qui devait leur servir de sauf-conduit pour arriver à travers les barricades jusqu'à l'archevêché.

Mgr Affre les reçut avec sa bonté accoutumée, et, après avoir écouté le projet qu'ils venaient lui exposer, il leur répondit avec une admirable simplicité : « Je suis pressé par cette pensée depuis hier, mais comment la réaliser ? Comment parvenir jusqu'aux insurgés ? Le général Cavaignac permettra-t-il une telle démarche ? Puis, où le trouver lui-même ? »

Ces messieurs répondirent à toutes les objections par l'assurance qu'il serait accueilli partout avec vénération. « Vous avez raison, dit-il avec une sorte de soumission. Eh bien, je vais y aller ; je vais mettre ma soutanelle pour ne point être remarqué, et vous me montrerez le chemin. »

Au moment où il allait s'habiller, entre un prêtre qui raconte, avec le plus grand effroi, des détails terribles de l'insurrection, dont il a été témoin il n'y a qu'un instant. Monseigneur l'écoute avec émotion, mais ne se laisse pas détourner de son dessein.

En quelques minutes Monseigneur était prêt ; mais, comme s'ils eussent le pressentiment du triomphe qui l'attendait, ces messieurs osèrent insister pour qu'il mît sa soutane violette et pour que sa croix d'archevêque fût visible sur sa poitrine. Avec la même soumission avec laquelle il avait accueilli leurs premières paroles, il dit : « Vous croyez que cela est mieux ; eh bien, je vais mettre ma soutane violette. »

Rien ne peut rendre la vénération et l'enthousiasme qui accueillit Monseigneur sur son passage. Ce fut une marche triomphale de l'île Saint-Louis jusqu'à l'Assemblée nationale. Les troupes, la garde nationale, la garde mobile, couraient aux armes et battaient aux champs ; les hommes se découvraient ; les femmes, les enfants, s'inclinaient. C'était le plus beau spectacle du monde. L'élan était spontané, unanime ; chacun comprenait instinctivement que l'archevêque paraissait au milieu de cette multitude armée pour quelque grand motif.

Le général Cavaignac reçut l'archevêque avec respect et admiration, lui donna une proclamation aux insurgés et une dernière promesse de miséricorde s'ils mettaient bas les armes. Mais il lui fit connaître tout le danger auquel il allait s'exposer. Il lui apprit que le général Bréa, envoyé comme parlementaire, venait à l'instant d'être pris par les insurgés.

La résolution de Monseigneur était inébranlable, et les témoins se souviennent encore de la simplicité héroïque avec laquelle il répondit : « J'irai. »

MM. Ozanam, Cornudet et Bailly voulurent l'accompagner ; mais il s'y refusa absolument, et, comme ils continuaient à le suivre, arrivés au pont des Saints-Pères, il leur dit qu'ils devaient le laisser, que leur uniforme de gardes nationaux le gênerait dans sa mission, lui donnerait un semblant d'escorte et qu'il devait aller seul. Ils le quittèrent par obéissance, mais avec la plus grande douleur.

Chacun sait que l'archevêque, épuisé de fatigues par cette

longue marche, rentra chez lui, prit un peu de repos et quelque nourriture, puis se confessa comme s'il devait mourir. Ensuite il partit pour le faubourg Saint-Antoine accompagné de l'abbé Jacquemet et de l'abbé Ravinet, ses grands-vicaires, commentant en chemin ce verset de l'Écriture : « *Le bon pasteur donne sa vie pour ses brebis.* » A la place de la Bastille, un jeune homme qui le suivait, M. Bréchemin, attacha son mouchoir à une branche d'arbre et le précéda jusqu'à la première barricade. Le saint et héroïque archevêque y monta en tenant à la main la promesse de grâce. Frappé à mort, il tomba en s'écriant : « *Que mon sang soit le dernier versé.* »

XXXIX

A M. LE COMTE DE CHAMPAGNY.

Bellevue, près Paris, 31 juillet 1848.

Monsieur et cher ami,

Votre affectueuse lettre m'est arrivée dans un moment où le souvenir d'une amitié aussi chrétienne que la vôtre devait m'être plus sensible que jamais, au moment où je venais de vous apprendre la mort de mon excellent et très-aimé beau-père; il a expiré dans nos bras, frappé d'une sorte d'apoplexie foudroyante. Il nous laisse, en nous quittant, toutes les consolations que laisse un chrétien mort dans la paix de Dieu et avec les œuvres d'une vie toute méritoire. Mais rien ne remplacera pour nous la douceur de sa tendresse qui était extrême, ni la sagesse de ses conseils qui étaient éclairés par toutes les lumières de la foi, de l'expérience la plus consommée et de la conscience la plus délicate. Veuillez donc, monsieur et ami, prier pour lui et pour les siens qui ont bien de la peine à se remettre d'un coup si fort et si peu attendu.

Hélas! monsieur, vous me demandez mon jugement sur la situation présente. Nous sommes une pauvre famille sous le jugement de Dieu! Dans le nuage de douleur où nous vivons, je ne vois plus où la Providence nous mène, si ce n'est qu'elle nous mène où elle veut. Sans doute, quand on voit mourir tous ces généraux blessés, toute cette fleur de l'armée d'Afrique, cet héroïque archevêque, et ce Chateaubriand qui était comme le représentant de l'antique France, il semble que la patrie s'en va. Il semble qu'elle s'en va avec tout ce que nous avons aimé, avec la liberté même qui ne paraît plus possible que sous la condition de l'état de siége; avec la popularité renaissante du catholicisme, compromise par les difficultés présentes de Pie IX. Mais je ne me suis jamais dissimulé le péril de la situation. J'ai toujours cru à l'invasion des barbares; j'y crois plus que jamais. Je la crois longue, meurtrière, mais destinée tôt ou tard à plier sous la loi chrétienne, et par conséquent à régénérer le monde. Seulement, je suis sûr que nous assisterons à toute l'horreur de la lutte. Je ne sais pas si nos enfants vivront assez pour en voir la fin.

Nous avons appris avec chagrin, ma femme et moi, que madame de Champagny était souffrante et que vous aviez un enfant malade. Ah! si les douleurs de famille, les plus amères d'ici-bas, sont des expiations réservées par la Providence à ceux qu'elle aime, serrons-nous la main, monsieur et ami, et prenons courage, car il me semble que nous serons bien partagés....

XL

A M. FOISSET.

Bellevue, près Paris, 24 septembre 1848.

Monsieur et cher ami,

Je suis bien coupable. Vous m'écriviez avec tout l'empressement d'un frère : après la cruelle épreuve où Dieu venait de nous mettre, vous me demandiez des nouvelles d'Amélie et des miennes avec toute l'impatience d'une amitié alarmée, et voilà tout à l'heure deux mois que je vous laisse sans réponse. C'est que le premier effet de ces coups de foudre qui frappent une famille est d'y porter le désordre, de bouleverser la vie, et de faire qu'on ne sait plus comment on passe les jours. Cependant la Providence toujours miséricordieuse nous a ménagé toutes les consolations qui peuvent adoucir un si grand malheur. Mon beau-père vivait chrétiennement; mais il a souffert plus chrétiennement encore, et nous a quittés avec des sentiments de foi, d'espérance, de charité, avec un désir du ciel qui nous laisse une ferme confiance de l'y revoir, si nous méritons de l'y suivre. Sans doute, il est bien cruel, en des temps si difficiles, de se sentir privés d'un père si tendre; d'un homme de si bon conseil et de tant de cœur. Mais je crois très-fermement que ces morts bien-aimés ne nous abandonnent pas, qu'ils nous suivent, et qu'il faut leur rapporter beaucoup de ces bons mouvements et de ces lumières inattendues qui nous viennent dans la tentation et dans le péril.

Pour moi, trop heureux de sentir ce que j'aime le mieux au monde échappé à ce danger mortel des grandes douleurs, je bénis le ciel des courts loisirs qu'il m'accorde et j'essaye de me dérober aux préoccupations des affaires publiques, pour me remettre, ne fût-ce qu'un moment, à mes anciennes et chères études. Vous m'avez suivi avec un intérêt tendre et plein de sollicitude, vous m'avez peut-être bien souvent désapprouvé dans ce peu de journalisme que j'ai fait quand j'étais incapable d'autre chose. J'ai été de ce que M. Lenormant appelle le parti *de la confiance;* j'ai cru, je crois encore à la possibilité de la démocratie chrétienne, je ne crois même à rien autre en matière de politique; j'ai laissé déborder encore le trop plein de mon cœur dans un article *aux gens de bien* (1), que vous avez peut-être lu.

(1) *Œuvres complètes d'Ozanam* t. VII, p. 246

Je ne suis pas insensible aux souffrances de mon temps, et si je me fatigue bientôt des controverses qui agitent Paris, je suis déchiré du spectacle de la misère qui le dévore. La Société de Saint-Vincent de Paul trouve là de grandes obligations, et peut-être Dieu ne lui avait-il ménagé des progrès si rapides que pour la mettre au niveau de la tâche qu'il lui préparait. Du reste, il est bon de voir chez eux, de voir désarmés, entourés de leurs femmes et de leurs enfants, ces pauvres gens qu'on a trop vus au club et aux barricades. On reconnaît alors avec étonnement tout ce qu'il y a encore de christianisme dans ce peuple, par conséquent tout ce qu'il y a de ressources. Ah ! si nous avions des saints ! Mais pouvons-nous douter que Dieu n'en réserve quelques-uns au siècle à qui il a donné Pie IX et l'archevêque de Paris ?

Prions donc et ne croyons pas que la fin de la France soit venue. Car à l'heure présente, la fin de la France serait celle du monde. Et en effet, quel est le coin de la terre, quel est le peuple qui ne soit aussi malade que nous ? Et pouvons-nous croire cependant que les destinées temporelles du christianisme soient à leur terme, et que Dieu n'ait plus rien à faire de ce monde qu'à le juger ? C'est ce que disaient les légitimistes de 1830, c'est ce que vous et vos amis vous nous appreniez à ne pas dire, c'est ce que j'espère ne dire jamais, quand je verrais périr toute la société moderne, assuré que je suis qu'il en coûterait moins à Dieu de susciter une société nouvelle que de borner au peu qu'ont vu ces dix-huit siècles l'œuvre du sang de son Fils !

XLI

A M. PROSPER DUGAS.

Paris, 11 mars 1849.

Mon cher ami,

Les années s'écoulent sans qu'on s'écrive, et cependant ces occupations excessives qui empêchent d'écrire font précisément qu'on en aurait plus besoin que jamais. Je n'ai jamais su me passer de mes amis, mais leur souvenir m'est infiniment plus précieux depuis que les révolutions séparent tant de gens qui s'étaient aimés. Pour moi, en présence des formidables questions que la Providence nous pose et des obscurités qui nous environnent, je ne comprends pas que, pour les avoir comprises et résolues différemment, on se refroidisse et qu'on se sépare. Ce que je sais d'histoire me donne lieu de croire que la démocratie est le terme naturel du progrès politique, et que Dieu y mène le monde. Mais j'avoue qu'il l'y mène par de rudes chemins, et que si je crois à la démocratie, c'est malgré des excès qui seraient capables d'en dégoûter les gens de bien. Entre tous les journaux, mes vœux sont encore pour *l'Ère nouvelle*, quoique je n'y travaille plus depuis quelques mois à cause d'un livre que je dois finir avant le 31 mars, et qui, avec mon cours, dévore tous mes moments. Je n'ai donc pas rompu avec ce journal, bien qu'il y arrive souvent, comme dans tous les journaux auxquels on ne travaille pas assidûment, qu'on insère des articles qui ne me plaisent pas toujours.

Adieu : croyez que je vous aime tendrement, et souvenez-vous toujours devant Dieu et devant les hommes de votre ami dévoué.

XLII

A M. PROSPER DUGAS.

Paris, 8 mai 1849.

Mon cher ami,

Ces deux mots sont pour accompagner la lettre par laquelle le prince Czartoriski a bien voulu m'accuser réception de votre mandat. Je pense que la signature d'un homme si célèbre peut être précieuse au charitable donateur qui a voulu secourir l'infortune chrétienne de la Pologne. Il y a en effet parmi les débris de cette grande nation des vertus bien belles et capables d'effacer devant Dieu et devant les hommes les torts de ceux qui ont compromis la cause de leur patrie.

Je vous remercie de ce que vous me dites d'honorable pour *l'Ère nouvelle*. Vous recevrez un exemplaire de la déclaration par laquelle nous avons pris congé de nos lecteurs. Vous y trouverez toute la vérité. Il est faux que nous nous soyons retirés sur les conseils de l'autorité ecclésiastique. Mgr l'archevêque de Paris, son cousin l'abbé Sibour, M. Buquet, vicaire général, nous ont au-contraire exprimé leur vif regret de voir finir ce journal qu'ils croyaient nécessaire à la défense de la religion. Des raisons de délicatesse ne nous ont pas permis de dire quelles hautes sympathies nous trouvions dans une partie de l'épiscopat; mais, si je croyais pouvoir me tromper en politique, je ne craignais pas d'errer en religion, quand nous avions de notre côté des hommes tels que l'abbé Maret, l'abbé Gerbet, le Père Lacordaire, qui en cessant de collaborer n'a jamais cessé de nous encourager de ses vœux et de nous aider de ses conseils. La vérité est, cher ami, que la divine providence ne nous a pas encore livré le secret de cette formidable année 1848, que les meilleurs esprits peuvent s'y perdre, et que le parti le plus sage entre chrétiens est de ne pas se haïr pour des questions si controversables.

Comme donc vous ne me haïssez pas, j'oserai vous demander un service d'ami. Vous allez recevoir un volume intitulé *la Civilisation chrétienne chez les Francs*, qui n'a rien qui touche à nos dissentiments politiques; il représente pour moi plusieurs années de travail : cependant il a le malheur d'arriver dans un moment bien mauvais, au milieu des préoccupations et des orages. Il est perdu si l'amitié ne le sauve pas.

Indépendamment de l'intérêt que j'ai à la propagation de mon livre, vous comprenez combien il m'est doux qu'à Lyon où j'ai tant d'amis, où tant de personnes veulent bien me suivre de loin d'un regard affectueux, on sache que les agitations politiques dans lesquelles on m'a cru trop fourvoyé ne m'ont pas arraché à l'objet préféré de mes études, c'est-à-dire à tout ce qui peut hâter l'alliance de la science et de la religion. Hélas! cette réconciliation ne fut jamais plus nécessaire qu'aujourd'hui, et la paix ne descendra dans les affaires qu'après s'être rétablie dans les idées. Que d'irritation, que d'implacables ressentiments autour de nous! Et quelles tristes nouvelles de Rome aujourd'hui! Quel spectacle que celui d'une assemblée nationale faisant trophée d'un revers national et d'un échec de nos armes! Ah! qu'il est temps que Dieu fasse la lumière dans ce chaos! Veuillez croire cher ami, que nous sommes toujours en union de cœur, et dites-le bien à ceux qui ont la bonté de se souvenir encore de moi.

Ces lettres fixent très-exactement la date, le sens, l'organisation de l'entreprise brillante et courte à laquelle Ozanam, le Père Lacordaire et M. l'abbé Maret se livrèrent en fondant l'*Ère nouvelle* au commencement de 1848. Ils donnèrent un organe au parti *de la confiance,* comme on l'appela, un appui et une direction aux chrétiens qui ne voulaient pas désespérer d'une situation périlleuse et cherchaient à assurer la place de l'Église dans le triomphe de la démocratie. Mal comprise par quelques-uns, attaquée par les journaux exagérés, déjouée par les événements qui donnèrent bientôt l'avantage au désordre, puis à la force, l'entreprise d'une poignée de chrétiens généreux qui ne voulaient ni de l'un ni de l'autre ne pouvait pas durer. Mais, en des temps si difficiles, elle soutint bien des courages et mit en lumière des idées vraies, hardies et utiles. L'*Ère nouvelle* reste comme un témoignage de l'union fidèle, de l'espoir, du dévouement et du talent du Père Lacordaire, d'Ozanam et de leurs amis, parfaitement caractérisé à l'origine par la lettre que l'on va lire de Mgr Affre, et par la lettre douce et grave du Père Lacordaire qui la suit.

XLIII

MONSEIGNEUR AFFRE A *L'ÈRE NOUVELLE.*

Archevêché de Paris, 16 avril 1848.

Au Rédacteur,

La connaissance personnelle que j'ai des principes des fondateurs de votre journal m'engage à vous donner de suite une adhésion dont je me suis abstenu vis-à-vis des journaux publiés sous le précédent gouvernement. Non-seulement je suis complétement rassuré contre le danger d'une prétendue résurrection de *l'Avenir*, mais je sais que vous combattez efficacement ce que les théories de ce journal ont eu de répréhensible. Tous les catholiques ne tarderont pas, je l'espère, à en être convaincus. Mais ce qu'ils aimeront surtout dans votre feuille, c'est la droiture, la franchise, et un dévouement qui fait abstraction de tous les partis ; qui ne connaît et ne veut qu'une chose : le salut de la Religion et de la Patrie.

Ce qui leur plaira et ce qui multipliera vos lecteurs, c'est ce dévouement simple qui, au lieu de calculer les chances d'un avenir inconnu, accomplit avec fermeté et intelligence le devoir présent ; ce dévouement que les menaces ne découragent pas, qui augmente avec le danger, sait sacrifier son repos, sa fortune, et, s'il le faut, sa gloire au bien de la patrie. Enfin, nous vous tiendrons tous compte de ce dévouement que la foi soutient et éclaire, parce qu'il voit dans les grandes révolutions qui changent la face du monde l'intervention toute-puissante de Dieu. Jamais, ainsi que vous le remarquez, elle ne fut plus éclatante que dans le nouvel état politique de la France. Ayons donc confiance en Dieu plus qu'en nous-même ; nous puiserons dans ce sentiment le véritable courage, comme je puise dans mon cœur le sincère et affectueux dévouement avec lequel je suis tout à vous.

† Denis, archevêque de Paris.

XLIV

LE R. P. LACORDAIRE A FRÉDÉRIC OZANAM.

Paris, 21 août 1848.

Mon cher Collaborateur,

Hier, après votre départ, nous avons décidé, à la majorité de quatre voix contre trois, la cessation du journal au 31 août. La réflexion m'a encore confirmé dans cette pensée, non pas prise seulement au point de vue de ma responsabilité personnelle, mais au point de vue de l'intérêt et de l'honneur de notre œuvre. C'est un sacrifice douloureux ; mais il y a longtemps que je me suis habitué à consentir aux événements qui surpassent mes forces, et j'ai souvent reconnu la bonté de Dieu dans les choses qui m'avaient le plus coûté. Nous avons donné l'exemple d'une presse vraiment chrétienne, c'est-à-dire, honnête, calme, impartiale, charitable ; nous avons contribué à entretenir l'union des esprits en faveur de l'Église dans des temps pleins de dangers ; les catholiques nous ont répondu avec empressement : c'est quelque chose pour notre conscience, si ce n'est pas tout pour la gloire et pour le bien.

Je conserverai toujours un bon souvenir des rapports que nous avons eus pendant ces quatre mois. Veuillez de votre côté me conserver le vôtre. J'en serai bien heureux et reconnaissant.

P. S. Je réclame de vous votre troisième article sur le Socialisme. Tâchons de bien finir.

XLV

FRÉDÉRIC OZANAM A M. ERNEST HAVET.

Paris, 22 mai 1849.

Mon cher collègue,

Votre lettre me touche beaucoup. Dans l'orage où nous sommes, c'est un rare bonheur d'être lu, de nouer un commerce de pensée exempt de ces cruelles dissidences qui divisent tant de beaux esprits. Je vous remercie, non de vos éloges, mais de votre approbation sur plus d'un point où vous me rassurez. Je vous suis encore plus obligé de vos difficultés, puisqu'elles me mettent en demeure de m'expliquer mieux, et qu'en allant jusqu'au vif des questions, elles suppriment entre nous des réticences et des détours dont une franche amitié ne s'accommode pas.

Croyez d'abord que vous n'avez rien à défendre, et qu'à la fin de mon chapitre VIII, j'ai pu m'exprimer mal, mais que je n'ai jamais voulu attaquer, ni les conquêtes légitimes de la liberté moderne, ni les grands logiciens de l'Assemblée constituante, ni les principes de 89 qui sont les miens comme les vôtres. Je songeais à d'autres novateurs et à d'autres impatients que vous n'absoudrez pas plus que moi, à ceux qui, ne croyant pas à l'autre vie, exigent tout de celle-ci, et qui veulent réformer le monde en substituant la morale de la jouissance à celle du sacrifice et du dévouement.

Nous sommes tous deux les serviteurs de la même cause : seulement j'ai l'avantage de la croire plus ancienne et par conséquent plus sacrée. Souffrez que je vous le dise, mon cher collègue, si au lieu d'être resté sur le seuil du christianisme, vous aviez comme moi le bonheur de vivre au dedans, d'y avoir déjà passé dix-huit ans d'études, si vous étiez allé au delà de Bossuet qui représente à coup sûr une partie et une époque de l'Église, mais avec les erreurs de son temps; si vous vous nourrissiez de ces admirables Docteurs du moyen âge, et de ces Pères qui seraient une lecture si digne de votre noble intelligence, vous ne feriez dater de la révolution ni la liberté, ni la tolérance, ni la fraternité, ni aucun de ces grands dogmes politiques servis par la révolution, mais descendus du Calvaire. Vous trouveriez par exemple que mon opinion sur l'intervention du bras séculier fut celle de saint Bernard, comme de saint Martin et de saint Ambroise; que l'Inquisition d'Espagne, poussée par les rois, fut blâmée et désavouée par les

Papes, et que la plupart des hérésies tirèrent l'épée avant qu'on s'en servît contre elles. Enfin, puisque vous avez la bonté de me parler de l'*Ère nouvelle*, si vous saviez mieux nos affaires, si vous connaissiez les encouragements que nous avons reçus de Pie IX, de l'archevêque de Paris et de ce qu'il y a de plus considéré dans le clergé de France, vous ne vous représenteriez pas le peu que vous supposez de catholiques intelligents, comme une petite école de théosophes assis sur les ruines d'un vieux culte, occupés à se faire de ses débris une religion à leur image et à leur niveau.

Non, mon cher collègue, ne m'attribuez point cet honneur dont je ne veux pas, de valoir mieux que mon Église, qui est bien aussi la vôtre; car c'est bien à votre mère catholique, à vos aïeux, à toutes les traditions de l'éducation chrétienne, que vous devez cette élévation d'âme, cette droiture si délicate, cette fermeté chaleureuse qui m'ont toujours attiré vers vous.

Vous m'honorez trop et vous me connaissez mal en me croyant seul ou presque seul dans un ordre d'idées qui vous inspire quelque estime. Je suis du nombre de ceux qui ont besoin de se sentir entourés, soutenus, et Dieu ne m'a pas laissé manquer de ces appuis. Vous voulez bien me distinguer, et cependant je suis un faible chrétien. Vous méritez d'en connaître de meilleurs que moi : vous en connaîtrez un jour. Vous verrez que cette Église qui eut toujours ses plaies, que les païens du temps de saint Augustin croyaient finie, comme les Albigeois du treizième siècle et les Protestants du seizième, a toujours aussi ses lumières, ses vertus, et surtout — puissiez-vous l'éprouver — ses consolations, seules égales aux épreuves de la vie et aux angoisses d'un siècle tourmenté.

Je ne touche qu'en passant ces points qui voudraient toute la liberté d'un entretien amical. Je vous demanderais pardon de les avoir effleurés si vous ne m'aviez donné le bon exemple.

Depuis que j'ai eu le bonheur de vous connaître, j'ai bien vu, mon cher collègue, ces sentiments que vous avez la bonté de m'exprimer. Vous m'en inspirez de semblables. Beaucoup de choses nous rapprochent : s'il en restait une qui fût entre nous un nuage, croyez-moi disposé de grand cœur à tout ce qui pourrait l'éclaircir.

Tout à vous.

XLVI

A M. DUFIEUX.

Ferney, 19 octobre 1849.

Mon cher ami,

Vous êtes bien aimable de renouveler à Ferney vos bonnes visites de Lyon. Sans doute je ne suis point le plus malheureux des hommes : je vis dans un beau pays, au milieu d'une excellente famille qui me soigne, me choie, me distrait de toutes façons. Cependant je ne puis songer sans mauvaise humeur que je respire à l'ombre des arbres de Voltaire, à deux pas de la cité de Calvin. Vous voyez donc que vos lettres sont les bienvenues pour me rappeler que je ne suis point tout à fait retranché de la communion des saints. Ajoutez-y vos prières, et je sortirai sain et sauf de cette terre de réprobation. Déjà je vais mieux de ma personne; surtout j'ai la joie de voir ma femme, mon enfant, ma belle-mère en bonne santé : j'espère donc pouvoir acheminer bientôt ma petite caravane vers Paris, qui malheureusement n'est pas tout à fait la terre promise depuis que la guerre et la peste y font leur séjour.

Vous me proposez une question politique où je n'aurai garde de m'engager pour le moment, la Faculté de médecine ayant décidé que jusqu'à nouvel ordre la politique n'est pas de mon régime. En présence de ces admirables montagnes qui bornent notre horizon, les querelles des hommes me paraissent bien petites, et je ne puis concevoir qu'ils soient si pressés de se déchirer au lieu de jouir des œuvres de Dieu. Quant aux affaires de notre bien-aimé pays, vous savez que, si je m'en occupe, elles me tourmentent au point de troubler mon sommeil, et cependant je brûle d'être remis au courant : car je sortirai de Ferney comme je reviendrais de Chine, sans rien savoir ni de la France ni de l'Europe. Nous y reviendrons ensemble, et tout à l'aise, et sans être harcelés par le courrier, si je puis passer par Lyon comme j'en aurais le vif désir. Comment, en effet, ne serais-je pas heureux de revoir encore une fois ceux qui m'ont fait un si fraternel accueil ! En attendant, faites-leur toutes mes amitiés ; à vous le tendre attachement de votre ami qui voudrait vous voir un moment déchargé de cette couronne d'épines si méritoire mais si lourde.

XLVII

A M. DUFIEUX.

Paris, 6 décembre 1849.

Mon cher ami,

Voici bien longtemps que je veux et ne puis vous écrire. Je suis écrasé d'examens de Baccalauréat, de Science, de Doctorat. Il est déjà bien long de passer des journées à questionner et à recevoir des réponses. Mais il l'est encore plus de recevoir les candidats, leurs pères et mères qui viennent demander des conseils et de la bienveillance; les fils qu'on m'amène pour qu'ils s'accoutument à ma figure, et ceux qui reviennent ensuite pour savoir les causes de leur échec et les moyens de les réparer, sans compter les parents qui se fâchent, qui défendent pied à pied chaque contre-sens de la version, qui jettent les hauts cris contre l'injustice et la dureté des examinateurs. Quand je reste des mois sans vous répondre, ne croyez donc pas que je vous oublie.

Vous me consoleriez un peu en m'apprenant bientôt la conclusion de l'arrangement dont vous m'avez fait confidence. Qui sait si Dieu ne veut pas vous faire rentrer de force dans une vocation qu'il vous avait donnée? Il est vrai que le journalisme a bien ses épines! Ne croyez pas ceux qui vous disent que j'y rentre, trop heureux de ce que le temps présent n'a rien d'assez pressant pour me faire quitter mes barbares et mes Pères de l'Église. La vérité est seulement que Mgr l'archevêque prête son patronage à un nouveau journal, le *Moniteur religieux*, que M. l'abbé Gerbet dirigera et pour lequel on me demande de loin en loin quelques articles. Du reste je regrette de ne pouvoir faire plus pour cette œuvre, si utile quand elle ne servirait qu'à décharger la responsabilité que font tomber sur eux l'*Univers* et l'*Ami de la Religion*. Mon cher ami, à l'exception de l'archevêque et d'une poignée d'hommes autour de lui, on ne voit plus que gens qui rêvent l'alliance du trône et de l'autel; personne ne se souvient de l'effroyable irréligion où ces belles doctrines nous avaient menés, et il n'y a voltairien affligé de quelques mille livres de rente qui ne veuille envoyer tout le monde à la messe à la condition de n'y mettre pas les pieds. Cependant je vois se ralentir ce beau mouvement de retour et de conversion qui avait fait la joie de ma jeunesse, et l'espoir de mon âge mûr, et je me demande si, quand nos cheveux auront blanchi, nous pourrons encore les courber devant les autels sans entendre autour de nous ces huées qui, il y a vingt ans, poursuivaient les fidèles jusque dans l'église. Veillons et prions.

XLVIII

A M. DUFIEUX.

Paris, 5 juin 1850.

Mon cher ami,

Ne croyez pas que je m'accoutume à me passer des amis de Lyon, des vieux amis, des vrais amis. Rien ne les remplace, pas même les bonnes et affectueuses liaisons que j'ai pu former ici depuis dix ans. Non, rien ne vaut pour moi une heure passée avec vous sous ces belles allées du Luxembourg qui sont à ma porte. Là, nous aurions parlé de tout ce qui nous intéresse, et d'abord de vous et de madame Dufieux, de vos santés, de vos enfants, de vos peines, de vos espérances. Nous aurions passé en revue tous ceux que nous aimons ensemble. Enfin, après avoir épuisé des sujets si doux, nous aurions pourvu au gouvernement du monde, démontré sans effort comment la chose publique est mal administrée, et comme quoi tout irait mieux si l'on voulait prendre nos conseils. La vérité est que je m'inquiète fort de la voie où l'on nous jette, et qui a conduit les hommes de la Restauration aux abîmes. Si vous saviez les illusions, si vous entendiez le langage de quelques-uns ! Et je ne dis pas des vieux, qui au contraire sont les plus expérimentés et les plus traitables. Mais je dis des jeunes, des hommes d'État, de vingt-cinq à trente ans, de ceux qui dans leur ferveur ne veulent plus de transaction avec l'esprit du siècle, plus de constitution, plus de représentation nationale, plus de presse ! Le pire est que la religion soit compromise par ces insensés, par des hommes qui se font honneur de la défendre à la tribune, et qui remplissent du récit de leurs aventures les coulisses de l'Opéra.

L'Univers travaille de son mieux à l'impopularité de l'Église, en cherchant querelle à ce qu'elle a de populaire, en attaquant, par exemple, le Père Lacordaire pour réhabiliter l'inquisition. Ne trouvez-vous pas le moment bien choisi ! Il y a deux écoles qui ont voulu servir Dieu par la plume. L'une prétend mettre à sa tête M. de Maistre, qu'elle exagère et qu'elle dénature. Elle va cherchant les paradoxes les plus hardis, les thèses les plus contestables, pourvu qu'elles irritent l'esprit moderne. Elle présente la vérité aux hommes, non par le côté qui les attire, mais par celui qui les repousse. Elle ne se propose pas de ramener les incroyants, mais d'ameuter les passions des croyants. L'autre école était celle de Chateaubriand, de Ballanche ; elle est encore celle du

Père Lacordaire, de l'abbé Gerbet; elle a pour but de chercher dans le cœur humain toutes les cordes secrètes qui le peuvent rattacher au christianisme, de réveiller en lui l'amour du vrai, du bien et du beau, et de lui montrer ensuite dans la foi révélée, l'idéal de ces trois choses auxquelles toute âme aspire; de ramener enfin les esprits égarés, et de grossir le nombre des chrétiens. J'avoue que j'aime mieux être de ce parti, et je n'oublierai jamais cette parole de saint François de Sales : « Qu'on prend plus de mouches avec une cuillerée de miel qu'avec une tonne de vinaigre. »

Mais voilà une bien longue dissertation dont vous n'aviez pas besoin, car ce point est de ceux où nous avons toujours été d'accord. Je me souviendrai toujours des sentiments de charité que vous m'inspiriez dans un temps où, sans le savoir, vous exerciez une grande influence sur moi, et où vous me faisiez beaucoup de bien. Cher ami, je vous dois plus que je ne puis dire, mais croyez bien que j'en garde une reconnaissance infinie. Que j'ai de douceur à m'entretenir avec vous, et que je serai heureux quand vous me donnerez de bonnes nouvelles de vous et de tous les vôtres! En attendant, je sais que de vos souffrances aucune n'est perdue, puisque vous savez en faire la couronne de l'autre vie. Voici en quoi je devrais bien vous imiter, car je ne sais pas encore souffrir : priez pour moi.

XLIX

A M. DUFIEUX.

Paris, 14 juillet 1850.

Mon cher ami,

Assurément non, je ne vous en veux point de votre franchise. Je vous remercie même de cette confiance sans laquelle il n'y a pas d'amitié. Mais laissez-moi me plaindre un peu des excès de votre imagination. Jamais je ne vous ai donné lieu de concevoir de moi cette ambitieuse espérance dont vous parlez : jamais je n'aspirai à remplacer les grands hommes dont vous déplorez la chute : je me connais depuis longtemps, et si Dieu a bien voulu m'accorder quelque ardeur au travail, je n'ai jamais pris cette grâce pour le don éclatant du génie. Sans doute, au rang inférieur où je suis, j'ai voulu consacrer ma vie au service de la foi, mais en me considérant comme un serviteur inutile, comme un ouvrier de la dernière heure que le maître de la vigne ne reçoit que par charité. Il m'a semblé que mes jours seraient bien remplis, si malgré mon peu de mérite, je réussissais à retenir autour de ma chaire une jeunesse nombreuse, à rétablir devant mes auditeurs les principes de la science chrétienne, à leur faire respecter tout ce qu'ils méprisent : l'Église, la papauté, les moines. J'aurais voulu recueillir ces mêmes pensées dans des livres plus durables que mes leçons ; et tous mes vœux devaient être comblés si quelques âmes errantes trouvaient dans cet enseignement une raison d'abjurer leurs préjugés, d'éclaircir leurs doutes, et de revenir avec l'aide de Dieu à la vérité catholique.

Voilà ce que j'ai voulu faire depuis dix ans, sans ambition d'une destinée plus grande, mais aussi sans que j'aie eu le malheur de déserter le combat. Et cependant, vous qui me connaissez si bien, qui avez eu l'épanchement de mon âme jusqu'au fond, qui m'avez suivi pas à pas dans la carrière après m'en avoir ouvert les portes, il vous suffit de la dénonciation d'un journal pour vous faire douter de ma foi ! Un laïque sans autorité, sans mission, qui ne signe pas son nom, m'accuse d'avoir, par lâcheté, par intérêt, trahi la cause commune, il se permet de me reprocher ce qu'il appelle mes *reniements* : là-dessus vous prenez l'alarme, et vous commencez à craindre que je ne croie pas à l'enfer ! Vous me mettez dans la triste nécessité de me rendre témoignage à moi-même : mais enfin saint Paul, injustement accusé, s'est bien rendu témoignage. Serais-je donc, cher ami, épuisé de fatigue à trente-sept ans, réduit à des infirmités précoces et cruelles si je n'avais été soutenu par le désir, par l'espérance, si vous voulez par l'illusion de servir le christianisme? Était-il donc sans péril de rechercher les questions religieuses, de réhabiliter l'une après l'autre toutes les institutions catholiques, lorsque simple suppléant j'avais à ménager les opinions philosophiques de ceux qui devaient décider de mon avenir ; quand seul j'assistais de ma présence et de ma parole M. Lenormant assailli dans sa chaire; quand plus tard, en 1848, l'émeute passait tous les jours devant la Sorbonne? Si j'ai eu quelques succès de professeur et d'académie, c'est par le travail, par les concours, et non par d'odieuses concessions. Certainement je ne suis qu'un pauvre pécheur devant Dieu : mais il n'a pas encore permis que j'aie cessé de croire aux peines éternelles; il est faux que j'aie cessé de croire, que j'aie renié, dissimulé, atténué aucun article de foi. Permettez-moi d'ajouter que, si mes amis de Lyon avaient connu le dernier ouvrage que j'ai publié, et que l'Académie couronna l'année dernière, *la Civilisation chrétienne chez les Francs*, ils auraient pu voir que j'y attaquais précisément les historiens les plus considérables de ce temps-ci, sur tous les points où ils se trouvaient contraires à la vérité catholique, à l'honneur de l'Église et de la Papauté.

Il est également faux que j'aie pris l'initiative de cette controverse et donné le mauvais exemple d'une polémique entre chrétiens. Je n'aurais dit mot si l'*Univers* ne m'avait pas interpellé dans sa désastreuse dispute sur l'Inquisition. Je détestais ses opinions, je savais le mal qu'il faisait, combien on le désapprouvait à l'archevêché; il m'avait nommé et mis en demeure de déclarer si je pensais comme lui. Je saisis donc la première occasion de marquer que je pensais autrement, mais sans engager une discussion, sans nommer l'*Univers*, encore moins ses rédacteurs, sans rien faire qui leur donnât le droit d'injures et de personnalités. Je suis si loin de cet esprit de guerre, que j'ai trouvé plus chrétien de ne pas leur répondre; j'en avais le droit, plusieurs me le conseillaient. Mais pour le bien de la paix j'y ai renoncé, bien dédommagé d'ailleurs par le grand nombre de personnes respectables qui ont exprimé leur indignation de ces attaques. J'ai cru cependant devoir me justifier devant vous, à cause de votre amitié d'abord, et ensuite à cause de ceux de nos amis qui auraient pu partager vos alarmes et à qui je vous prie de communiquer ma lettre.

En ce qui touche M. Ballanche et M. de Chateaubriand, je n'ai pas prétendu les proposer pour modèles. J'ai dit que ces deux noms avaient longtemps soutenu de leur éclat l'école inaugurée ou plutôt relevée par le *Génie du Christianisme*. Nous pouvons différer d'opinions sur ce point, et c'est ce que l'*Univers* devait discuter, s'il ne préférait les questions de personnes aux questions de doctrines. Pour moi, je n'ai pas à défendre la mémoire de M. de Chateaubriand que j'ai peu connu, mais que j'ai connu dans ses dernières années catholique pratiquant et sincère. Je crois qu'il a fait beaucoup de fautes, et je déteste les paroles de lui que vous citez. Mais, à mon sens, le *Génie du Christianisme*, *les Martyrs* et les *Études historiques*, ont donné à la littérature de ce siècle tout ce qu'elle a de supérieur au siècle passé. Ces livres m'ont fait beaucoup de bien, et je connais bien des esprits qui en ont ressenti les mêmes effets. M. Ballanche avait sur les peines éternelles une opinion téméraire qu'il a rétractée. Il est mort dans la paix de l'Église après avoir reçu les sacrements avec une grande piété. Mais ses livres où cette erreur tient bien peu de place sont tout entiers tournés au triomphe de la vérité chrétienne. C'est une gloire dont nous devrions être plus fiers comme catholiques et comme Lyonnais. Croyez-vous que de Maistre n'ait jamais erré? Il y a une page des *Soirées de Saint-Pétersbourg*, où est indiquée la possibilité d'une nouvelle révélation, et dont les saint-simoniens se sont beaucoup prévalus. Au surplus, dans un court feuilleton destiné à faire connaître un livre de poésie, je n'avais pas l'intention de régenter la littérature catholique, ni de diriger les lectures de la jeunesse.

Il s'agissait simplement de faire bien entendre que tous les chrétiens n'appartenaient pas à cette école violente dont l'*Univers* s'est rendu l'organe.

Pardonnez, mon cher ami, la vivacité de ces observations. Mais rien ne m'est plus à cœur que l'estime de mes amis de Lyon, surtout de ceux qui, religieux et éclairés comme vous, ont droit de former l'opinion des autres.

Adieu, soyez toujours aussi sincère, aussi confiant pour moi, et croyez-moi pour la vie

Votre ami dévoué.

L

A M. DUFIEUX.

Paris, 10 août 1850.

Mon cher ami,

Dugas, que j'ai eu le plaisir d'embrasser hier soir, me dit que vous vous affligez de n'avoir pas reçu de réponse à votre dernière lettre. Croyez bien cependant que, si je ne vous ai pas écrit, ce n'est pas faute de bonne volonté, mais de loisir.

En ce qui touche notre discussion religieuse et philosophique, permettez-moi de me féliciter, cher ami, de ce que nous sommes à peu près d'accord. Si nous différons sur l'appréciation de quelques écrivains comme Ballanche et Chateaubriand, nous nous entendons parfaitement sur les principes. Je crois tout comme vous que rien n'est pire que d'affadir le christianisme, en n'y cherchant que des beautés douces et flatteuses pour notre délicatesse. Je pense même qu'on a perdu beaucoup de jeunes âmes pour leur avoir fait une éducation religieuse trop molle, et ne les avoir préparées ni aux luttes ni aux sacrifices qui les attendent. Peut-être

Prosper Dugas voudra bien se charger d'un exemplaire de mon *Discours d'ouverture* de cette année, où vous verrez que je n'ai pas ménagé à mes auditeurs les vérités sévères et les études arides. Mais encore une fois dans ces rigueurs même et ces aridités de la foi, je ne puis m'empêcher de trouver assez de traits sublimes pour ravir les esprits. Que si je crois utile de montrer la religion souverainement belle, et de faire désirer aux hommes qu'elle soit vraie avant de leur prouver qu'elle l'est réellement, je n'ai point l'honneur d'avoir proposé le premier cette méthode : c'est celle de Pascal ; et lui-même traçait ainsi le plan de la démonstration chrétienne qu'il avait conçue et que sa mort nous a ravie.

Adieu, cher ami, je vous écris fort à la hâte et en désordre sur le tapis vert de la Sorbonne, entre deux examens et au milieu d'une foule de bacheliers qui déraisonnent. Ils me font perdre la tête, mais non pas le cœur qui est toujours tout à vous.

P. S. Soyez persuadé, mon bien cher ami, que vous me rendrez toujours service en vous déchargeant le cœur avec moi. Car, de deux choses l'une : ou vos craintes seront mal fondées, et vous m'aurez obligé en me donnant l'occasion de dissiper vos ombrages : ou vous aurez raison, ce qui arrivera le plus souvent ; et vos avertissements pourront m'épargner bien des fautes. J'ai toujours été frappé de cette parole de David qui demande à Dieu « de le corriger par la voix d'un ami. »

LI

A M. CHARLES OZANAM.

Saint-Gildas, 3 septembre 1850.

Mon cher frère,

Si je n'écoutais que mon cœur, je t'écrirais tous les jours. Je ressens tout l'ennui de ta solitude, et la tristesse de rester à Paris, dans un moment où chacun le quitte comme une ville empestée. Cette mélancolie qui te tourmente est une maladie que je connais trop pour ne pas la plaindre, pour ne pas t'aider à la combattre : car elle a ce danger, qu'elle plaît en même temps qu'elle énerve, et qu'elle épuise les forces morales.

Je ne suis pas mécontent de ma santé ; au contraire, depuis que je vis au grand air, et je le dis à ma honte, dans une entière oisiveté, je me trouve infiniment mieux. Enfin Dieu soit loué, lors même qu'il me donnerait seulement un moment d'interruption pour ménager ma faiblesse, et me préparer à souffrir plus chrétiennement !

Dimanche j'ai pu supporter sept heures de carriole par les plus détestables chemins. Le but de cette excursion si agitée était d'aller voir à Vannes la procession annuelle en l'honneur de saint Vincent Ferrier, dont on conserve les reliques dans cette ville : nous espérions y voir les paysans du voisinage en assez grand nombre, et dans un de ces moments de fête où le peuple breton, circonspect et réservé d'ordinaire, se livre, et laisse paraître toute l'originalité de son caractère et de ses mœurs. En conséquence, après la messe ouïe, nous voilà partis à huit heures dans une indigne patache qui se décorait du nom de cabriolet, et qui par bonheur, chemin faisant, se changea en *omnibus*. Comme si nous ne trouvions pas la route assez mauvaise, nous prîmes des sentiers de traverse pour visiter le château de Susinio. Cette belle ruine valait bien un peu de fatigue. Six grosses tours, sans compter celles que l'ancien propriétaire a démolies, des murailles capables de soutenir plusieurs siéges, des créneaux, des fenêtres, une porte qui conservent les restes d'une certaine élégance, tout annonce le manoir antique des ducs de Bretagne qui y firent longtemps leur demeure. C'est le château qu'Eugène nous conseillait d'acheter : tu voudras bien dire à cet excellent ami que je le trouve trop féodal pour mes opinions démocratiques. Nous avons donc passé outre, comme tant d'autres voyageurs que ce vieux donjon a vus passer à ses pieds, et après maint cahot, et mainte ornière franchie, nous sommes arrivés à Vannes, honnête ville sans beaucoup de physionomie, si ce n'est des maisons dont les étages débordent les uns sur les autres, et sa cathédrale qui a de curieuses parties.

Le peuple en effet commençait à se mettre en émoi pour la procession de Saint-Vincent; mais l'émoi des Bretons n'a rien de méridional : pas de cris, pas de chants, pas de joyeuses guirlandes. Seulement les habitants, avec le calme le plus parfait, tapissaient de draps blancs le devant de leurs maisons. Des groupes se formaient toujours plus nombreux, mais toujours uniformément vêtus de noir. Les femmes égayaient ce costume par la variété de leur coiffure qui se réduit à un petit voile blanc retroussé ou découpé de diverses manières, et par la couleur éclatante de leurs tabliers : nous en avons remarqué quelques-unes avec de petites vestes rouges, et une certaine matrone qui portait une large ceinture d'argent. Les hommes, généralement plus beaux que leurs compagnes, avaient le chapeau rond à larges bords, le gilet blanc bordé de rouge ou de vert à revers pareils, une veste très-longue ou plutôt une courte redingote noire, doublée aussi de vert ou de rouge, avec des broderies pareilles sur les poches. La plupart portaient les cheveux longs; mais la maigreur de cette chevelure n'a rien d'agréable aux yeux. A l'église, un grand nombre de ces braves gens se pressaient vers le tombeau de saint Vincent Ferrier. Leur dévotion est d'en faire le tour en priant la tête appuyée contre le marbre. Mais c'est une dévotion intelligente, et la vivacité de leur foi paraît bien au recueillement de leur prière.

Enfin la procession s'est faite, à peu près comme toutes celles que nous connaissons, excepté le grand nombre et la piété des assistants. Ce spectacle nous a édifiés, et j'étais ému de voir ces robustes paysans aux mâles figures, soldats et marins si intrépides quand la France a besoin d'eux, porter sur leurs épaules la statue de la sainte Vierge. Puis ce qui touche, c'est l'unanimité d'une population toute croyante, la bourgeoisie en habits de gardes nationaux faisant la haie, les autorités venant à la suite de l'évêque, et toute une ville enfin, si unie dans une même fidélité religieuse, qu'un ouvrier de Paris, transporté là, assurait à M. de Francheville qu'il était bien forcé de faire maigre les vendredis et samedis, sans quoi il ne trouverait pas de propriétaire qui voulût le loger.

Tout ceci rappelle l'Italie, mais avec moins de grâces et plus de vertus. Assurément il y a loin de cette foule silencieuse au joyeux concours des paysans du Latium, à ces processions que j'ai vues si poétiques à Castelgandolfo, à Marino, où les fêtes de Dieu et des Saints semblent instituées aussi pour le plaisir des hommes. Les femmes d'Albano avec leurs costumes éclatants ne ressemblent guère à nos Brétonnes, qui ont le voile et la guimpe des religieuses, mais qui en ont aussi la modestie. Les villageois de la campagne romaine se drapent et se posent comme un peuple d'artistes : les hommes du Morbihan gardent le calme et la froideur d'une race de soldats. On voit qu'ils ont bien moins reçu de ces dons aimables si richement départis aux populations du Midi ; mais on sent aussi que leur religion plus profonde est en même temps plus solide, et que ces gens-là n'auraient jamais trahi leur pape, surtout quand ce pape était Pie IX. A vrai dire, le peuple tient du pays. Tout a ici un faux air d'Italie, mais tout diffère. Figure-toi une mer aussi bleue que le golfe de Naples, les pins d'Italie, les lauriers, les chênes verts en grand nombre, les grenadiers en pleine terre ; mais, si le froid n'y est jamais assez vif pour étouffer cette végétation d'un climat meilleur, le soleil n'y est pas assez chaud, ni la terre végétale assez profonde, pour bien mûrir la figue et le raisin. Au fond, ce pays est excellent, il rapporte en blé deux fois sa consommation ; mais jusqu'ici le paysage n'y a rien de bien attrayant. Les rochers même de Saint-Gildas, tout renommés qu'ils sont, ne valent pas ceux de Capri ou d'Amalfi ; et quand on a vu les bords du Rhin et ceux du Tibre, il ne faut pas venir chercher les beautés de la nature en Bretagne.

Adieu, cher frère, présente mes tendres respects

à madame Soulacroix, mes amitiés à Charles, ainsi qu'à Alphonse dès qu'il sera de retour ; dis à ma bonne Guigui que nous parlons d'elle du matin au soir.

Adieu, je t'aime comme tu sais.

LII

A M. CHARLES OZANAM.

Château du Truscat, 10 septembre 1850.

Mon cher frère,

Tes bons avis devaient bien me faire tomber la plume des mains, et me tranquilliser parfaitement sur cette vie d'oisiveté que je mène, par la volonté de ma respectable famille. Cependant j'ai la conscience si honnête, que j'éprouve un serrement de cœur à me coucher avec la pensée de n'avoir rien fait de tout le jour : un bout de lettre me semble quelque chose, et me persuade que je sais encore aligner trois mots à la suite l'un de l'autre. Ensuite je ne puis m'accoutumer à voir un pays intéressant, des mœurs curieuses, sans communiquer mes plaisirs aux gens que j'ai la faiblesse d'aimer. Enfin, cher frère, il faut bien confesser que tu me manques, et qu'en t'écrivant, je me prépare la consolation de recevoir tes réponses. Voilà bien trois motifs qui me font enfreindre aujourd'hui les défenses de la médecine dont je n'ai garde de me moquer.

Je crains en effet d'avoir besoin d'elle plus longtemps que je ne pensais. Le bien-être de ces dernières semaines m'avait fait croire trop tôt que je pourrais jeter les béquilles en l'air; mais, tout en reconnaissant que Dieu veut m'éprouver encore, je dois vraiment le remercier de m'avoir donné deux mois de repos. A Saint-Gildas surtout, j'ai eu des heures bien douces, sous ce beau ciel, devant cette admirable mer, dans cette paix complète des éléments et de mon cœur, avec ma femme et mon enfant que je voyais en santé auprès de moi. Il y a dans la vie de ces moments de bonheur très-courts et très-vifs qui peuvent payer des années de souffrances. J'espère que tu les connaîtras bientôt.

Nous avons aussi continué le cours de nos pèlerinages. Avec toute la bonne envie du monde, je ne puis, cher frère, te refaire une autre Bretagne, la Bretagne de tes illusions, au lieu de celle que Dieu a créée avec le concours des siècles. Quand on veut faire le tour du monde, il ne faut pas commencer par l'Italie : le souvenir de son soleil fait pâlir tout ce qu'on voit ensuite. Cependant je compterai parmi mes plus aimables impressions de voyage notre visite à Gavrinis et Locmariaker. Amélie vous en a rapporté tous les détails. Elle vous a décrit notre navigation sur le Morbihan, qu'un beau ciel inondait de lumière ; nos stations à ces pierres de soixante pieds de long, autrefois debout, encore effrayantes maintenant qu'elles sont couchées et brisées en trois morceaux, enfin notre descente, non point aux enfers, mais dans des grottes druidiques où nous avions sous les yeux les premiers commencements de l'architecture, après en avoir vu le chef-d'œuvre et le dernier effort à la cathédrale de Reims.

Je veux répondre à ton aimable reproche de n'avoir point su nous trouver aux *Pardons*, notamment à celui de Sainte-Anne d'Auray. Les pardons ne sont pas de ces plaisirs faciles, dont un Breton puisse régaler ses hôtes pour leur faire tuer le temps. Celui de Sainte-Anne a eu lieu le 28 juillet, et du reste en allant à Quimperlé nous visiterons se sanctuaire national de la Bretagne. Mais, afin de nous dédommager, on nous avait invités dimanche dernier à la fête patronale de l'île d'Artz. C'était M. Rio qui nous faisait les honneurs de son île natale. Le matin donc, à neuf heures et par un temps superbe, nous partions avec Francheville dont le parc descend jusqu'à la mer, et une forte chaloupe nous faisait faire la traversée en trois quarts d'heure. Nous étions arrivés pour la grand'messe en musique, où se pressait la population agenouillée jusque sur la place. A l'issue, M. Rio nous attendait dans la chaumière de sa mère, vieille et respectable paysanne, que nous aimions à voir avec ses simples habits, tout entourée de l'affection et des égards de sa famille. Là nous avons célébré la solennité champêtre par un déjeuner qui ne l'était pas trop : car les bons morceaux n'y manquaient point, le champagne y coulait comme de source, et avec lui les joyeux propos. Enfin, après vêpres, la procession, qui est le beau moment de la fête. Figure-toi une plaine toute verte et descendant vers la mer, étincelante des derniers feux du jour. C'était là que se déroulait le cortége, ouvert comme toujours par de petites filles vêtues de blanc, à la suite desquelles nos cinq enfants formaient le plus joli groupe du monde; puis les garçons, les femmes, les marins précédés d'un grand drapeau de la république et portant sur leurs épaules un petit vaisseau avec une Madone au gaillard d'arrière; enfin les prêtres, la statue de la sainte Vierge sur un brancard, le maire avec un nombreux groupe d'hommes, et la foule marchant à la suite, ou se dispersant pour contempler les sinuosités de la procession dans cet admirable paysage. Le plus touchant était un pauvre jeune homme de vingt-trois ans, destiné au sacerdoce, mais atteint d'une maladie dont il ne guérira pas. On le voyait tout en noir, sur le seuil de sa porte où il s'était traîné, tout heureux de voir une dernière fois la procession de son pays. Les bannières flottaient et faisaient l'orgueil des porteurs assez forts pour marcher contre le vent; le soleil couchant faisait resplendir de loin la statue de Notre-Dame et dessinait tous les agrès du vaisseau votif. Par-dessus tout, planant le chant des litanies, et la foi d'une population qui ne connaît pas le doute ; et la prière du jeune sous-diacre qui faisait le sacrifice de sa vie : comment Dieu ne serait-il pas touché d'un tel spectacle ? et nous, comment nous défendre d'en être émus ?

L'heure du retour est arrivée ; de tous côtés des barques se détachent pour emporter les bonnes gens venus à la fête des rivages voisins. Nous avons fait comme eux, et je ne puis encore dire toute la sérénité de ces premiers moments du soir, la beauté de cette nappe d'eau bleue comme le lac de Genève, les volées de goëlands qui semblaient s'échapper de la crête des vagues pour fuir devant nous ; cependant nous étions assis au pied de notre mât, abrités par notre voile pittoresque, nos enfants dans nos jambes pour retenir la témérité de leurs jeux ; et tout en causant doucement, nous arrivions à la plage du château, sans avoir été gagnés par le mal de mer, ni par le premier froid de la nuit. Ce jour a encore été un jour béni, sans mélange d'accident ni de tristesse ; car la seule que nous aurions pu ressentir, celle d'être loin de vous, était tempérée par la consolation de nous être unis à vous le matin à la sainte table.

Amélie se charge de vous raconter un autre plaisir que M. de Francheville nous a donné hier, celui d'une belle noce bretonne. Vous voyez bien qu'il ne nous reste guère le temps de politiquer.

Adieu, cher frère, je compte qu'Alphonse est de retour : fais-lui mille amitiés, et n'oublie pas notre bonne vieille Guigui. Je me recommande à ses chapelets. Tout à toi.

LIII

A M. CHARLES OZANAM.

Kerbertrand, près Quimperlé, le 18 septembre 1850.

Mon cher frère,

Avant-hier nous sommes arrivés sains et saufs à Quimperlé, après une course de trois jours, qui nous a montré la Bretagne sous ses aspects les plus curieux et les plus charmants. Samedi matin nous quittions Truscat, comblés des politesses de madame de Francheville, qui nous pressait de la revenir voir au retour : son canot nous conduisit à bord d'une chaloupe frétée pour nous conduire à la petite ville d'Auray. Nous avons encore une fois traversé ce bassin du Morbihan, par un soleil magnifique qui argentait tous les flots et dorait toutes les îles; puis, nous nous sommes engagés dans un bras de mer, long de trois lieues, à peu près large comme la Saône dont il rappelle un peu les bords, tant ses collines boisées se dessinent avec grâce : c'est ce qu'on nomme la rivière d'Auray, à cause de la ville qu'on trouve au bout, et qui a toute l'originalité d'un village de Suisse, avec les Alpes de moins dans le fond du tableau. Débarqués là de bonne heure, nous avions le temps de pousser le soir même jusqu'à Sainte-Anne, à une grosse lieue plus loin. Nous avons donc vu ce pèlerinage national des Bretons ; sa petite église bien humble, mais bien ornée ; par derrière un beau cloître du dix-septième siècle ; au-devant, une vaste cour avec une *Scala Sancta* de chaque côté de la porte principale, surmontée d'un grand balcon, où l'on dit la messe le jour de sainte Anne aux pèlerins agenouillés en plein air. Il était tard, et jour de semaine ; et cependant, en moins d'une heure, nous avons vu plusieurs bandes de pèlerins venir se laver les mains à une fontaine dont les eaux passent pour sacrées, puis, les uns faire à genoux le tour de la chapelle, les autres le chemin de la croix dans le cloître voisin, tous enfin prier avec ferveur devant l'image miraculeuse de sainte Anne, trouvée il y a deux cents ans en ce même lieu par le laboureur Nicolazic. C'est l'origine de cette dévotion, et il ne lui a pas fallu plus de deux siècles pour s'acclimater chez un peuple croyant.

Nous étions heureux de nous mettre à genoux au milieu de ces bons paysans si pleins de foi et si recueillis. Nous y avons prié avec plus de ferveur qu'à l'ordinaire, soutenus et comme soulevés par tant de prières meilleures que les nôtres : nous n'y avons pas oublié nos chers absents, et j'ai mis ton nom avec celui d'Alphonse au premier rang de ceux que je recommandais. Enfin ce lieu m'a tout à fait rappelé Einsiedeln et Lorette, et j'ai peu vu de pèlerinages qui aient un caractère aussi touchant. Le lendemain dimanche, après la messe ouïe, nous avons pris le chemin de Carnac, où nous voulions voir ces pierres qui font le désespoir des savants. Figure-toi, dans une plaine de six lieues, plusieurs légions de pierres rangées en bataille ; les plus hautes n'ont guère que trente pieds, mais ce qui étonne, c'est leur nombre, c'est d'en compter mille, douze cents, sur onze rangs également espacés.

De distance en distance, s'élèvent des dolmens, des tumulus, surmontés d'un *men-hir*, c'est-à-dire d'une pierre levée. Cette procession de monuments s'interrompt quelquefois, puis recommence bientôt pour aboutir à Locmariaker, dont nous avions déjà visité les sanctuaires druidiques. Tout ceci était donc un territoire sacré, peut-être une sorte de cimetière, où, à la suite de quelque grande bataille, les Celtes voulurent élever une pierre à chacun de leurs morts. Dans le voisinage on reconnaît des tertres de cendres et de charbon, marquant peut-être les bûchers qui dévorèrent les guerriers. Cet Élysée barbare était mis sous la protection des dieux, de *Belenus*, le vainqueur du Dragon, et de *Hu-Gadarn*, le dompteur de taureaux.

Aujourd'hui Belenus est remplacé par saint Michel, dont la chapelle couronne le principal tumulus et domine toute la plaine ; Hu-Gadarn a pour successeur saint Corneille, protecteur des bestiaux, qu'on voit sur le portail de l'église de Carnac, debout entre deux bœufs. Longtemps les paysans des environs vinrent chaque année, avec leurs bêtes toutes ornées d'épis et de rubans, pour les faire arroser des eaux d'une fontaine qu'ils vénèrent. Mais cet usage, regardé comme idolâtrique, tomba en désuétude, et nous n'avons rien vu de pareil, à notre grand regret : cette procession de bêtes nous touchait, et rien ne nous convenait mieux au sortir de notre oisiveté de Saint-Gildas.

Je ne finirais pas si je voulais tout décrire : comment le soir nous partîmes d'Auray, le paysage de la vieille petite ville d'Hennebon, et de son clocher au clair de lune; enfin notre passage à Lorient, d'où le lundi matin nous sommes venus à Quimperlé. On ne pouvait arriver plus à propos : c'était la fête, ou, comme on dit, le *Pardon* d'un village voisin, et l'on nous attendait pour nous mener voir la Lutte, l'un des plaisirs favoris des Bretons. Ici la scène était toute changée, et rien ne rappelait plus le Morbihan, la gravité de ses habitants, la nudité de ses rivages. Dans un joli pays, le plus vert, le plus frais qu'on puisse imaginer, sur le penchant d'un coteau au pied duquel le petit village en fête s'agitait, s'étendait une pelouse un peu moins inclinée : tout autour, la foule en habits nationaux ; au milieu, la lice où l'on voyait les lutteurs, l'autorité qui présidait aux jeux, et trois moutons destinés à en être le prix. Avant le combat, une sorte de héraut faisait le tour, portant un des moutons sur l'épaule, comme pour exciter le courage par la vue de la récompense, puis un lutteur en chemise blanche tournait aussi autour de la lice, un bras levé, pour demander un adversaire. Aussitôt qu'il s'en présentait, les deux champions se frottaient de terre les deux mains, faisaient le signe de la croix, et commençaient à s'étreindre. Pour vaincre, il fallait avoir renversé son ennemi sur le dos : le vainqueur était élevé dans les bras de ses amis et montré à la foule qui le couvrait d'acclamations.

Nous étions en plein costume du Finistère, les cheveux longs, couverts d'un petit chapeau qui donne aux jeunes gens beaucoup de grâce, une longue veste bleue et deux ou trois gilets (pour ceux bien entendu qui ne luttent pas); enfin les braies blanches, nouées au genou au-dessus d'une guêtre de cuir. Mais la question est de bien porter les braies et les élégants du pays se piquent de les porter en dehors, comme ils disent, de façon à en laisser sortir à moitié la portion la plus rebondissante de leur personne. Il s'en suit qu'ils sont toujours au moment de faire voir tout autre chose que leurs mollets. Quant aux dames du lieu, c'était lundi, elles réservent leurs atours pour le dimanche ; toutefois nous avons vu deux ou trois merveilleuses danser au bal qui a suivi la lutte, le tout avec la tolérance de M. le curé; ces bonnes gens ne s'amusent point sans être allés lui demander permission.

Enfin, rien ne m'a plus diverti que cette fête : les habitants du Finistère m'y ont paru gais comme leur pays ; et si l'on m'avait transporté endormi de Vannes à Quimperlé, jamais je n'aurais pu croire que je me réveillais dans la même province.

Monsieur et madame de la Villemarqué nous ont fait le plus aimable accueil. Je pense rester quelque temps ici, et je rédigerai la suite de mon plan de voyage selon la disposition de ma santé. Je ne m'en plains pas maintenant.

Adieu, sois assuré que nous te regrettons beaucoup. Amélie et petite Marie te disent les choses les plus aimables, et moi je t'aime toujours tendrement.

LIV

A M. AMPÈRE.

Quimper-Corentin, 3 octobre 1850.

Mon cher ami,

On m'annonce que vous êtes à Paris, revenu d'un long voyage, qui vous a valu les plus sincères malédictions. Sur la foi des traités, nous nous nous étions acheminés vers la Bretagne. On avait pris les bains de mer à Saint-Gildas, tandis que dans ces lieux sauvages, je me préparais pour une vie contemplative et mortifiée au plaisir de vous entendre. Et voilà qu'arrivés à Kerbertrand, où il y avait société excellente puisqu'elle se composait de vos amis, nous apprenons votre départ pour Berlin : je ne puis vous dire tout le désappointement de la compagnie, ni à quels dieux infernaux on vous a voué pendant plusieurs jours. Enfin, las d'enrager sans vengeance, on m'a chargé de vous adresser une épître d'invectives que vous trouverez ci-jointe. De mon chef, je ne me fusse jamais permis une pareille inconvenance; mais chacun en prend sa part, et, lecture faite, l'œuvre a été approuvée, et votre serviteur autorisé à signer pour tous. Veuillez me pardonner cette espiéglerie de vacances, ne la lisez que si vous éprouvez l'envie de vous égayer un moment, et croyez à une amitié plus sérieuse que mes vers...

ADRESSE.

La respectable compagnie
Pour se réjouir réunie
Sous les arbres de Kerbertrand,
A monsieur Jean-Jacques Ampère,
Voyageur par mer et par terre
Et véritable Juif errant :
Salut, et paix à votre course,
Toujours cinq sous dans votre bourse,
Et prompt retour au pays Franc!

I

Tandis qu'enfourchant l'hippogriffe,
Vous courez après l'hiéroglyphe,
Qu'un diable écrivit de sa griffe
Sur quelque obélisque apocryphe,
Notre amitié s'en ébouriffe
Et demande que l'on vous biffe
Du livre des preux chevaliers.
Car deux jeunes et belles fées,

De leurs chapeaux roses coiffées,
Vous attendaient bien attifées
Au perron de leurs escaliers.
Vous trahissez leur espérance.
Point ne prétextez ignorance :
Avez-vous oublié qu'en France
Chevaliers félons sont flétris ?
Et ne saviez-vous pas, poëte,
Qu'ayant trompé dame discrète,
Lancelot sur une charrette
Fut promené par le pays ?
Vous nous avez faussé parole.
Vous méritez, sans hyperbole,
De revenir en carriole
De Kœnigsberg jusqu'à Paris.
Mais nous sommes des gens sans haine,
Et nous voulons, pour toute peine,
Vous raconter tout d'une haleine
Les plaisirs que vous avez fuis.

II

C'était sur le penchant d'une verte colline
Que l'Aven caressait de son onde argentine.
La lice allait s'ouvrir, et le lutteur debout
Toisait son adversaire, et mesurait son coup.
On voyait accourir et se former en haies
Bretons aux longs cheveux, Bretons aux larges braies.
Un pourpoint bleu descend sur leur triple gilet,

Leur front brun s'arrondit sous un chapeau coquet.
J'adore ce costume : il occupe son homme
Et ne tolère point qu'un petit-maître chôme :
Car s'il ne retient pas sa culotte à la main,
L'utile vêtement l'abandonne en chemin.
Les dames étalaient, en habits des dimanches,
L'édifice orgueilleux de leurs cornettes blanches,
Et les petits Bretons, à l'envi bretonnants,
Se suspendaient en grappe aux pins environnants.

Quand un cri tout à coup a soulevé la foule :
Tel aux rocs de Penn-March le vent pousse la houle.
Le combat s'échauffait, l'Hercule de céans
A saisi son rival entre ses bras géants,
Lorsque, lui se baissant pour recueillir sa force,
La chemise et la braie achèvent leur divorce,
Et promettent soudain à ce peuple moral
Un spectacle nouveau, mais peu municipal.
Mais le maire veillait sur la vertu publique.
Courageux magistrat ! vers le groupe athlétique
Il s'élance, et mettant la pudeur en repos,
La canne officielle intervient à propos.

Le reste se passa comme au siècle d'Homère :
Le plus adroit des deux mit son homme par terre,
Et triomphant, reçut pour prix de son savoir
Un gras mouton, qu'il fit rôtir le même soir.
C'est alors que le cidre et le vin circulèrent :
De buveurs trébuchants les gazons s'émaillèrent,

Et plus d'un Bas-Breton, dans l'ornière bercé,
Goûta jusqu'au matin l'oubli du mal passé.

III

Laissons dormir l'héroïque trompette :
De Théocrite empruntons le pipeau,
Je veux conter la fraîche historiette
    D'une promenade en bateau.

Je sais un lieu sans rival en ce monde,
Où sous les murs joyeux de Quimperlé,
L'Isole va, du tribut de son onde,
    Enrichir les flots de l'Ellé.

Je sais aussi deux aimables ménages,
Qui, renforcés d'un gentil jouvenceau,
Firent un jour, plus curieux que sages,
    Glisser leur barque au fil de l'eau.

Nous descendons la paisible rivière,
Comme on descend le vieux Mississipi,
Entre des bois dont l'ombre hospitalière
    Offre aux chevreuils un éternel abri.

A notre aspect fuit la biche effrayée,
Le bœuf pensif, étonné de nous voir,
Laissant tomber l'herbe qu'il a broyée,
    Lève pesamment son front noir.

C'est là qu'au pied des chênes druidiques,
Au temps jadis, les Bretons mal pensants
Baignaient de sang les pierres fatidiques,
　　Et dévoraient leurs grands-parents.

Là, si j'en crois la légende fidèle,
Habite encor la peuplade des nains.
L'un dans le sable a poussé la nacelle,
L'autre versait la pluie à pleines mains.

Sur nous le ciel pleura toutes ses larmes.
A les sécher rien ne réussissait.
Le calembour avait perdu ses charmes,
　　Et la charade languissait.

Ah! c'est alors, conteur incomparable,
Que vous manquiez à vos amis transis.
Un jour entier, dans la pluie et le sable,
Eût paru court, charmé par vos récits!

Entre deux eaux, une heure nous restâmes,
Plus d'un poisson nous prit pour ses cousins.
Sans le respect que nous devions aux dames,
Mieux eût valu rester entre deux vins.

IV

Je ne finirais pas, si je contais encore
Les plaisirs que pour nous chaque jour fait éclore :

Comment, bons pèlerins, nous armant du bourdon,
Nous allons visiter quelque lointain pardon,
Et fréquentant les lieux que la piété consacre,
Saluer sainte Barbe et vénérer saint Fiacre.
Puis, comment au retour, affamés et dispos,
Nous ornons le dîner de nos malins propos.
Sur le perdreau fumant, sur le beefteak classique,
Les Grâces et l'Amour sèment le sel attique.
Enfin le soir, tandis que, sous de jolis doigts,
Chante complaisamment l'ivoire aux mille voix,
Mon hôte bienveillant, qui n'est plus sur ses gardes,
Finit par me trahir le secret de ses Bardes,
Et me fait admirer, après mûr examen,
Les rhythmes d'Aneurin, les chants d'Elywarrh'en.
Un seul trait vous peindra ces joyeuses merveilles,
Vous jugerez d'un mot nos gais déportements,
Puisque nous comptons là deux femmes sans pareilles,
   Sans nous vanter, et trois hommes charmants.

V

Ces biens vous attendaient. Vous avez cru sans doute
Mieux faire de manger la tudesque choucroute ;
Et chez les beaux esprits de Vienne et de Berlin,
Vous fêtez savamment la bière et le brandwin.
Allez onc, et parmi le peuple des momies,
Cherchez-vous des amis, faites-vous des amies,
Puisque les Pharaons, leurs sphinx et leurs matous

A votre jugement ont plus d'attraits que nous.
Nous pardonnerons tout, si la neige prochaine
Heureux et bien portant à Paris vous ramène,
Et si la belle Hilda, ce livre tant promis,
Vient mouiller doucement les yeux de vos amis.

LV

A M. EUGÈNE RENDU.

Lesneven, 7 octobre 1850.

Mon cher ami,

Comment vous remercier dignement, et comment m'excuser de vous remercier si tard? Sachez donc que vous me fîtes un honneur infini, le soir où revenant d'une charmante promenade en bateau sur la rivière de Quimperlé, je trouvai au débarcadère le secrétaire de la sous-préfecture, chargé de me remettre le pli scellé de vos armes, pendant que les bourgeois attroupés se demandaient quel grand personnage traversait leurs murs. Puis, la lettre décachetée, j'eus le plaisir de vous y trouver tel que je vous souhaitais, joyeux et dispos. Vous m'y contiez cent choses agréables, et surtout la fin prochaine de vos grandeurs. J'espère bien l'affaire terminée; mais, si je ne vous complimente pas de votre nomination, pardonnez à un homme qui depuis neuf jours n'a pas ouvert une gazette et ne s'en porte pas plus mal. Enfin, troisième surprise, venait cet article trop flatteur dont j'ai juré de vous gronder ! Y pensez-vous, cher ami, de procéder si rondement à mon apothéose et de me mettre au rang des dieux? Croyez-vous que je n'aperçoive pas quelle distance me sépare des maîtres de la science historique, de ceux qui ont commencé, qui ont osé, sans qui nous ne serions rien? Une certaine pudeur vous avait pris en route, vous me promettiez un bout de critique ; je la cherche et ne la trouve point. Il fallait donc me passer la plume, et je me serais parfaitement chargé d'écrire une colonne sur les torts de l'auteur et les travers de l'ouvrage. Après cela, je ne saurais vous en vouloir trop. Si la raison m'oblige à me plaindre, je démêle au fond de mon cœur une certaine faiblesse paternelle qui vous excuse d'avoir pris mes petits hiboux pour des aiglons ; et, pour tout dire, si je vous censure, madame Ozanam vous absout.

Je compte que le chantre de Laure va profiter de vos loisirs, et qu'après vous être assuré des progrès du *b-a-ba*, vous aurez le temps de restaurer le moyen âge italien. Nous en deviserons plus d'une fois cet hiver. Car je tiens toujours par le fond du cœur à ma pauvre Italie, dites-le bien à Montanelli, et toutes les merveilles de la Bretagne ne me font pas oublier celles

Del paese ove'l si suona.

A vrai dire, si l'on ne cherche que les grands spectacles de la nature et de l'art, après le Vésuve et le Vatican, on fait bien de poser son bâton de voyageur, et de vivre sur ses souvenirs.

Ce n'est pas que je dédaigne la belle Bretagne qui est aussi de vos amies, des premières, et par conséquent des meilleures. J'ai vu le sévère rivage de Saint-Gildas, la baie enchantée de Douarnenez, et je suis allé m'asseoir courageusement au dernier rocher de la pointe du Raz, d'où je contemplais avec une émotion infinie cet Océan qui fut pendant tant de siècles la limite du monde. J'ai aimé les fraîches vallées du Finistère, et sur la rivière de Quimper nous avons visité des jardins qui défient ceux de Trianon. Mais à vrai dire, ce qui m'attache à ce pays-ci, c'est bien moins la nature que les peuples. Ce sont leurs monuments primitifs, les men-hir de Locmariaker et de Carnac, les cromlech de Crozon, et toutes les traditions perdues qu'ils représentent. C'est la légende de leurs premiers apôtres, et toutes les tracés encore vives des combats héroïques livrés par le christianisme aux anciens dieux. C'est le moyen âge et la renaissance si intéressants dans le pays de du Guesclin et d'Anne de Bretagne. Ce sont enfin les mœurs de ces braves gens si peu entamés par la trivialité et la corruption de nos mœurs. Voilà, à mon sens, la nouveauté qu'il faut venir chercher ici. L'Italie a des cieux plus beaux : ses populations n'ont pas

tant de caractère : il faudrait aller en Grèce pour
trouver des costumes aussi pittoresques ; et faire
le tour du monde avant de rencontrer une foi plus
ferme, des hommes plus honnêtes et des femmes
plus pudiques. Charles vous aura conté que notre
curiosité sous ce rapport a été singulièrement
favorisée. Nous avons eu des pardons, des luttes,
des noces, et pour clore la liste de nos bonnes
fortunes, vendredi dernier, en traversant le petit
village de Ploneven, nous sommes tombés au
milieu d'une nombreuse compagnie qui sortait
d'un service funèbre. Ils étaient superbes, trente
ou quarante hommes, uniformément vêtus du
pourpoint bleu et de la braie noire, les cheveux
longs ; et passaient de l'église à l'auberge voisine pour y commémorer dignement les vertus du
défunt.

Mais politiquons un peu, et permettez-moi de
vous communiquer deux ou trois observations qu'il
ne faudrait pas faire ici trop haut. Ce sont paroles
qui me pourrissent dans le ventre, comme dit
Sancho, et que je veux enfin laisser sortir. J'ai
trouvé sous le toit des manoirs bretons la plus
patriarcale hospitalité, des vertus de famille et des
traditions d'honneur, malheureusement peu communes. Mais j'y rencontre aussi des opinions politiques bien étranges, les passions légitimistes
excitées par les récits de Wiesbaden, et le pro-
gramme de M. de Barthélemy accueilli avec trans-

port chez des gens qui veulent la royauté absolue. Et cependant hors des châteaux, je vois peu de signes faits pour confirmer ces espérances. Les paysans se battraient encore pour les autels : ils ne donneraient pas une goutte de sang aux partis qui disputent le pouvoir. Au fond ils inclinent à la royauté, mais avec une grande indifférence, et une parfaite disposition à laisser faire tout gouvernement qui ne fermera pas leurs églises. J'ai vu dans le Morbihan, dans la terre classique de la chouannerie, le drapeau de la république marcher devant la statue de la sainte Vierge, et à des noces les villageois se parer de rubans tricolores pendant que les messieurs en portaient de verts et blancs. J'ai vu danser de grandes rondes au bruit d'une chanson dont le refrain était : *Vive Napoléon!* et j'ai entendu de grandes dames se plaindre de la mollesse de ces manants, qui en effet ont le mauvais esprit de ne pas s'aller faire tuer pour leur rendre des tabourets à la cour. M. de Carné, que j'ai trouvé à Quimper, m'assure que le clergé de ce pays-là penche vers la démocratie. Cependant il faut avouer que l'*Univers* y exerce une grande autorité, et qu'en général on y a mal reçu le mandement de Monseigneur. A ce propos je vous remercie de votre bon avertissement. La vérité est que l'*Univers* m'avait trop maltraité pour que j'eusse le droit d'applaudir à sa condamnation, et votre délicatesse comprendra le sentiment qui m'avait empêché d'abord d'écrire à M. l'archevêque. Cependant, d'après votre avis, j'ai cru qu'il serait impoli de me taire plus longtemps. J'ai écrit, mais je n'ai pas osé dire que l'extrême véhémence des paroles par lesquelles finit cet acte de vigueur pontificale a peut-être nui a son effet, et que, moins sévèrement menacés, ces journalistes auraient trouvé moins de défenseurs. Mais plus vif est le zèle des amis de l'*Univers*, plus il était temps qu'un coup de vigueur vînt empêcher l'assujettissement de l'Église de France, et replacer le pouvoir religieux aux mains où Jésus-Christ l'a mis, c'est-à-dire des évêques.

Au surplus, croyez que je suis heureux de passer des jours entiers sans entendre agiter ces questions, et de trouver des lieux où elles ne pénètrent pas. Tel est mon gîte de ce soir, *Lesneven* sur la route de Brest à Saint-Pol de Léon, à côté du célèbre pèlerinage de Notre-Dame de Fol-Goat. Nous venons donc de Brest, nous avons parcouru cette admirable rade, visité plusieurs vaisseaux et une partie du port, et nous revenons bien frappés de la grandeur navale de la France. Maintenant nous achevons le tour du Finistère pour revenir probablement par Carhaix à Lorient, Vannes et Nantes.

Je regrette, dans un si long itinéraire, de n'avoir point rencontré les personnes que vous me recommandez ; mais nous n'avons pas besoin de ce motif pour songer à vous. Toutes les fontaines druidiques nous parlent de vous...

. . . . . ipsæ te, Tityre, pinus,
Ipsi te fontes, ipsa hæc te arbusta vocabant.

NOTES DE VOYAGE

Je voudrais fixer le souvenir de cette vue mélancolique et belle que j'avais des hauteurs voisines de Saint-Pol, d'un côté la mer, mais la mer du Nord, brumeuse à l'horizon, semée d'écueils innombrables que découvrait la marée descendante. Ces brumes et ces récifs se prêtent bien aux merveilleuses histoires des saints qui abordèrent la côte de Léon, et l'on ne voit point pourquoi les rocs ne se seraient pas ébranlés comme les barques pour les porter où Dieu les voulait. En présence de la mer, tout devient croyable, parce que le Maître de toutes choses s'y fait mieux sentir ; et que devant l'immensité les calculs humains s'évanouissent. — De l'autre côté, la vieille ville de Saint-Pol se dessinait sur le ciel avec ses flèches nombreuses comme celles d'une cité du moyen âge, dominées par l'admirable aiguille du Cresker. C'était bien la ville sainte de la Basse Bretagne et celle qui conserve, avec les plus riches traditions, le dialecte le plus harmonieux et le plus pur. Quelques paysans tout en noir avec une ceinture bleue passaient chassant devant eux leurs bêtes : ils étaient graves comme leur pays. On se sentait bien loin des agitations de ce temps.

LVI

A M. CHARLES OZANAM.

Truscat, 15 octobre 1850.

Mon bon frère,

Hier soir, en arrivant à Truscat, j'y ai trouvé une lettre d'Alphonse avec quelques lignes de toi. Celle que tu m'avais écrite à tout hasard chez M. de la Villemarqué ne m'a pas encore rattrapé.

C'est qu'en effet j'ai fait depuis bien du chemin. Après avoir visité le port de Brest, nous étions partis pour Morlaix, en nous arrangeant de manière à voir sur le chemin Notre-Dame du Fol-Goat et Saint-Pol de Léon.

Au quatorzième siècle vivait dans ces bois, près de Lesneven, un pauvre fou qui s'en allait matin et soir criant *Ave Maria* et mendiant son pain. Il mourut et fut enterré comme un chien, hors du cimetière, mais au bout de quelques semaines on vit fleurir sur sa sépulture un beau lis dont les feuilles portaient, en lettres d'or, *Ave Maria*. Aussitôt l'émoi se mit dans le pays, les pèlerins et les offrandes affluèrent, et sur le tombeau du fou s'éleva, comme une autre fleur, cette charmante église de Notre-Dame du Fol-Goat, toute chargée des plus précieuses ciselures de l'art gothique. Un peu plus loin nous trouvions Saint-Pol de Léon, dont les clochers se dessinent si bien sur un paysage mélancolique et tout près de la mer. Mais au-dessus de tous s'élance le roi des clochers, le Cresker, le plus beau de ceux que j'ai vus, parce qu'il est le plus hardi et le plus harmonieux. Il n'a que trois cent soixante-dix pieds de haut, cinquante de moins que la flèche de Strasbourg. Mais la flèche de Strasbourg, qui devait avoir cinq cents pieds, a été tronquée, elle manque de ces proportions exactes que j'admirais à Saint-Pol. Elle s'arrête dans son essor, tandis qu'on ne voit pas de raison pour que celle-ci ne parte pas un jour comme la flèche d'un arc pour percer le ciel.

Nous étions à Morlaix le 8 au soir. Nous avons été accueillis de la manière la plus affectueuse, hébergés pendant trois jours par une famille que nous ne connaissions point, et qui n'a d'autres liens avec nous que ceux de Saint-Vincent de Paul. J'y ai visité une conférence naissante, mais pleine d'activité; puis on m'a forcé de pérorer au congrès où les savants de Bretagne s'étaient réunis pour traiter de l'amélioration de la race chevaline et des pierres druidiques; pour couler à fond la question des Bardes et celle des engrais. Ainsi j'ai beau fuir le travail jusqu'au fond de la province, il a trouvé moyen de me ressaisir en route, et j'avais à Morlaix non pas une petite Sorbonne, mais un vrai Collége de France, avec la plus belle moitié du genre humain dans l'auditoire. Je n'ai pourtant pas souffert de cette désobéissance à mes Hippocrates, et j'étais assez gaillard pour partir samedi dans le plus remarquable véhicule que nous ayons eu. En voyant ce vénérable équipage, un passant s'est écrié : « Vraiment l'auteur de cette voiture aurait dû prendre un brevet d'invention. » Il l'aurait dû, en effet, puisque nous l'avons trouvée douce dans ce pays qu'on appelle la *Montagne Noire*. Enfin nous avons traversé la Bretagne dans sa largeur, de Morlaix à Hennebon, et après avoir renouvelé notre pèlerinage à Sainte-Anne d'Auray, où j'ai bien prié pour vous deux, nous voici chez notre excellent ami Francheville. J'y resterai probablement jusqu'à dimanche soir.

LVII

A M. EUGÈNE RENDU.

Truscat, 16 octobre 1850.

Ah! mon ami, quelle affreuse nouvelle, et que j'étais loin de m'y attendre quand je vous écrivais la semaine dernière cette lettre dont je me reproche maintenant la cruelle gaieté! Voilà donc l'impuissance des affections humaines, et comment, même avec les personnes les plus chères, nous sommes loin de cette harmonie de sentiments qui est l'idéal de l'amitié! Pendant que j'achevais joyeusement mon pèlerinage de Bretagne, vous étiez, cher ami, avec tous les vôtres autour de ce triste lit sur lequel toute votre tendresse n'a pu retenir votre mère bien-aimée. Elle vous a quittés; elle vous a quittés, et je sais trop tout ce qu'il y a d'amer dans cette pensée, puisqu'elle me tire des larmes en me rappelant qu'il y a onze ans, ma pauvre mère aussi me quitta. Non, cette blessure ne se fermera jamais: le temps séchera vos pleurs, Dieu vous donnera d'autres consolations; mais au milieu de vos plus beaux jours, vous vous souviendrez tout à coup de celle que vous avez perdue, et vos yeux se mouilleront encore. Je connais cette douleur, j'ai le droit de la plaindre, mais j'ai le droit de vous dire aussi qu'à cette amertume se joint une douceur singulière, quand on a pu s'agenouiller auprès d'une mère mourante, qu'on a reçu sa dernière bénédiction, qu'on l'a vue mourir de la mort des saints. Ce n'est pas seulement un souvenir qui nous reste, ce n'est pas seulement l'espérance d'avoir pour protectrice auprès de Dieu celle qu'on avait pour gardienne sur la terre : c'est la certitude d'être encore en communication étroite avec elle; c'est le sentiment de sa présence auprès de vous, et comme la chaleur de son aile qui n'a pas cessé de vous couver. Que de fois dans mes peines, tout à coup et quand j'y pensais le moins, j'ai cru entendre cette voix qui me rendait le courage ! que de fois aussi, dans un jour de joie et de succès, il me semblait qu'elle venait en prendre sa part et qu'elle se félicitait de nous voir heureux ! Je ne puis point traiter ceci d'illusion : c'est quelque chose de trop vif et de trop pénétrant, qui m'atteste que ma bonne mère vit encore avec moi, quoique d'une meilleure vie. La vôtre, cher ami, ne vous abandonnera pas : elle vous gardera dans cette foi qu'elle demandait pour ses enfants, dans cette charité dont elle vous donnait de si beaux exemples, dans toutes ces vertus qui faisaient son orgueil et qui font l'honneur de votre jeunesse. C'est pour nous et pour plusieurs autres qu'a été dite cette parole : « Heureux l'homme à qui Dieu donne une sainte mère! » et il y a beaucoup d'hommes restés chrétiens dans ce siècle de doute, sans qu'on sache pourquoi, qui doivent cette grâce aux prières d'une humble servante de Jésus-Christ. Enfin vous avez encore votre admirable père. Je ne lui écris point, par respect pour la grandeur même de sa douleur, et pour cette haute piété à l'élévation de laquelle mes misérables condoléances n'atteindraient pas. Veuillez pourtant lui dire combien je regrette de ne m'être pas trouvé avec mon frère Charles, à la suite de cette famille dont les bontés nous avaient donné le droit de partager son deuil. Mais ce matin même, et aussitôt la triste nouvelle reçue, nous avons prié ensemble pour madame votre mère. Nous prierons encore, bien assurés, qu'elle nous rend déjà dans le ciel ces prières que l'Église ne refuse point ici-bas aux âmes les plus certaines de leur salut. Adieu, cher ami, nous n'oublierons jamais cet adieu si bienveillant que madame Rendu nous fit la dernière fois que nous eûmes l'honneur de la voir, ne pensant pas la voir pour la dernière fois. Adieu. Amélie vous serre affectueusement la main, et moi je vous embrasse comme un ami encore plus attaché dans les mauvais jours que dans les bons.

LVIII

A M. AMPÈRE.

Paris, 12 novembre 1850.

Où vous prendre, bien cher ami, et sous quel ciel aller chercher cet aimable et désespérant voyageur? Au moins, quand vous manquiez au joli rendez-vous de Quimperlé, nous nous consolions par la pensée de vous retrouver à Paris. Je fus chargé de vous adresser les reproches et les espérances de cette compagnie où l'on disait de vous tant de mal et tant de bien. Mais vous n'aurez probablement pas reçu ma lettre. Elle s'est croisée avec celle qui est venue à Morlaix m'apprendre votre belle action et votre départ. La belle action ne m'étonnait point : vous en étiez capable, et Daremberg en était digne. Je savais depuis longtemps ce qu'on pouvait attendre de vous en fait d'oubli de vous-même, et si bien des gens vous grondent de vous être ainsi dépouillé, si j'ai quelque envie de faire comme eux, je ne m'en sens plus le courage quand je me rappelle ce que vous avez sacrifié pour moi. Je me suis hâté d'écrire au ministre comme vous le désiriez : mais ce qui me chagrine, c'est qu'on vous ait pris ce logement si commode, et si bien choisi pour vous fixer, ingrat, dans ce Paris où tant de vieilles amitiés ne vous fixent point. Enfin il faudra bien que vous reparaissiez avec les hirondelles, ne fût-ce que pour déménager, et nous mettrons vos manuscrits en désordre, vos hiéroglyphes au pillage, si c'est le moyen de vous forcer à revenir.

Car autrement que deviendrions-nous? Je ne parle pas des duchesses, et des jolies auditrices qui vont se morfondre à vous attendre dans la cour du Collége de France. Je ne songe point à l'Académie française, obligée de faire deux élections sans vous : peu m'importent les salons où vous portiez la science la plus solide et cependant la plus courtoise, la plus enjouée, la mieux accueillie qui fût jamais. Je parle de nous, comme un véritable égoïste, c'est-à-dire du petit cercle de vos vrais amis habitués à vous demander chaque jour des lumières et des services; je parle de votre serviteur qui revenait de voyage avec un infini besoin de vous entretenir, avec de gros projets de travail à vous soumettre. Voici dans ces cartons mes sténographies (1) de l'an passé, tout un livre à faire sous ce titre : *Le Cinquième siècle, introduction à*

(1) Voyez page 528.

l'histoire littéraire des temps barbares. Avant de considérer les périls que la barbarie fit courir à l'esprit humain, il m'a paru nécessaire d'examiner où en était l'esprit humain au moment où la barbarie allait devenir maîtresse, ce qu'il avait à perdre, ce qu'il avait peut-être à gagner, ce qu'il fallait arracher au grand naufrage, et je me suis trouvé conduit à l'étude du cinquième siècle comme introduction à l'histoire des siècles suivants. Le sujet est beau, mais j'hésite à l'entamer, je le sais trop et trop peu : trop peu pour avoir la conscience au repos; comment parler de tous ces grands hommes, sans avoir vécu dix ans avec eux ; et cependant je sens que si je ne m'en tiens pas à mes études de l'an passé, si je les reprends pour les approfondir, l'attrait et la difficulté me retiendront, je n'en sortirai plus, et l'introduction dévorera l'histoire qu'elle devait précéder. D'un autre côté, je sais trop, trop de détails, trop de ces aperçus qui auraient leur place dans une étude spéciale du cinquième siècle ; je risque d'y perdre de vue ce qui ferait l'intérêt particulier de mon travail, c'est-à-dire les premiers germes des idées, des doctrines, des inspirations qui doivent occuper le moyen âge. Hors de là, je ne ferai qu'un livre de redites et de banalités. Je me défie aussi de la monotonie et de la solennité de mon style. Certainement *les Germains* ont bien fait leur chemin grâce à vous : mais je n'ai pas d'illusion paternelle, et je me demande si mes épaules sont assez fortes pour porter ce fardeau de l'histoire des lettres aux temps barbares; si c'est la peine d'écrire, pour ajouter quelques feuilles de plus à celles que le vent de chaque hiver balaye de nos jardins et de la mémoire des hommes.

Je sais bien que vous me répondrez d'aller vous demander ce conseil à Palerme ; votre amitié est capable de me conseiller ce voyage dans l'intérêt de ma santé ; et vous voudrez savoir peut-être qui me rend si hardi de songer à écrire un livre, quand il y a quelques mois je menaçais de vous donner le soin de mon oraison funèbre. L'air de Bretagne a fait ces prodiges. Le repos d'esprit, le grand exercice, et le vent de mer ont renouvelé mes forces, et sans avoir comme Aristarque des entrailles d'airain, je crois les miennes assez raffermies pour me laisser travailler tout doucement cet hiver. Si les bonnes nouvelles que je vous donne de votre ami vous sont agréables, remerciez-en madame Ozanam. Cette aimable personne au gouvernement de qui je m'étais tout abandonné, m'a conduit à merveille ; elle triomphe de faire voir mes joues où elle a ramené des couleurs inaccoutumées. Il est vrai que je pourrais lui rendre la pareille, et la plus petite de vos amies en est au même point, si bien que nous formons un ensemble assez réjouissant pour ceux qui ont la faiblesse de ne pas nous haïr. Que ne veniez-vous profiter avec nous de cet opiniâtre soleil qui nous a chauffés pendant quarante jours; la mauvaise volonté de vos bronches y eût cédé, et en même temps vous auriez eu l'une des plus fortes distractions qu'un voyage puisse donner : celle de voir ce peuple breton si vieux et si neuf, si peu entamé par la trivialité des mœurs européennes. Vraiment je ne crois pas qu'à moins d'aller en Orient on trouve une nation plus pittoresque dans son costume, plus originale dans son caractère, moins semblable à nous, où l'on se sente plus loin de la vie de chaque jour, plus dépaysé en un mot; et c'est assurément ce qu'on cherche quand on quitte son pays. Mais je ne taris point là-dessus, et d'ailleurs si par hasard vous avez reçu une lettre de Quimper, je trouve inutile de la recommencer.

Bien des gens vous regrettent, mais aucun plus que notre ami Wallon. C'est vendredi prochain qu'on discute les titres à l'Académie des Inscriptions. Quant à MM. les quarante, en laissant mourir ce pauvre M. Droz ils ont trouvé le moyen de clore leur grand débat et de réconcilier une fois de plus l'Église et l'Université, en réunissant dans une même accolade M. Nisard et M. de Montalembert. Dieu me garde cependant de vous parler politique ! la plus grande nation du monde en est réduite à se demander chaque matin de quelle humeur le général est allé chez le président, et de quelle humeur le président a congédié le général.

C'est là-dessus que se règle le cours de la Bourse, et que les hommes d'État se déterminent. Du reste, le peuple paraît tranquille et j'ai vu les gens du Morbihan très-peu disposés à déterrer les fusils de la chouannerie. Mais qu'importent ces nouvelles à un homme qui est attaché à la suite de Sésostris, et qui va nous rendre les révolutions oubliées des grands empires d'Orient? Croyez que nous suivons de toute notre curiosité et de tous nos vœux vos belles recherches; nous ne sommes pas si intéressés qu'en ressentant vivement nos privations, nous ne demeurions sensibles à votre gloire. Vous avez donc revu Florence, heureux ami? vous allez revoir Rome, Naples, cette incomparable Sicile! Ah! qu'il me faut de vertu pour ne pas vous aller rejoindre! Que de douces pensées j'ai laissées sous les pierres et plus loin sous les buissons de lauriers-roses qui vont border votre route. Il ne nous est pas difficile de vous accompagner en esprit : vous avez beau nous fuir, soyez sûr que nous ne sommes pas loin de vous. C'est l'assurance que madame Ozanam me charge de vous donner : vous n'avez pas besoin de la mienne. — Vous pouvez avoir oublié ce que je vous dois, mais vous savez si je vous aime.

Dans l'année scolaire 1849 et 1850, Ozanam fit son cours sur le cinquième siècle. Son auditoire fut plus nombreux que jamais, et, pour la première fois, il céda aux instances de tous ceux qui l'entouraient, et consentit à laisser sténographier ses leçons. Le succès fut complet et fit bien amèrement regretter que tous ses cours n'aient pas pu être ainsi conservés.

Ces sténographies ont été publiées en 1855, après la mort d'Ozanam, et forment les deux premiers volumes de ses Œuvres complètes : *La Civilisation au cinquième siècle*. Voici ce que M. Ampère en dit dans la préface qui les précède :

« Ozanam avait fait sur cet important sujet un cours dont on possède vingt et une leçons, recueillies avec beaucoup d'exactitude par un sténographe intelligent. Les cinq premières, revues et rédigées par l'auteur, ont paru dans le *Correspondant* sous ce titre : *Du Progrès dans les siècles de décadence* et *Études sur le paganisme;* elles sont précédées d'un avant-propos, qui est comme son testament littéraire. Ces cinq leçons, rédigées par Ozanam, me semblent former un des morceaux les plus élevés et les plus achevés qui soient sortis de sa plume.

« Quant aux leçons sténographiées, on doit regretter, sans doute, qu'il n'ait pu les revoir et y mettre le fini d'exécution qu'on remarque dans celles qu'il a rédigées. Cependant une considération tempère pour moi l'amertume de ce regret, et j'y trouve comme une consolation et un dédommagement.

« Les leçons sténographiées, qui conservent la parole même du professeur saisie et fixée dans le feu de l'improvisation, feront connaître à ceux qui ne l'ont pas entendue cette parole pleine de mouvement, d'éclat et de force. En effet, si les leçons qu'il a revues et polies avec un soin si heureux montrent l'écrivain habile, les leçons improvisées nous rendent l'orateur inspiré, et quelque admiration qui soit due au premier, le second était peut-être encore au-dessus.

« En général, les improvisations d'Ozanam se font remarquer par une correction qui a surpris des hommes accoutumés à celles de nos plus grands orateurs ; l'improvisation véritable offre toujours quelques inégalités ; s'il s'en rencontre parfois même chez Ozanam, elles sont certes bien rachetées par la vigueur de l'expression, l'entraînement de la parole, par les traits ardents, qui sans cesse illuminent et colorent ce ferme langage. »

LIX

A M. LE COMTE DE CHAMPAGNY.

Paris, 14 février 1851.

Monsieur et cher ami,

En nous présentant chez vous mardi matin, ma femme et moi, nous n'avions qu'une pensée : c'était de dissiper des inquiétudes que de mauvaises nouvelles nous avaient fait concevoir. Hélas! Dieu venait précisément de vous envoyer cette cruelle épreuve! Pleurez, monsieur et cher ami, car Dieu le permet et vos amis comprennent votre douleur. Que de fois j'ai vu pleurer ainsi mon père et ma mère, puisque sur quatorze enfants, le ciel ne leur en a laissé que trois! Mais combien de fois aussi ces trois survivants, dans leurs chagrins et leurs périls, n'ont-ils pas compté sur les frères et sœurs qu'ils avaient parmi les anges! Ah! ceux-là sont bien aussi de la famille; ils se rappellent à nous tantôt par des lumières, tantôt par des secours inattendus. Heureuses les maisons qui ont ainsi la moitié des leurs là-haut, pour faire la chaîne et tendre la main à ceux d'ici-bas! Courage donc, monsieur! Si Dieu récompense un verre d'eau froide donné en son nom, comment ne payera-t-il pas une coupe de larmes versées avec résignation, avec respect, avec amour, pour ses volontés saintes?

Au milieu d'un chagrin si cuisant, vous me confondez et me touchez plus que je ne puis dire en vous intéressant encore à mes misérables affaires... Une seule chose maintenant doit occuper votre pensée. C'est la santé de madame de Champagny. Croyez que les faibles prières de vos amis ne lui manqueront pas. Il y a des trésors de courage dans le cœur des mères chrétiennes. Et puis n'y a-t-il pas pour elles quelque consolation à se dire qu'elles ont ajouté à cette couronne de petits innocents dont Notre-Seigneur a voulu s'entourer dans le ciel en mémoire de son enfance sur la terre?

> Grex immolatorum tener,
> Aram sub ipsam simplices,
> Palma et coronis luditis.

Adieu, adieu, monsieur, mon cœur et celui de ma femme sont bien pénétrés de vos peines.

LX

A M. DUFRESNE.

Paris, 21 février 1851.

Mon cher ami,

Si j'ai laissé quelque temps sans réponse votre dernière et bonne lettre, ce n'est ni paresse ni maladie; c'est au contraire que, me portant mieux, j'avais voulu reprendre le travail et terminer pour le *Correspondant* quelques études sur les *Poëtes franciscains* (1). Il me tardait cependant de vous dire combien la persévérance de votre amitié me touche, et combien il m'est doux de renouer au moins de temps à autre des entretiens où j'ai toujours trouvé tant d'édification et de plaisir. Surtout, je voulais vous complimenter pour l'heureux succès de cette grande affaire qui honore votre carrière publique, et qui fait la joie du catholicisme. En fondant une seconde église à Genève, vous passez de l'état de religion tolérée à celui de communion

---

(1) *Œuvres complètes d'Ozanam*, t. V.

puissante. Vous constatez le progrès des catholiques dans un lieu où tout conspirait pour les étouffer. Vous établissez une fois de plus que la vérité n'a pas peur des persécutions du pouvoir et n'a pas besoin de ses faveurs. Vous confirmez cette séparation du spirituel et du temporel qui seule, ce me semble, peut assurer le triomphe de l'Église. Tous ces principes ne sont pas inutiles, au moment où tant de bons esprits remettent leur confiance dans les appuis que la Providence avait eu besoin de briser pour nous instruire. *Hi in curribus, et hi in equis; nos autem in nomine Domini invocabimus.*

Toute la chrétienté est solidaire, nous croyons à la communion des Saints. Il ne faut donc pas professer à Paris des maximes qu'on tournera contre nos frères, à Berne, à Londres, à Pétersbourg. On devrait même considérer qu'à bien prendre, le catholicisme ne rallie encore que la sixième partie du genre humain, qu'il est en minorité, en lutte dans les plus grandes contrées du monde; que sa destinée est bien moins de dominer que de combattre et de souffrir. Pour moi, loin de m'en scandaliser, j'y trouve sujet d'affermir ma foi, car je reconnais les promesses évangéliques; Notre-Seigneur ne nous a pas prédit autre chose. Il n'est resté qu'un moment sur le Thabor, et nous n'avons point d'image de sa transfiguration : mais il a passé tout un jour sur la croix, et c'est son humanité crucifiée qui est sur tous nos autels. Je ne m'étonne donc pas que son esprit se montre surtout dans les églises persécutées, opprimées, et qu'il ait choisi Genève pour nous consoler de l'ingratitude de Rome (1).

Vous ferez bien de construire un monument, et non pas une grange, puisqu'il s'agit de prendre possession publique de votre liberté. Toutefois, j'aimerais que le monument ne fût pas trop ambitieux : nous vivons dans un siècle pressé, où la piété moins patiente qu'autrefois veut jouir de ses œuvres. Le style romano-byzantin, moins cher que le gothique, plus facile peut-être à reproduire fidèlement, serait bien placé dans votre vieille ville romane. Cette architecture s'accorderait avec les parties les plus anciennes de votre Saint-Pierre. De plus, vous pourriez éviter la dépense d'une voûte et la remplacer, comme dans tant d'églises du même style en Italie, par une charpente peinte et dorée. Je ne prendrais pas sur moi de désigner un architecte, mais j'aimerais celui qui a restauré Saint-Georges de Lyon (2), ou celui qui a bâti Saint-Paul de Nîmes. Dans tous les cas, je suis heureux de voir que ce choix vous soit confié, à vous si bien pénétré des traditions de l'art chrétien. La part que vous prenez en tout ceci doit vous être bien

(1) Cette lettre était écrite au lendemain de la révolution romaine.
(2) M. Baussand, qui depuis a élevé tant d'admirables églises.

douce. Vous ne mettrez pas votre nom sur les pierres du sanctuaire, mais tous ceux qui viendront y prier pour les fondateurs vous nommeront devant Dieu.

Ce récit des paroisses venant travailler chacune à son tour comme au moyen âge, nous touche infiniment. Madame Ozanam voulait absolument acheter une pelle et une brouette et se mettre en route pour aller faire sa corvée. Il est vrai que je la soupçonnais bien un peu d'avoir envie de se reposer chez madame Dufresne et d'y renouer les habitudes d'une hospitalité qu'elle trouvait charmante. Nous pensons remettre notre offrande à M. le curé de Genève quand il viendra, comme vous l'annoncez, intéresser Paris à cette œuvre qui est vraiment d'intérêt général. Je n'ai pas besoin de vous dire avec quel respect et quel plaisir nous verrons ici ce prêtre courageux et bon, et je serais bien content de le pouvoir servir. Mais heureusement il aura de meilleurs appuis que moi; d'ailleurs il ne demande que justice. C'est la France qui vous envoya Calvin, il faut bien qu'elle vous paye ce mauvais présent, et que là où elle a donné la peste, elle aide à bâtir l'hôpital.

Je lis toujours avec un vif intérêt l'*Observateur*, où je devine tantôt votre plume, tantôt celle de M. l'abbé Daunoi, toujours celle d'un ami. Vous y donnez un excellent résumé des nouvelles religieuses : l'esprit du journal est doux et d'un bien bon exemple. Si l'on pense que vous vivez au milieu des protestants, à la porte de ces misérables de Lausanne et de Fribourg, et que vous seriez si excusables de combattre par l'injure et la colère; mais non, votre polémique reste dans les bornes de la dignité chrétienne.

Sans doute la conférence de Saint-Vincent de Paul continue d'occuper votre zèle; ici, nous avons deux grandes besognes : une organisation plus vigoureuse en France de la Société, et son établissement en Allemagne. Les progrès ne sont que trop rapides et notre peine est de les régler. A Paris, les cinq conférences du quartier latin viennent de se réunir pour soutenir en commun plusieurs bonnes œuvres; et elles ont eu l'heureuse idée d'occuper la maison qui fut le berceau de notre association, place de l'Estrapade, n° 11. On y a fait un cercle catholique, des écoles, un patronage. Il serait souhaitable que les conférences des autres quartiers se réunissent de même; à mesure qu'on multiplie le nombre, il faudrait aussi multiplier les liens.

Adieu donc, écrivez-moi souvent, aimons-nous toujours, et considérez-moi comme le plus reconnaissant et le plus dévoué de vos amis.

LXI

A M. AMPÈRE.

Paris, 25 février 1851.

Mon cher ami,

Daremberg se prétend chargé par vous de me dire mille injures à cause de ma paresse et de mon silence. Je ne récrimine point, je ne vous parle pas d'une belle dame qui vous écrivit il y a six semaines et qui se lamente de n'avoir pas de réponse. Nous savons qu'entre Paris et Naples, souvent les lettres s'attardent ou se perdent, et nous sommes disposés à croire la poste capable de tous les crimes, plutôt que de vous supposer coupable de froideur ou d'oubli. Je me prive aussi de vous répéter toutes les invectives de vos amis, qui ne vous pardonnent pas de leur faire passer un hiver sans vous. Ce beau soleil même que nous avons contre notre habitude, ne vous remplace pas. Il ne luit que le jour, et rien ne console ces salons où votre conversation étincelait chaque soir. Vous êtes allé porter vos clartés sur d'autres bords ; nous savons que vous avez fait les délices des charmantes Napolitaines. Mais franchement, ces aimables personnes ont un si beau ciel, une mer si bleue, un volcan si bien posé pour le plaisir de la vue, qu'elles peuvent laisser à d'autres moins heureusement partagés les jouissances de l'esprit. Je sais bien que vous ne craignez pas les enchanteresses, et que Circé n'a pas le pouvoir de changer en bêtes les membres de l'Académie française. Mais elle a le secret de leur faire oublier la patrie ; et quoique j'aie toujours passionnément désiré votre bonheur, je m'effraye quelquefois de vous savoir si heureux à quatre cents lieues de nous.

Vraiment c'est une grande perte pour moi de n'avoir pas vos conseils, plus de ces longues matinées où vous me prêtiez une oreille complaisante et une critique sévère ; m'encourageant mais me contredisant, et me forçant plus d'une fois à recommencer une page. Que de services littéraires vous m'avez rendus, sans parler des autres ; que j'en ai mal profité, et que j'en aurai besoin pour faire mieux ! Aussi ne pouvant rien sans vous, j'ai pris à peu près le parti de ne rien faire. Du moins n'ai-je pas encore mis la main à mon grand travail, et je me suis contenté d'achever quelques études commencées dans *le Correspondant* sur les *Poëtes franciscains*. J'y ai trouvé l'occasion de faire une connaissance bien intéressante et bien nouvelle, celle de Jacopone de Todi, dont tout le monde sait le nom, mais dont on lit peu les vers, quoiqu'ils aient des beautés dignes de la *Divine Comédie*. Il se peut que je m'y sois arrêté outre mesure, et que j'y aie pris trop de plaisir, comme on s'attarde volontiers en voyage à quelque monastère qui n'était pas sur les routes fréquentées, et où l'on a trouvé des peintures ignorées des touristes. Enfin, je me suis donné la jouissance de grouper autour de mes poëtes franciscains quelques-uns de mes plus chers souvenirs d'Italie; et peut-être en y joignant quelques morceaux du livres des *Fioretti*, pourrai-je en faire un petit volume qui sera pour moi et pour les miens comme un abrégé de mes pèlerinages. Mais c'est surtout avant de lancer cet enfant perdu que j'aurai besoin de prendre conseil auprès de vous, qui êtes devenu le maître des Voyageurs lettrés, et qui avez créé ce genre nouveau et tout à vous de Littérature aventureuse, le bourdon sur l'épaule et la plume à la main.

Mais vous êtes capable de penser que j'aurai bien employé mon hiver si j'ai su vous conserver deux ou trois santés auxquelles vous avez la faiblesse de tenir. Sous ce rapport, j'ai mérité durant trois mois tous vos éloges, et grâce à ces chaudes brises que certainement vous preniez soin de nous envoyer nous nous sommes parfaitement conduits jusqu'à ces jours derniers. Petite Marie va parfaitement, elle pousse comme une petite fleur, elle lit, et si vous tardez trop à revenir, elle vous écrira.

Cependant je vous conjure de ne point lui donner ce sujet d'orgueil. Ne trompez pas l'espoir de ceux qui vous attendent au mois d'avril. Ne vous laissez pas retenir par les tableaux qu'on peut vous faire de nos agitations et de nos dangers. L'émeute est dans l'assemblée, l'émotion dans les salons, et le calme dans les rues. Les affaires prennent tout doucement le chemin de la prorogation. Ce n'est pas héroïque, mais c'est commode, c'est provisoire, cela permet d'ajourner l'heure des coups de fusil. Les Républicains honnêtes y trouvent l'avantage d'habituer le pays au nom de république et de conserver au moins un beau reste du suffrage universel. Les Orléanistes zélés pensent que le comte de Paris aura le temps de gagner ses vingt et un ans. Je ne parle pas des Napoléoniens qui tiennent la queue de la poêle. Il ne reste donc plus que les Légitimistes et les Socialistes, deux partis sur cinq, pour repousser la prorogation, et je ne les crois pas assez forts. Vous voyez que je ne m'effraye point, et que je suis de votre école, ce qui n'est pas un petit mérite pour l'élève, quand le maître n'est plus là. Vraiment, parmi les biens que vous m'avez faits depuis que j'ai la joie de vous connnaître, je compte aussi celui de m'avoir rassuré beaucoup quand tout le monde s'épouvantait, en 1848, et de m'avoir appris à ne jamais désespérer.

Il est dit que vous ne resterez pas un moment sans être bon pour quelqu'un des miens. En vous en allant, vous faisiez entrer mon frère à la bibliothèque de l'Académie de médecine, vacante par la nomination de Daremberg à celle Mazarine. En traversant Rome il faut que vous y trouviez mon beau-frère, qu'il ait l'honneur et le profit de visiter avec vous les musées, de s'instruire à vos entretiens. Je ne saurais vous dire la reconnaissance de cet aimable garçon. Ses lettres nous le montrent bien content de son séjour de Rome, travaillant beaucoup et pressé de faire passer sur la toile plusieurs de vos inspirations. Vous voyez bien que nous ne saurions guère comment nous empêcher de parler de vous, même quand nous ne quitterions pas le coin du feu. Qu'est-ce donc lorsque par hasard nous sortons du logis! Si nous allons chez madame Lenormant, il n'y a pas d'autre entrée en conversation. Si je parais à la Faculté des Lettres sans nouvelles de vous, on me maltraite; Loménie, qui par parenthèse fait un cours très-brillant; Loménie parle bien, vous le savez; il parle volontiers, vous ne l'ignorez pas, mais il ne parle jamais mieux que s'il s'agit de vous. On n'a jamais vu un absent moins oublié. Venez donc vous en assurer vous-même ; venez, vous trouverez de nouveaux amis avec les anciens : Je veux parler des *Bardes* de M. de la Villemarqué qui viennent de paraître et qui vous charmeront. M. Thierry en est transporté.

Non, nous ne sommes pas si indignes de vous qu'on voudrait vous le faire croire : nous aurons à la fin d'avril du soleil et des fleurs aussi bien que votre baie de Naples, et de plus vieilles amitiés pour vous adoucir les peines de la vie...

LXII

A M. TOMASEO.

Paris, 5 avril 1851.

Monsieur et respectable ami,

Ce peu de lignes que vous m'adressez me touche infiniment. J'admire que du haut de ce rocher fameux, d'où vous découvrez les mers de votre patrie, quand Venise est si proche, l'Europe si agitée, l'avenir si incertain, vous ayez le temps de songer à l'ami obscur qui eut la joie de vous connaître, mais qui n'eut jamais l'honneur de vous servir. Il m'est bien doux de conserver une place dans votre noble cœur; mais ce qui m'étonne davantage, c'est qu'au milieu de vos sollicitudes, vous puissiez vous intéresser encore à des questions toutes littéraires, et les traiter avec tant de finesse et de goût. Vos remarques me seront précieuses, et quoique mon petit recueil de *Documents* ait bien peu de valeur, j'aimerai toujours ce livre qui m'a donné l'occasion de vous devoir beaucoup et d'inscrire mon nom au-dessous du vôtre.

Cependant votre billet m'afflige, il me fait comprendre combien vos yeux sont malades, et les nouvelles que me donnent vos amis confirment mes craintes. Le climat de Corfou convient-il à ce mal? Le soleil ardent du midi ne peut-il pas épuiser votre vue? Avez-vous d'ailleurs les ressources médicales que vous trouveriez ici? Il nous semble que vous auriez à Paris des soins et des conseils meilleurs; et nous ne croyons pas céder seulement à notre intérêt personnel, en vous pressant de venir chercher parmi nous un été moins brûlant et des médecins plus expérimentés. C'est ce que nous redisons bien souvent, ma femme et moi; car toutes vos bontés l'ont pénétrée jusqu'au fond du cœur, et elle partage tout le culte que je vous rends. Ne vous défendez pas, monsieur et très-cher ami; laissez-moi vous dire une fois les sentiments que m'a inspirés cette alliance si rare, et si accomplie en votre personne, d'une âme vraiment chrétienne, d'un grand caractère politique, et d'un beau génie littéraire.

Ah! nous vivons dans un temps où il y a tant de destinées manquées, de belles qualités trahies par d'incroyables faiblesses, tant de génies déchus et d'anges tombés, qu'on est trop heureux de trouver encore quelques hommes à qui on puisse vouer une admiration sans réserve et un attachement sans regrets. Les jours qui nous ont séparés ont bien multiplié le nombre de ces désappointements.

Voyez, voyez comme la grande leçon de 1848 est loin d'avoir instruit les hommes. Les voici tous, les uns après les autres, se faisant un point d'honneur de déclarer à la face du ciel et de la terre, qu'ils ne se sont jamais trompés, et que ces grands événements ne leur ont rien reproché et rien appris; les voici qui reprennent leurs haines, leurs petites passions de chaque jour et leur paresse qui leur fait fuir toute nouveauté : ils feront tout pour forcer la Providence à frapper une seconde fois et plus fort.

Je n'ai qu'un espoir, mais il est grand. C'est qu'au milieu de la décomposition de la société politique, le christianisme se raffermit, c'est que jamais la foi ne s'est montrée plus vive que cette année. La foule, qui ne sait plus à qui se donner, court au seul maître qui a les paroles de la vie éternelle. Ah! la France est bien la Samaritaine de l'Évangile, elle est allée puiser bien des fois à des sources qui ne la désaltéraient point. Elle s'attachera à celui qui lui promet l'eau vive, afin de n'avoir plus soif. Je ne sais pas comment se reconstituera l'Europe, il est clair que les rêves des vieux partis s'évanouiront. Mais ce qu'on ne peut méconnaître, c'est que la pensée qui civilisa les barbares remue encore ce chaos de nos jours. Les opinions sont armées et à la veille d'en venir aux mains. Mais il y a des chrétiens dans tous les camps. Dieu nous disperse sous des drapeaux ennemis, pour qu'il n'y ait pas dans cette société divisée en un seul parti une seule faction où quelques bouches n'invoquent et ne bénissent le Dieu sauveur !

M. l'archevêque de Paris a gouverné avec une sagesse admirable au milieu de cette tempête. Dans quelque temps on citera son mandement, comme nous citons les prévisions merveilleuses de saint Augustin et de Paul Orose au milieu des invasions. Ce bon et pieux prélat vous aime toujours tendrement. Vous savez combien l'abbé Maret vous est attaché, il est de moitié dans tous mes sentiments pour vous. Oui, les rédacteurs de l'*Ère nouvelle* ont pu manquer souvent de prudence humaine, mais Dieu ne les a jamais laissés manquer d'amour pour la justice, pour le pauvre peuple, pour votre belle Italie, et pour ses glorieux défenseurs.

Mon billet vous parviendra vers le temps de Pâques. Ces saintes solennités ne se passeront pas sans que je vous retrouve par la pensée et par la prière auprès de Celui qui ne connaît pas les distances, et qui rapproche les amis séparés. Je vous demande un souvenir devant lui et je suis du plus profond du cœur, votre dévoué et reconnaissant ami.

LXIII

A M. DUFIEUX.

Paris, 9 avril 1851.

Mon cher ami,

Votre silence m'inquiète et me fait craindre que madame Dufieux ne soit très-souffrante, et vous-même, cher ami, comment vous soutenez-vous au milieu de tant d'épreuves, vos enfants au moins vous laissent-ils quelque repos? Pour nous, la divine Providence nous traite cette année avec ménagement, comme des chrétiens faibles. J'espère qu'avec le printemps, je pourrai me remettre sérieusement au travail, et j'en ai bien besoin pour échapper par l'étude aux misérables querelles qui nous divisent.

Jamais peut-être les dissentiments ne furent plus violents et plus implacables. Quand je vois les partis monarchiques dont la fusion devait, disait-on, restaurer la société française, se déchaîner si cruellement, et les Orléanistes, eux-mêmes, se diviser à ce point que leurs récriminations remplissent depuis quinze jours les colonnes de vingt journaux, je voudrais croire à la durée de la République ; surtout pour le bien de la religion et pour le salut de l'Église de France qui serait cruellement compromise, si les événements donnaient le pouvoir à un parti prêt à recommencer toutes les erreurs de la Restauration. Je le vois de près, cher ami, je vois se former l'école qui confondit les intérêts du trône et de l'autel, je vois des hommes de bien retourner aux doctrines du *Mémorial catholique* de 1824, et creuser d'avance le lit où le clergé se jetterait comme un torrent, si l'archevêque de Paris ne se fût mis en travers avec son mandement qui fait le désespoir des partis, mais qui sauvera peut-être le christianisme en France l'année prochaine, et qui certainement honorera l'Église devant l'histoire.

Cher ami, nous n'avons pas assez de foi, nous voulons toujours le rétablissement de la religion par des voies politiques, nous rêvons un Constantin qui tout d'un coup et d'un seul effort ramène les peuples au bercail. C'est que nous savons mal l'histoire de Constantin, comment il se fit chrétien précisément parce que le monde était déjà plus qu'à moitié chrétien, comment la foule des sceptiques, des indifférents, des courtisans, qui le suivirent dans l'Église, ne firent qu'y apporter l'hypocrisie, le scandale, le relâchement. Non, non, les conversions ne se font point par les lois, mais par les mœurs, mais par les consciences qu'il faut assiéger une à une. Voyez deux grands exemples, Paris et Genève, deux villes où de 1830 à 1848, il ne s'est pas fait une loi pour le catholicisme, et où le retour des âmes s'est accompli avec une force, avec une persévérance qui étonne tout le monde. Voyez les États-Unis, voyez l'Angleterre.. La foi ne prospère que là où elle a trouvé des gouvernements étrangers ou ennemis. Ne demandons pas à Dieu de mauvais gouvernements, mais ne cherchons pas à nous en donner un qui nous décharge de nos devoirs, en se chargeant d'une mission que Dieu ne lui a pas donnée auprès des âmes de nos frères. *Unicuique mandavit Deus de proximo suo.* Continuons, étendons le prosélytisme personnel, mais détestons cette faiblesse, cette tentation de paresse et de découragement qui nous fait appeler à notre secours le prosélytisme légal.

Si ces vérités s'obscurcissent depuis quelque temps, si cette funeste école que vous connaissez, fait les derniers efforts, pour pousser l'Église de France au pouvoir et par conséquent à l'abîme qui est sous les pieds du pouvoir, heureusement les protestations ne manquent pas, et constateront devant la postérité que l'erreur de quelques-uns n'a pas été celle de l'Église. Après le mandement de Mgr l'archevêque de Paris, nous avons eu les conférences du Père Lacordaire, et particulièrement celle de dimanche dernier, qui sera un événement dans l'histoire ecclésiastique de notre siècle. A l'opinion gallicane du petit nombre des élus, le Père Lacordaire a opposé la doctrine beaucoup plus consolante du grand nombre probable des élus, et à cette occasion, il a protesté contre ces hommes désespérants qui ne voient autour d'eux que mal et damnation. Il a trouvé les plus éloquentes paroles que j'aie jamais entendues de lui pour dire les miséricordes de Dieu en faveur de ceux qui travaillent et qui souffrent, c'est-à-dire en faveur du plus grand nombre. Et quand il a commenté le texte évangélique : « *Heureux les pauvres !* » la charité débordant sur ses lèvres, et rayonnant dans toute sa personne, il a eu l'un de ces transports qu'on lit dans les Vies des saints, et les quatre mille personnes qui frémissaient sous les voûtes de Notre-Dame se demandaient si elles entendaient un ange ou un homme.

Ou plutôt, il faut dire la vérité : plusieurs ont eu le malheur de sortir indignés de ce sermon d'où nous sortions ravi, touché et remué jusqu'au fond de nos entrailles. Il y a des hommes qui veulent qu'on ferme l'Évangile dans les siècles de révolution, c'est-à-dire quand nous avons plus que jamais besoin de ses leçons divines. Mais des leçons, personne n'en veut recevoir. Voilà tous les hommes d'État qui viennent les uns après les autres déclarer que les événements de 1848 ne leur ont rien appris. Il semble, cependant, que lorsque Dieu lui-même veut bien nous instruire d'une façon si éclatante, il ne serait pas déshonorant de l'écouter. Ah ! cher ami, quelle époque orageuse, mais instructive ! nous y périrons peut-être, mais ne nous plaignons pas d'y être venus. Apprenons-y beaucoup. Apprenons principalement à défendre nos convictions, sans haïr nos adversaires, à aimer ceux qui pensent autrement que nous; à reconnaître qu'il y a des chrétiens dans tous les camps ; et que Dieu peut être servi aujourd'hui comme toujours ! plaignons-nous moins de notre temps, et plus de nous-mêmes. Soyons moins découragés, mais soyons meilleurs.

Je ne sais vraiment pourquoi j'écris tout ceci, probablement c'est par ce vieux besoin de m'épancher auprès de vous, mon bien cher ami, et de vous tenir au courant de mes pensées dans un temps où l'on risque vraiment de se perdre de vue au milieu de l'obscurité. Ah ! je vous en prie, tendez-moi toujours la main et priez pour votre ami.

P. S. En vous parlant, comme je fais, du Père Lacordaire, je n'entends pas prendre la défense de toutes les hardiesses oratoires qui peuvent lui échapper dans l'improvisation. Ainsi, il a eu deux expressions malheureuses ; mais je ne puis souffrir qu'on juge sur un mot et non sur tout l'ensemble d'un discours, et cela quand il s'agit d'un homme si saint, si mortifié, qui donne avec ses Dominicains, le spectacle d'une vie si instructive pour la mollesse de notre siècle.

LXIV

A M. DUFIEUX.

Paris, 10 juin 1851.

Mon cher ami,

Je vous déclare que nous nous brouillerons, si vous continuez à vous moquer de moi, comme vous faites, avec l'excès de vos éloges. Sans doute l'amitié a bien la moitié du bandeau de l'amour : mais vous y voyez encore trop clair, et vous avez trop d'esprit pour ne pas apercevoir tout ce qui me manque. D'ailleurs, comme chrétien, vous ne devez pas tenter d'orgueil un ami qui, en sa qualité d'homme de lettres, n'est que trop sujet à ces tentations. Mais il y a deux sortes d'orgueil : celui qui est content de soi, c'est le plus commun et le moins mauvais ; et celui qui est mécontent de soi, parce qu'il attend beaucoup de lui-même et qu'il est trompé dans son attente. Cette seconde espèce, bien plus raffinée et plus dangereuse, est la mienne. Je ne suis nullement satisfait de ma personne, et j'ai trop de raisons de ne l'être pas. Au fond, mon esprit manque de force et de fécondité ; je n'en ai jamais rien obtenu que par un travail violent, et depuis que l'on m'oblige de travailler peu, ma stérilité devient désespérante. Je mets pourtant un livre sur le métier ; mais Dieu sait quand je l'aurai fini, si je ne retrouve pas un peu de santé et de verve ! La conclusion de tout ceci est que l'article de M. Terret me touche et me confond. J'attends le second pour lui écrire et le remercier, ne voulant pas le décourager en lui confiant ce que je pense de moi-même. Mais dès à présent je vous prie de lui dire combien il m'est doux de conserver à Lyon des amis si indulgents, si clairvoyants d'ordinaire, et si capables d'illusions quand il s'agit de moi.

Adieu, cher ami ; que de temps passé sans nous voir ! Ne viendrez-vous donc jamais, et faut-il que je vous aille trouver ? C'est le parti que je pourrais bien prendre l'année prochaine si vous nous tenez toujours rigueur. L'achèvement du chemin de fer me fait un plaisir infini, en mettant à ma portée ce cher Lyon où je n'ai pas de meilleur ami que vous. Laissez-moi dire que vous n'en avez guère non plus de plus dévoué que votre ancien camarade du voyage de Saint-Point. N'est-ce pas la première date de notre amitié ?

LXV

A M. FALCONNET.

Orléans, 30 juillet 1851.

Mon cher cousin,

C'est bien tard venir partager ta douleur; cependant tu me connais assez pour savoir combien devait me toucher cette triste nouvelle. Ainsi s'en vont l'un après l'autre tous ceux qui ont aimé mes pauvres parents, et nul ne leur fut plus fidèle que ton excellent père, dans leur vieillesse, dans leur solitude. Je n'oublierai jamais que ma mère était bien abandonnée la dernière année de sa vie, M. Falconnet continuait de la visiter avec une assiduité pieuse, et cette marque d'attachement m'allait jusqu'au fond du cœur. Mais ai-je besoin de rappeler tous les souvenirs reconnaissants qui me liaient à lui? Sa figure ne se mêla-t-elle pas aux plus chères images de mon enfance? Ne le vois-je pas encore nous menant tous deux chasser aux papillons, tantôt dans les saulées de Saint-Clair, tantôt sur le bord de la Saône, où un dimanche soir nous

nous amusâmes si bien à l'abri d'un hangar, tandis qu'il pleuvait? Nous nous balancions aux deux bouts d'une grande poutre en équilibre, pendant que ton père, appuyé sur une canne que je reconnaîtrais encore, nous faisait faire des remarques instructives, et mêlait à nos jeux d'utiles leçons. Que de fois aussi encourageait-il mes études, tantôt par une félicitation, tantôt par un bon conseil ! Je sais telle parole de lui qui m'a donné de l'émulation pour plusieurs mois. Enfin il m'a conduit jusqu'au bout de la jeunesse quand je n'avais plus mon père pour m'y conduire; et si ta mère avait contribué singulièrement à me conseiller un mariage où j'ai trouvé tant de bonheur, M. Falconnet fut un des témoins qui m'accompagnèrent à l'autel. Hélas! ce jour-là, j'avais encore avec moi M. Jaillard qui vient aussi de mourir, comme s'il fallait, à mesure que nous formons de nouveaux liens ici-bas, que les anciens se rompissent afin que notre tente ne tînt pas trop à la terre.

Ah ! cher ami, tu ne le sens que trop ; et je sais par expérience quel brisement se fait dans nos entrailles quand nous perdons un père. Voici quatorze ans que la blessure saigne chez moi ; elle s'est adoucie, mais elle ne s'est jamais cicatrisée. Je ne connais qu'une consolation digne de ces grandes douleurs : c'est Dieu qui nous a repris ce qu'il nous avait donné : rien ne se perd dans sa main, et lui qui ne permet pas qu'une goutte de pluie tombe inutilement, comment ne recueillerait-il pas deux âmes qui ont passé en faisant le bien, deux hommes dévoués à leurs devoirs de famille, passionnés pour tout ce qui était juste, éprouvés par des peines cruelles? Assurément je prie pour eux, mais dans cette prière je trouve beaucoup de douceur. Il me semble que je vois se reformer, dans un monde meilleur, cette société de personnes respectables et chères qui m'entourèrent à l'entrée de la vie et qui m'attendent à la fin. Je m'habitue à m'entretenir avec elles; par elles, mes pensées s'élèvent plus facilement vers ces régions invisibles où Dieu réside. Si Dieu y résidait seul, nous pourrions trop l'oublier; mais en rappelant ainsi l'un après l'autre ceux que nous aimons le mieux, il nous force bien de prendre avec eux le chemin du ciel. Bénies soient nos saintes mères qui les premières nous ont enseigné ce chemin! Quand, tout petits, elles nous apprenaient à croire, à espérer, à aimer, elles posaient, sans y penser, les degrés par où nous remontons jusqu'à elles, maintenant que nous les avons perdues. Heureux ceux qui savent vivre avec les morts! c'est souvent le meilleur moyen de remplir ses devoirs envers les vivants.

Pour moi, mon cher ami, cette perte cruelle m'a inspiré un vif sentiment de repentir. Je me suis amèrement reproché d'avoir laissé passer un temps si long sans t'écrire, sans écrire à ton excellent père, sans donner à des parents que j'aimais si fort aucun signe d'attachement. Maintenant il faut mettre fin à cette espèce de négligence qui n'était certes pas l'oubli, mais plutôt l'embarras d'un homme surchagé de travail. En parcourant d'anciennes lettres, il y a quelques jours, j'en voyais une où ma bonne mère me parlait de toi comme de son enfant ; je retrouvais notre correspondance d'étudiants où nous nous traitions comme deux frères. Cher ami, renouons la chaîne ; au moins deux fois par an donnons-nous de nos nouvelles. Que je sache quelque chose de cette bonne et charmante cousine que j'ai à peine entrevue, et de l'enfant que je ne connais pas. Peut-être Dieu lui a-t-il donné des frères ou des sœurs. Ma petite fille à moi est toujours seule : heureusement, elle a une bonne santé. J'admire vraîment l'art infini de la Providence dans cette vie tout entrelacée de consolations et d'épreuves, de joies inexprimables et de douloureuses sollicitudes, qui nous tient sans cesse en haleine, qui ne nous permet jamais ni le repos ni le découragement. Au fond, et malgré bien des peines, je suis aussi heureux qu'on puisse l'être ici-bas, avec les blessures que nous fait la mort, et que ravive profondément la perte de ton bon père.

Je t'écris ceci d'Orléans, où l'on m'a envoyé pour faire des examens et où mille importunités ne me permettent pas de tracer deux phrases de suite.

Pardonne donc, cher ami, si je n'ai pas trouvé toutes les paroles voulues pour un si grand malheur, mais compte toujours sur mon tendre dévouement.

LXVI

A M. LE VICOMTE DE LA VILLEMARQUÉ.

Sceaux, près Paris, 3 août 1851.

Mon cher ami,

Voici le plus grand des coupables, mais le plus repentant, qui depuis deux mois se dit chaque jour : *J'écrirai demain à Kerbertrand,* et qui le lendemain professe, examine, étudie, enrage, mais n'écrit pas. Je m'étais figuré trouver à Sceaux la paix, le loisir, et la santé pour tout le monde ; point : les candidats au baccalauréat m'y relancent, leurs mamans éplorées y forcent ma porte, et la coqueluche établie chez moi ne m'y laisse de repos ni le jour ni la nuit.

Ce printemps dont nous nous promettions tant de bien n'a été qu'une saison de douleur, et maintenant toute ma préoccupation est de rétablir ma femme et ma fille avant les premières fraîcheurs de l'automne. Je vais donc les plonger dans les eaux bienfaisantes de l'Océan : seulement, comme elles se piquent toutes deux de nager, je ne m'étonnerais pas si une fois à la mer elles se laissaient emporter à la dérive jusqu'à la pointe du Raz, tant votre Bretagne les ensorcelle et les attire.

Tout de bon, cher ami, les plaisirs de Dieppe ne valent pas les souvenirs du Finistère, et si je me laisse entraîner jusqu'à Londres, ce sera par devoir de conscience seulement pour connaître un pays qu'il ne m'est pas permis d'ignorer.

Du reste, vos Bardes ont encore attisé les vieux ressentiments que je nourrissais déjà contre le perfide Saxon, et je ne vais qu'avec déplaisir dans un pays où je verrai tant d'Anglais. Que bien plus volontiers je retournerais aux bords hospitaliers de l'Isole et de l'Éllé! Surtout quand je songe que la fin de septembre ramènera les luttes de Pont-Aven, et que je vois les petits-maîtres du lieu, dans cette posture que vous savez, la main sur la ceinture du vêtement nécessaire! Croyez-vous que toute l'*exhibition* vaille pour moi le pèlerinage de madame sainte Barbe, ou le jubé de saint Fiacre? Enfin, on prétend que le professeur de littérature étrangère manquerait à ses obligations s'il ne saisissait pas l'occasion d'aller saluer à si peu de frais la patrie de Shakespeare. J'obéis donc et me laisse entraîner par Ampère : il est vrai que, s'il voulait me lire une autre *Hilda* (1), je le suivrais; je crois, au bout du monde.

(1) *Hilda ou le Christianisme au cinquième siècle*, publiée l'année suivante dans la *Revue des Deux Mondes*, 1ᵉʳ juillet et 1ᵉʳ août 1852.

Du moins, s'il est décidé que nous ne nous verrons pas avant l'hiver, donnez-nous de vos nouvelles. Ne nous punissez pas de notre silence. Dites-nous à quelle hauteur montent les tours de Keransker. Avez-vous les ennuis de la grandeur? Avez-vous au moins toutes les consolations de la santé? Posez-vous quelquefois la pioche et la truelle pour reprendre le luth de Taliesin, y rajuster quelques cordes ou pour nous donner les Triades galloises dont je ne vous tiens pas quitte?

Nous espérons que madame de la Villemarqué va bien et que vos deux jolies petites châtelaines ne vous donnent plus d'inquiétudes. Quant à messire Geoffroy, ce doit être avant peu un parfait chevalier, et bientôt nous apprendrons de lui quelque belle apertise d'armes. En attendant qu'il puisse montrer les dents aux Anglais, dites-nous s'il a fait les siennes, s'il croît, et se fortifie pour redemander un jour les clauses du contrat de la bonne duchesse Anne. Vous voyez que je n'ai rien oublié de votre Bretagne.

Veuillez en assurer les amis que nous vîmes ensemble l'année dernière, et que plus heureux vous revoyez cette année.

Que me reste-t-il, cher ami, sinon de vous embrasser avec toute la cordialité d'une vieille affection?

L'exposition de Londres fut pour Ozanam l'occasion d'un voyage en Angleterre; non qu'il fût curieux des merveilles de l'industrie, mais il y fut entraîné par son ami J.-J. Ampère. Ils avaient passé une partie de l'été ensemble à Sceaux, où Ozanam avait loué une maison de campagne. J.-J. Ampère venait du lundi au jeudi, retournait à Paris pour l'Académie et ses affaires, et allait finir la semaine à Montreuil, près de Versailles, chez son ami M. de Tocqueville.

Il a rappelé le souvenir de ce temps dans une page charmante et trop vraie pour ne pas la citer : « Ce fut durant l'été de 1851, sur un banc que je vois encore dans son petit jardin de Sceaux, où il était allé, dejà bien fatigué, chercher quelque repos entre sa femme et son enfant, qu'Ozanam me lut son tableau du *Paganisme*, derniers jours sereins de notre amitié, les derniers où l'inquiétude qu'il fallait lui cacher ne vint pas en empoisonner la douceur. Qu'on me permette de leur donner un regret et de ne pas essuyer cette larme qui tombe sur le papier tandis que j'écris.....

« Je fis avec lui et madame Ozanam un petit voyage en Angleterre, pour voir la grande exposition; je m'enthousiasmais plus qu'il ne le faisait lui-même en présence de ces merveilles de l'industrie. J'allais partir pour les États-Unis; mon esprit, trop curieux peut-être, s'ouvrait à des admirations nouvelles, qu'Ozanam ne partageait pas autant qu'autrefois, quand nous nous entendions si bien sur les Niebelungen et sur Dante. Il trouvait que j'admirais trop l'Angleterre, que j'oubliais trop les Irlandais. Lui, meilleur que moi, me laissait retourner seul au Palais de cristal, pour avoir le temps de visiter les caves habitées par les pauvres catholiques d'Irlande; il en revenait tout ému, et je crois un peu plus pauvre qu'en y descendant. »

A Sceaux, les deux amis travaillaient beaucoup, on faisait de longues conversations et de longues promenades, et le soir, J.-J. Ampère charmait ses hôtes par quelques lectures. C'est alors qu'il leur fit connaître *Hilda*, roman historique, qui avait été applaudi, à l'Abbaye-aux-Bois, par madame

Récamier, M. Ballanche et M. de Chateaubriand. Il leur lut aussi beaucoup de vers et un récit suédois, où il avait caché, sous le voile du roman, les principales phases de sa vie.

Bien des questions furent soulevées dans ces mois d'une douce intimité où on laisse sans défiance un ami pénétrer dans les dernières profondeurs de son âme ; il en était une devant laquelle Ozanam ne restait jamais indifférent, et, par des raisons différentes, il en était de même pour J.-J. Ampère. Dès sa jeunesse, son âme avait été atteinte par le doute, mais elle était droite et élevée et ne s'arrangeait pas de l'incrédulité. Son illustre père était un grand chrétien ; il tenait, par lui et par sa mère, à ces anciennes familles lyonnaises où les grandes traditions et la charité catholiques sont conservées bien plus que d'autres ne conservent les titres de noblesse. Aussi, malgré l'activité prodigieuse et la fantaisie de son imagination, malgré les empressements du monde et les curiosités toujours nouvelles de son rare esprit, cette foi, qu'il ne possédait pas, lui manquait, et sa poursuite ne lui laissa jamais de repos. Pressé par les aspirations de son grand cœur, par de profondes douleurs et par les sollicitations de tendres amis, dont nous ne voulons donner d'autres témoignages que la lettre suivante d'Ozanam, il cherchait avec sincérité ; il progressa lentement, mais chaque jour, vers la vérité, et quinze ans plus tard, en 1863, il écrivait à une personne amie : « Je persévérerai à chercher « de bonne foi la vérité ; personne ne la désire plus sincè- « rement que moi, et, chaque soir, j'adresse à Dieu cette « prière : Éclairez-moi. » Il y touchait enfin quand la mort le mit subitement face à face avec la souveraine vérité et la miséricorde divine.

LXVII

A M. AMPÈRE.

Dieppe, 24 août 1851.

Mon cher ami,

Vous apprendrez volontiers que nous avons fait bon voyage. Ce soleil, qui semble résolu à ne pas luire pour Londres, a déchiré tous ses voiles dès que nous avons eu quitté l'Angleterre : la mer, légèrement agitée sur cette côte ennemie, s'est parfaitement calmée, quand elle a vu que nous retournions en France, et elle s'est fait douce comme un lac pour nous porter chez nous. Après un peu de mal de cœur, les passagers, et même les passagères, se sont assez remis pour jouir des belles falaises qui montraient leur blancheur et leurs ombres, entrecoupées de petits vallons verts d'où s'élevait la fumée des villages. Enfin, après sept heures et quart de traversée, nous avons fait notre entrée au port de Dieppe, devant la foule qui couvrait la jetée pour nous recevoir. Malgré notre bravoure, je ne puis nier que nous n'ayons eu un vrai plaisir à sentir sous nos pieds le sol immobile, et de ne plus entendre parler de Nelson et de Wellington, de Waterloo et de Trafalgar.

Ce qui ne veut pas dire que nous regrettions notre voyage, et que nous soyons fâchés d'avoir vu l'Angleterre. Bien que, tout compte fait, nous revenions gueux comme pèlerins, le pèlerinage est instructif. C'est assurément trop peu pour juger un grand pays : mais c'est un spectacle que nous n'oublierons jamais. Après Rome et Paris, il fallait voir cette troisième capitale de la civilisation moderne. Il fallait voir moins ses édifices que son mouvement, moins son *exhibition* que ses docks et ses vaisseaux. Mais c'était pour nous un bonheur incomparable de faire cette visite en votre compagnie. Nous vous causions bien des assujettissements, bien des gênes ; votre délicatesse avait beau les dissimuler, nous comprenions tous les sacrifices de temps que vous nous faisiez, quand le temps vous était si précieux. Enfin, vous l'avez voulu, nous avons joui de vos lumières, mais encore plus de votre amitié, dans ces heures d'intimité qu'on ne trouve qu'en voyage, et que rendait plus chère la pensée de votre prochaine absence.

Ainsi, nous vous devons le plaisir de cette belle excursion. Nous ajoutons une obligation de plus à toutes celles que nous vous avons déjà. Car c'est en vain, cher ami, que vous cherchez à en effacer le souvenir, nous nous rappellerons toujours que vous avez fait ma carrière, que nous tenons de vous cette condition de vie qui ne fait pas le bonheur, mais sans laquelle le bonheur est bien troublé ; qu'enfin et par-dessus tout vous avez pris un si tendre intérêt à tous nos intérêts de cœur, et que vous avez voulu être pour nous un frère, ne nous permettant la déférence et le respect que dans la mesure que permet un frère aîné.

Et maintenant, comment vous étonneriez-vous de ma tristesse en vous voyant partir ? Pardonnez-moi d'avoir contrarié peut-être par ma mélancolie trop peu réprimée, le plaisir que vous vous promettez dans ce grand voyage.

Mais je ne pouvais vous dire de vive voix ce qui faisait le fond de ma tristesse. Je ne pouvais le dire parce que je ne voulais pas que vous fussiez obligé de me répondre, et si je vous l'écris maintenant, c'est qu'il est trop tard pour que vous me répondiez. Si mon épanchement est indiscret, les vagues qui vous poussent vers l'Amérique en emporteront la mémoire, les impressions qui vont se succéder pour vous effaceront cette impression, quand nous nous reverrons dans six mois, vous aurez eu le temps d'oublier ma lettre, ce qui vous y aura déplu ne pourra mêler d'aucune froideur la joie du retour.

Cher ami, vous vous engagez dans de longues fatigues, qui ne sont pas sans péril pour une santé si cruellement éprouvée. Souffrez donc mes inquiétudes. Vous cherchez à vous créer, disiez-vous, de nouveaux intérêts, et avec ce rare esprit que Dieu vous a donné, vous remuez toutes les études et maintenant vous faites la moitié du tour du monde pour trouver des nouveautés qui vous attachent. Et cependant il y a un intérêt souverain, un bien capable d'attacher et de satisfaire votre excellent cœur; et je crains, cher ami, je crains peut-être à tort, que vous n'y songiez pas assez. Vous êtes chrétien par les entrailles, par le sang de votre incomparable père, vous remplissez tous les devoirs du christianisme envers les hommes; mais ne faut-il pas les remplir envers Dieu? ne faut-il pas le servir? vivre dans un étroit commerce avec lui? Ne trouveriez-vous pas dans ce service des consolations infinies? n'y trouveriez-vous pas la sécurité de l'éternité?

Vous m'avez plus d'une fois laissé pressentir que ces pensées n'étaient pas éloignées de votre cœur. L'étude vous a fait connaître tant de grands chrétiens; vous avez vu autour de vous tant d'hommes éminents finir chrétiennement leur vie. Ces exemples vous sollicitent, mais les difficultés de la foi vous arrêtent. Cependant, cher et excellent ami, je n'ai jamais causé de ces difficultés avec vous, parce que vous avez infiniment plus de savoir et d'esprit que moi. Mais laissez-moi vous le dire. Il n'y a que la philosophie et la religion.

— La philosophie a des clartés; elle a connu Dieu, mais elle ne l'aime pas; mais elle n'a jamais fait couler une de ces larmes d'amour qu'un catholique trouve dans la communion, et dont l'incomparable douceur vaudrait à elle seule le sacrifice de toute la vie. — Si moi, faible et mauvais, je connais cette douceur, que serait-ce de vous dont le caractère est si élevé et le cœur si bon! Vous trouveriez là l'évidence intérieure devant laquelle s'évanouissent tous les doutes. La foi est un acte de vertu, par conséquent un acte de volonté. Il faut vouloir un jour, il faut donner son âme et alors Dieu donne la plénitude de la lumière.

Ah! si quelque jour dans une ville d'Amérique vous étiez malade, sans un ami à votre chevet, souvenez-vous qu'il n'est plus un lieu de quelque importance aux États-Unis, où l'amour de Jésus-Christ n'ait conduit un prêtre, pour y consoler le voyageur catholique.....

LXVIII

A M. DUFRESNE.

Dieppe, 28 août 1851.

Mon cher ami,

Pardonnez-moi d'avoir laissé si longtemps sans réponse l'aimable lettre où vous m'annonciez que Dieu vous faisait présent d'un second fils. Elle m'arriva dans un moment où j'étais bien chargé d'occupations ; chaque jour je me promettais de vous écrire, et toujours remettant je suis arrivé jusqu'à cette époque des vacances où je serais inexcusable si je ne payais mes dettes. Or, quelle dette puis-je acquitter avec plus de plaisir, puisque je dois commencer par des félicitations? Tout me fait espérer que madame Dufresne et ses enfants continuent de se bien porter, que votre santé s'est raffermie, et que vous goûtez en paix ces joies de la famille qui sont comme la plus douce révélation et comme le sourire de la bonté divine.

Pour moi, cher ami, la Providence m'a si bien partagé de ce côté que je serais trop heureux et que je m'attacherais trop à la terre, si de temps à autre les peines de santé ne venaient troubler mon repos. Cette année je vais beaucoup mieux, mais on m'a engagé à changer d'air, et un peu entraînés par le flot des sots et des curieux, un peu poussés par les médecins, nous avons passé le détroit, madame Ozanam et moi, et nous avons visité Londres, d'où nous venons prendre les bains de mer à Dieppe.

Vous me dispenserez, cher ami, de vous décrire le Palais de Cristal. Les journaux vous ont entretenu de cette merveilleuse exposition qu'on ne peut assez louer, si l'on y considère la victoire de l'homme sur la nature et l'accomplissement le plus magnifique de la loi qui nous condamne au travail. Car c'est du travail et de la sueur humaine qu'ont jailli ces piliers de fonte, ces voûtes de verre et tous les trésors qu'elles renferment. L'Angleterre y offre une hospitalité à toutes les industries de la terre, sans s'oublier néanmoins, et sans négliger de s'y faire la meilleure part. Elle étonne, elle subjugue les meilleurs esprits par le spectacle de sa puissance matérielle, par la hardiesse de ses machines, par le bon marché de ses tissus. Mais il y a deux choses qu'elle se garde d'exposer, et que ces visiteurs d'un jour n'ont pas vues, quand ils vont publiant que le peuple anglais est le premier du monde; ces deux choses sont : la misère des pauvres, et la violence des passions protestantes

L'Angleterre met sa gloire dans son agriculture, qui lui donne les plus gras troupeaux et par conséquent la meilleure viande du monde; et dans son industrie, qui lui permet de fournir les meilleurs tissus au plus bas prix. Comment se fait-il donc que Londres, Birmingham, Manchester, Liverpool, Leeds, aient une population considérable qui nonseulement ne mange pas de viande, mais qui manque de pain et qui vit de pommes de terre? Comment la capitale même est-elle sillonnée d'indigents deminus qui poursuivent l'étranger, qui se jettent jusque sous les roues des voitures, portant sur leur visage l'empreinte d'un désespoir inexorable? La taxe des pauvres et les workhouses n'y peuvent rien: les Anglais ne sauraient empêcher la mendicité de pénétrer dans Londres, ils la tolèrent et je les loue de la tolérer. Mais alors pourquoi insulter d'un air si hautain la mendicité des pays catholiques? Jamais dans les rues de Rome je n'ai rencontré rien de comparable à ces femmes en haillons qui tendent la main le long du Strand; à ces petites filles qu'on voit la robe déchirée jusqu'aux hanches, les pieds nus dans la boue noire et froide. Ne dites pas que c'est l'étalage d'une détresse qui veut forcer la pitié du passant. Pénétrez, je ne dis pas dans les quartiers pauvres de White-Chapel ou de Southwark, mais derrière ces rues fastueuses de Regent-Street, d'Oxford-Street, vous trouverez d'étroites ruelles, obscures, fétides, sur lesquelles s'ouvrent des cours plus étroites encore, bordées de hautes maisons. Là s'entassent les indigents : on les loge à la semaine : une chambre moyenne coûte ordinairement de trois à quatre schellings par semaine, c'est-à-dire de deux cents à deux cent cinquante francs par an. Beaucoup de familles sont trop pauvres pour supporter seules le poids de ce loyer, elles se réunissent afin d'en partager le fardeau. Elles ne connaissent plus même cette dernière satisfaction qu'ont chez nous les plus misérables ménages, la satisfaction d'être chez soi. J'ai vu une chambre et un étroit cabinet que venaient d'habiter quatorze personnes. Depuis quelque temps les règlements de police ne permettent plus de loger dans les caves ; mais la misère, plus forte que tous les pouvoirs, oblige beaucoup d'ouvriers à chercher ce dernier refuge. J'ai vu, dans une cave, une seule chambre occupée par deux ménages se composant de neuf personnes. Il n'y avait que trois lits ; et telle est la détresse de ces pauvres gens, que bien peu songent à donner des lits différents aux enfants de différents sexes. Je sais que la charité catholique les visite, que l'aumône et la parole, qui rend l'aumône douce et honorable, descendent dans ces tristes réduits. Je sais qu'il y a un mois l'allégresse régnait dans un de ces quartiers habités par les malheureux Irlandais. A la suite d'une mission qui avait converti bien des cœurs, le cardinal Wiseman était venu prêcher et bénir une assemblée de quatre mille catholiques : trop nombreux pour s'enfermer dans les murs d'une chapelle, ils s'étaient réunis en plein air, le soir, aux flambeaux, autour des bannières du Sauveur et de la sainte Vierge. Ils étaient ravis d'entendre les discours de leur évêque et les chants de leurs enfants, à qui l'on avait appris les hymnes convenables pour la solennité. Mais je sais aussi quelle fut la colère du protestantisme contre ces joies des pauvres et avec quelle violence ses journaux injurièrent l'*Évêque des mendiants*.

C'est la seconde douleur de celui qui visite Londres avec une autre curiosité que celle de la foule, avec quelque souci des intérêts de Dieu et de l'humanité. On ne peut nier les qualités du peuple anglais. Il a le respect de la loi et l'amour de son pays, il est infatigable au travail, il semble même religieux si l'on en juge par le grand nombre des clochers qui dominent Londres et mieux encore par ce repos du dimanche si exactement observé d'un bout à l'autre du pays le plus laborieux de l'univers. Mais je crains que de beaucoup d'entre eux Dieu puisse dire ce qu'il disait des Juifs : « Ce peuple m'honore des lèvres. » Je reconnais la bonne foi d'un grand nombre d'ignorants, mais je crains bien de trouver chez ceux qui conduisent la multitude, l'orgueil pharisaïque, les haines de sectes; rien de l'humilité, de l'oubli de soi-même, de l'amour enfin, qui constituent le fond même de la religion. Je ne veux pas en donner les preuves qu'a fait éclater le bill des titres ecclésiastiques. Je ne veux pas parler des questions contemporaines. Je recueille seulement l'impression que m'a laissée le sanctuaire national de Westminster, tel que le protestantisme l'a transformé.

M. de Maistre espérait que le dix-neuvième siècle verrait célébrer la messe à Saint-Paul de Londres : je l'espère aussi, mais le catholicisme lui-même aurait bien de la peine à réchauffer ce glacial édifice. La véritable basilique de Londres, le Saint-Denis de la monarchie anglaise est à Westminster. Là, s'élève une nef rivale de nos belles nefs d'Amiens et de Saint-Ouen. Portée sur des piliers hardis et légers, la travée qui la coupe est d'une proportion admirable, terminée par des rosaces flamboyantes. Les architectes chrétiens qui construisirent cette église la firent longue et large pour contenir les flots d'un peuple fidèle, haute et aérienne pour porter l'hommage de la terre plus près de Dieu. Seulement, derrière le chœur et le grand autel, une cloison renfermait un étroit espace où reposait la châsse de saint Édouard. Un tombeau de pierre orné de mosaïques avait reçu les dépouilles du saint roi, du roi populaire qui représentait les souvenirs historiques de la nationalité anglo-saxonne. Les princes normands n'avaient jamais songé à troubler la paix de ce sanctuaire; toute leur ambition était d'y dormir auprès de saint Édouard. Et, en effet, tout autour de la châsse étaient les sépultures d'Henri III, d'Édouard III, de Richard II. Et derrière, Henri VII avait bâti une chapelle merveilleuse qui est la perle de l'Angleterre. Or, le protestantisme ayant chassé Dieu de cette église et ne pouvant plus la remplir d'un peuple vivant, a imaginé de l'encombrer de ses morts. Ne vous figurez pas comme à Saint-Pierre de Rome, comme à Sainte-Croix de Florence, un certain nombre de sépultures illustres décorant les murailles, et mêlant à la sainteté du lieu la grandeur des souvenirs. Il y a bien, comme on dit, le coin des hommes d'État, et le coin des poëtes; mais le doyen et le chapitre de Westminster, en vertu d'un pouvoir arbitraire, ont concédé ou vendu à ceux qui n'étaient que riches, le droit de figurer parmi les grands. De là, cette prodigieuse quantité de mausolées sans intérêt historique, sans mérite monumental : car, si vous exceptez quelques statues de Flaxman et de Chantrey, tout le reste est misérable. Cependant ils ne se sont pas contentés de garnir les murs, ils ont fermé des arcades entières pour y entasser les monuments de leur vanité et de leur mauvais goût. Les morts de la Réforme trônent sur des montagnes de marbre entourés de génies et de personnages allégoriques, avec tout le paganisme de la Renaissance, moins l'élégance de la beauté. Mais les morts du moyen âge ne devaient pas dormir tranquilles : la châsse de saint Édouard, qu'avaient respectée les Normands, ne pouvait pas échapper aux iconoclastes. Ils l'ont mutilée, et le saint portant malheur aux rois qui reposaient à son ombre, les sépultures des Plantagenets sont là, profanées, délabrées ; si bien que le voyageur français qui les visite ne peut voir sans pitié ces vieux et illustres ennemis de son pays réduits à cet état d'abandon et d'ignominie (1).

Et le Parlement, qui trouve des millions pour se bâtir un palais superbe, n'a pas de subsides pour restaurer les tombeaux de ses anciens rois; le fanatisme protestant ne le permettrait pas. Il veille sur ces ruines qu'il a faites, on dirait que c'est hier qu'il a passé là le marteau à la main. Ah! ne louez plus cette nation de son respect pour le passé, aucune n'a poussé plus loin la haine et le mépris du passé chrétien : elle ne s'est attachée avec tant d'opiniâtreté à la tradition dans les affaires politiques, dans celles qui changent, qu'en abandonnant la tradition dans les choses éternelles. Nous avions cru pendant vingt ans à leur tolérance et à leurs lumières ; mais le vieux préjugé protestant n'était que muselé, les hommes d'État se réservaient de le

---

(1) Le P. Lacordaire, dans sa notice sur Ozanam, raconte le trait suivant : « Un jour, dit-il, qu'il visitait l'église de Westminster, mêlé à une foule d'étrangers et d'inconnus, il arriva derrière le chœur, en face du tombeau de saint Édouard. La vue de ce monument mutilé par le protestantisme le saisit de douleur, et, tombant à genoux devant les reliques telles quelles du saint Louis de l'Angleterre, il pria seul en expiation de tout ce peuple qui ne connaît plus ses saints, et au mépris de l'assistance qui le prit sans doute pour un idolâtre, sinon pour un fou. »

lâcher quand il en serait temps, et vous voyez ses fureurs.

Il faut avouer que les emportements du protestantisme s'expliquent, s'ils ne se justifient pas, par les progrès de la vérité catholique. Chaque jour compte des conversions nouvelles, et l'exemple de ces deux grandes âmes, Newman et Manning, continue d'ébranler les cœurs les plus religieux du clergé anglican. Rien n'est plus touchant que de voir cette Église de Londres menacée présentement, mais pleine d'espérance, cette belle cathédrale de Saint-Georges, glorieux témoignage du progrès des catholiques trop nombreux pour se contenir dans les chapelles obscures où la persécution les avait relégués ; aux offices divins, le recueillement, la ferveur des fidèles, le grand nombre des communions ; enfin, le cardinal Wiseman, cet évêque éloquent qui fait entendre aux Anglais le langage depuis longtemps oublié de saint Anselme et de saint Thomas de Cantorbéry ; et autour de lui un groupe de prêtres et de laïques zélés, qui me rappelaient votre Église de Genève, moins considérable, mais non moins florissante. Toutes deux prouvent, d'une manière admirable, que le catholicisme n'a pas besoin du bras séculier pour faire la conquête des consciences. Et là-dessus, cher ami, quand il importe si fort aux Églises opprimées d'Angleterre, de Suisse, d'Allemagne, de Pologne, de revendiquer le principe de la liberté civile, je vous conjure d'éviter que votre excellent journal se rende l'allié politique de ceux qui combattent ce principe en France et en Italie. Il faut choisir entre la liberté pour nos contradicteurs ou des chaînes pour nos frères.

Je m'aperçois que le plaisir de raconter m'a entraîné au delà de toutes les bornes ; il me reste à peine la place de vous demander où en est votre œuvre, pour laquelle ma femme a encore glané quelques écus. Avez-vous de l'argent? les fondations commencent-elles à sortir de terre ? Donnez-m'en l'assurance ; rappelez-moi au souvenir de vos deux familles et ne m'oubliez pas auprès de M. le curé de Genève et de M. l'abbé Mermillod, que nous nous réjouissons de revoir l'hiver prochain. Recevez pour vous-même, cher ami, l'assurance de ma fraternelle affection.

LXIX

A M. CHARLES OZANAM.

Dieppe, 5 septembre 1851.

Mon cher frère,

Mille remercîments des soins que tu as pris. Mon livre et mes notes me sont arrivés hier sans accident. Je n'en travaille pas beaucoup plus pour cela; mais je me dis que je puis travailler, ce qui est déjà une assurance contre l'ennui. Ensuite je parcours mes notes, j'ouvre mon livre, je donne carrière à mon imagination, je fais des plans, jusqu'à ce qu'Amélie m'emmène à la jetée où le vent du Nord emporte mes plans, et je me mets à regarder pour la vingtième fois jusqu'à quelle hauteur s'élèvera la mer, ou combien l'on compte de voiles à l'horizon. Tu vois que l'étude ne me tue point. Lundi nous passâmes une des plus charmantes journées. Le ciel était d'une sérénité parfaite; la mer argentée, étincelante, venait se jouer sur le sable; à droite et à gauche les blanches falaises se courbaient pour former un bassin immense. Au milieu, Dieppe et la belle vallée qui s'étend derrière la ville; sur une hauteur, le château avec ses vieilles tourelles et ses meurtrières, puis la grande tour de l'église Saint-Jacques, un fort bel édifice gothique. Après les bains nous passâmes presque tout le jour à nous promener, en nous reposant de temps à autre sous de beaux arbres, au bord de la petite rivière qui court dans la vallée. Cependant nous avons poussé nos explorations savantes dans les environs. Jeudi nous visitions le château d'Arques; nous étions quatre, l'un portant l'autre, c'est-à-dire avec un âne pour Amélie et Nini. L'excellente créature (je parle de l'âne) paraissait comprendre l'honneur qu'on lui faisait, car jamais bête n'avait mieux marché. Petite Marie était enchantée, tour à tour elle occupait la selle, ou bien, armée d'un petit bâton, elle courait après l'âne qui avait d'elle une peur extrême, et qu'elle faisait trotter à toutes jambes. Nous qui avons des plaisirs moins folâtres, la vue d'Arques et du château nous a ravis. La beauté si vantée des campagnes d'Angleterre n'a rien qui dépasse la verdure de cette vallée où paissent de belles vaches de Normandie; avec cela d'imposantes ruines, une grande forêt sur les mamelons voisins, et dans le lointain la mer.

Ta visite au Cirque de Gavarnie a bien achevé ton voyage des Pyrénées, et ce que tu nous en racontes n'est pas propre à diminuer cette curiosité.

qui fait des Ozanam une véritable famille de juifs errants.

Et nous aussi nous aurions beaucoup à te raconter. Je ne sais si Alphonse t'a laissé une lettre dans laquelle je lui exprimais mon sentiment de Londres et de l'exposition. Pour ne pas trop me répéter, je dirai seulement que Londres est la ville la plus imposante du monde au premier aspect, lorsqu'à travers la brume qui l'enveloppe et l'agrandit encore, on la voit s'arrondir en demi-cercle au bord de la Tamise avec cette multitude de clochers, de colonnes, de portiques, au-dessus desquels plane le dôme de Saint-Paul. Mais de près, et si on les étudie l'un après l'autre, ces monuments noircis et disproportionnés ne témoignent plus que l'impuissance; l'impuissance de la richesse à se procurer ce que l'or ne paye pas, à transplanter sur une terre ingrate le goût et l'inspiration de la France et de l'Italie. Au milieu de ces imitations malheureuses, il faut faire deux grandes exceptions pour la vieille Abbaye de Westminster, et pour le nouveau palais du Parlement. Ici l'architecte a eu la sagesse de retourner au style national, au gothique fleuri du quatorzième siècle, et il en a tiré d'admirables effets. Pour l'*exhibition*, mes dernières visites n'ont rien ajouté à la première impression que j'en ai ressentie. Rien n'est plus beau que l'ordre avec lequel on a rassemblé dans un seul édifice la variété infinie des richesses humaines. Les savants y sont ravis de tous les prodiges que la mécanique fait voir et de tous ceux qu'elle promet. Mais si l'on met à part l'exposition indienne et chinoise, je suis désenchanté par cette uniformité sous laquelle la civilisation matérielle menace d'envelopper le monde. Il y a là des chapiteaux de carton-pierre pour les colonnes d'une nouvelle banque qu'on bâtit à Adelaïde-Town, en Nouvelle-Hollande. Il y a des pianos fabriqués au Canada et des tables venues de la terre de Van-Diémen. Cette *exhibition* n'est guère que celle des objets de luxe, des produits que demande et paye la classe des riches. Les besoins factices de cette classe se ressemblent d'un bout à l'autre du monde ; une parure destinée à la reine d'Espagne est précisément la jumelle de celle qui doit orner le front d'une impératrice de Russie. Dieu avait fait la terre d'une variété infinie qui la rendrait agréable à ses yeux ; l'industrie menace d'y mettre une monotonie qui entraînera à sa suite la lassitude et l'ennui. Pour moi, après avoir vu cet abrégé de la puissance humaine au bout de soixante siècles tout à l'heure, je me disais : « Quoi ! l'homme ne peut rien de plus ? Le dernier effort de son génie sera de croiser l'or sur la soie, de mêler des feuilles d'émeraudes à des fleurs de diamants ! » Et au sortir je me réjouissais de voir les gazons verts du parc, les groupes de grands arbres, les moutons qui paissaient au-dessous, et tout ce que l'industrie n'avait pas fait.

Mais à la vérité, l'*exhibition* n'est qu'un vain spectacle donné aux désœuvrés du siècle ; si l'on ne voit pas ailleurs les grands moyens qui ont permis à l'Angleterre de réunir ainsi sous sa tente les trésors des deux mondes. Ce n'est pas dans cet édifice fragile et éphémère qu'il faut chercher le secret de la grandeur anglaise.

Pendant qu'au-dessus des ponts se déploie la ville du luxe, la grande capitale, où se pressent les étrangers ravis ; c'est au-dessous des ponts, en descendant la Tamise, que s'étend une seconde ville de Londres qui fait la vie de la première. Celle-là n'a de monuments que ses vaisseaux, dont les mâts plus pressés et plus sveltes que toutes les colonnades, vont porter sous toutes les latitudes le drapeau britannique. Celle-là a le Tunnel, où l'on marche sous un fleuve immense sans entendre même le bruit de ses eaux. Celle-là a des docks, ces bassins où s'abritent vingt-cinq mille bâtiments. Tout autour s'élèvent des magasins innombrables : nous y avons cheminé durant des heures, dans des rues entières composées de boîtes de thé, ou de balles de sucre, ou de laines d'Australie. Au-dessous, la lampe à la main, nous avons parcouru des caves gigantesques, où viennent s'ensevelir les vendanges de l'Espagne et du Portugal. Ce sont de véritables catacombes, mais les catacombes de Mammon, bordées non de sépultures, mais de tonneaux qui valent de l'or. Voilà l'exposition véritable, et une matinée passée dans ces lieux sombres et opulents m'a peut-être plus frappé, plus instruit que les élégantes galeries du Palais de Cristal.

Cependant je ne sais encore prendre mon parti : d'un côté on ne peut refuser une juste admiration à tant d'activité, de travail et d'intelligence. Évidemment le progrès de l'industrie est légitime, il entre dans la vocation de l'humanité, et toutefois je ne saurais m'empêcher d'y sentir quelque chose de dangereux, de tentateur et de satanique. Assurément ces merveilles éblouissantes ne s'étalent pas sans péril devant des yeux déjà trop épris des biens de la terre. Il me semblait toujours voir au seuil de l'exposition le démon qui transporta le Sauveur sur la montagne, et qui disait encore : « Je vous donnerai tout cela si, vous prosternant, vous m'adorez. » Puis, ce qui semble un signe de réprobation, c'est que ces richesses ne servent pas, au bout du compte, à rendre meilleur le sort de l'humanité, le sort du grand nombre. C'est que la ville la plus riche de l'univers est aussi celle qui traite le plus rudement ses pauvres. Pendant que l'étranger erre avec enchantement dans la fastueuse rue de Regent-Street, derrière cette rue même il y a des quartiers affreux où croupit une misère dont nous n'avons pas d'exemple. J'ai visité, avec un membre de la Société de Saint-Vincent de Paul, quelques-uns de ces réduits, et j'ai su qu'il fallait aux Anglais beaucoup de vertu et de courage pour secourir personnellement ces affreuses misères, non qu'ils soient avares de leur argent, mais dans ce pays aristocratique le contact de l'indigent souille et compromet. On ne recevrait pas la monnaie d'un cocher, s'il ne la pliait dans du papier. Comment se résoudre à presser la main d'un mendiant irlandais? Cependant nos confrères de Saint-Vincent de Paul ont su vaincre les préjugés de leur naissance, ils font beaucoup de bien, et c'est avec joie que j'ai passé une soirée au milieu d'eux.

Nous avons trouvé un autre asile contre le bruit, le faste et les misères de Londres en allant passer un jour à Oxford. Là une paix profonde, une ville du quinzième et du seizième siècle, toute debout, avec ses grands colléges qui ont conservé l'architecture gothique ou celle de la Renaissance. On peut errer dans leurs cloîtres, dans leurs beaux jardins, sans que rien vienne rappeler la différence des temps. Les deux colléges surtout de Christ-Church et de Sainte-Madeleine nous ont charmés, et peu s'en est fallu que nous y prissions notre demeure, car si le célibat est la règle commune de ces communautés, il y a exception pour les Chanoines de Christ-Church. J'ai vu aussi avec un plaisir bien grand la bibliothèque Bodleienne. Dis bien à Daremberg que son ami, M. Coxe, nous a fait le plus gracieux accueil. Il nous a montré les célèbres marbres d'Arundel, les salles de l'Université, et il nous a beaucoup plu par un mélange de science, d'urbanité et de naïveté qui en fait le digne habitant de ces vieilles demeures.

Adieu, cher frère, nous t'aimons tous, mais personne plus que moi.

LXX

AU R. P. LACORDAIRE.

Sceaux, lundi soir, 29 septembre 1851.

Mon Révérend Père,

Vous m'avez fait ce matin une question d'ami, et j'y ai répondu comme un étranger, comme un homme à qui vous ne donneriez pas l'affectueuse liberté de tout dire. J'en ai du remords, et vraiment je suis trop tendrement attaché à votre personne, je suis un admirateur trop passionné de votre prédication, pour ne pas vous répéter les observations que j'entends faire, quand vous me les demandez et qu'elles peuvent servir au bien des âmes.

Il est donc vrai que les classiques, puristes de leur métier, ne vous trouvent pas toujours assez sévère dans le choix des expressions. On vous querelle, par exemple, pour cette *certitude translumineuse* que vous avez hasardée quelque part. On critique aussi la hardiesse de certains rapprochements, et dans un sujet sacré, le retour trop fréquent des allusions profanes. Mais qu'est-ce que ces pailles au milieu du flot de votre inspiration? Quelle merveille, au contraire, que le premier jet de votre pensée trouve aussitôt une forme belle, harmonieuse et telle que souvent l'art le plus exquis n'y pourrait rien ajouter! Je trouve d'ailleurs que vous devenez toujours plus rigoureux pour vous même, et que vous secouez toujours davantage ce peu de poussière romantique. Personne assurément, depuis Bossuet, n'a prêché comme vous. S'il vous restait quelque chose à faire, ce serait tout au plus de châtier encore vos Conférences en les imprimant, pour leur donner l'irréprochable perfection qui achèvera de les rendre immortelles. Car, mon Révérend Père, ce grand auditoire de Notre-Dame est encore bien petit, en comparaison des absents et des générations futures que vous forcerez de vous entendre.

Adieu, pardonnez-moi l'extrême liberté que vous m'avez donnée, et croyez, mon Révérend Père, à la reconnaissance d'un homme à qui vous avez fait beaucoup de bien.

LXXI

LE R. P. LACORDAIRE A FRÉDÉRIC OZANAM.

Saint-Germain, 3 octobre 1851.

Très-cher monsieur,

Voilà bien des jours que je veux répondre à votre bonne petite lettre. Un voyage de quelques jours à Saint-Germain a retardé ma plume sans retarder ma reconnaissance. J'aime beaucoup la vérité, qui est toujours une chose très-rare, et que vous dites de manière à me la rendre très-agréable. Si elle ne sortait de son puits que sous cette forme, je pense que personne ne la contraindrait d'y rentrer.

Veuillez agréer, avec tous mes remercîments, l'expression de mes sentiments de haute estime et de cordial dévouement.

LXXII

A M. AMPÈRE.

Sceaux, 22 octobre 1851.

Mon cher ami, que pensez-vous de mon retard? Après la lettre si bonne et si chaleureuse que vous m'aviez adressée en quittant l'Europe, ne devais-je pas vous poursuivre à toutes voiles, pour qu'un mot de votre ami reconnaissant vous arrivât bientôt dans ce nouveau monde, où vous étiez déjà connu, mais pas encore aimé? Maintenant vous n'avez plus besoin de ma visite. Voici deux mois à peine que vous parcourez l'Amérique, elle n'a déjà plus de solitude pour vous : il suffisait de vous montrer, vous avez été aussitôt accueilli, fêté, comblé d'honneurs. Et cependant, au milieu de cet accueil, de ce mouvement qui vous emporte, vous trouvez des heures pour les absents, et vous m'adressez de Montréal des pages deux fois précieuses par la date et par la signature. Je vous en remercie tendrement, et je n'en suis que plus pressé de justifier mon silence. Mais vraiment, je n'ai su qu'il y a peu de jours où il faut vous écrire, et depuis lors, comme à peu près depuis que nous nous sommes quittés, je suis dans un état de fatigue qui m'interdit bien des devoirs et bien des plaisirs.

Rien de cela n'est grave et n'a de quoi inquiéter votre amitié. Mais j'admire l'ordre de la Providence qui ne veut pas nous permettre de nous acclimater sur la terre. J'avais tout fait pour me bien établir dans la vie, et vous y aviez beaucoup aidé. Vous savez si j'ai bien réussi à mettre le bonheur à mon foyer! votre abnégation, votre appui, vos conseils, y avaient ajouté le bien-être, la considération, et le plaisir du travail. Dieu n'a pas souffert que je prisse racine dans une existence si commode. Il m'a laissé les joies du cœur et m'envoie les peines de santé : je le bénis de ce partage. Cependant je le prie d'abréger l'épreuve, et je me soigne de mon mieux, ou plutôt je n'ai qu'à me laisser soigner par quelques personnes qui ne me haïssent pas. Car j'ai bien plus de résignation dans l'imagination que dans la pratique, et il me serait bien dur de me trouver arrêté, au moment même où j'espérais utiliser mes études et mes misérables essais, en mettant la main à une œuvre moins indigne de vos encouragements.

Je travaille un peu, mais lentement, difficilement, et je n'écris pas une page pendant que vous faites cinquante lieues. Pourtant, je trouve quelque douceur dans ce repos même de la campagne, dans ce séjour de Sceaux, d'où les feuilles déjà s'en vont, mais la paix ne s'en va pas. De la fenêtre auprès de laquelle j'écris, j'entends la voix joyeuse de ma petite Marie qui joue au jardin, et Amélie assise tout à côté me réjouit par un bon visage. Peu de personnes viennent visiter notre retraite, mais elles n'y laissent que des traces plus chères. Ne craignez point que nous finissions par oublier notre errant ami. N'est-ce pas ici que nous avons eu l'intimité de ses soirées? Voici la place où nous lui arrachions ses beaux vers. *Hilda* ne nous a point quittés, et l'autre soir nous nous sommes surpris, ma femme et moi, y pensant tous deux au même moment, et tous deux nous nous rappelions cet admirable passage où, son fardeau sur la tête, elle est rencontrée par *Lucius!* Ah! vous pouvez faire le tour de l'Amérique, et voir si quelque part Atala n'a pas laissé une sœur : vous ne trouverez pas une plus charmante créature que votre blonde Germaine. Je vous remercie de nous avoir donné part aux prémices de cet ouvrage : mais vous le devez à votre gloire et à l'admiration de la France. Quand les vents du printemps vous ramèneront, si vous nous trouvez en paix, donnez-nous *Hilda* pour que nous en jouissions à la faveur de notre sécurité nouvelle. Si nous sommes à feu et à sang, donnez-la pour nous apprendre à bien finir.

Ne croyez pas cependant, cher ami, que je goûte seulement une partie de votre talent : j'admire, au contraire, cette prodigieuse activité qui ne vous laisse pas de relâche, et qui vous fait trouver de l'intérêt, de la passion, dans des études si diverses. Quand je faisais opposition à votre voyage transatlantique, je cédais à l'égoïsme de l'amitié. Mais ne me croyez point l'ennemi des Yankees, et je vous prie de ne pas me faire d'affaires avec ce grand peuple. Il réalisera peut-être l'idéal politique où tendent, à mon sens, les sociétés modernes. Tout ce que vous me dites de Montréal et de Québec me touche beaucoup, surtout cette joie que vous avez eue d'y retrouver le souvenir tout vivant de votre illustre père. Je suis charmé de vous voir assis au banquet de famille de nos frères d'outre-mer. Mais ne pensez pas que je sois indifférent à la bonne fortune que vous avez eue de vous trouver aux fêtes de Boston ; je ne méprise pas les *speeches* du président des États-Unis, et je n'ai garde de dédaigner ces processions d'ouvriers qui nous donnent le spectacle de la démocratie calme et disciplinée. Elles valent mieux que nos bandes armées du Chèr et de la Nièvre. Ouvrez bien les yeux, observez, et vous reviendrez fort à propos en 1852 ; car, à ne vous rien cacher, 1852 est déjà commencé depuis une quinzaine de jours, et nos affaires se brouillent assez joliment. Même si vous attendez le mois d'avril, je ne puis vous garantir que vous retrouverez votre fauteuil à l'Académie française : il pourrait bien avoir chauffé la soupe des insurgés ! Heureux mortel, vous ne verrez pas la fumée de nos incendies ! mais vous serez là-bas, sur ce rivage paisible, pour recevoir vos amis fugitifs : vous protégerez madame Ozanam et vous lui ferez avoir une échoppe de bouquetière dans *Broad-Street*. Quant à moi, je parle trop mal l'anglais pour exercer mes petits talents de professeur et d'avocat, et je ne me vois guère d'autre carrière que de battre la grosse caisse derrière la voiture de mon frère quand il ira arracher les dents. Voilà pourtant la fin de cette famille Ozanam qui avait promis de grandes choses !

Adieu, mon très-cher ami, que le vent souffle favorablement dans vos voiles; poussez, s'il vous plaît, jusqu'au fond de la Californie, vous serez bien habile si vous trouvez un endroit où nos pensées ne vous suivent pas. Il n'est pas jusqu'à petite Marie qui ne soit au courant de vos pérégrinations. Vous l'aidez à retenir sa géographie; et pour elle l'Amérique, c'est le pays où voyage M. Ampère. Des autres propos qui se tiennent sur votre compte hors de chez moi, je ne veux rien vous en dire : tout vous sera pardonné dès qu'on vous aura revu..

Adieu donc une fois encore, je vois bien qu'il m'en coûte de vous quitter : mais je sais qu'à vrai dire je ne vous quitte pas, et que vous avez quelque part dans le cœur une place réservée à votre ami.

LXXIII

A M. LE VICOMTE DE LA VILLEMARQUÉ.

Sceaux, 25 octobre 1851.

Mon cher ami,

Le mois d'octobre qui s'achève me rappelle que l'année dernière, à pareille époque, nous revenions, ma femme et moi, charmés de votre Bretagne et comblés de vos bontés. Il est bien juste qu'en l'honneur de l'anniversaire je vous fasse une petite visite. Mais où vous prendre, cher ami? sous les ombrages bien connus de Kerbertrand, ou au milieu des constructions monumentales de Keransker? Je me décide pour ce dernier lieu, j'en prends le chemin que vous m'avez gracieusement enseigné, et comme je ne vois plus ces deux bœufs qui défendaient si vaillamment l'entrée de votre cour, j'entre sans façon. J'admire vos tours qui s'élèvent, et le front déjà menaçant de votre donjon seigneurial. Je vous conjure de ne pas faire creuser si fort les oubliettes, de peur que vous ne m'y jetiez quelque jour. Je m'informe surtout de la maîtresse cheminée où nous devons pendre la crémaillère ; car point ne ferai-je faute à votre invitation. Tout va bien, l'Isole et l'Ellé admirent l'édifice qui les dominent et font mille détours pour ne point s'arracher de son voisinage.

Mais, cher ami, la saison d'hiver interrompt tous ces travaux. N'en profiterez-vous point afin de faire un tour à Paris, et de vous informer si nous ne démolirons pas en 1852 les châteaux que vous bâtissez en 1851 ? Vous avez bien pu vous enfuir, mais il ne faut pas croire qu'il soit aussi facile de vous faire oublier. C'est le seul pouvoir que je refuse à la châtelaine de Keransker. On ne vous oublie donc pas, on vous regrette, et vos amis voudraient nourrir l'espérance de vous revoir. Ah ! que nous passerions de bons moments au coin du feu ! Nous parlerions de tant de lieux aimés, de tant de personnes qui en font si bien les honneurs. Un doux entretien nous promènerait de Lorient à Nizon, et de Nizon à Quimper. Nous reparlerions aussi de Taliésin et de Slywach'enn : ils me paraissent faire assez bien leur chemin dans le monde, malgré l'abandon de leur coupable père, qui a jeté la harpe celtique pour prendre la truelle et le niveau.

Surtout nous causerions d'Ampère: voilà un joli chapitre de conversation ! Vous sauriez comment cet excellent ami, désireux d'aller à Londres, et honteux de s'y trouver seul homme d'esprit au milieu de tant de badauds, nous a décidés à l'accom-

pagner. — Vous voyez que je ne me maltraite
pas. — Il était échauffé, ardent comme une locomotive, et il a fini par nous emporter en Angleterre. Mais là le train s'est décroché; nous sommes restés au bord de la Tamise, et notre ami à toute vapeur a passé l'Atlantique. Voici que je viens de recevoir de lui une lettre datée de Montréal. Vraiment sa dévorante activité me ravit et m'effraye. Vous l'eussiez vu au Palais de cristal se jeter sur les machines les plus compliquées, et ne pas les quitter qu'il n'en eût compris tous les rouages. Mais l'industrie ne satisfaisait pas sa curiosité; même dans ce temple de fées où tous les mondes avaient envoyé leurs tributs. En huit jours il a fait le tour de l'Angleterre pour étudier les grands établissements agricoles, et maintenant je le croyais à New-York qu'il a déjà traversé le Canada, visité les lacs; tout à l'heure les eaux du Mississipi l'auront amené jusqu'à la Nouvelle-Orléans, toujours observateur infatigable, avec ce don merveilleux de s'intéresser à tout, à un poëme comme à un engrais, à une filature comme à une révolution. Mais ce qui est encore mieux, c'est que l'ardeur de l'esprit ne dessèche pas le cœur, et que cet homme qui prodigue son intérêt aux machines en garde la meilleure part pour ses amis. Que de fois dans nos courses, en nous déroulant le projet de ses navigations, il nous a parlé de vous et de madame de la Villemarqué avec une grande affection, avec un vif

regret de ne pouvoir vous visiter ces vacances! Heureusement que les finances de notre errant ami ne sont pas si grandes que ses désirs, et la personne chargée de ses fonds m'assure qu'il n'a pas de quoi faire le tour du monde. Sérieusement il compte revenir au printemps prochain. Mais ne nous reprochez pas de l'avoir laissé partir; j'ai fait autant de résistance qu'en permettait l'amitié, c'est-à-dire jusqu'au point où plus d'opposition l'aurait fâché; il m'effraye en effet autant qu'il m'étonne. J'ai toujours peur d'apprendre qu'il est dans quelque mauvaise bourgade, au bord des bois avec quelque vilain mal, et, ce qui serait encore pis, avec un médecin américain. Je le vois sans amis, à cent lieues d'un prêtre. Cependant je dois ajouter qu'il s'est embarqué très-bien portant, ses nouvelles sont bonnes, et il quittera l'Amérique avant la saison des fièvres jaunes. En attendant priez pour lui, il aime que ses amis prient, et ne l'oubliez pas le soir, dans cette réunion de la famille devant Dieu, à laquelle nous prenions part l'année dernière avec tant d'édification et de douceur.

Je me sens coupable devant vous d'un dernier crime. C'est que moi, si bien accueilli de vos Bretons, la main chaude encore de leurs étreintes fraternelles, je sois allé voir les Saxons, leurs mortels ennemis. Soyez en paix, mon cher, j'ai vu les Anglais, je les ai quelquefois admirés, mais ils ne m'ont pas séduit. Sans doute on ne peut voir sans étonnement leur fleuve couvert d'une forêt de navires, et leurs docks où viennent s'accumuler les richesses des deux mondes. Mais quelle tristesse dans cette ville de brouillards et de fumée! quel mauvais jour dans les monuments! Mais surtout, cher ami, quel mépris du pauvre, et quelle haine de l'Église! On les loue de respecter les lois, et ils ne respectent pas l'homme. Il faut être catholique, il faut être fervent, il faut être héroïque dans ce pays-là pour aller voir un indigent et lui tendre la main. On vante leur application à conserver les traditions, et ils foulent aux pieds la seule tradition qui soit d'origine divine. Nous sommes bien mauvais, mais assurément nous valons mieux.

Après ce témoignage de patriotisme, j'ai la conscience en repos, et je sens que je puis dormir.

Adieu donc, cher ami, présentez à madame de la Villemarqué les compliments de ma femme, et mes respects; à vos jolis enfants les baisers de ma petite fille, et pour vous, cher ami, agréez l'assurance de mon tendre attachement.

LXXIV

A M. DUFIEUX.

Paris, 16 février 1852.

Mon cher ami,

Je suis accablé d'occupations et je plie sous le poids des devoirs que je remplis mal. Chaque soir je me couche avec la conscience de n'avoir pas fait la moitié de ma tâche, et je m'endors tourmenté de regrets. Parmi les souvenirs vengeurs qui me poursuivent, le vôtre n'est pas le moindre, et je vous vois me reprochant mon silence, ma détestable paresse. Accusez-moi de tous les crimes, excepté de froideur et d'oubli. Que de fois votre nom revient dans nos conversations de famille ! et quand on aurait le parti pris de vous oublier, le moyen d'y réussir avec ces beaux articles où vous rappelez à vos amis que, si vous aviez voulu, vous auriez pu tenir une plume maîtresse au milieu des plumes brillantes de ce temps-ci ! Il y a bien plus que du talent dans ce que vous avez écrit depuis quelques semaines : il y a du courage, et la revendication énergique de votre honneur dans un moment où l'on fait bon marché de l'honneur. Je vous en félicite et j'en complimente nos amis de Lyon qui se sont associés à vos pensées.

Quel chagrin doivent ressentir ceux qui se sont hâtés de précipiter le clergé de France dans une voie au bout de laquelle on commence à voir l'abîme ! Heureusement, et pour la gloire de l'Église de France, le plus grand nombre et les plus considérables de ses chefs ont gardé la majesté du silence, et quoi que puisse nous réserver l'avenir, les intérêts de Dieu sont sauvés ! Je n'en dirai pas autant des intérêts de la terre.

Cher ami, excusez mes pieds de mouche et les ratures dont ils sont ornés. Mais je vous écris à la Sorbonne, au milieu des candidats au baccalauréat, pendant que mes collègues interrogent. « Quelle est l'assemblée qui précéda les États-Généraux de 1789 ? » L'auditoire souffle : « Les notables. » Le candidat : « Monsieur, c'est l'assemblée des notaires. » — L'examinateur : « Vous saurez mieux l'histoire du siècle de Louis XIV. Comment se nommait ce surintendant des finances célèbre par ses malheurs ? » L'auditoire souffle : « Fouquet. » — Le candidat : « Monsieur, il s'appelait Fould. » — Voyez comment on peut faire une lettre au milieu de pareils gaillards. Cependant, si l'esprit est distrait, le cœur vous appartient bien tout entier. Outre la place que vous avez dans mes prières de chaque jour, que je voudrais vous en voir prendre une au coin de la cheminée, comme vous m'en aviez donné l'espoir! Vous auriez trouvé mon intérieur plus heureux que jamais, parce que la santé y est revenue; je suis le plus malade de la maison, quoique je puisse, non sans fatigue, faire à peu près mon cours. Il faut remercier Dieu de tant de biens, et se résigner aux peines qu'il y mêle. L'une des plus grandes est d'avoir beaucoup étudié, de se persuader qu'on a des idées, et de ne pouvoir les produire. Pour vous, j'espère que vos inquiétudes de l'année dernière n'ont pas recommencé et que la divine Providence vous conserve ce bonheur domestique qui console de tous les maux.

Donnez-moi la main, afin que je vous la serre avec la chaleur d'un vieil ami.

LXXV

A M. AMPÈRE.

Paris, 18 février 1852.

Mon cher ami,

Que l'absence est fâcheuse quand elle se prolonge, quand les distances sont si grandes, les calculs si trompeurs, et qu'on ne sait où prendre un ami dont on voudrait suivre tous les pas! Il y a tantôt deux mois que je vous écrivis à Charleston pensant vous y souhaiter la bonne année, et pendant ce temps vous fêtiez Kossuth à Washington. Vous m'adressez de cette ville quelques pages tout aimables, et maintenant je crains que ma réponse ne vous atteigne pas. Cependant, selon votre désir, j'ai réclamé à la poste les lettres non affranchies, j'en ai trouvé trois, j'en ai payé le port, et je les ai envoyées à M. Trappam de Charleston, car c'est ainsi que je lis le nom, que Daremberg déchiffre Trapman. L'École des Chartes doit prononcer entre ces deux leçons sur la vue du manuscrit. Il ne s'agit encore que de savoir comment vous écrivez, mais bientôt l'Académie des Inscriptions discutera si vous existez ; car, les siècles s'écoulent, ou du moins des jours qui valent des siècles ; et vous ne reparaissez pas.

Ah! si vous n'aviez pas une poitrine de bronze et un cœur d'airain, vous n'auriez pas résisté aux regards de tant de nobles et gracieuses dames, qui l'autre jour se pressaient à la réception de M. de Montalembert, et qui vous cherchaient sur tous les bancs de l'Académie. Ce sexe charmant, mais intrépide, avait si bien envahi les amphithéâtres et les tribunes, que les fracs ne pouvaient s'y faire jour. Par conséquent, je laisse à d'autres plus heureux le plaisir de vous conter la solennité, mais les absents eux-mêmes ont dû à l'Académie la satisfaction de lire une parole libre. Assurément cette parole, même celle de M. Guizot, n'était pas flatteuse pour la République honnête, mais du moins elle n'était pas censurée. Vous aurez le texte complet, non dans les journaux qui ont subi des coupures, mais dans l'édition officielle de l'Académie, qui a rencontré de grandes difficultés. Enfin, tout a cédé, et l'éloquence a remporté une dernière victoire.

Voilà l'entretien de Paris depuis quinze jours, et vous perdez beaucoup à ne pas entendre les belles choses qui se disent. Vous perdez moins à ne pas voir celles qui se font...

Au milieu de ces angoisses, j'ai le courage d'écrire un chapitre sur le *progrès*. Il est vrai qu'il s'agit du *progrès dans les siècles de décadence*. C'était ma leçon d'ouverture cette année, et je la rédige pour en faire l'introduction de mon livre (1). Mais voilà où j'aurais plus que jamais besoin de vos conseils. Car tantôt les idées qui me poursuivent me semblent neuves et justes, — vous voyez que je ne m'injurie pas ; — tantôt je crains qu'elles ne paraissent aux uns vulgaires, aux autres paradoxales. Ah! que volontiers je vous assassinerais de ma prose quelque matin! et que je suis embarrassé, vous absent, de trouver un bon avis! Enfin, tout en continuant ce travail au risque de m'y fourvoyer, je bénis la Providence qui me donne assez de force pour écrire un peu, tout en faisant mon cours. Si vous m'entendiez, peut-être votre amitié serait-elle contente de me trouver docile à ses conseils. Je me fatigue moins, je ne cherche plus à m'émouvoir quand je ne suis pas ému, je ne me tiens pas sur le trépied, et l'auditoire ne m'en sait pas mauvais gré. De temps à autre on cherche bien dans un trait historique, dans une citation des Pères quelque allusion qu'on applaudit : cependant la jeunesse des écoles est généralement calme et laborieuse.

Bien que les forces me reviennent lentement, je vais beaucoup mieux. Je dois ce bienfait à l'air de

---

(1) *Œuvres complètes d'Ozanam*, t. I, p. 15.

la mer, et je ne puis songer à Dieppe sans me rappeler cette promenade que nous y fîmes sur la plage, en attendant le bateau à vapeur. Vous nous parliez des jours que vous aviez passés là avec madame Récamier, M. de Chateaubriand, M. Ballanche. Vous nous faisiez revivre ces belles âmes que nous avons connues par vous, et dont le souvenir uni au vôtre sera toujours le charme de nos pensées. Mais, malheureux que vous êtes, pendant que vous nous enchantiez de cet entretien, vous méditiez déjà votre trahison, et des bords de la Manche, vous tourniez vos regards vers les docks de New-York et vers la capitale de Washington ! Si vous n'avez voulu échapper qu'à nos importunités, vous avez bien fait ; mais si vous pensiez échapper à notre affection et à nos sollicitudes, soyez sûr que vous ne vous êtes jamais plus trompé.

Je n'entreprends pas de vous donner des nouvelles de tous vos amis, la liste en serait trop longue ; car je ne puis entrer dans un salon sans être abordé par des gens qui s'informent de vous. C'est ce qui m'arriva notamment l'autre soir chez madame de Boignes, où je me fis beaucoup d'honneur en annonçant le premier que vous étiez à la Nouvelle-Orléans et que vous partiez pour la Havane. Le Chancelier décida que vous ne pouviez mieux faire, et que vous verriez là le paradis terrestre. M. et madame de Salvo ne cessent de vous nommer dans toutes leurs conversations, surtout quand ils font voir le portrait du Vladika que vous aviez connu chez eux. Quant aux Lenormant, Dieu les a éprouvés d'une manière bien sévère ; leur fille a fait une grave maladie dont la voici guérie. On a dû vous l'écrire ; mais je m'effraye de voir que vous êtes resté si longtemps sans recevoir les lettres. J'envoie celle-ci au consul français de la Havane : plaise à Dieu qu'il ne vous retienne pas, et que ce charmant pays ne vous fasse point oublier la patrie !

Adieu, mon très-cher ami, mes occupations sont si accablantes, que j'ai dû vous écrire à la Sorbonne, entre les demandes de mes collègues et les réponses des candidats. En voici un qui m'assure que Montesquieu était un grand évêque ! Mais insensé que je suis de vous conter ces sottises pendant que vous avez sous les yeux l'admirable nature des tropiques, sa végétation gigantesque, et, — à ce qu'on assure, — sa population intelligente et bonne. Dieu sait combien nous vous ferons conter au retour, et comme il nous sera instructif et agréable de vous entendre décrire cette France, cette Angleterre, cette Espagne d'Amérique si ingénieusement étudiées ! Je vous félicite d'avoir ajouté un nouveau trésor à vos richesses d'esprit. Je me résigne aux privations que vous nous avez infligées en considération de l'honneur qui vous en reviendra. Mais n'oubliez point qu'on vous attend au mois de mai, et permettez-moi, pour abréger l'attente, de vous serrer chaleureusement la main. Amélie en fait bien autant, et tous ceux de ma maison vous envoient leurs plus affectueux souvenirs.

P. S. Mes collègues qui m'ont vu écrire veulent que je vous fasse leurs compliments. M. le Clerc, en qualité d'ancien compagnon de voyage, fait des vœux pour votre retour, et M. Havet vous envoie ses respects, n'osant y ajouter l'hommage d'une belle édition de Pascal qu'il vient de publier avec d'excellentes notes. Demogeot nous donne aussi une remarquable Histoire de la littérature française où il vous emprunte beaucoup et ne cache pas ses emprunts. Vous voyez qu'absent vous ne pouvez encore vous empêcher de nous instruire.

Après avoir poursuivi avec son ardeur accoutumée ses travaux et son cours pendant tout l'hiver, Ozanam fut saisi vers Pâques de grands malaises, et peu après d'une pleurésie très-grave, qui mit sa vie en très-grand danger. C'est pendant cette dangereuse maladie, avec une fièvre ardente, qu'Ozanam trouva dans la tendresse de son cœur et son amour de la vérité la force d'écrire cette éloquente exposition de la foi catholique pour arracher au doute un ami de sa jeunesse.

LXXVI

A M. H...

Paris, 16 juin 1852.

Mon cher ami,

Pardonnez-moi d'abord de vous avoir laissé si longtemps sans réponse : votre amitié ne me trouvera que trop excusable. Quand vous me vîntes serrer la main, j'étais déjà très-souffrant; mais je ne faisais que commencer une grave maladie. Quinze jours après, et à la suite d'une fièvre opiniâtre, se déclara une pleurésie d'un caractère dangereux, qui pouvait me faire un mauvais parti, si l'habileté et la tendresse de mon frère, les soins de toute ma famille, les prières de mes amis, et enfin la miséricorde de Dieu, n'avaient arrêté les progrès du mal. A cette violente crise a succédé une longue convalescence, et je suis encore si peu rétabli, qu'on va me faire partir pour les eaux des Pyrénées; ensuite je passerai l'automne au bord de la mer, puis peut-être l'hiver dans le Midi. C'est un grand malheur pour moi de voir ainsi tous mes travaux suspendus, ma carrière interrompue, au moment où j'avais à poursuivre une candidature académique; mais il faut savoir faire ces sacrifices quand la Providence les exige, et lui demander d'accomplir sa volonté comme elle est accomplie au ciel, c'est-à-dire avec joie et avec amour.

Qu'est-ce en effet que mes chagrins en comparaison des afflictions de notre malheureux L..., devenu aveugle quand il semblait le seul soutien de sa vieille mère? Hélas! je n'ai pu revoir ce pauvre camarade; mais depuis vous, mon frère est allé à l'hospice Necker, il a causé avec la sœur Adélaïde, et il a acquis la triste conviction qu'il fallait le laisser entrer à l'hospice des Incurables, seul asile pour une situation si désespérée. Vous avez été bien bon, bien généreux, cher ami, pour cet ancien condisciple, il en sera reconnaissant et il priera pour vous.

Et moi aussi, tout indigne que je suis, je prierai pour vous, puisque vous le voulez! Ah! que vous me rappelez de touchants souvenirs! Non, je n'ai pas oublié la douceur de cette nuit de Noël, non plus que tant de bons entretiens avec vous et Lallier, lorsque, jeunes, et amoureux de la vérité seule, nous conversions ensemble des choses éternelles! Laissez-moi vous le dire, cher ami, dès lors nous apercevions avec une certaine tristesse que le doute s'introduisait dans vos pensées; mais nous vous savions le cœur si droit, le caractère si élevé, que nous étions sûrs de voir un jour ou l'autre l'épreuve se tourner à votre bien, et votre âme revenir à la tranquillité de la foi. Qui sait si le moment n'est pas venu? Vous avez cherché, dans la sincérité de votre cœur, à résoudre vos difficultés, et vous n'êtes pas arrivé au bout. Mais, mon cher ami, les difficultés de la religion sont comme celles de la science : il y en a toujours. C'est beaucoup d'en éclaircir quelques-unes, mais aucune vie ne suffirait à les épuiser. Pour résoudre toutes les questions qui peuvent s'élever sur l'Écriture sainte, il faudrait savoir à fond les langues orientales. Pour répondre à toutes les objections des protestants, il faudrait pouvoir étudier dans ses derniers détails l'histoire de l'Église, ou plutôt l'histoire universelle des temps modernes. Vous ne pourrez donc jamais, occupé d'ailleurs comme vous l'êtes, répondre à tous les doutes que votre imagination active et ingénieuse ne cessera de déterrer pour le tourment de votre cœur et de votre esprit. Heureusement Dieu ne met pas la certitude à ce prix. Que faire donc? Faire, en matière de religion, ce qu'on fait en matière de science : s'assurer d'un certain nombre de vérités prouvées et ensuite abandonner les objections à l'étude des savants. Je crois fermement que la terre tourne, je sais pourtant que cette doctrine a ses difficultés ; mais les astronomes les expliquent, et, s'ils ne les expliquent pas toutes, l'avenir fera le reste. Ainsi de la Bible ; elle est hérissée de questions difficiles; mais les unes sont résolues depuis longtemps; d'autres, jusqu'ici considérées comme insolubles, ont trouvé leur réponse de nos jours; il en reste beaucoup, mais Dieu les permet pour tenir l'esprit humain en haleine et pour exercer l'activité des siècles futurs.

Non, Dieu ne peut pas exiger que la vérité religieuse, c'est-à-dire la nourriture nécessaire de toutes les âmes, soit le fruit de longues recherches, impossibles au grand nombre des ignorants, difficiles aux savants. La vérité doit être à la portée des petits, et la religion reposer sur des preuves accessibles au dernier des hommes. Pour moi, après bien des doutes, après avoir aussi mouillé bien des fois mon chevet de larmes de désespoir, j'ai assis ma foi sur un raisonnement qui peut se proposer au maçon et au charbonnier. Je me dis que tous les peuples ayant une religion, bonne ou mauvaise, la religion est donc un besoin universel, perpétuel, par conséquent légitime de l'humanité. Dieu, qui a donné ce besoin, s'est donc engagé à le satisfaire; il y a donc une religion véritable. Or, entre les religions qui partagent le monde, sans qu'il faille ni longue étude ni discussion des faits, qui peut douter que le christianisme soit souverainement préférable, et que seul il conduise l'homme à sa destination morale? Mais dans le christianisme, il y a trois Églises : la protestante, la grecque et l'Église catholique, c'est-à-dire l'anarchie, le despotisme et l'ordre. Le choix n'est pas difficile, et la vérité du catholicisme n'a pas besoin d'autre démonstration.

Voilà, mon cher ami, le court raisonnement qui m'ouvre les portes de la foi. Mais une fois entré, je suis tout éclairé d'une clarté nouvelle, et bien plus profondément convaincu par les preuves intérieures du christianisme. J'appelle ainsi cette expérience de chaque jour, qui me fait trouver dans la foi de mon enfance toute la force et toute la lumière de mon âge mûr, toute la sanctification de mes joies domestiques, toute la consolation de mes peines. Quand toute la terre aurait abjuré le Christ, il y a dans l'inexprimable douceur d'une communion, et dans les larmes qu'elle fait répandre, une puissance de conviction qui me ferait encore embrasser la croix et défier l'incrédulité de toute la terre. Mais je suis loin de cette épreuve, et au contraire, combien cette foi du Christ, qu'on représente comme éteinte, agit fortement dans l'humanité ! Vous ne savez peut-être pas assez, mon cher ami, combien le Sauveur du monde est encore aimé, combien il suscite de vertus et de dévouements qui égalent les premiers âges de l'Église. Je ne cite que les jeunes prêtres que je vois partir du séminaire des Missions étrangères pour aller mourir au Tonkin, comme mouraient saint Cyprien et saint Irénée, et ces ecclésiastiques anglicans convertis, qui abandonnent des bénéfices de cent mille francs de rente, et qui viennent à Paris donner des leçons pour faire vivre leurs femmes et leurs enfants. Non, le catholicisme n'est dénué ni d'héroïsme dans le temps de Mgr Affre, ni d'éloquence dans le temps du Père Lacordaire, ni de tous les genres de gloire et d'autorité dans le siècle qui a vu mourir chrétiens Napoléon, Royer-Collard et Chateaubriand.

Indépendamment de cette évidence intérieure, depuis dix ans j'étudie l'histoire du christianisme, et chaque pas que je fais dans cette étude affermit mes convictions. Je lis les Pères, et je suis ravi des beautés morales, des clartés philosophiques dont ils m'éblouissent. Je m'enfonce dans les âges barbares, et j'y vois la sagesse de l'Église et sa magnanimité. Je ne méconnais pas les désordres du moyen âge; mais je m'assure que la vérité catholique y lutta seule contre le mal, et tira de ce chaos les prodiges de vertu et de génie que nous admirons. Je suis passionné pour les conquêtes légitimes de l'esprit moderne; j'aime la liberté et je l'ai servie : mais je crois que nous devons à l'Évangile la liberté, l'égalité, la fraternité. Sur ces différents points, j'ai eu le loisir et les moyens d'étudier les difficultés, et elles se sont éclaircies à mes yeux. Mais je n'en avais pas besoin, et si d'autres devoirs m'avaient interdit ces études historiques où j'ai trouvé tant d'intérêt, j'aurais raisonné pour elles comme je raisonne pour les études exégétiques dont l'accès m'est fermé. Je crois à la vérité du christianisme ; donc, s'il y a des objections, je crois qu'elles se résoudront tôt ou tard, je crois même que quelques-unes ne se résoudront jamais, parce que le christianisme traite des rapports du fini avec l'infini, et que jamais nous ne comprendrons l'infini. Tout ce que ma raison peut exiger, c'est que je ne la force pas de croire à l'absurde. Or, il ne peut pas y avoir d'absurdité philosophique dans une religion qui a satisfait l'intelligence de Descartes et de Bossuet, ni d'absurdité morale dans une croyance qui a sanctifié saint Vincent de Paul, ni d'absurdité philologique dans une interprétation des Écritures qui contentait l'esprit rigoureux de Sylvestre de Sacy. Quelques modernes ne peuvent supporter le dogme de l'éternité des peines, ils le trouvent inhumain. Mais pensent-ils aimer plus l'humanité, ou avoir une conscience plus exacte du juste et de l'injuste, que saint Augustin et saint Thomas, saint François d'Assise et saint François de Sales ? Ce n'est donc pas qu'ils aiment plus l'humanité ; c'est qu'ils ont un sentiment moins vif de l'horreur du péché et de la justice de Dieu.

Ah ! mon ami, ne nous perdons point dans des discussions infinies. Nous n'avons pas deux vies, l'une pour chercher la vérité, l'autre pour la pratiquer. C'est pourquoi le Christ ne se fait pas chercher, il se montre tout vivant dans cette société chrétienne qui vous environne, il est devant vous, il vous presse... Vous devez avoir bientôt quarante ans, il est temps de vous décider. Rendez-vous à ce Sauveur qui vous sollicite. Livrez-vous à sa foi comme s'y sont livrés vos amis, vous y trouverez la paix. Vos doutes se dissiperont comme se sont dissipés les miens. Il vous manque si peu pour être un excellent chrétien, il vous manque seulement un acte de volonté : croire, c'est vouloir. Veuillez un jour, veuillez aux pieds du prêtre, qui fera descendre la sanction du ciel sur votre volonté chancelante. Ayez ce courage, cher ami, et cette foi que vous admirez chez notre pauvre ami L..., qui le console dans un si grand malheur, viendra ajouter sa douceur infinie à votre prospérité.

Soyez heureux et chrétien, c'est le vœu de votre ami.

Dès qu'Ozanam eut repris assez de forces pour voyager, les médecins l'envoyèrent chercher aux Eaux-Bonnes un rétablissement qu'il n'y trouva pas. Un séjour de deux mois à Biarritz, au bord de la mer, lui fut beaucoup plus salutaire.

Il pensa un instant passer l'hiver dans la jolie ville de Bayonne. Mais si sa santé avait besoin d'un climat chaud, son esprit avait besoin d'aliments et de la possibilité de poursuivre ses travaux, c'est ce qu'il devait trouver en Italie, qu'il aimait d'une préférence toute particulière, et ce qui décida ce long voyage.

LXXVII

A M. LE VICOMTE DE LA VILLEMARQUÉ.

Eaux-Bonnes, 13 août 1852.

Mon cher ami,

Votre bonne lettre est venue me trouver bien plus loin que vous ne pensiez, bien loin surtout de cette chère Bretagne, qui me fit si bon accueil il y a deux ans. Tel que le voici, votre pauvre ami a failli passer de vie à trépas. Il ne valait déjà pas grand'chose quand il vous vit partir à Pâques. Mais un mois après il prenait une pleurésie d'un caractère fort mauvais, qui l'emmenait grand train, quand les soins d'un frère médecin et d'une femme excellente l'arrêtèrent en route. Sans figure, j'ai été gravement malade, et à la suite de deux mois de convalescence, on m'a condamné aux eaux des Pyrénées. Je vous prie de croire que j'ai sollicité commutation de peine et que je demandais Saint-Gildas. Mais mes juges inflexibles ont voulu me noyer dans l'eau douce au lieu de l'onde amère. Vous me voyez entre deux montagnes épuisant à grands verres la source sulfureuse : franchement, j'aimerais mieux votre cidre. Puis je grimpe à la suite des chèvres sur les rochers d'alentour pour digérer ce breuvage qui indigne mes entrailles. Je mène avec moi tout mon clan ; et quand nous aurons décampé de ces hauteurs, nous irons prendre les bains de mer à Biarritz ; puis on m'exile dans le Midi pour tout l'hiver.

Au milieu de cette vie nomade que la nécessité nous impose, il nous est bien doux de recevoir de vos nouvelles. Les sauvages beautés du Pic du Midi ne nous font pas oublier les affections que nous avons laissées à Keransker. Ah! que nous eussions voulu aller y pendre la crémaillère en compagnie de notre ami Ampère! Nous l'avons vu à son retour du Mexique aussi excellent, mais aussi vagabond que jamais; il gémit déjà de passer l'hiver à Paris ; mais en même temps, il m'a montré dans ma maladie la tendresse la plus touchante. Il ne vous oublie pas non plus, et que de fois nos entretiens se sont tournés vers vous! Enfin vous avez *Hilda*. Que pensez-vous de la belle barbare, et la trouvez-vous au-dessous d'une si longue attente?

Mais je suis bien fou de vous pousser à des lectures qui effaceraient à jamais de votre souvenir mes pauvres *Poëtes franciscains*. Rappelez-vous au contraire que ce sont des moines mendiants, et qu'ils ne cesseront de vous importuner, jusqu'à ce que vous leur ayez fait la charité d'un article. Ah!

la plume ne messied point à la main qui tient la truelle. Ce sont les deux instruments des grands civilisateurs. Charlemagne en écrivait-il moins ses Capitulaires, tandis qu'il bâtissait sa basilique d'Aix-la-Chapelle? sans compter qu'il avait sur les épaules quelques millions de Saxons, de Lombards et de Sarrasins, tandis que votre repos n'est troublé que par les trois plus jolis enfants du monde.

A ce propos, je suis le serviteur de M. Geoffroy et je baise, si vous le voulez bien, les mains de mademoiselle Marie et de mademoiselle Ursule. Je baise même celles de madame de la Villemarqué, et vous, cher ami, je vous embrasse fraternellement. Aussi bien, madame Ozanam, chargée de m'arracher plumes et livres, trouve que j'ai assez écrit et veut aussi faire sa petite visite à nos amis bretons. Il faut vous donner le bon exemple et obéir.

Adieu donc, une fois encore, mais tout de bon à Dieu, c'est-à-dire à Celui qui est le rendez-vous des amis séparés. Priez-le pour moi.

LXXVIII

M. L'ABBÉ MARET.

Biarritz, 14 septembre 1852.

Monsieur et cher ami,

Voici un homme exact, car votre lettre m'arrive hier soir, et j'y réponds ce matin, tant je désire vous rejoindre à Lons-le-Saunier et vous embrasser avant votre départ pour Paris! Et comment ne serais-je pas pressé de vous répondre quand vous m'écrivez avec tant de bonté? Justement j'allais faire demander chez vous où je pouvais vous adresser mes épîtres, car je m'ennuyais de ne savoir plus rien de vous. Cependant je savais bien que vous pensiez à moi, que vous ne m'oublieriez, ni auprès de nos amis communs, ni surtout auprès de Dieu. Je vous remercie de m'avoir confirmé dans cette douce certitude; je vous prie de continuer, et de me faire encore une bonne place dans vos souvenirs, comme on donne au malade la meilleure place au coin du feu. Il ne la mérite pas, mais il en a besoin.

Oui, j'aurai toujours besoin de votre amitié,

mais elle m'est encore plus nécessaire dans ces temps d'épreuve. Sans vouloir gâter les excellentes nouvelles qu'on vous a données de moi, il faut bien vous avouer que tout n'est pas encore pour le mieux, et que mon *microcosme* n'est pas devenu le meilleur des mondes possibles. De là bien des maux, un peu de fièvre quelquefois, et beaucoup de faiblesse, qui afflige madame Ozanam et ne permet pas à monsieur de grands projets. Sans doute je nourris toujours l'espérance d'aller passer un mois à Paris, et l'hiver à Pise. Mais, puisque je trouve à Bayonne un climat fort doux, ne ferais-je pas sagement d'y achever mon exil, ou du moins d'y attendre le retour de mes forces? Voilà, monsieur et très-cher ami, la question que vous m'aiderez à résoudre, car Dieu seul, sollicité par les prières de mes amis, peut montrer ce qu'il veut faire de moi. Sans doute il a voulu me sauver et m'accorder quelques jours de plus pour devenir meilleur : qu'il en soit béni! Mais son dessein est-il de me rendre la santé, ou de me faire expier mes péchés par de longues souffrances? qu'il en soit encore béni! Alors qu'il me donne le courage, qu'il m'envoie la douleur qui purifie, et, s'il faut porter une croix, que ce soit celle du bon larron !

N'allez pas croire toutefois que je me désespère. Ce serait une grande ingratitude envers la divine Providence. Car si ma convalescence ne va pas aussi vite que je voudrais, elle m'a permis de faire avec madame Ozanam un fort joli tour dans les Pyrénées. Nous avons visité avec beaucoup de charme ces montagnes qui n'ont point la grandeur des Alpes, mais qui ne manquent pas d'une certaine majesté tempérée de grâce. Il n'y faut pas chercher beaucoup de glaciers ; et les neiges éternelles n'y couvrent qu'un petit nombre de cimes ; mais on ne se lasse pas d'admirer la beauté de la lumière qui dore les rochers, la courbe élégante des croupes, surtout les eaux qui jaillissent de toutes parts bruyantes et limpides. Les Alpes mêmes n'ont peut-être rien de comparable au cirque de Gavarnie. Figurez-vous, non pas un cirque, mais plutôt une abside de cathédrale, haute de dix-huit cents pieds, couronnée de neiges, sillonnée de cascades, dont la blanche écume se détache sur des rochers de la plus chaude couleur. Les murs en sont comme taillés à pic. Quand les nuages flottent au-dessus ils semblent comme les draperies du sanctuaire, et si le soleil y brille, le flambeau ne paraît pas trop éclatant pour éclairer cet édifice qu'on dirait commencé par les anges, et interrompu par quelque faute des hommes.

Cependant les populations ne sont pas mauvaises. Il y a bien un méchant proverbe qui dit les Béarnais *fiers, faux* et *courtois*, et j'ai trouvé plus d'une occasion de le vérifier chez MM. les hôteliers et les loueurs de voitures. Mais il faut imputer la moitié de ces torts aux étrangers qui gâtent le pays. Il y reste beaucoup de foi, des traditions antiques, et surtout des costumes nationaux qui ont eu le bon goût de se conserver intacts. Comment supposer notre corruption moderne à ces paysans qui ont gardé le béret de leurs pères, les cheveux tombant jusque sur l'épaule, la veste rouge se détachant sur un beau gilet blanc, la ceinture, la culotte courte, la guêtre, et dans toute leur personne je ne sais quoi de naïf et de fin, de lourd et de dégagé? Je les ai vus recueillis et graves à la procession, et un moment après, menant la danse avec une franche gaieté au bruit d'un chant monotone qui ressemblait à la litanie des saints.

Tout en faisant ainsi l'école buissonnière dans les Pyrénées, nous avons accompli le pèlerinage de Bétharran, sanctuaire fréquenté dès le quinzième siècle; la piété des peuples honore en ce lieu la Vierge au *Rameau d'or*. Ce rameau d'or fut offert par une jeune fille qui, tombée dans le torrent voisin, fit un vœu à Notre-Dame, et au même instant trouva sous sa main un rameau où elle s'attacha. Je me suis aussi cramponné de toutes les forces de mon âme à la branche libératrice, à celle que nous appelons la Consolatrice des affligés et le Refuge des pécheurs. Puis, comme il fallait achever notre route, nous avons fini par arriver à Biarritz. C'est bien sans mentir un des plus jolis pays du monde, un village tout blanc et tout riant, jeté sur des rochers rougeâtres, au bord d'une mer parfaitement bleue, qui creuse et découpe le rivage en mille manières et va expirer du côté du midi, au pied des montagnes d'Espagne. L'air y est singulièrement doux, et nous n'y avons plus trouvé ces temps détestables qui nous poursuivaient aux Eaux-Bonnes comme vous à Lyon. Nous allons rester là jusqu'au 15 octobre avec les huîtres et les lézards dont nous envions le calme et la santé. Ma femme et ma fille nagent déjà comme des poissons, il nous reste donc peu à faire pour passer à l'état de reptiles et de mollusques. Pour ce qui regarde l'esprit, j'ai déjà fait la métamorphose complète, et je sais parfaitement l'art de perdre mes journées.

J'excepte néanmoins celle où je vous écris, je ne la tiens pas pour perdue, si cette lettre va entretenir vos bons sentiments en faveur du pauvre exilé. Je ne renonce pas à l'espérance de vous embrasser dans quelques semaines. Puissé-je vous embrasser bien portant, remis de vos fatigues! Madame Ozanam prétend que je vous présente ses compliments les plus affectueux; elle vous veut du bien parce que vous aimez un homme très-peu aimable qu'elle a le tort d'aimer aussi. La petite personne qui se porte à ravir vous offre tous ses respects. Enfin il y a un coin de rocher où l'on est tout à vous et où l'on voudrait bien vous voir.

LXXIX

A M. L...

Biarritz, 19 octobre 1852.

Mon cher ami,

L'exil qu'on m'inflige est bien long, et quoique j'aie avec moi ce qui m'est le plus cher, j'éprouve tous les jours que les jouissances de la famille ne font pas oublier les peines de l'amitié. Je ne puis m'accoutumer à la pensée de rester encore cinq mois sans voir ni vous, ni Cornudet, ni cet excellent Pessonneaux, ni aucun de ceux que Dieu m'a donnés pour compagnons de route sur la terre. Cette séparation me désole : cependant j'ai l'extrême douceur de voir ma femme et mon enfant pleines de santé, de pouvoir jouir d'elles, et donner à l'éducation de ma petite Marie un temps qu'autrefois je n'avais pas; enfin de posséder en ce moment mon frère Charles, qui a fait deux cents lieues pour venir passer trois semaines avec nous. Avec cela je devrais être heureux et bénir la miséricordieuse Providence ; et pourtant, cher ami, je me sens bien triste, et j'ai plus que jamais besoin de vos bonnes prières.

Des Pyrénées, on m'a envoyé au bord de la mer, près Bayonne, dans un lieu charmant : j'y ai repris des forces ; toutefois, il s'en faut encore de beaucoup que je sois guéri. L'hiver approche, et je crains bien que mon rétablissement ne soit ajourné à l'été prochain, si même Dieu veut que je me rétablisse jamais.

Un des ennuis de cette situation, c'est l'incertitude où elle me laisse pour toutes choses. J'avais d'abord pensé retourner à Paris en novembre, afin d'y soutenir ma canditature à l'Institut. Mais je renonce à me présenter, et je ne sais maintenant si je dois passer l'hiver à Bayonne, dont le climat est assez doux, ou bien aller chercher en Espagne un ciel plus sec et plus chaud. Ce dernier parti me séduirait, il me ferait connaître un grand pays, et me familiariserait avec une belle langue : mais le voyage est très-fatigant.

Le pire est le désœuvrement où je suis obligé de vivre. Sans doute je me trouve trop bien entouré pour que mon cœur n'ait pas d'occupation. Mais c'est mon esprit qui en manque ; et lorsque j'arrive au bout d'une journée n'ayant rien fait, cette oisiveté me pèse comme un remords, et il me semble que je ne mérite ni le pain que je mange, ni le lit où je me couche. D'ailleurs mon imagination trouvant ma tête vide s'y établit en maîtresse, et y broie du noir tout à son aise : je suis bien moins troublé de mes maux présents que de leurs conséquences probables. Les pensées de la foi n'ont pas assez d'empire pour m'arracher à ces tentations. Je ne dis point certes que la religion soit impuissante même sur mon misérable cœur : elle me préserve du désespoir, elle me donne tous les jours quelques rayons de lumière, elle m'empêche souvent de livrer un champ libre à mes tristesses. Mais je n'ai pas la force d'en faire davantage, je ne réussis pas à me contenir tout à fait, et je ne crois pas offenser Dieu en me laissant aller à cet épanchement auprès d'un ami qui est plus ferme que moi et qui peut me tendre une main secourable.

Cependant je suis un ingrat. Car en m'enlevant à mes amis, à mes goûts, à mes études, la Providence a tout fait pour m'adoucir la peine de cet éloignement. J'ai vu des pays superbes, des montagnes dont les beautés m'ont ravi, tout brisé que j'étais de fatigue et de découragement. Nous avons vécu et nous vivons au milieu de populations chrétiennes, qui nous donnent la consolation de savoir que la foi n'est pas éteinte en France. Enfin je trouve à Bayonne une conférence de Saint-Vincent de Paul très-florissante, bien pénétrée de notre premier esprit, infatigable aux bonnes œuvres. Plusieurs membres de cette conférence m'ont fait le plus aimable accueil. Bayonne a aussi une belle cathédrale gothique, d'une forme élancée, élégante et simple, où l'on peut prier Dieu tout au large comme dans nos grandes églises du Nord.

Que dites-vous du coup qui a frappé Cornudet? Il a été admirable dans une épreuve si terrible; la lettre qu'il m'a écrite était merveilleusement simple, calme, charitable, et digne en tout d'un grand chrétien. Heureusement il reste assez de ces beaux exemples pour honorer notre siècle.

Je conserve aussi de vous des lettres que je devrais bien relire quand je suis dans mes jours d'abattement. Adieu, cher ami, pardonnez-moi mes humeurs sombres ; je suis de tout mon cœur votre ami.

LXXX

A M. EUGÈNE RENDU.

Biarritz, 28 octobre 1852.

Mon cher ami,

Me voici fort en retard et tout à fait impardonnable à vos yeux, si je n'avais mon frère, qui m'est venu voir pour quelques jours, et à qui je dois tous mes moments. Vous savez que cet excellent Charles s'est arraché à sa clientèle, et que, laissant crier les duchesses et les marquises qui maudissent son départ, il a tout quitté pour visiter un misérable professeur, un vil universitaire, relégué au bout de la France, au bord de la mer, où l'on devrait bien précipiter les idéologues, les démocrates catholiques, et généralement tous les rédacteurs de l'*Ère nouvelle*.

Il m'est donc arrivé mon cher frère, comme un bel arc-en-ciel, un jour qu'il pleuvait à verse, symbole de l'espérance qu'il me rapportait. En effet, après m'avoir examiné, palpé, percuté, ausculté, il a déclaré que les Eaux-Bonnes avaient fait merveille, et que je me portais bien. Le moyen après cela de me permettre le plus léger rhume, la moindre fièvre? Vous pouvez donc rassurer vos craintes amicales, et croire à la prospérité des santés qui vous intéressent ici.

Nous attendons tous avec une curiosité impatiente votre livre sur l'Allemagne. La statistique des écoles y tiendra-t-elle la première place, ou la rejetterez-vous dans les notes et pièces justificatives pour le petit nombre des lecteurs sérieux? Ne philosopherez-vous point un peu, malgré la défaveur de cette pauvre philosophie, qui expie, à vrai dire, quelques péchés passés? Ne pourrez-vous, sans déclarer la guerre à la raison humaine, nous montrer les égarements de la raison révoltée, en nous la faisant suivre depuis la chaire de Hégel jusqu'à la *commune libre de Magdebourg* ? De ma vie je n'oublierai tout ce que vous nous avez conté au retour, et conté avec tant de précision, de couleur et de vie. Ah ! ne laissez point pâlir cette image comme j'ai laissé s'évanouir celle du voyage de Sicile! Hélas! dans la présomption de ma jeunesse, je dédaignais l'île sacrée de Cérès, mes vœux atteignaient déjà d'une part les colonnes d'Hercule, et d'un autre côté les plages de la Palestine. Que de fois au coin du feu, avec madame Ozanam, tout en retournant un tison à demi brûlé, je m'embarquai pour la terre sainte ! Et voici qu'arrivé à Bayonne, dans une ville à demi espagnole, où la moitié des enseignes de boutiques parlent le castillan le plus pur, j'hésite à pousser jusqu'à Séville.

Il est vrai que je suis bien bon de vous faire cet aveu. Je viens de lire deux *Itinéraires*, l'un de M. de Laborde, l'autre de M. de Custine, le livre de M. Weiss sur la décadence de l'Espagne, un volume de Ticknor sur la littérature de ce pays. Rien au monde ne m'empêche d'écrire un tour complet de la péninsule, ou mieux encore de m'en faire les honneurs dans les salons de Paris. J'ai recueilli nombre de légendes et de poésies charmantes, je sais des histoires surnaturelles à faire frémir ; je possède par cœur mes *fueros* des provinces basques, je puis dire combien Valence exporte d'oranges, et combien Cadix reçoit de livres de beurre d'Irlande ; rien ne m'empêche de hérisser mon récit d'un certain nombre de mots que Cervantès ne désavouerait pas, et qui donneraient à tous mes dires le cachet de la plus vive réalité.

Ainsi, ne me vendez pas, et contentez-vous de savoir comme quoi j'ai poussé la conscience jusqu'à passer vingt-huit heures sur le territoire espagnol.

Donc, le 22 octobre à midi, par une chaleur de juillet, nous arrivions au bord de la Bidassoa, et peu après un bateau nous emportait sur ces eaux si souvent et si cruellement disputées. Bientôt nous vîmes fuir devant nous l'*île des Faisans*, grand nom mal soutenu, car la pauvre île s'en va rongée par les eaux, et l'on ne comprend pas que l'Espagne et la France, qui restaurent leurs monuments historiques, n'aient pas couvert d'une terrasse protectrice le coin de terre où se conclut la paix des Pyrénées. Descendons encore, et au bout de trois quarts d'heure, voici à notre droite Hendaye, le dernier bourg de France ; à gauche, Fontarabie, la première ville forte de nos voisins. C'est ici qu'on voit toute l'horreur de la guerre et de quels maux se paye la gloire des conquérants. Hendaye n'est plus qu'un monceau de débris, au milieu duquel s'élève une blanche église, comme une croix sur un tombeau. Le canon de Fontarabie a fait ces ravages, mais les mineurs français ont fait sauter les remparts de Fontarabie, et vous y entrez, comme il faut entrer en Espagne, par des ruines. Mais ces ruines sont nobles, belliqueuses, et j'ai ouï dire à de bons voyageurs qu'il fallait aller loin pour trouver une ville qui eût aussi bien conservé le caractère castillan. A peine avez-vous passé sur des restes de bastions croulants, et sous une porte menaçante, vous voyez monter devant vous une rue bordée de maisons antiques, toutes garnies de grands balcons, de vérandas, de loges grillées et vitrées, d'où les belles Espagnoles peuvent voir et se laisser voir autant qu'il leur convient. Au-dessus des portes, les armoiries des habitants, dans un pays où le tiers des familles est noble de légitime noblesse. De loin en loin, quelques palais délabrés, mais d'une forte architecture. En haut de la rue, une église gothique du quinzième siècle, et le château fort de Charles V, édifice carré, d'une hauteur prodigieuse, dont les murailles ont défié nos boulets. — Vous voilà aussi rêveur que moi.

— Entrons, si vous le voulez bien, dans l'église, dans la maison de Celui qui est le Dieu des ruines et des résurrections. Dejà vous y voyez régner cette richesse, cet éclat que l'Espagne aima toujours dans ses temples : tout y est blanc et doré. Il faut finir par reconnaître quelque mérite dans les grands retables qui s'élèvent de l'autel jusqu'à la voûte, portant tout un paradis de tableaux et de statues. Les tableaux, bons ou mauvais, forment d'ordinaire un ensemble, et, comme on dit, un cycle religieux. Les statues, dans quelques endroits, sont si nombreuses qu'on dirait un peuple peint et doré. Je me rends à la sculpture peinte, surtout depuis que je la sais justifiée par les exemples de Phidias et de Praxitèle. Mais je ne m'accoutume point à la sculpture habillée, à cette *Mater dolorosa* qui a une chapelle dans chaque église d'Espagne et qui porte le costume d'Anne d'Autriche, robe de velours noir, guimpe blanche, à la main un mouchoir garni de dentelles, et de plus un poignard d'argent dans le cœur.

Cependant, le bon peuple espagnol prie très-pieusement. Je ne lui trouve rien de froid ni de fanatique, et dimanche à la messe nous avons vu communier beaucoup de personnes, des jeunes gens surtout, à la mine virile, à la belle ceinture rouge, avec tout le recueillement que vous trouveriez à Notre-Dame et à Saint-Sulpice.

Voilà mes premières observations sur le chapitre des cultes, et je pourrais continuer ainsi sur chacun des autres chapitres du budget ; car, si nous avons trouvé à Fontarabie une vieille place démantelée, grave et sévère comme la dynastie autrichienne, nous avons vu à Irun et à Saint-Sébastien la jeune Espagne renaissante sous le sceptre constitutionnel d'Isabelle II. Nous avons vu le département de l'intérieur en la personne des alguazils qui, en tricorne, en manteau noir, culottes courtes et bas de soie, surveillaient le marché de Saint-Sébastien ; le département de la marine était représenté par un élégant vaisseau stationné comme un factionnaire à l'entrée du port du *Passage*, le Gibraltar du Nord, si l'Espagne avait de quoi le restaurer. La guerre figurait avantageusement sous les traits des grenadiers et carabiniers royaux qui gardaient le pont de Béhobie. En entrant à Irun, comment n'aurais-je pas remarqué les deux *Escuelas publicas de Niños et de Niñas* qui me rappelaient notre instruction publique, et les jeunes polissons inspectés par mon ami Rendu? L'agriculture nous a paru florissante, comme elle l'est en effet dans cette industrieuse province de Guipuzcoa, sur laquelle il ne faut pas juger toute la monarchie. Cependant, au milieu des champs de maïs admirablement cultivés et des pommiers qui ploient sous leurs fruits, on s'étonne de rencontrer des chars à bœufs avec des roues d'une seule pièce, comme des meules de moulin. Charles les comparait agréablement aux chariots du roi Attila. Mais Charles n'est qu'un faquin, le roi Attila n'ayant jamais honoré ces contrées de sa présence, ni reçu sur sa tête les pluies de fleurs semées par les demoiselles du pays. Tant y a-t-il, que lesdits chariots crient sur leurs essieux avec un bruit qui ne peut se comparer qu'à une douzaine de violons qu'on accorde. Enfin, nous avons essayé les douceurs de la vie intime dans une *posada*, qui n'avait que des habitants chrétiens, des lits irréprochables, et où nous avons pris le chocolat avec des *éspongas* dignes de Génesseaux. Je vous fais grâce du commerce, ayant pu entrer chez les riches entrepositaires de Saint-Sébastien, apprécier la qualité de leurs laines, de leurs huiles, de leurs vins, et me proposant de faire sur le tout un rapport gigantesque à l'Académie des sciences morales, puisque sa voisine ne veut pas de moi.

Ceci n'est qu'une transition ingénieuse pour arriver à vous remercier de vos bons propos auprès de M. Augustin Thierry. Hélas! j'ai bien besoin qu'on entretienne de moi son oreille : car d'autres candidatures ne la laissent point chômer. Du reste, cette Académie se passera quelque temps encore de mes lumières. Je m'en consolerais facilement si je ne craignais que ces lumières ne vinssent à s'éteindre avant qu'on leur eût rendu justice. Gardez-vous cependant de répéter que je baye aux corneilles sur les rochers du rivage, et autres récits d'autant plus fâcheux qu'ils seraient vrais. Assurez, au contraire, que je possède mon Espagne comme personne, et que j'ai là-dessus des idées neuves, originales, qui n'attendent qu'un bon lieu pour se produire. Je connais tels qui ne sont guère entrés à l'Académie que pour ce qu'on espérait d'eux. Et ne peut-on pas espérer de moi tout autant, et de plus que je laisserai bientôt ma place vacante?

Vraiment, cher ami, je me reproche d'avoir trop plaisanté cette fois, car j'ai coutume de chercher plus que de l'amusement dans vos entretiens. Je compte toujours sur la solidité de votre affection, sur vos souvenirs devant Dieu et devant les hommes, surtout devant toute votre famille pour qui j'ai tant d'attachement et de respect. Laissez-moi mettre après votre frère et M. Doubet, cet excellent abbé Maret, Audley, et les autres associés de nos illusions, dont je ne me repentirai pas.

LXXXI

A M. DUFIEUX.

Biarritz, 6 novembre 1852.

Mon cher ami,

Je suis arrivé à Biarritz fatigué de quelques ex cursions dans les montagnes : il a fallu plusieurs semaines pour me remettre. Enfin on a décidé que je passerais l'hiver dans le Midi ; mais je ne sais encore sous quel ciel. Je suis à la porte de l'Espagne, très-attiré par ce beau pays, un peu effrayé des difficultés et des fatigues qu'on m'y promet. Au milieu de ces incertitudes, le découragement me gagne : je m'afflige de tant de mois perdus à une époque de la vie où il ne faudrait pas perdre un jour, et je retombe dans une tristesse qui me fait trop oublier que je suis chrétien.

Toutefois, cher ami, je me reproche souvent mon ingratitude. Car Dieu, en me soumettant à cette épreuve, m'a entouré de tout ce qui pourrait l'adoucir... Je souffre peu, je vais, je viens, et je puis goûter tout à mon aise les plus grands spectacles du monde.

O mon ami, n'accusez plus ce que vous appelez les illusions de notre jeunesse, et ne nous repentons pas d'avoir cru à la poésie. Dans d'autres voyages, ma pensée était distraite par les ouvrages des hommes. Dans ces pays-ci, où l'homme a peu fait, je ne vois plus que les œuvres de Dieu, et je le dis maintenant avec toute l'ardeur de la foi : Dieu n'est pas seulement le grand géomètre, le grand législateur, c'est aussi le grand artiste. Dieu est l'auteur de toute poésie ; il l'a répandue à flots dans la création, et s'il a voulu que le monde fût bon, il l'a aussi voulu beau. Autrement, dites-moi pourquoi ces belles cimes des Pyrénées portent avec tant d'essor leurs pics de granit rose jusqu'au ciel ? pourquoi s'échappent de leurs flancs des cascades si bondissantes, des torrents si bruyants et si purs ? Oui, il y a comme un sentiment de pureté morale sur ces hauteurs que le pied de l'homme souille rarement, au bord de ces eaux qui ne désaltèrent que les chamois, au milieu de ces fleurs qui ne s'ouvrent que pour parfumer la solitude du Seigneur. David avait visité les sommets du Liban, quand il s'écriait : *Mirabilis in aliis Dominus !* il avait contemplé la mer, quand il disait : *Mirabiles elationes maris.*

Nous aussi, nous sommes descendus au bord de l'Océan ; nous sommes là dans un joli village jeté sur des écueils, et nous ne nous lassons pas des grandes scènes qu'il nous donne chaque jour. Tout le monde sait que la mer a une majesté infinie; mais ce n'est qu'en la voyant qu'on apprend combien elle a de grâce. Nous revenons, ma femme et moi, tout enchantés d'un coucher de soleil. L'astre allait disparaître derrière les montagnes d'Espagne que nous découvrons d'ici, et dont les lignes hardies se découpaient sur un ciel parfaitement beau. Ces montagnes baignaient leurs pieds dans une brume lumineuse et dorée qui planait au-dessus de la mer. Les lames se succédaient vertes, azurées, quelquefois avec une teinte de rose et de lilas, et venaient mourir sur une plage de sable, ou bien se briser contre les rochers qui encaissent la plage, et qu'elles blanchissaient de leur écume. Le flot, venu de loin, montait contre l'écueil et jaillissait en gerbe avec toute l'élégance de ces eaux que l'art fait jouer dans les jardins des rois. Mais ici, dans le domaine de Dieu, les jeux sont éternels. Chaque jour ils recommencent et varient chaque jour selon la violence des vents et la hauteur des marées. Au delà de cette variété inépuisable et de ces merveilles diverses qui animent le rivage, il y a l'immensité qui ne change point, il y a la pleine mer s'étendant à perte de vue comme une image de l'infini, il y a le bruit des flots qui ne se taisent jamais et qui rendent témoignage à leur Créateur...

Il faut, cher ami, que je compte singulièrement, je ne dis pas sur votre affection, mais sur vos intincts poétiques, pour écrire ceci à un habitant du quai Saint-Benoît, qui n'aperçoit les tempêtes de la Saône qu'à travers des fenêtres bien fermées. Que voulez-vous? je rentrais ému des belles choses que je venais de voir, et je vous ai écrit de l'abondance du cœur. Cela ne vaut-il pas mieux, après tout, que si je vous avais écrit avec la même abondance dans un de ces jours de tristesse où je vois tout en noir, où je rêve ma carrière perdue, une triste existence de malade, et ma famille abandonnée à tous les hasards du plus sombre avenir? Car c'est là, cher ami, ce que je rêve beaucoup, et c'est pourquoi je vous demande de faire encore prier pour moi.

Adieu, conservez au pauvre exilé cette amitié si douce qui ne lui manqua jamais aux plus mauvais moments de la vie.

LXXXII

A M. CHARLES OZANAM.

Burgos, 18 novembre 1852, au soir.

Mon cher frère,

Nous voici arrivés sans accident, sans fatigue, et je me hâte de te l'écrire pour calmer tes inquiétudes. Au moment du départ je craignais de faire une folie : cependant je me sentais si bien depuis quelques jours, et ce voyage me semblait si nécessaire pour mes études, que j'ai mis de côté tous les scrupules. Il paraît jusqu'à présent que j'ai bien fait et que Dieu a béni mes bonnes intentions. Nous avions cependant trente-trois heures de voyage, des montagnes à traverser, des auberges médiocres, et par-dessus tout la pluie qui nous a pris en route. Avec cela je ne me suis point enrhumé, je n'ai pas souffert, ce qui m'étonne. Enfin ce soir à trois heures nous faisions notre entrée dans cette vieille capitale qui s'appelle la *Mère des rois et la restauratrice des royaumes* : *Madre de reyes, y restaura-*

aura de regnos. Je n'ai qu'un regret profond, c'est d'y être sans toi.

Toutefois il ne faut pas croire que ce voyage puisse avoir du charme pour d'autres que pour des pèlerins de profession ou des Juifs errants comme nous. Après avoir revu Saint-Sébastien où j'ai bien soupiré à ta pensée, on tourne le dos à la mer et l'on s'engage dans une vallée semblable à toutes celles des Pyrénées, bordée de jolis mamelons et arrosée d'un gave capricieux. On continue de la sorte jusqu'à Tolosa qui ne doit pas te laisser de regrets : c'est un gros bourg sans caractère et surtout recommandable par les usines et les forges du voisinage. A partir de là, le pays devient plus âpre, la montée plus roide ; on attelle des bœufs, on prie MM. les voyageurs de mettre pied à terre, on fait si bien que vers trois heures du matin on est à sept cents mètres au-dessus du niveau de la mer, et l'on y reste jusqu'à Madrid. C'est au lever du jour que ce plateau de la Castille nous est apparu dans toute sa grandeur et toute sa tristesse. Nous arrivions à Miranda de Ebro, c'est-à-dire au bord de l'Èbre qui n'est encore là qu'un large torrent. A droite, dans le lointain, on voyait les Montagnes noires d'où il descend ; à gauche courait une autre chaîne dont les arêtes se découpaient aussi durement sur un ciel nuageux. Entre ces montagnes une plaine sans arbres et dépouillée de ses moissons : autour de nous une misérable bourgade, avec une vieille église dont l'abside romane est certainement contemporaine de la guerre des chrétiens contre les Maures. Puis dans ces rues étroites et fangeuses des groupes merveilleux de mendiants drapés dans leurs manteaux bruns, des bergers chassant leurs bœufs, des muletiers en habits éclatants, la ceinture violette autour des reins, sur l'épaule la couverture rouge ou verte, et des chapeaux retroussés ornés de grosses houppes noires. Je n'ai jamais rien vu de plus pauvre, de plus grave, de plus original. En quittant Miranda nous pensions avoir assez monté : cependant voici que peu à peu les deux chaînes de droite et de gauche se resserrent, voici qu'elles forment une gorge étroite, la gorge de Pancorbo où des rochers nus sont couronnés des restes d'un vieux château. Nous passons devant Briviesca, petite vallée carrée, entourée des mêmes murailles qu'elle avait au temps de Juan II, et après huit heures de marche dans cette contrée froide et désolée, égayée seulement par de longues files de mulets et leurs brillants muletiers, nous apercevons enfin les tours de Notre-Dame de Burgos.

Malheureusement le soir approchait. Nous n'avons que le temps d'embrasser d'un coup d'œil les dehors étranges de cette ville vraiment castillane, et d'aller à la cathédrale non pour la visiter, — il est trop tard, il fait sombre, — mais pour remercier Notre-Seigneur, la sainte Vierge et nos Anges gardiens d'avoir si bien protégé notre course. Le vent glacé qui gémit sur nos têtes nous ramène au logis, et ne nous permet pas la promenade du soir. Heureusement le logis n'est point mauvais. Le *Parador de las Postas* dément la réputation des auberges d'Espagne. Il y a bien dix vitres fendues à nos deux fenêtres, mais elles sont garnies d'excellents volets. Nous dînons sans mauvaise huile, et si le vin sent un peu l'outre, ce goût ne nous déplaît pas. Voici de bons lits, et la fatigue du voyage nous les fait trouver délicieux. Madame Ozanam et sa fillette dorment à ravir; pourquoi n'en ferais-je pas autant?

Ce 19.

Ce matin il pleut de plus belle. Ce n'est pas une raison pour ne pas visiter la cathédrale. Nous y avons passé trois heures et nous n'avons pas fini. Ici comme en Italie une cathédrale est un monde; d'abord l'élégante façade s'élance avec ses deux flèches hautes de trois cents pieds, et si légères, si merveilleusement ouvragées qu'on ne les croirait pas plus élevées que les tours de Notre-Dame de Paris : ce n'est pas l'œuvre des géants, c'est l'œuvre des anges, tant c'est aérien, gracieux et tout à jour. L'intérieur au contraire est sévère, massif et plutôt lourd : trois grandes nefs soutenues par d'énormes piliers, Le chœur fermé intercepte la moitié de la nef principale ; mais il se fait pardonner par ses riches boiseries. Au-dessus de l'endroit où le transsept coupe la nef, s'élève une coupole d'une hauteur merveilleuse et travaillée avec une délicatesse infinie, c'est de la dentelle de pierres. Enfin le sanctuaire se termine par un de ces retables espagnols où l'on voit toute l'histoire sainte en bas-reliefs et tout le paradis, en statues. Derrière ce sanctuaire, six autres grands bas-reliefs d'une sculpture remarquable du seizième siècle représentant les mystères de la Passion. — Vous pensez avoir achevé : vous n'avez encore rien vu.

— Vous n'avez pas vu les chapelles latérales avec des tombeaux d'évêques, des retables du goût le plus original, des nervures délicates à la voûte. Vous n'avez pas vu le grand cloître tout orné de sépultures magnifiques. Ici s'ouvre la salle capitulaire, dernier reste du palais de saint Ferdinand. Là, l'ancienne sacristie, et dans une salle voisine le portrait du Cid à cheval, et le grand coffre qu'il remplit de sable : les usuriers juifs le crurent rempli d'or, et n'hésitèrent pas à prêter sur ce gage six cents écus que le guerrier leur rendit du reste avec une fidélité non moins admirable que leur crédulité. Maintenant vous croyez partir : il vous reste à visiter la chapelle du Connétable, c'est-à-dire tout simplement l'une des merveilles de l'Espagne et du monde, le chef-d'œuvre de la renaissance castillane, une autre église à la suite de la grande église avec sa coupole et ses clochetons, les festons de ses tribunes miraculeusement découpées, et les deux tombeaux du Connétable et de sa femme. Ces deux statues sont des beautés du premier ordre : visages superbes, l'attente de la résurrection dans le repos de la mort, la main du guerrier encore toute frémissante sur son épée : son armure et les ornements de sa femme chargés d'arabesques dignes de Raphaël.

Ah ! sainte Vierge ma mère, que vous êtes une puissante Dame ! et en retour de votre pauvre maison de Nazareth, que votre divin Fils vous a fait bâtir d'admirables maisons ! Je vous en connaissais de bien belles depuis Notre-Dame de Cologne jusqu'à Sainte-Marie Majeure, et de Sainte-Marie de Florence jusqu'à Notre-Dame de Chartres. Mais c'était peu de mettre à votre service les Italiens, les Allemands et les Français. Voici que ces Espagnols qui passent pour les plus mauvais ouvriers de la terre, quittent leurs épées et se font maçons, afin que vous ayez aussi une demeure parmi eux. Bonne Vierge, qui avez obtenu ces miracles, obtenez-nous aussi quelque chose pour nous et pour les nôtres. Raffermissez cette maison fragile et délabrée de nos corps. Faites monter jusqu'au ciel l'édifice spirituel de nos âmes.

Hélas ! que la terre est près du ciel ! Au sortir

de la cathédrale nous avons trouvé une pluie si furieuse, un ouragan si violent, des rues si impraticables, qu'il a fallu renoncer à parcourir aujourd'hui le reste de la ville. Seulement, à la faveur de quelques intervalles, nous avons exploré la *plaza mayor* et ses curieux magasins. J'ai salué le lieu où fut la maison du Cid, l'arc de Fernan Gonzalez le grand comte de Castille, et nous avons fait une intéressante visite chez une dame où j'ai trouvé l'un des fondateurs de la société de Saint-Vincent de Paul à Burgos. Enfin, j'ai acheté de vieilles romances, et Amélie a marchandé des mantilles. Maintenant nous allons dormir, en espérant que demain les saints et les héros de la Castille feront lever pour nous leur soleil.

Mais comment pourrions-nous voir toutes ces choses sans penser à ceux qui devraient les voir avec nous, à toi surtout, cher frère ?

LXXXIII

A M. AMPÈRE.

Bayonne, 23 novembre 1852.

Mon excellent ami,

C'est répondre bien tard à votre bonne lettre, et encore n'ai-je pas cette fois l'excuse de la santé. Heureusement je puis vous en donner une autre que vous accueillerez mieux, puisqu'elle me suppose fort et bien portant. Mais avant de vous compter mes faits et gestes, laissez-moi vous remercier d'abord de vos avis. Vous me défendez le tour de l'Espagne et vous penchez vers l'Italie, notre belle Italie qui a tant de séductions! Vous y ajoutez comme une espérance de vous y voir. Mais cette espérance se mêle à des suppositions douloureuses que je ne veux pas croire possibles. J'aime trop mon pays pour vous souhaiter de si funestes loisirs. Non, vous ne quitterez pas cette jeunesse qui vous entoure, qui s'attache à vous, et dans les rangs de laquelle j'ai appris à vous aimer en aimant le vrai et le beau.

Nous partirons donc pour la Toscane, probablement dans quinze jours. Cependant il m'en coûtait trop de quitter l'Espagne si voisine, dont je voyais tous les jours les côtes et les montagnes vertes. Si j'avais tâché d'occuper un peu les journées vides de cet automne, c'était en étudiant le moyen âge espagnol, son histoire, sa littérature. Je savais peu de chose; cependant quelques figures commençaient à se mouvoir, quelques institutions à s'animer devant mes yeux. Mais ces scènes, pour ainsi dire, manquaient de fond; c'étaient des rêves sans réalité jusqu'à ce que je visse par où ces hommes, ces rois, ces communes, tenaient à la terre. Ne pouvant visiter qu'une ville, j'ai choisi Burgos; Burgos, le cœur de l'ancienne monarchie, la *Mère des rois*, comme elle s'appelle, et leur séjour pendant trois cents ans. J'ai fait cette course, et elle m'a tenu plus que je ne m'en étais promis. A Séville, à Tolède, j'aurais trouvé d'admirables épisodes; à Burgos, j'avais tout le poëme de l'Espagne héroïque et sacrée. J'avais les murs encore en partie conservés, encore percés de portes sarrasines, où Diego Porcellos réunit au neuvième siècle la première commune de Castille. J'ai vu le siége grossier où Laïn Calvo et Nuñez de Rasura, juges électifs comme ceux d'Israël, gouvernaient ce peuple sans rois. J'ai salué l'arc de Fernan Gonzalez, premier comte de Castille, dont les aventures remplissent tant de ballades. Des chapelets de têtes sculptées sur les murs de la cathédrale m'ont rappelé les têtes coupées des sept infants de Lara. Mais, par-dessus tout, et à chaque pas, la grande image du Cid. Le lieu de sa maison marquée par une pierre monumentale, le château où il célébra ses noces avec Chimène, la porte de l'église où il obligea le roi Alfonse VI à se purger par serment de la mort de son frère; le coffre, oui, monsieur, le célèbre coffre qu'il remplit de sable et sur lequel les juifs du lieu lui prêtèrent six cents écus d'or. Enfin, ce qui est plus triste, ses os qu'on a troublés dans leur tombe, qu'on a tirés du couvent supprimé de Saint-Pierre de Cardeña pour les conserver dans un cercueil de bois à la chapelle de l'Ayuntamiento. Désormais pour moi toutes ces traditions vivent, tous ces personnages ont chair et sang ; j'ai presque touché de ma main la belle barbe du Campeador, et si je veux réveiller son vieux cheval Babieça, je sais l'endroit où il est enterré.

Voilà pour les temps merveilleux et légendaires. Mais, au douzième siècle, les monuments commencent; la ville des rois se bâtit avec une grandeur dont nous avons les restes. Je ne parle pas de la cathédrale que vous avez sans doute visitée en passant. Nous y sommes demeurés cinq heures en différentes fois, et nous n'avons pas achevé de la voir; avec ses flèches et sa coupole et ses nefs spacieuses, ce serait déjà une des belles églises de la chrétienté. Que dire de ces cloîtres, de ces chapelles grandes comme des églises, qui se groupent tout autour, et qui se peuplent d'autels, de retables et de tombeaux? Tout l'éclat de la renaissance est dans cette chapelle du Connétable, brillante, riche, ingénieuse, maniérée quelquefois, religieuse toujours, comme le génie espagnol. Mais, ce que vous n'avez peut-être point vu parce qu'il y faut tout un jour, c'est le monastère de *Las Huelgas* et la Chartreuse de *Miraflores*, qui sont comme le Saint-Denis et l'Escurial de la Vieille-Castille. A Las Huelgas, une grande et superbe basilique de la fin du douzième siècle, où l'austérité byzantine se mêle encore à la hardiesse élégante du style gothique; là les sépultures de cinq rois, de six reines, de dix-neuf infants ou infantes; là les souvenirs d'Alfonse le Noble, de saint Ferdinand, d'Alfonse le Sage, couronnés ou armés chevaliers sous ces voûtes; là l'étendard des Maures pris à *las Navas de Tolosa* et encore porté processionnellement au jour anniversaire de cette victoire. La Chartreuse de Miraflores, achevée par Isabelle la Catholique, n'est elle-même qu'un grand mausolée élevé à la mémoire de Juan II, de sa femme et de son fils. Au dehors, l'église a toute la forme d'un catafalque flanqué de candélabres funèbres; au dedans, elle a toute la splendeur des espérances chrétiennes : la pensée de l'immortalité bienheureuse y rayonne avec les faisceaux de pierre travaillée à jour qui jaillissent le long de l'abside, qui pendent en festons charmants au-dessus du sanctuaire. Le retable est doré du premier or que Christophe Colomb rapporta d'Amérique. Le ciseau le plus exquis a travaillé les boiseries du chœur. C'est au milieu de ces richesses que reposent le roi Jean II et sa femme, leurs statues colossales d'albâtre couchées sur un soubassement octogone ; les têtes sont belles, l'attitude calme et chaste, les costumes chargés d'ornements. Mais le soubassement est lui-même tout un monde, tout un monde de statues, de statuettes, de figures, de figurines, assises sur des trônes, enfoncées dans des niches, voilées sous des feuillages. Il y a des anges, des saints, huit personnages de l'Ancien Testament, sept figures allégoriques de vertus, un nombre infini de moines priant sous leurs capuchons, de docteurs méditant sous leurs manteaux, il y a des enfants jouant de la cornemuse ou folâtrant avec de jeunes animaux, il y a tout ce qu'on a pu réunir de sacré, de pur, d'innocent pour soutenir le poids de ce roi et de cette reine qui furent chrétiens, mais qui furent pécheurs, qui ont besoin d'être entourés, défendus devant Dieu, pour qui les chartreux psalmodient jour et nuit dans leurs stalles, et pour qui tout ce peuple de pierre semble intercéder dans son silence. La grande Isabelle avait élevé ce monument à ses parents, elle n'a pas oublié non plus son jeune frère dont le tombeau plus simple a peut-être plus de grâce et de correction. Il faut avoir vu ces lieux pour se représenter la cour de Castille au quinzième siècle ; quand le souffle de l'Italie avait passé sur elle sans l'enivrer encore, quand les poëtes et les artistes se pressaient au palais de Burgos, quand le roi Juan II faisait des vers, et que les chefs de l'aristocratie castillane, les marquis de Santillane et de Villena, s'honoraient de traduire Dante et de ranimer le Gai Savoir des troubadours. Le génie castillan connaît déjà l'inspiration des peuples voisins ; mais il ne connaît pas la servitude, il est encore dans toute la liberté de son essor national, il est plein de joie et de sérénité. Il n'a pas encore cette grandeur triste que lui donna la dynastie autrichienne, lorsqu'elle voulut mettre le monde entier sur les épaules de l'Espagne, au risque de l'étouffer.

J'ai trouvé aussi beaucoup de plaisir à voir de près ce peuple original, qui n'a pas la grâce italienne, mais qui a de la noblesse. Il me semble qu'il est instructif d'entendre parler et d'être contraint de parler soi-même une langue qu'on n'avait vue que dans les livres, et comme une lettre morte, comme un instrument de musique dont on connaissait les cordes, mais dont on n'avait jamais entendu les sons. Les vieux Castillans parlent très-purement ; j'étais tout ravi de les bien comprendre, et j'ai eu la témérité de leur répondre, au péril de leurs verbes que je massacrais et de ma dignité professorale compromise par des centaines de solécismes. Du reste, j'ai trouvé les gens fort doux, obligeants, et les personnes auxquelles nous étions recommandés nous ont comblés d'attentions.

Je vois pourtant que vous froncez le sourcil, et que vous avez bien envie de censurer mon escapade. Cependant ne croyez pas, mon cher maître, que j'aie foulé aux pieds les oracles d'Hippocrate. J'avais permission de médecin jusqu'à Burgos. Nous avons trouvé de bonnes diligences, des auberges en général passables, et, malgré un temps froid et pluvieux, je ne me suis jamais mieux porté. Ma poitrine a très-bien résisté au vent glacé de la Vieille-Castille; pourtant j'ai compris qu'il ne faudrait pas tenter la Providence en prolongeant ces expériences pendant l'hiver. J'ai donc remercié Dieu de m'avoir permis un voyage si agréable et si utile, et je me suis résigné à réserver le reste de l'Espagne pour des temps meilleurs. Mes trois jours de Burgos m'avaient paru bien courts, du moins j'ai pu en prolonger un peu le souvenir en rapportant quelques lithographies point trop mauvaises, de bonnes notices sur les monuments, particulièrement un excellent mémoire sur la Chartreuse, enfin des légendes et des romances populaires, que j'ai achetées au milieu d'une troupe de muletiers et de paysans; ils en achetaient comme moi, d'où j'ai conclu avec édification qu'ils savaient lire.

Pour m'avoir exilé à deux cents lieues de vous, sans doute vous pensez être à l'abri de mes importunités? Point. — Si ce n'est lui, c'est donc son frère. C'est au moins un de mes cousins qui me demande une nouvelle lettre d'introduction auprès de vous. Veuillez donc étendre jusqu'à lui cette indulgence qui vous fait excuser toutes mes indiscrétions. Vous encouragerez un homme qui vaut mieux que moi et qui a de l'esprit et du cœur.

Ce qui pourrait bien prouver que j'ai peu de cœur, c'est que je suis au bout de ma lettre sans vous avoir rien dit de deux de vos meilleures amies et des miennes, madame et mademoiselle Ozanam. Elles ont pourtant été mes compagnes de voyage, bien aimables et bien dévouées, la pauvre dame surtout qui appréhendait beaucoup cette course et qui craignait de ramener un mari en fort mauvais état. Je dois assurément beaucoup à sa sollicitude, aussi bien qu'à certaines poudres que mon frère me fait prendre.

Dites-moi, je vous prie, qu'ai-je donc fait pour mériter que Dieu me donne une famille comme celle-là et un ami comme vous?

LXXXIV

A M. CHARLES OZANAM.

Bayonne, 23 novembre 1852.

Mon cher frère,

Nous voici revenus depuis hier, ayant mis fin à cette grande aventure où nous avons été plus heureux que sages. Le bon Dieu nous a vraiment protégés d'une façon toute merveilleuse. Amélie et petite Marie n'ont pas éprouvé de sérieuses fatigues, et je ne me suis jamais mieux porté, malgré le temps abominable que nous avons eu pendant trois jours, malgré le vent froid de Burgos, et malgré la maladresse des habitants qui ne savent pas se chauffer. Si j'ai failli m'enrhumer, c'est chez une dame riche, excellente, qui nous a parfaitement reçus, mais qui nous a laissés geler pendant deux heures, les pieds mouillés devant un brasier éteint. Enfin point de rhume.

Il faut avouer qu'à part le mauvais temps en Castille, tout a été favorable. A Burgos, une auberge très-supportable, à peu près comme les hôtels de second ordre en France, des lits propres, une assez bonne nourriture; pour revenir, le coupé d'une diligence. Seulement afin de ne pas manquer la messe, il a fallu nous arrêter à Tolosa dimanche matin et aller coucher à Saint-Sébastien, d'où nous sommes revenus hier tout à notre aise. Ce retour a été un des jolis moments du voyage. En Castille nous avions laissé un ciel pluvieux, une terre dépouillée, l'hiver enfin. Mais à partir de Vittoria nous avons descendu pendant près de dix heures, et à mesure que nous nous enfoncions dans la vallée, nous retrouvions la verdure, les arbres chargés de feuilles, la chaleur. On aurait dit que nous quittions les régions glacées du Nord pour les pays les plus favorisés du Midi, et c'était précisément le contraire.

De Saint-Sébastien à Béhobie un soleil doux éclairait ces belles montagnes, ces mamelons riants, cette mer si bleue. Vraiment, pour le charme du paysage, tu as bien vu ce que le nord de l'Espagne a de plus beau : le reste doit t'inspirer moins de regrets. La nature y est âpre, la population misérable, quoique avec une singulière originalité. Enfin, Burgos a des beautés du premier ordre pour tout le monde; mais elle a surtout le charme des souvenirs qu'il faut connaître afin de s'intéresser à toutes ces ruines. Tu aurais eu quelque peine à t'y retrouver.

Pour ce qui me touche, je suis très-heureux d'avoir pu faire ce pèlerinage, qui m'a tenu plus

que je ne m'en promettais, et qui jettera une vive
lumière sur mes études, si Dieu me permet de les
continuer. De cette manière, mon année n'est pas
tout à fait perdue. J'avais employé mes loisirs de
l'automne à étudier un peu l'Espagne du moyen
âge; mais je ne puis pas me représenter un pays
que je n'ai pas vu. La scène principale du moyen
âge espagnol est à Burgos, où se passent la plupart
des actions héroïques célébrées dans les ballades
populaires. C'est la terre des chevaliers, c'est la
terre des saints. Ailleurs j'aurais vu des épisodes,
mais c'est à Burgos qu'il fallait chercher le poëme.
Je l'ai trouvé tout entier. Ce n'est, à vrai dire, que
tradition, souvenir, et le plaisir de dire : *J'ai vu
l'endroit.* Mais il y a les monuments. D'abord l'admirable basilique dont je te parlais dans ma dernière lettre, et où nous avons encore passé des heures sans avoir fini d'en voir les beautés. Ensuite
plusieurs églises curieuses où sont prodigués les
retables et les tombeaux sculptés dans le goût le
plus ingénieux de la Renaissance. Enfin deux
grands monastères que nous allions voir quand j'interrompis ma lettre. Le premier, celui de Las Huelgas, est un couvent de dames nobles, fondé par
Alfonse VIII en 1185 pour prier sur la sépulture
des rois, et pour donner un asile aux princesses
qui voudraient fuir le monde dans ce siècle orageux.
Le second monastère, celui des Chartreux, fut
élevé par la grande Isabelle en mémoire de son

père le roi Juan II. Un labyrinthe de cloîtres silencieux conduit à la chapelle toute resplendissante, toute découpée dans le style fleuri du quinzième siècle. Là au milieu du chœur, au pied d'un autel, s'élève le mausolée du roi Juan II et de sa femme, merveille d'albâtre sculpté, avec un nombre infini de saints, de personnnages allégoriques, de moines et de docteurs, d'enfants qui se jouent : il ne leur manque que la parole, et encore s'ils ne parlent pas, c'est, comme disait un Espagnol, parce qu'on ne parle pas chez les Chartreux. J'ai donc trouvé dans ce lieu admirable l'apogée de l'art castillan, quand l'Espagne vivait encore de son génie national, avant qu'elle fût agrandie, mais attristée, et bientôt opprimée par la dynastie autrichienne. En trois jours de séjour, j'ai vu trois cents ans d'histoire.

C'est assez te dire, cher frère, combien je suis reconnaissant envers Dieu qui m'a donné la force de faire ce voyage, envers toi dont les soins m'y avaient préparé, envers cette pauvre Amélie qui en a eu toute la sollicitude.

Au retour nous avons trouvé toutes vos bonnes lettres. Je te remercie aussi de tes conseils, et de cet or que tu me prépares avec toute la passion d'un alchimiste, purifiée par la tendresse d'un frère. Amélie te serre la main et embrasse tendrement sa mère, à qui petite Marie envoie des provisions de baisers.

Adieu, nous sommes tout à vous.

LXXXV

A M. DUFIEUX.

Notre-Dame de Buglosse, 2 décembre 1852.

Mon cher ami,

Votre confiance dans la Providence est admirable et condamne ma pusillanimité. Mon seul enfant ne me laisse pas de repos, et vous êtes sans inquiétude pour votre nombreuse et jeune famille. Votre santé est compromise, et vous ne songez qu'à la mienne : au milieu de tant de soucis vous trouvez le temps de m'écrire et de me demander de mes nouvelles. En ceci du moins, cher ami, je puis vous rassurer : je me sens beaucoup plus fort, et plusieurs courses que j'ai faites sans fatigues m'ont prouvé que je pouvais défier l'hiver.

J'en ai profité pour accomplir un pèlerinage que vous seriez heureux de faire avec moi. Ou plutôt vous le faites, car je vous y porte dans mon souvenir et dans mon intention. Notre-Dame de Buglosse où j'arrive ce soir, et d'où je vous écris, est un sanctuaire de la sainte Vierge, tout voisin du village natal de saint Vincent de Paul. Je devais une visite au berceau de ce bien-aimé patron qui a préservé ma jeunesse de tant de dangers, et qui a répandu des bénédictions si imprévues sur nos humbles conférences. C'est à sept ou huit lieues de Bayonne, l'affaire d'une petite journée. Nous sommes arrivés d'abord au village de Pouy qu'on appelle maintenant Saint-Vincent-de-Paul, du nom de son glorieux fils. Nous y avons vu le vieux chêne sous lequel saint Vincent, petit berger, s'abritait en gardant ses brebis. Ce bel arbre ne tient plus au sol que par l'écorce d'un tronc dévoré par les ans. Mais ses branches sont magnifiques, et dans cette saison avancée elles ont encore un vert feuillage. J'y voyais bien l'image des fondations de saint Vincent de Paul qui ne semblent tenir à la terre par rien d'humain, et qui cependant triomphent des siècles, et grandissent dans les révolutions. Je vous envoie, cher ami, une feuille de l'arbre béni : elle se séchera dans le livre où vous la déposerez, mais la charité ne se flétrira jamais dans votre cœur. On vénère le Saint à l'église de Buglosse, où son culte s'unit à celui de notre Mère et la sienne, la sainte Vierge. C'est là que demain matin j'espère communier, et acquitter une partie de ma dette envers ceux qui ont prié pour moi. C'est assez dire, cher ami, que vous ne serez point oublié.

Après avoir rempli un devoir si doux, la semaine prochaine je quitterai Bayonne et je prendrai le chemin de l'Italie. Fortoul, mon ancien camarade, qui montre un intérêt très-vif pour ma santé, a pensé m'adoucir un peu les ennuis du repos, en me chargeant d'un petit travail à Pise. L'indemnité de voyage est très-faible. Mais le sujet du travail charme l'ancien rédacteur de l'*Ère nouvelle*. Il s'agit de recherches sur les *Origines des Républiques italiennes*. Je pars donc, et d'autant plus volontiers que nous devons être rejoints par ma belle-mère, qui va voir son fils à Rome. Ainsi je mets fin à l'isolement de ma femme et je rapproche des cœurs qui saignaient de se sentir séparés. Enfin le retour me ramène par Lyon, et ce n'est pas l'épisode le moins agréable du voyage. Je puis donc penser sans trop d'illusion que, l'année prochaine, entre Pâques et Pentecôte, j'aurai le plaisir de vous embrasser. Mais d'ici là, cher ami, je vous conjure de vous soigner et de vous remettre. Soyez obéissant comme moi, et laissez faire la tendre sollicitude de votre sainte femme et de votre bon docteur.

Adieu : la chandelle qui éclaire la salle d'auberge est près de sa fin. L'encre, la plume et le papier détestables qu'on m'a donnés vous arracheront les yeux. Mais on n'est pas servi comme on veut au fond des Landes; et j'ai voulu vous montrer qu'il n'y a pas de pays si reculé, de hameau si perdu, où je n'eusse un bonheur infini à causer avec vous. Que sera-ce quand je pourrai vous prouver par une vigoureuse poignée de main que je suis toujours votre ami tendrement dévoué

LXXXVI

A M. CHARLES OZANAM.

Bayonne, 4 décembre 1852.

Mon bon frère,

Je viens te conter notre pèlerinage au village natal de saint Vincent de Paul. Nous sommes donc partis vendredi matin, non sans quelque difficulté, car le bateau ne marchait plus. Mais heureusement la diligence marchait fort bien, et après quatre heures de trajet par un pays accidenté et curieux que tu connais, elle nous a mis à Dax. Là un excellent déjeuner nous attendait : on prétend que la petite ville est fort gourmande, et que l'odeur de ses cuisines se sent de la grande route. Après, nous avons traité avec un voiturier qui, abusant un peu de notre simplicité, nous a fait payer comme pour un voyage, quand il s'agissait d'une promenade. En effet, trois quarts d'heure après, nous étions à l'arbre de saint Vincent de Paul. Figure-toi un tronc vénérable, assez creux et assez large pour y établir un autel, comme on l'a fait l'année dernière, quand on y a dit la messe. Il ne tient plus au sol que par l'écorce sur la moitié de sa circonférence, car le reste a été dévoré par le temps. Encore la partie conservée est-elle déchirée par de larges fentes d'un effet admirable pour un peintre. Ce tronc vermoulu porte cependant des branches énormes qui s'étendent de tous côtés, et qui se chargent d'un feuillage épais. On dit que chaque année l'arbre du Saint est le premier à prendre ses feuilles ; au mois de décembre il en garde encore beaucoup. Je voudrais qu'on l'étayât contre la violence des ouragans qui ont encore dernièrement déraciné des milliers de pins, mais les gens du pays disent que ce serait douter de la Providence. A quelques pas de l'arbre est la maison où saint Vincent naquit, c'est celle d'une famille de paysans à leur aise et bien établis. Entre l'arbre et la maison était un oratoire à la place duquel les Lazaristes font bâtir une chapelle, petite, mais élégante ; ils y joindront une maison de retraite tenue par leurs missionnaires, et un hospice confié aux Sœurs de Charité. Saint Vincent de Paul y prendra plus de plaisir qu'au plus beau monument gothique.

De là nous avons repris notre route pour Notre-Dame de Buglosse à trois quarts de lieue plus loin. Le pays est affreux, coupé de marais, sans culture. On arrive enfin et l'on descend dans une pauvre auberge. Tout près est l'église de Buglosse qui sera bientôt remplacée par une belle basilique byzantine déjà à moitié construite. Le vieux sanctuaire n'en est pas moins vénérable par une image de la sainte Vierge honorée de toute la contrée, par une statue ancienne de saint Vincent de Paul, et surtout par le concours des pèlerins. C'est là que samedi matin nous avons accompli notre pèlerinage, et que nous avons eu la consolation de communier en demandant à Dieu les trois guérisons qui nous intéressaient. Il y avait longtemps que je ne m'étais senti si touché, et je suis revenu rempli de cette confiance que tu me prêchais inutilement, il y a quelques semaines. Au retour, M. le curé de Saint Vincent de Paul nous attendait sur la route avec un domestique armé d'une échelle et d'une scie. Il lui a fait couper sous nos yeux une branche du chêne vénéré que je vais envoyer au conseil général. Mais en même temps Amélie s'est approvisionnée de feuilles, de rameaux et de glands dont elle compte vous faire part. Ce sont de bien chers souvenirs. Petite Marie était toute joyeuse de voir sur la lande des moutons qui devaient être les arrière-petits-enfants de ceux que gardait le Saint. Encore un voyage, cher frère, où nous t'avons bien regretté. Pourquoi faut-il que nous ne prenions pas nos plaisirs ensemble, quand tu partages si complétement toutes nos douleurs?

LXXXVII

A M. FRANCHISTEGUY.

Montpellier, 16 décembre 1852.

Mon cher ami,

Je manquerais à tous mes devoirs d'amitié et de reconnaissance, si j'attendais pour vous écrire d'être à Marseille, commodément assis au coin du feu de notre grand'mère. Votre affection aimera mieux une lettre plus courte et plus prompte, tracée à la hâte sur une table d'auberge ; au milieu de la précipitation d'un voyage, où l'on ne met que deux mots, mais deux mots chaleureux et fraternels. Et comment n'aurais-pas un peu de chaleur au cœur pour vous qui nous avez comblés de bontés, qui nous avez accueillis non pas comme des amis, mais comme des parents les plus chers ! Je ne puis oublier l'étreinte dont vous avez pressé ma main au moment du départ. Vous apprendrez donc volontiers que nous avons fait bon voyage. Le courrier nous a menés à Toulouse avec une rapidité admirable. Cette grande ville méritait bien une station et nous y sommes restés deux jours. Nous avons eu plus de fatigue de Toulouse à Montpellier, quoique nous ayons coupé ce trajet en couchant à Carcassonne. Enfin nous arrivions hier soir, un peu moulus, mais point malades. D'ailleurs, qui pourrait s'effrayer d'être malade dans cette cité médicale d'où la fièvre et la pleurésie ne s'approchent qu'avec tremblement, tant les successeurs d'Hippocrate leur font bonne guerre ?

En votre honneur et aussi par égard pour M. mon frère, j'ai visité l'École de médecine et ses vénérables murs où sont suspendus les portraits des professeurs illustres depuis le quinzième siècle jusqu'à nos jours. J'ai vu là de bien belles barbes, des fraises empesées, de superbes rabats, des hermines et des robes rouges. Mais quoi ! ces grands Docteurs qui se moquaient de la mort sont morts aussi !

Ce qui ne meurt point, c'est notre bonne petite Société de Saint-Vincent de Paul. J'ai vu le président des conférences de Toulouse : ils sont plus de deux cents confrères, et Mgr l'archevêque a bien voulu m'assurer qu'ils rendaient de grands services. A Montpellier on ne chôme pas non plus : ainsi va se faisant l'œuvre de Dieu, au milieu des vicissitudes humaines. Mais nulle part cette œuvre ne se fait avec un meilleur esprit qu'à Bayonne : répétez à nos confrères combien ils m'ont édifié.

LXXXVIII

A M. CHARLES OZANAM.

Nice, 2 janvier 1853.

Mon cher frère,

Un mot de Nice avant de partir, pour te rassurer sur un retard qui n'est ni malheur, ni accident, et qui nous a fait voir les plus beaux endroits du monde. De Marseille à Toulon nous avons fait un charmant voyage ; à Toulon, cette rade magnifique, rivale de Brest, l'arsenal avec toutes les richesses de la mariné française, l'escadre de la Méditerranée réunie pour nous recevoir. Nous avons visité le géant de la flotte, le *Valmy*, de 130 canons, monté par onze cents hommes. Je n'ai jamais rien vu de plus imposant que ce volcan mobile qui porte tant de foudres obéissantes et de courages disciplinés. Mais au lieu de trouver une diligence pour Nice, nous n'avons pu nous faire conduire qu'à Draguignan, abominable village dans un ravissant pays. De Draguignan une voiture particulière nous a menés coucher à Cannes et le lendemain ici, en passant par Fréjus, les montagnes de l'Esterelle,

Antibes ; c'est-à-dire par une route enchanteresse bordée d'oliviers, d'orangers tout couverts de leurs fruits, sans parler des palmiers qui se balancent de loin en loin sur quelque ruine romaine, ou près de quelque villa moderne. Tout ceci est admirable, et ne paraît plus rien lorsque, en arrivant près d'Antibes, on voit se déployer tout à coup le rideau des Alpes Maritimes qui ferment l'horizon, le front couvert de neige, le pied dans une mer étincelante. C'est alors seulement que les Pyrénées et la côte de Biscaye sont vaincues. Toute la création est là, avec la majesté des glaciers et l'opulence des régions tropicales : les oliviers, gros comme nos plus beaux chênes ; les orangers en forêts, les lauriers-roses dans le lit desséché des ruisseaux, les aloès et les nopals comme en Sicile.

Mais de tous les fruits qu'on trouve en Provence, les meilleurs, ce sont les cousins et les cousines. Amélie a trouvé tous les siens à Marseille. A Toulon, encore une phalange de Magagnos ; enfin à Cannes, hier 1er janvier, à qui ai-je souhaité la bonne année? qui a été ravi de nous voir quand moi-même j'étais enchanté de rencontrer un parent si cher à notre bonne mère? C'est M. Coste, notre vieux cousin établi là avec ses deux vieilles domestiques; il désirait bien nous retenir pour la journée, mais nous voulions pousser jusqu'à Nice, et c'est là qu'après un fort médiocre dîner, nous rappelant que vous fêtiez en famille l'année nouvelle, nous avons bu une goutte de malaga à votre santé. J'espère que vous nous avez rendu la pareille avec un certain frontignan dont je n'ai pas perdu le souvenir.

Demain, à quatre heures du matin, départ pour Gênes. C'est là dernière étape fatigante qu'il nous reste à faire, mais par cet admirable chemin de la Corniche. Ah! que tout ce pays me rappelle notre pauvre père! qu'il en parlait souvent! C'était le théâtre de ses premières campagnes, et il avait fait bien des fois le coup de feu contre les montagnards piémontais. Je pense beaucoup à lui, et penser à lui, n'est-ce pas en même temps se souvenir de vous?

Durant cette partie de notre voyage qui commence à devenir longue, les douleurs n'ont pas reparu. Mais pour ne pas laisser chômer ma patience et ta tendresse, il est survenu quelque chose de nouveau. A Toulon, à force de courir, de visiter la terre ferme et les vaisseaux, les pieds enflaient de plus belle et j'avais des spasmes; là-dessus, consultation du docteur Magagnos, major de l'hôpital militaire, professeur de clinique, etc. Le docteur m'ausculte, il trouve aussi un peu de dilatation au cœur, mais rien de dangereux, et me permet de passer outre, à condition de prendre de la digitale. Enfin j'espère que cette petite épreuve ne se prolongera pas, et que le bon Dieu me l'aura envoyée à ce renouvellement de l'année pour me faire dire: « *Volo quomodo vis, volo quandiu vis...* »

LXXXIX

A M. CORNUDET.

Pise, 12 janvier 1853.

Mon bien cher ami,

Votre excellente lettre m'arrivait la veille de mon départ de Bayonne, et je vous écris le surlendemain de mon arrivée à Pise. Vous me pardonnerez donc un mois de silence, si vous considérez que c'est un mois de voyage, de fatigues, de courts repos, où l'on n'a qu'un moment et un coin sur une table d'auberge pour écrire à sa famille. Mais aussitôt que nous retrouvons quelque chose qui ressemble au calme de la vie ordinaire, dès que nous avons un gîte, une bougie et une bûche au feu, les amis nous manquent autour de ce foyer désert, et nous ne pouvons nous empêcher de songer aux absents. Nous arrivions précisément ici un lundi soir; et au lieu de frapper à la porte d'un hôtel, qu'il nous eût été plus doux de sonner à la vôtre; de nous établir dans vos bons fauteuils, et après nous être enquis de ces yeux qui nous occupent tant, de vos enfants, de tout ce qui vous touche, que nous eussions aimé vous conter notre Odyssée avec ses épisodes de terre et de mer, visions des tropiques, attaques à main armée, naufrages, de quoi passer toute une soirée et vous faire rêver trois nuits !

De Bayonne à Marseille, cher ami, je ne vous dirai rien, c'est la route battue de tous les voyageurs de commerce, et toute la question se réduit à savoir si les pâtés de canards de Béziers valent ceux de Castelnaudary. Mais c'est en s'approchant de l'Italie que les imaginations s'échauffent et que les aventures commencent. D'abord, nous avons vu ce merveilleux département du Var que nous avions entendu vanter si souvent par M. Victor Rendu, et qui est assurément un morceau du Paradis terrestre. Là, et sur toute la côte, de Toulon jusqu'à Gênes, nous nous sommes trouvés sous le plus beau ciel, au bord d'une mer étincelante. Souvent dans le lointain les Alpes se montraient couronnées de neiges ; toujours sur les dernières pentes qui venaient mourir à nos pieds, des forêts d'oliviers, des bocages d'orangers et de citronniers couverts de leurs fruits ; de temps à autre des bouquets de palmiers balançant leurs feuillages superbes et vraiment dignes d'être portés le jour des Rameaux au triomphe de Notre-Seigneur. Qui nous empêchait de nous croire sur les côtes de Syrie, au temps des croisades, surtout lorsqu'un donjon crénelé ou quelque chapelle antique se faisait voir sur les mamelons voisins? Sans doute aucun Sarrasin discourtois ne venait nous disputer le passage. Mais ces dames m'ont assuré qu'en gravissant la montagne de l'Esterelle, des hommes armés de haches avaient rôdé plus d'une heure autour de la voiture, en y jetant des regards inquiétants. Cependant, si le fait ne vous paraît pas suffire pour constituer l'épisode de voleurs qui doit orner un grand voyage, il est très-largement complété par le grand nombre de brigands honnêtes qui, sous le titre d'aubergistes, et le chapeau à la main, nous ont dévalisés et spoliés deux cent cinquante lieues durant. Enfin, pour que rien ne manquât à l'agrément de notre épopée, nous avions pris la mer de Gênes à Livourne; mais ce perfide élément nous a traités comme des héros : nous avons eu les vents déchaînés, les vagues sur le pont, et la malle de madame Ozanam si bien trempée, qu'au débarquement elle a dû faire dans l'hôtel le plus bel étendage qu'on ait jamais vu depuis le temps où la princesse Nausicaa faisait la lessive.

Vous demanderez, car je connais le faible de votre amitié, comment nos santés se sont tirées de ces prouesses. D'abord notre excellente mère a fait tête à la fatigue avec un courage admirable, elle a retrouvé son pied marin, et se riait des vents et des flots pendant que les quatre-vingt-treize passagers de la *Marie-Antoinette* se livraient aux bruits les plus lamentables. Je dois bien avouer qu'aujourd'hui encore madame Ozanam n'a pas le cœur bien raffermi ; mais elle a parfaitement supporté le reste de nos peines, de manière à rassurer le plus inquiet des maris. Petite Marie en est quitte pour peu de mal. Quant à votre ami, je ne vous le donnerai pas pour un Hercule ; il a eu ses misères, mais en somme il arrive à Pise à peu près comme il était parti de Bayonne. Il fallait donc bien remercier Dieu, comme nous l'avons fait en arrivant dans cette admirable cathédrale de Pise toute rayonnante de beauté, de foi et d'amour. Remerciez-le aussi de nous avoir gardés et conduits, priez-le de continuer son ouvrage et de nous ramener, car cette terre enchanteresse ne nous fait pas oublier la patrie.

En priant pour nous, vous ne ferez que nous rendre la pareille. Vos noms, qui sont de toutes nos prières, ne pouvaient pas être omis dans nos vœux de première année. Ah! que nous avons demandé ardemment cette guérison, trop lente, mais dont il ne faut pas désespérer ! Que j'ai demandé justice pour celui qui a éprouvé l'injustice des hommes ! Cher ami, tout ce que vous m'écrivez à ce sujet ne fait qu'ajouter à mon admiration pour votre caractère, à mon tendre respect pour cette vertu qui vous décide à tous les sacrifices afin de concilier tous les devoirs. Dieu vous bénira, et d'un côté ou de l'autre il vous ménagera une réparation si légitime ; il y met le temps, et l'impatience de vos amis s'en afflige ; mais tôt ou tard nous trouverons qu'il a tout fait pour votre honneur et pour le bien de vos enfants.

Notre petite Société de Saint-Vincent de Paul tient une grande place dans les préoccupations et les consolations de mon voyage. J'ai vu les présidents de Toulouse et de Marseille où les conférences comptent deux cents et quatre cents membres. J'ai vu celui de Nice, un homme aussi aimable que pieux, plein d'ardeur. Mais ce qui m'a charmé, ce qui m'a rempli le cœur d'espérances pour l'Italie, ce sont les conférences de Gênes, toutes chaleureuses et toutes sages au milieu des périls religieux de ce pays ; c'est le président de ces conférences qui comprend l'œuvre comme s'il la faisait avec nous depuis vingt ans, et qui va la propageant avec une activité infatigable dans le duché de Gênes et de Toscane. Les maux qui menacent l'Église d'Italie la rendent militante dans un pays où peut-être on la croyait trop sûrement triomphante : cette milice, cette lutte qui est sa condition naturelle, lui rendront les forces de sa jeunesse, et déjà l'on peut considérer comme un premier réveil cette multiplication des conférences en tant de lieux où naguère on n'en comprenait pas même l'utilité.

Je me permets, pour la nouvelle année, de baiser la main de madame Cornudet et d'Élisabeth. A vous, cher ami, l'étreinte cordiale de votre dévoué.

XC

A M. CHARLES LENORMANT.

Pise, 12 janvier 1853.

Monsieur et ami,

En arrivant à Pise où je suis entouré de tant de grands spectacles et de grands souvenirs, je me sens encore plus touché de trouver dans le numéro du *Correspondant* qui m'attendait à la poste, quelques lignes si affectueuses pour moi. Assurément, je ne vaux point ce que vous dites, et je ne mérite pas d'occuper nos lecteurs; mais je vous remercie de leur avoir rappelé mon nom; j'y gagnerai peut-être les prières de quelques bonnes âmes. Je vous remercie surtout de la place que vous voulez bien me garder dans vos pensées, elle me fait penser à celle que je trouvais à votre foyer, quand madame Lenormant nous accueillait ma femme et moi avec tant de grâce et d'indulgence. Je ne sais encore ce que Dieu ordonnera de nous, mais il a certainement assez fait pour l'honneur et la douceur de notre vie en nous choisissant nos amis. Si mal que je pense de moi-même, je ne puis croire qu'il m'ait créé pour ne rien faire, lorsqu'il me fait connaître l'un après l'autre les plus grands chrétiens de mon temps et les âmes les plus choisies. Leur affection, vous avez raison de le dire, me soutient et m'encourage ; elle m'aide à soutenir des épreuves, proportionnées, d'ailleurs, à ma faiblesse. Même ces dernières inquiétudes de santé commencent à s'évanouir. Les organes sont remis, et les forces, qui manquaient surtout, sont assez revenues pour supporter le long voyage de Bayonne à Pise. Nous avons été un peu battus sur divers éléments : *terris jactatus et alto ;* et la mer nous a jetés à Livourne mouillés comme des naufragés ; mais enfin nous voici sains et saufs : nous avons pu rendre nos actions de grâce sous les voûtes de cette admirable cathédrale, et nous attendons maintenant que le soleil qui la dore et la conserve achève de me fortifier et de me rajeunir.

... Je voudrais vous parler de l'Italie, mais j'y mets seulement le pied, et je commence à connaître assez ce beau et trompeur pays, pour savoir qu'il faut s'y défier des premières impressions. Seulement, j'ai vu à Gênes les catholiques, fervents, mais animés d'un esprit de prosélytisme que naguère on n'y connaissait pas. Il m'a semblé que là, comme ailleurs, le vent de la tempête a la vertu de porter les bonnes semences, que l'Église gagne à se retrouver militante, et que, malgré les défections à jamais regrettables de quelques mauvais chrétiens, le protestantisme et le mazzinisme nous rendent le service de réveiller notre sœur qu'on croyait morte et qui dormait. J'ai trouvé dans la même ville le P. Marchese, l'auteur des *Vies des artistes dominicains*, et j'ai reconnu avec un grand orgueil pour notre cause commune, que cet admirateur de l'art catholique réprouvait de toutes ses forces la croisade prêchée contre l'antiquité.

Je finis impoliment ce billet que j'insère dans une lettre à notre excellent ami Ampère. Comment ne pas manquer à toutes les convenances dans un pays où l'on taxe au double les correspondances sous enveloppes? Cependant il me reste encore la place de vous souhaiter une année plus douce que la dernière, et des consolations mesurées à vos peines passées.

Votre bien dévoué et reconnaissant.

XCI

A M. AMPÈRE.

Pise, 13 janvier 1853.

Mon cher ami,

Je viens de faire un bien agréable voyage, non pas comme vous l'attendez, sur cette côte superbe qui va de Gênes à Livourne par la Spezia et Carrare ; mais en Amérique et dans votre compagnie. Avec vous j'ai senti frémir sous mes pieds les puissantes machines du *Franklin*, avec vous la vapeur intelligente m'a poussé au port de New-York, j'ai vu ces chantiers infatigables, ces usines toujours embrasées, ces chemins de fer traversant les rues des grandes villes ; je me suis arrêté dans Broad-street à côté de ces deux sauvages qui flânaient aux portes des magasins. Vous m'avez fait admirer au milieu de la prodigieuse activité des hommes le caractère étrange de la nature, les couchers de soleil plus enflammés que ceux de la Grèce et de l'Italie. Enfin vous vouliez me faire des amis dans le nouveau monde comme dans l'ancien : par vous j'ai pénétré au cœur de l'Université de Cambridge. Vous m'avez présenté à des hommes que je connaissais à peine et que j'aime à présent, Everett, Agassiz, et surtout le poëte Longfellow. Je vous dois un joli moment dans son cottage, le livre de ses poésies à la main ; et retrouvant toujours en vous ces lumières qui me sont aussi précieuses que votre amitié, j'ai appris à juger d'un seul trait la littérature américaine. Je la vois obligée de se rattacher à la tradition européenne, et je reconnais que pour elle il n'y a plus d'Océan.

Mais, mon cher voyageur, madame Ozanam vous jure qu'il y a toujours une Méditerranée ; à telles enseignes que pendant quatorze heures elle a ballotté de la façon la plus irrévérencieuse nos personnes, et quatre-vingt-dix autres chrétiens assez téméraires pour s'être confiés à ce perfide élément. Oui, tandis que vous filez des nœuds incalculables sur l'Atlantique, nous autres du vieux continent nous revenons aux navigations d'Homère, nous mettons une nuit et la moitié d'un jour à faire la course de Livourne, et il ne tient qu'à notre capitaine de nous procurer toutes les aventures de l'Odyssée. Enfin si nous avons échappé aux Lestrygons, aux Cyclopes et aux étables de Circé, nous sommes arrivés dimanche mouillés jusqu'aux os corps et biens, la lame avait passé sur le pont, balayé les magasins et visité les malles : la pluie la plus furieuse favorisait notre débarquement. Jugez si la chose semblait faite pour la personne délicate de votre ami, et pour la santé de ses compagnes. Cependant les trois voyageuses n'en sont point mortes, et il paraît que votre ami vit encore puisqu'il écrit ou croit écrire. Bref on en fut quitte pour un peu de rhume, et lundi on remerciait Dieu dans la cathédrale de Pise. Ah ! devant la grande image du Christ qui remplit l'abside, c'est bien le lieu de réciter le *Te Deum* et de dire *Tu Rex gloriæ, Christe !* Je l'ai trouvée toujours aussi belle, cette basilique, une des premières admirations de ma jeunesse, je l'aime encore passionnément, même après Amiens et Chartres, même après Burgos.

Oui, Burgos ; car je ne m'y trompe pas : vous me raillez sur ce point, moqueur aimable, et vous vous entendez avec Amélie qui prétend que j'ai vu des yeux de l'imagination les merveilles de la Castille. Je vous écris dans la sincérité de mon enthousiasme, et voilà que, grâce à votre amitié, ma lettre circule en hauts lieux, parmi des gens qui ont peut-être peu de foi au Cid et aux sept infants de Lara. Et qui sait s'il ne se trouvera point là quelque attaché d'ambassade qui, traversant Burgos au galop de ses chevaux, n'y aura vu qu'une cathédrale remarquable et de misérables masures ? Cette même dame ici présente qui n'a rien vu, mourant de peur que je tombasse malade, ose bien me soutenir que les campagnes de la Vieille-Castille n'ont point la beauté de la campagne romaine, que j'ai surfait *Las Huelgas* et vanté outre mesure *Miraflores ;* elle donnerait le tombeau de Juan II pour trois maravédis, et elle craint qu'avec mes exagérations je n'aie fait la figure d'un don Quichotte dans les salons dont vous parlez. Mais je tiens bon : j'ai toutes mes notes, et de retour à Paris, si Dieu me prête vie et me donne la force de faire quelques leçons sur le poëme du Cid, je me propose de tirer parti de ce voyage d'Espagne, et, vos conseils aidant, d'écrire une vingtaine de pages dont vous n'ayez pas à rougir.

En attendant, et après m'être remis pendant quelques jours de mon naufrage, je vais suivre vos bons conseils. J'espère à la fois remplir la mission du ministre qui me charge d'étudier les commencements des institutions municipales en Italie, et me conformer à votre avis qui est de laisser un peu l'érudition pour un travail plus littéraire, plus animé et en même temps plus facile. Je crois vous avoir parlé plusieurs fois d'un épisode admirable négligé par Sismondi, ignoré de presque tous les historiens de l'Italie, et qui est cependant le commencement même des Républiques italiennes. C'est *l'Émancipation de la Commune de Milan.* Nous en avons le récit pathétique dans plusieurs chroniqueurs contemporains. Nous avons les discours prononcés aux assemblées du peuple, les lettres des Papes et de leurs Légats. Grégoire VII et Pierre Damien s'y trouvent mêlés : et les héros de cette liberté milanaise, un diacre et un chevalier, morts en combattant contre les archevêques simoniaques, ont été mis au nombre des saints. La riche bibliothèque de Pise m'offre tous les documents de cette révolution mémorable ; en revenant par Milan, je prendrai cette dernière impression des lieux qui colore et fait vivre l'histoire. Je voudrais écrire une narration dans le genre de celles de M. Augustin Thierry ; sauf à la faire précéder d'une préface où je rattacherais l'émancipation de Milan, à celles de Ravenne, Rome, Florence, qui semblent s'être accomplies sous le même souffle guelfe et à la faveur des mêmes tempêtes. Voilà un sujet circonscrit, intéressant, si je ne me trompe, pour tous les esprits cultivés, et en même temps qui ne demande pas de recherches trop profondes, mais surtout de la mise en œuvre, du choix, de fidèles traductions, ce que peut faire un malade de Pise, principalement si le soleil italien vient briller à sa fenêtre de *Lung' Arno* et réchauffer ses pensées.

Vous voyez donc que j'ai reçu votre bonne lettre, et je la compte parmi les plus aimables surprises de la nouvelle année. Vous m'attendiez patiemment à la poste de Pise, et au moment où je me croyais dans une ville étrangère, j'y trouvais le meilleur de mes amis. Vous avez le secret d'être bon pour tous ; ma mère, ma femme et jusqu'à petite Marie étaient ravies de la part que vous leur faites dans vos souvenirs. Quant à notre cher Romain, il manquait encore à notre réunion de famille. C'est nous qui devons l'aller rejoindre dans la ville éternelle où il est non pas immobile sur sa chaise curule, mais retenu par l'exécution d'un tombeau à Saint-Louis des Français.

Il me semble honorable pour un jeune artiste d'avoir mis une pierre de sa façon dans un pays où il y a tant de pierres impérissables. J'envie à cet heureux frère le privilége qu'il eut de visiter Rome avec vous, et puisque vous le permettez, je vais faire les vœux les plus ardents pour que la foudre tombe sur le Collége de France.

Cependant ne me croyez point si égoïste que je veuille interrompre vos travaux, surtout quand vous voulez bien m'en dérouler un dessin si beau et si attrayant. Pendant que votre Amérique achèvera de nous déployer ses grands tableaux, vous réveillerez les Sphynx égyptiens qui dorment au fond de votre cabinet, et la France vous devra d'inscrire le nom de votre père une seconde fois à côté de Pascal et de Descartes. Ne craignez point : aux yeux des plus mal prévenus, le mathématicien fera passer le philosophe ; pour le grand nombre de ceux que les choses du temps n'enivrent pas, il sera doux de trouver à la suite de ce beau génie un refuge dans les régions inaltérables du vrai et du bien. Avec de telles préoccupations, je vous admire de pouvoir conduire encore la pensée d'un cours, qui est lui-même l'introduction d'un livre impatiemment attendu. Car vous avez raison de le dire : tant d'études et de voyages, une si juste faveur du public pendant trente ans, donnent droit d'attendre de vous une œuvre impossible à tout autre. Je ne parle pas en flatteur, mais en ami exigeant et jaloux, quand je dis que vous devez à votre siècle un monument. Dieu vous a tout donné pour le mener à fin : il y ajoutera ce qu'il se réserve de nous accorder jour à jour, le temps et la santé. C'est l'un de mes vœux du nouvel an : joignez-y le souhait très-vif de vous revoir, et de reprendre avec vous ces entretiens d'où le cœur sort aussi content que l'esprit.

Heureusement les jours qui fuient nous rapprochent. Voilà déjà plus qu'à moitié passé cet hiver dont les rigueurs m'éloignaient de Paris. On dit cependant que vous n'avez vu ni les neiges ni les glaces ; et nous, en suivant jusqu'à Gênes cette merveilleuse route de la Corniche, nous avons joui d'un ciel toujours pur, d'un soleil d'été : nous cheminions entre les forêts d'oliviers, d'orangers, de citronniers tout chargés de leurs fruits d'or. Et lorsqu'arrivant à Bordighera j'ai aperçu non plus quelques touffes, mais des bois entiers de palmiers balançant leurs feuillages superbes, je me suis cru transporté avec vous sur la terre des tropiques. Sans doute nos avaries de dimanche dernier et les pluies de cette semaine ont un peu refroidi cette chaleur. Mais ce soir le temps redevient beau, d'ailleurs l'extrême douceur de l'air est toute consolante pour ma personne. Je continue donc de me soutenir, et les forces que le traitement de mon frère m'avait rendues ne s'en vont pas. J'espère bien que j'achèverai de renaître au printemps. Quelle que soit la volonté de Dieu, il faut que je l'attende avec amour, puisqu'il mêle tant de joies aux amertumes de son calice.

Ma belle-mère, ma femme, et ma petite fille, sont toujours pour moi comme les trois anges dans la maison d'Abraham, avec la différence qu'elles me servent, quand je voudrais les servir et vivre pour elles. Ma femme et ma mère craignent que ces anges ne vous fassent sourire. Mais je viens d'en voir tant et de si beaux de Guirlandaio et de Benozzo Gozzoli que je ne rêve plus autre chose. Mon Dieu! quand donc aurons-nous fini d'admirer le Campo Santo? *Noé*, le *Triomphe de la mort*, les *Pères du désert*, tout est jeune et nouveau comme au premier jour.

Ceux qui m'entourent me comblent de bontés, et les absents me touchent par la tendre fidélité de leurs affections, ce n'est pas assez : vous voulez en multiplier le nombre et vous me promettez la connaissance de M. de Tocqueville. Dites-lui d'avance combien cet espoir me charme et m'honore.

Adieu, très-cher ami; mais tout en restant le plus laborieux et le plus fêté des hommes, ne vous laissez pas abîmer par les veilles. Tous ceux qui vous aiment avec moi vous prient de vous conserver. Adieu encore : que je voudrais vous serrer la main !

XCII

A M. FRANCHISTEGUY.

Pise, 25 janvier 1853.

Mon cher ami,

C'est bien tard pour vous souhaiter la bonne année : je vous la souhaite pourtant, douce et heureuse à vous, à madame Franchisteguy, à vos aimables enfants. Vous devez désespérer de moi, et comme vous êtes trop charitable pour me croire ingrat et paresseux, vous me supposez assassiné au coin d'un bois, ou nourrissant de ma personne les poissons de la Méditerranée. Vous vous trompez cependant, et quoique un peu assassinés par les aubergistes, un peu trempés des eaux de la mer, nous sommes arrivés il y a peu de jours à Pise, et au bout de quelques moments nous étions à genoux, remerciant Dieu, dans la cathédrale, un des plus magnifiques édifices que la foi chrétienne ait bâtis par la main des hommes.

Ne craignez point que j'abuse du privilége des voyageurs et que j'aille vous affliger d'une description. Les monuments de Pise ont un genre de beauté, une grâce pour ainsi dire jeune et virginale qui ne se décrit pas. C'est la première fleur de l'art catholique sur une terre destinée à devenir si féconde : c'est au onzième siècle, trente ans avant la première croisade, et dans un temps qui passe pour barbare, que les Pisans imaginèrent d'élever une cathédrale que nous autres, après huit cents ans de civilisation, nous sommes forcés d'admirer. Lorsqu'on franchit les portes de bronze, et qu'au bout de ces cinq nefs divisées par une forêt de colonnes, on voit resplendir au fond de l'abside en mosaïque la figure colossale du Christ, assis, comme il sera au dernier jour, sur un trône de gloire, entre la sainte Vierge et saint Jean, alors on se sent comme accablé de la majesté divine, alors on reconnaît le Fils éternel du Père, alors on est heureux que Notre-Seigneur ait permis à un peuple de lui bâtir une demeure presque digne de lui. La crainte de Dieu, le sentiment du néant de l'homme, l'orgueil légitime du chrétien, toutes ces émotions se réveillent à la fois : et l'on comprend cette parole du psaume : « Qu'ils sont aimés, vos tabernacles, ô Seigneur des vertus! » Cependant cette merveille de l'Italie et du monde ne suffisait point à la piété des Pisans. Derrière l'église ils ont élevé cette tour célèbre qu'ils n'avaient point voulu faire penchée, — ils avaient trop le sentiment du beau, — mais qu'ils achevèrent avec une audace incroyable, après que le terrain se fut affaissé sous les fondations. Devant l'église, le baptistère, chef-d'œuvre d'élégance; et sur le côté, le Campo Santo où Pise ensevelissait ses grands citoyens dans la terre rapportée de Jérusalem. Les murs de ce cimetière sont couverts de fresques qui résument pendant deux siècles toute l'histoire de la peinture renaissante.

Mais, hélas! direz-vous, ce sol autrefois si fertile n'est-il pas frappé de stérilité? L'Italie moderne ne bâtit plus de cathédrales : mais du moins il y germe des conférences de Saint-Vincent de Paul. J'ai eu la consolation de passer quelques heures avec nos confrères de Gênes. Nous comptons dans cette ville plus de cent membres et à leur tête un président qui a la piété d'un saint avec toutes les traditions et tout l'esprit de notre petite société. Nulle part on n'est plus étroitement uni au conseil général; on a traduit le manuel et les petites lectures, on s'occupe avec ardeur de multiplier les conférences. Enfin, je ne puis mieux exprimer ce que j'éprouvais, je finissais par me croire encore à Bayonne.

Car il ne faut pas penser, cher ami, que les orangers et les palmiers de la côte de Gênes, ni que la basilique de Pise, m'aient fait oublier les rochers pittoresques de Biarritz, ni votre charmante cathédrale, encore moins les amis excellents qui peuplaient ce beau pays.

XCIII

A M. FOISSET.

Pise, 4 février 1853.

Monsieur et très-cher ami,

Quand on est à trois cents lieues des siens, sur une terre étrangère, qu'on y est souvent malade et un peu découragé, on trouve bien aimable la voix d'un ami. Mais si cette voix vous félicite et vous loue, faut-il avouer qu'on la trouve plus douce encore? Demandez-le à madame Ozanam, et qu'elle vous dise le plaisir que nous a fait le *Correspondant* du 10 janvier, combien votre souvenir nous touchait dans cette solitude de Pise, et comme notre amour-propre s'épanouissait au souffle caressant de vos éloges! Cependant, cher ami, laissez-moi vous le dire : c'était trop. Que le livre ne vous eût pas déplu, et que vous en fissiez la confidence au public, je devais vous en remercier tendrement. Mais ne dois-je pas vous gronder, comme chrétien, de tout ce que vous dites de l'homme, de cet homme que je connais mieux que vous, et que je vois tous les jours, si peu simple, si occupé de lui, si peu digne des belles choses qu'il étudie et des belles âmes qui l'aiment? Ceux qui croiraient me connaître sur votre parole seraient bien étonnés, en venant frapper à ma porte, de trouver un convalescent de la plus mauvaise espèce, souvent abattu, souvent irritable, toujours inégal, mal résigné aux volontés de Dieu, et mécontent surtout de ne pouvoir reprendre des travaux où sa vanité avait son compte. Je ne vaux guère en santé, mais la maladie qui sanctifie tant de gens ne me rend pas meilleur, et c'est pourquoi j'ai prié et j'ai mis tous mes amis en prières afin qu'il plût au ciel de m'en délivrer. Tant de vœux ne pouvaient pas rester inexaucés; mais il paraît aussi que mes péchés ne pouvaient demeurer impunis. Le danger a bientôt disparu, un moment même la santé a semblé revenir : depuis lors la fatigue d'un long voyage a ébranlé mes forces, et je suis ici souffreteux, chancelant, mais ne tombant point, à peu près comme la tour penchée devant laquelle je passe chaque jour. Voilà un exemple qui devrait me rassurer et m'instruire. Car, toute penchante, elle dure depuis tantôt sept cents ans, et elle ne cesse pas de servir Dieu à sa manière, en le célébrant par la voix de ses cloches.

En même temps que ces beaux monuments me font la morale, ils me donnent aussi des leçons de goût et de saine littérature. Ah! que je me sens loin des qualités que vous m'attribuez depuis que je revois, que je fréquente les œuvres vraiment naïves de l'art chrétien ! Je ne veux rien ôter à la gloire de notre architecture gothique ou pour mieux dire française : c'est bien du Rhin à la Seine que siégent comme des reines les plus imposantes cathédrales de la chrétienté. Mais il faut venir en Toscane pour voir se développer ensemble, et dans leur parfaite harmonie, les trois arts du dessin. Ce coin de terre est vraiment pour nous ce que fut la Grèce pour l'antiquité. Je viens de passer huit jours à Florence, j'ai revu Lucques; le Dôme de Pise et le Campo Santo sont sous mes yeux ; Sienne, Orvieto reviennent sans cesse dans mes comparaisons et dans mes souvenirs. Je ne crois pas que le reste du monde ait rien d'égal. Ailleurs il y a des édifices, on y pose des statues et des tableaux. Mais ici seulement et sur quelques autres points de l'Italie que le génie toscan a visités, il y a des monuments, c'est-à-dire des œuvres sorties de terre d'un seul jet, bâties, sculptées, peintes, animées d'une même pensée, d'une même poésie, auxquelles on ne peut pas plus enlever leurs fresques et leurs bas-reliefs, que leurs fondations et leurs tours. En revoyant les vieux palais de Florence, et ces murs menaçants qui recèlent tant de chefs-d'œuvre de grâce et de délicatesse, je me rappelais l'histoire de Samson, les abeilles faisant leur miel dans la gueule du lion étranglé, et l'énigme que le héros d'Israël proposait aux Philistins : « *La force a produit la douceur.* » Quoi de plus doux que le miel et de plus fort que le lion? Ne puis-je pas dire aussi : Quoi de plus fort qu'Arnolfo di Lapo, Orcagna et Dante? et quoi de plus doux que le bienheureux de Fiesole?

Ce bienheureux de Fiesole est maintenant dans toute sa gloire et jamais je n'ai vu de réhabilitation plus rapide ni plus complète. Quand je vins en Italie pour la première fois, tout jeune homme avec mon père, il y avait au musée de l'Académie *delle Belle Arti* quelques vieux tableaux de Fiesole relégués dans un grenier avec d'autres peintures anciennes vouées aux vers et à la poussière. Maintenant dans la même galerie ces tableaux occupent les places d'honneur, et une chambre tout entière, comme une sorte de sanctuaire de prédilection, est réservée aux œuvres du Bienheureux. Les plus fins crayons, les burins les plus exquis, s'exercent à reproduire ses moindres compositions et jusqu'aux miniatures dont il décora les reliquaires de Sainte-Marie Nouvelle. Voilà pourtant le fruit de deux livres, celui de M. Rio et celui de M. de Montalembert, qui ont inspiré à leur tour la belle *Histoire des artistes dominicains*, par le Père Marchese. Il est vraiment consolant de trouver une fois que de bons livres aient fait faire de bonnes actions, que des paroles écrites en France aient secoué la poudre et gratté le badigeon qui cachaient les merveilles de l'Italie, et que ce miracle soit l'ouvrage de nos amis?

Je voudrais que la foi du peintre de Fiesole se ranimât en Italie comme sa réputation, et que cette terre catholique retrouvât la ferveur qui lui fit produire tant de chefs-d'œuvre. Mais autant qu'on en peut juger après un mois de séjour, les conditions religieuses de ce pays semblent très-compliquées. En général les plus grands esprits sont des chrétiens, même des convertis, mais en même temps ce sont des libéraux et par conséquent des mécontents. Dans la bourgeoisie je crois reconnaître tous les mauvais sentiments de notre bourgeoisie de la Restauration. La masse du peuple, ici du moins et à Florence, remplit les églises. A la différence de notre France, on voit même aux jours d'œuvre les autels entourés, non de *gens comme il faut*, mais d'artisans, de cochers, de paysans et de femmes de la halle, avec lesquels il faut se coudoyer si l'on veut s'asseoir sur les bancs qui remplacent nos chaises. J'ai presque tous les jours la messe de onze heures; Saint-Simon l'appellerait *la messe de la canaille*. Je trouve les communions plus nombreuses que je n'aurais cru. Cependant le protestantisme fait de grands efforts et trouve des sympathies dans ce pays où il en excita déjà au seizième siècle. Il y a une grande liberté de publier et de vendre : j'ai trouvé chez les petits étalagistes de Florence la traduction de nos plus mauvais livres. Le clergé s'effraye, mais cette frayeur a ceci de bon qu'elle le réveille. L'Église voit qu'elle doit recommencer une vie de combats, et les approches de la lutte rendent possibles des œuvres qu'il y a six ans on déclarait inopportunes. Ainsi, nous avons à Gênes de très-belles conférences de Saint-Vincent de Paul, animées du plus pur esprit de notre société. D'autres se sont fondées à Livourne, à Pise, à Florence. Dans cette capitale du joséphisme, un jeune et pieux chanoine (1), dont la mère est dame d'honneur de la grande-duchesse, met tout son zèle à propager notre association. J'ai eu la consolation d'assister à une de leurs séances, comme j'avais visité en d'autres temps nos confrères de Londres et de Burgos. Les larmes de joie me viennent aux yeux quand je retrouve à ces distances notre petite famille, toujours petite par l'obscurité de ses œuvres, mais grande par la bénédiction de Dieu. Les langues diffèrent, mais c'est toujours le même serrement de main, la même cordialité fraternelle, et nous pouvons nous reconnaître au même signe que les premiers chrétiens : « Voyez-vous comme ils s'aiment ! »

Il est sûr que vous m'aimez, et si bien que vous m'en voudriez de vous laisser sans nouvelles des

---

(1) Guido Palagi, chanoine du Dôme, mort le 7 septembre 1871. La population de Florence, qu'il avait édifiée par les plus sublimes vertus, s'est portée presque tout entière à ses funérailles.

personnes qui me sont chères. Je commence par ma belle-mère, et je vous remercie pour elle de l'aimable accueil qu'elle a trouvé auprès de vous à Dijon. La santé de ma femme s'est à peu près soutenue, bien qu'elle soit maintenant un peu brisée de tant de voyages et des soins comme des sollicitudes que je lui coûte. C'est encore une personne qui fait profession d'un grand attachement pour vous, et vos bons procédés dans la dernière occasion n'ont pas refroidi ses sentiments. Quant à ma petite Marie, elle s'acquitte de sa vocation comme les petits oiseaux des bois, et elle égaye notre exil par le plus joli babil italien.

Que j'aurais de raisons d'être heureux au milieu de mes petites peines! Car vous voyez comment Dieu m'a entouré de près, et vous savez quels amis il me donne. Tous me visitent par leurs lettres et personne n'eut jamais moins à se plaindre d'être oublié. Ajoutez donc à vos bontés publiques la faveur de m'écrire quelques lignes. Donnez-moi des nouvelles de vous et des vôtres. La seconde Église de Genève s'élève-t-elle? Que devient votre illustre et trop silencieux voisin de Flavigny? J'ai trouvé la basilique de Saint-Sernin à Toulouse encore toute frémissante de son panégyrique de saint Thomas d'Aquin. Si vous le voyez, saluez-le tendrement de ma part.

XCIV

A M. BENOIT.

Pise, 28 février 1853.

Mon cher ami,

Quand j'étais aux Pyrénées, on me contait que les paysans du Béarn plaidaient beaucoup. Mais plaidoirie ne nuit point à courtoisie et bonne amitié : on part dans la même carriole, et l'on cause fort convenablement, tout en se rendant chez M. le juge de paix qui vous accordera. Je vois bien qu'il nous en faut faire autant, et tout opiniâtres que nous sommes dans nos prétentions, vivre en bons confrères, jusqu'à ce que M. le Doyen ait jugé ces deux entêtés. En attendant que vous les acceptiez, vos écus sont en pension chez moi où mon frère les conserve en santé, sans compter que ma vieille bonne veille sur eux comme le dragon des Hespérides.

Vous m'avez écrit, cher collègue, une lettre fort aimable, et vos souhaits du premier de l'an sont venus avec d'autres me prouver que les absents n'ont pas toujours tort. J'espère en effet que Dieu écoutera mes amis chrétiens et me rendra la joie de les voir. Pour le moment mon rétablissement est un peu retardé par les fatigues du voyage et par les pluies éternelles dont nous jouissons sous le beau ciel de la Toscane. Mais ni les averses qui grossissent le cours de l'Arno et menacent ses ponts de marbre, ni les neiges qui blanchissent à deux pas de nous les montagnes de Lucques, ni même le souffle glacé qui règne sous les portiques du Campo Santo, rien n'a réveillé les susceptibilités de mes anciens maux. Je les tiens donc pour guéris, et tout en attendant un plus complet retour de mes forces, je continue tranquillement les petits travaux de ma mission littéraire.

La bonne ville de Pise a, grâce à Dieu, des monuments qu'on peut visiter à l'abri de la pluie, et consulter au coin d'un bon feu. Je veux parler de son excellente bibliothèque. Soixante mille volumes m'y donnent à peu près tout ce que je puis désirer en fait d'histoire, d'antiquités ecclésiastiques et municipales. Un savant conservateur, M. Ferrucci, latiniste très-habile, et pénétré de vénération pour M. le Clerc et pour M. Naudet, me fait les honneurs du lieu, et m'installe à la table où travaillait l'année dernière M. Ravaisson. En me laissant sa place dans le cabinet professoral, auprès de la petite cheminée privilégiée, M. Ravaisson aurait bien dû me léguer aussi un peu de son grand savoir, de son beau style et de sa merveilleuse facilité. Mais enfin, je trouve ici son souvenir, je trouve tous les bons esprits de Pise familiarisés avec nos meilleures productions, tout disposés à admirer nos maîtres et nos amis. L'Université a subi de cruelles réformes : la faculté de philosophie et de philologie n'a plus que cinq chaires ; mais au moins sont-elles occupées par des hommes distingués. Leurs collègues de la faculté des sciences, beaucoup plus nombreux, voient dans leurs rangs des professeurs d'une réputation européenne. Enfin, nous avons ici une petite *Athènes*, et je puis d'autant mieux l'appeler ainsi que l'on compte bien une centaine d'étudiants grecs. Mais je dois avouer que ces fils d'Aristide et de Philopœmen sont moins assidus à l'école qu'au théâtre, et passent pour mal payer leurs dettes.

Voilà une pierre jetée dans votre jardin, cher ami, pendant que vous cultivez le mien avec tant de zèle et de talent. Là où je n'avais semé que la graine barbare des *Nibelungen*, de Wolfram d'Eschenbach et de Walther von der Vogelweide, vous cueillez les brillantes fleurs de Schiller, de Wieland et de Gœthe. Je ne m'étonne pas de l'intérêt qui s'attache à vos leçons et des six cents étudiants inscrits au cours de littérature étrangère, si vous y portez cette lumière, cette érudition élégante, ce langage animé qui charmaient vos juges il y a quelques années, et qui depuis ont si souvent captivé vos auditeurs. Je crois bien que je ne saurais mieux faire que de vous le laisser poursuivre jusqu'au bout. Je connais bien des gens et parmi mes plus proches, qui vont jeter les hauts cris si je veux remonter en chaire au mois de mai. Attendons cependant et ne devançons pas la Providence. Écrivez-moi, cher ami; donnez-moi aussi des nouvelles de la faculté; notre union si intime autrefois n'est-elle pas un peu relâchée? Allons-nous au baccalauréat ès sciences, et quelle figure y fait notre latin?

Ah! pauvre Sorbonne! que de fois je retourne en esprit vers ses murs noirs, dans sa cour froide, mais studieuse, dans ses salles enfumées, mais que j'ai vues remplies d'une si généreuse jeunesse! Cher ami, après les consolations infinies qu'un catholique trouve au pied des autels, après les joies de la famille, je ne connais pas de bonheur plus grand que de parler à des jeunes gens qui ont de l'intelligence et du cœur. Voilà pourquoi mes souvenirs me ramènent souvent à Paris, pendant que les vôtres viennent me chercher au Campo Santo; mais vous m'y trouverez peu. Le temps impitoyable qui règne depuis quarante jours ne me permet presque jamais d'errer sous ces portiques saints, devant ces peintures naïves et charmantes, qui faisaient pour moi d'avance tout le prestige du séjour de Pise. Heureusement je puis me réfugier dans la cathédrale, prier sous les voûtes héroïques élevées en 1063 par des croisés qui devançaient Godefroy de Bouillon, et qui du butin fait sur les infidèles érigeaient cette incomparable église. Quelle majesté impassible, éternelle dans les mosaïques de l'abside et comment soutenir le regard immobile du Christ assis dans sa gloire! quelle grâce dans les colonnades qui divisent les cinq nefs! que de merveilles peintes et sculptées, entassées par trois siècles de foi et de génie autour du tombeau de saint Reynier! Ah! que dans ces églises radieuses on s'écrie volontiers : *Quam dilecta tabernacula tua, Domine virtutum! concupiscit et deficit anima mea in atria Domini!*

Le peuple qui fréquente ces basiliques est bien dégénéré. Mais du moins il a conservé la foi, il ne laisse point dans la solitude les cathédrales de ses pères. Je dis le peuple, c'est-à-dire les gens surtout qui en France ne vont pas à l'église, qui hantent les cabarets et les guinguettes. Souvent la semaine, étant de loisir, j'entends la messe de onze heures, vous ne sauriez croire en quelle compagnie de cochers, de petits artisans, de marchandes de pommes, de malotrus, de gueux, hélas! mon cher ami, de tout ce qui répugne à notre délicatesse; mais enfin de ces pauvres que le Sauveur aimait. Ce n'est pas à dire qu'il n'y ait pas de religion dans les hautes classes. Parmi nos collègues de l'Université de Pise il y a des chrétiens, même des convertis.

Parmi les jeunes gens il y a une conférence de Saint-Vincent de Paul active et intelligente. Mais tout ce mouvement ne fait que commencer dans la molle Toscane. J'espère néanmoins qu'il se soutiendra, et que l'énergie bienfaisante de quelques hommes éminents, comme Capponi, exilée de la politique, reprendra son ascendant sur le terrain de la religion. Ici comme presque partout beaucoup de beaux esprits sont incrédules, mais les plus grands esprits s'honorent d'être croyants.

Adieu, cher collègue. J'oublie que j'écris à un professeur qui certainement n'a pas le temps de me lire, car ses poëtes allemands le réclament. Si vous avez l'heureuse pensée de me répondre, demandez mon adresse à mon frère; il se peut que j'aille finir le carême à Rome. En attendant présentez avec le discernement que vous mettez en toutes choses mes respects, mes compliments, mes amitiés à messieurs de la Faculté, particulièrement à M. le Doyen, M. Patin, M. Guigniaut, Wallon, Géruzez, Egger, et les autres que je n'oublie pas. Et recevez pour vous, cher ami, l'assurance de mon inaltérable attachement.

XCV

A M. L'ABBÉ MARET.

Pise, 4 mars 1853.

Monsieur et très-cher ami,

Voici trois mois passés sans vous écrire, et voici une lettre bien courte pour réparer ce long silence. Je suis sûr toutefois que vous n'accuserez point mon amitié. Mais vous aurez appris mon odyssée, mes voyages et navigations; et comme quoi je ne suis vraiment venu prendre mes quartiers d'hiver à Pise que depuis six semaines. Là, j'avais à commencer la mission littéraire dont le ministre m'a chargé; des montagnes de lettres à écrire, et à mes côtés un ange gardien fort aimable, mais fort sévère qui, ordonnance de médecin en main, m'arrache impitoyablement la plume quand je lui semble en avoir trop usé.

Là-dessus, cher ami, vous vous figurez sans doute votre voyageur menant une vie de délices sous un ciel sans nuage, tantôt mollement bercé sur les eaux de l'Arno qui le mène visiter quelque villa de marbre entourée d'orangers, tantôt emporté par un rapide attelage vers les belles montagnes de San-Giulano, ou au moins rêvant au clair de la lune sur la merveilleuse place de Pise, errant dans le Campo Santo, évoquant les mânes des vieux Pisans sous ces portiques peints par Giotto et Benozzo Gozzoli; ah! que vous êtes loin de la vérité! De toutes les histoires saintes que Benozzo a représentées au Campo Santo, je n'en vois qu'une, et toujours la même, c'est celle du déluge. Depuis tantôt quarante jours nous vivons enveloppés d'un voile de pluie, qui s'épaissit quelquefois en neige, et que soulèvent des vents furieux. On se lève donc à neuf heures en qualité de malade, et toujours pour obéir au susdit ange gardien, on déjeune en se serrant auprès d'un bon feu. Vers onze heures, si la bourrasque souffle avec moins de force, on s'enfuit à l'église voisine pour y entendre la messe, puis à la Bibliothèque qui est à deux pas : là on trouve une armée de soixante mille volumes sous le commandement du plus complaisant bibliothécaire. C'est là qu'on s'oublierait sans la crainte salutaire qu'inspire le même ange gardien que ci-dessus. On revient donc au logis écrire une lettre, donner une leçon à mademoiselle Marie, on dîne de plus en plus enfoncé dans la cheminée, car le froid vient avec le soir. Quelque lecture achève la journée, pendant laquelle on a tout le loisir de regretter les amis qui animaient le coin du feu de la rue de Fleurus.

Faites-moi le plaisir de me dire si je ne viens pas de vous peindre un hiver de Berlin ou de Munich ?

Cependant aux bons jours il nous arrive de prendre une voiture bien close et de nous faire conduire à la cathédrale. Là tous les souvenirs du déluge s'évanouissent et nous sommes vraiment pour une heure en paradis. Ah! ces vieux maîtres avaient bien compris que l'église doit être une Jérusalem céleste, et ils construisirent celle-ci avec tant de légèreté, qu'on ne saurait dire si elle s'est élevée de la terre, ou si elle y pose seulement, descendue du ciel. Les quatre-vingt-quatre colonnes qui portent ses cinq nefs sont élancées comme les palmiers des jardins éternels. Des anges qu'on croit peints par Guirlandaio, mais qui vivent assurément, montent et descendent en groupes charmants le long du grand arc qui ouvre le sanctuaire. Et au fond de l'abside, le Christ est assis impassible dans sa gloire, écrasant sous les pieds de son trône le lion et le dragon. A ses côtés la Vierge et saint Jean représentent l'humanité glorifiée. Ah! c'est en présence de cette nouvelle transfiguration qu'on s'écrie de grand cœur : « Seigneur, il fait bon ici, dressons-y trois tentes; » et il semble qu'on passerait les jours et les nuits dans cette basilique toute peuplée de souvenirs des croisades, de marbres antiques, de tombeaux fouillés par les plus fins ciseaux de la Renaissance, sans parler des admirables peintures d'André del Sarto et de Pierin del Vago, le plus fidèle disciple de Raphaël. Si au sortir de la basilique, la pluie un moment suspendue permet de faire le tour de la place, de considérer la façade avec ses quatre étages de sveltes colonnades, le baptistère avec sa coupole byzantine et derrière les anciennes murailles qui ont vu tant d'assauts, alors on revient l'âme assez nourrie de poésie pour essuyer encore sans murmure de longs jours de captivité, comme les saints après leurs extases et leurs visions supportent plus patiemment les ennuis de la vie.

Mais vous connaissez toutes ces merveilles, et vous aimeriez probablement mieux que je vous dise où en est le peuple chez qui je vis. Vous savez s'il est facile de juger un peuple en deux mois, et surtout s'il faut généraliser ses jugements dans un pays comme l'Italie où chaque ville a ses mœurs, où l'on ne dit pas : Je suis *Toscan*, mais je suis *Pisan, Siennois, Florentin*. Je vous conterai donc qu'à Gênes, la cité démocratique entre toutes, j'ai retrouvé à peu près la physionomie de Paris à la fin de 1848 : les magasins des libraires étalant les brochures les plus hardies, le protestantisme, le fouriérisme et toutes les sortes de socialisme affichant leur propagande, la garde nationale partout, et de plus une espèce de garde nationale mobile qui m'a paru aussi égrillarde et moins disciplinée que la nôtre. D'un autre côté, un grand réveil du catholicisme dans ce pays trop longtemps endormi :

un effort sérieux pour résister à la propagande ennemie ; cinq conférences de Saint-Vincent de Paul en comptant celles des faubourgs ; et à leur tête des hommes pleins de capacité et d'activité. Ici à Pise la révolution semble avoir passé sur la tête du peuple, et n'avoir remué que les classes supérieures. Le peuple a beaucoup de foi, du moins si j'en juge par les églises encombrées d'hommes, même aux jours d'œuvre. Dans la bourgeoisie et parmi les étudiants, le voltairianisme fleurit, mais il n'en est pas de même des hommes les plus distingués, des lettrés et des savants. Plusieurs de ceux-ci sont encore des Italiens du dernier siècle, ne s'occupant que de leur affaire, médisant volontiers des prêtres, mais remplissant leurs devoirs de chrétiens. D'autres sont des convertis, des esprits élevés, ouverts à tout ce qu'il y a de généreux dans les idées nouvelles, mais réduits au silence par les baïonnettes autrichiennes. Je ne connais du clergé que le vicaire général administrateur du diocèse *sede vacante*. C'est un prêtre excellent, très-éclairé, et qui fait tous ses efforts pour que ses confrères lui ressemblent : mais je ne sais pas s'il y réussit ; je rencontre cependant à la Bibliothèque et à l'Université des ecclésiastiques qui paraissent fort savants. La semence de saint Vincent de Paul a aussi germé dans cette terre de Toscane.

A votre tour, cher ami, donnez-moi de vos nouvelles. Ah ! qu'il m'en a coûté de ne pas vous aller revoir au mois de novembre comme j'en caressais l'espérance! Du moins dans ces grandes fêtes je vous ai retrouvé au saint autel. Oui, je crois fermement quand je communie être en communication étroite avec mes amis chrétiens unis au même Sauveur. Pourquoi faut-il que bientôt après je me détache de cette sainte compagnie pour retomber dans mes découragements? Quand verrons-nous le lieu où il n'y aura plus de divisions entre les chrétiens, ni d'injustices publiques, ni d'avilissement pour les grandes nations!

Adieu, cher ami, c'est souvent une consolation pour moi de penser que, si je venais à mourir, vous seriez l'ami de ma petite famille comme vous avez été le mien. Aussi toute cette famille vous aime-t-elle tendrement, mais personne plus que votre dévoué.

XCVI

A M. L...

Pise, lundi de Pâques 1853.

Mon cher ami,

Nous ne pouvons pas laisser passer ces bonnes fêtes sans nous réconcilier. Nous réconcilier, dis-je, car ne sommes-nous pas brouillés, ou autrement, comment deux vieux amis seraient-ils restés quatre mois sans se donner signe de vie? Et pourtant, n'avions-nous pas besoin de nous retrouver et de nous communiquer nos épreuves et nos peines? Je vous ai laissé, cher ami, sur un grand chagrin, et vous ne m'avez pas fait savoir comment madame L... le supportait et si sa santé n'était pas altérée par une si juste tristesse. De notre côté, nous n'avons pas été sans afflictions. A l'époque où je vous envoyais une feuille de l'arbre de saint Vincent de Paul, je me croyais guéri, et j'étais allé à ce pèlerinage, moins en supplication qu'en action de grâces; cependant, sans vouloir rien mêler de surnaturel à ce qui me touche, j'avoue qu'une circonstance m'avait beaucoup frappé. Je m'étais confessé à un

saint prêtre qui dessert la chapelle de Notre-Dame
de Buglosse, et dont la simplicité, l'extrême charité me rappelait tout à fait notre bon patron. Cet
excellent homme ne m'avait parlé que de souffrances à recevoir patiemment, de résignation, de soumission à la volonté de Dieu, quelque sévère qu'elle
fût. Un tel langage m'étonnait un peu quand je me
sentais si bien portant. Toutefois au retour même
de Buglosse j'éprouvai quelque indisposition. Les
derniers jours que je restai à Bayonne, les adieux,
les visites me fatiguèrent beaucoup; on avait décidé
que je passerais l'hiver en Italie, le voyage dans ce
midi de la France que je ne connaissais pas, m'in-
téressait vivement, mais j'en ressentis un peu de
lassitude. Enfin à Marseille, de longues courses,
du monde à voir, si bien que la veille de mon départ pour l'Italie une enflure aux jambes se déclara. Je ne voulus point trop m'en inquiéter :
nous partîmes. Malheureusement le bien que je me
promettais du climat, de l'air et du soleil a tout à
fait manqué. A partir de Gênes nous avons été enveloppés d'une pluie qui, après avoir cédé quelquefois à un rayon de soleil, a fini par rester maîtresse
du ciel. Depuis près de deux mois nous vivons au
milieu du déluge, et ce temps détestable, en même
temps qu'il me pénètre d'humidité, m'empêche de
faire l'exercice dont j'avais besoin. L'enflure aug-
mentait; après beaucoup de longueurs on a reconnu, mais un peu tard, qu'il s'agissait d'une

assez grave albuminurie. Depuis lors on m'a mis en traitement, et le progrès du mal paraît s'être arrêté. Mais il a fallu s'enfermer à Pise, renoncer à accompagner ma belle-mère à Rome, renoncer aux cérémonies de la semaine sainte, à la consolation de baiser encore les pieds de Pie IX, et de visiter une fois de plus le tombeau des Saints Apôtres.

Le séjour de Pise n'est pourtant pas sans douceur. D'abord le froid n'y descend jamais aussi bas qu'à Florence, et si nous y avons vécu dans un bain, c'était dans un bain tiède. Ensuite, dès que le ciel suspend ses cataractes, nous avons pour y rêver tout à notre aise un des plus beaux lieux de l'univers : la place de Pise avec ses quatre monuments : la cathédrale, la tour, le baptistère et le Campo Santo, les plus héroïques souvenirs des croisades italiennes, les premiers et quelques-uns des plus heureux efforts de l'art chrétien; trois siècles de foi, de poésie et de gloire se réveillent là au premier rayon du soleil ; tous ces grands hommes revivent, il semble qu'on entre avec eux dans la cathédrale qu'ils ont bâtie; ils l'ont bâtie en 1063, en un temps où nous n'étions encore que des barbares, cent cinquante ans avant nos belles églises gothiques, et ils ont donné à cet édifice une grâce et une majesté incomparables. Les cérémonies de la semaine sainte étaient admirables dans cette basilique : cependant elles ne m'ont pas empêché de regretter la retraite de Notre-Dame, la vénération des reliques insignes et la communion générale du jour de Pâques.

Ajoutez que Pise possède une bibliothèque richement composée, avec un bibliothécaire très-obligeant, une université qui compte d'excellents professeurs, et quelques personnes enfin qui nous ont entourés d'affection et de prévenances. Je dois compter parmi ces nouveaux amis les membres de la conférence de Saint-Vincent de Paul. Voyez les desseins de Dieu. En 1847, je traversai la Toscane, je connus des hommes influents et zélés ; je leur donnai le règlement, le manuel, et je les laissai disposés à faire quelque tentative. Mais personne n'en voyait l'utilité dans un pays si bon, si chrétien, au milieu de tant d'œuvres anciennes. Cependant les révolutions sont venues, elles ont labouré ces terres molles, leur soc a heurté et déraciné bien des institutions qui ne tenaient plus que par des racines desséchées. Et voilà qu'aujourd'hui un prosélytisme tout nouveau multiplie nos conférences : l'autorité ecclésiastique leur prête sa protection, les religieux la recommandent, les laïques fervents s'y enrôlent. Elles fleurissent à Livourne et à Pise, elles commencent à prospérer à Florence, à Pontadera ; elles s'établissent à Prato, et bientôt à Volterra et Porto Ferraïo ; voilà sept familles de Saint-Vincent de Paul dans ce pays toscan où la vie catholique languissait comme étouffée sous les chaînes dorées du joséphisme. Mais ce qui importe le plus, et ce qui me touche beaucoup, c'est que le premier esprit de notre Société s'est merveilleusement communiqué à ces nouveaux frères. J'ai trouvé chez eux la simplicité, la cordialité de nos commencements. N'allez pas vous représenter de graves et froides assemblées de vieux paroissiens en bonnet de soie noire. Non qu'on proscrive les vieux ; mais je vois avec plaisir beaucoup de jeunes gens, étudiants, employés de commerce, fils de grandes familles, coudoyant quelque professeur de l'Université ou le marchand drapier du coin : tout cela conduit par des présidents excellents. Je ne saurais vous dire l'attachement qu'on montre pour le centre de la Société, et les égards dont on a comblé le vice-président du conseil général.

Vous voyez, mon cher ami, que si Notre-Seigneur me fait part de sa croix, il m'en donne, comme à Rome, une parcelle bien légère, et encadrée dans un beau reliquaire, je veux dire dans des consolations et des adoucissements infinis. J'ai ma bonne et tendre Amélie qui sait mêler à ses soins tant de grâce et d'agrément ; j'ai ma petite Marie, toujours joyeuse et qui commence à nous réjouir de son babil italien. J'ai trouvé pour ma conscience un prêtre plein de charité et de lumières. Dieu m'a donné des amis nouveaux, et j'espère que les anciens ne m'oublient pas. C'est pourquoi, cher ami, je vous demande vos prières. Je vous demande aussi vos lettres, et assurez-moi que vous aimez toujours votre vieux camarade.

XCVII

A M. AMPÈRE.

Pise, mardi de Pâques 1853.

Mon très-cher ami,

Que vous êtes bon de m'écrire et d'excuser votre retard, quand je songeais moi-même à me faire pardonner mon silence! Vraiment c'était œuvre de Jeudi-Saint de visiter ainsi les exilés de Pise, de porter de bonnes paroles aux malades et aux affligés. Qu'il est aimable à vous, au milieu d'un monde qui vous adore, de vous rappeler la petite cellule de Sceaux et la table frugale de la rue de Fleurus! Nous autres solitaires, nous avons tout le loisir de regretter ces beaux jours; et quand je m'enfonce à votre suite dans les déserts de l'Ohio, ou au milieu du tourbillon vivant de New-York, je voudrais entendre encore le lecteur charmant qui nous conduisait avec tant d'émotion sur les bords de la Moselle, ou même dans les pêcheries enfumées de Drontheim.

Si donc je suis resté trop longtemps sans répondre à vos dernières lettres, cher ami, ce n'est pas le bon vouloir qui a manqué : j'évitais de vous affliger en vous donnant de fâcheuses nouvelles, j'en attendais de meilleures. Depuis deux mois vos amis d'Italie ont été bien éprouvés. On ne me laisse pas ignorer qu'il sagit d'une maladie longue et difficile à guérir ; mais comme je n'ai point de fièvre, comme je garde auprès de moi deux bons médecins, le sommeil et l'appétit, on me donne bon espoir, et l'on me permet de songer à mon retour pour la fin d'avril, à mon cours pour le 15 mai. En attendant, nous avons eu des heures pénibles, peu de souffrances, mais beaucoup d'inquiétudes. On s'accordait à déclarer qu'il me fallait un climat sec et chaud, et nous vivons depuis tantôt soixante jours dans une pluie éternelle, qui me remet sans cesse sur les lèvres ces vers de Dante :

> Io sono al terzo cerchio della piova
> Eterna, maledetta, fredda e greve :
> Regola e qualità mai non l'è nuova.

Sous ce voile de pluie on peut encore relire l'*Enfer*, mais on ne peut pas porter ses rêves au Campo Santo, où ces tristes averses achèvent d'effacer le peu qui reste de l'histoire de Job. Il a fallu renoncer au pèlerinage de Rome, aux catacombes, au tombeau de saint Pierre, à cette messe de Pâques, pour moi la plus grande des choses visibles. On vit au logis, au coin d'une cheminée prussienne ; mais les consolations ne manquent pourtant pas dans cet intérieur que l'épreuve a visité ; vous savez quel ange de bonté l'habite, et quel lutin l'égaye. Quelques nouveaux amis viennent quelquefois y porter la distraction ; mais aucun n'y est plus fêté que le facteur de la poste, quand il arrive avec des lettres des vieux amis et qu'on reconnaît votre écriture. En vous lisant, je me rappelais cette année douloureuse que vous avez passée au retour d'Égypte, ces longues journées de lit et de solitude, et quels exemples vous me donniez de courage et de sérénité. Ce souvenir m'encourageait à être patient. Et Dieu enfin, le meilleur des amis, n'abandonne pas ceux qu'il afflige ; en ce moment il m'accorde un calme d'imagination dont je n'avais pas l'habitude. Dans cette ville si paisible, dans cette vie si reposée, il me semble quelquefois que je goûte plus profondément mes affections de famille, que je caresse plus à mon aise mes souvenirs d'amitié ; j'ai le loisir de rentrer dans mon cœur, j'y trouve beaucoup à corriger ; mais enfin j'y crois trouver la foi et la paix, et c'est assez pour donner bien des moments de bonheur.

Avant ma rechute, j'avais eu le plaisir de faire une course à Florence, j'y revoyais mes parents, et quelques-unes de mes connaissances qui sont aussi des vôtres. Je ne pouvais manquer d'aller visiter M. Capponi. C'est vraiment un sage et un saint. Il porte son malheur avec une majesté et une douceur admirables. Il m'a parlé beaucoup de vous, beaucoup de votre illustre père. Affligé du présent, il ne désespère pas cependant de l'avenir de son pays ; mais ses pensées semblent tournées surtout vers une meilleure patrie. J'ai eu par Vieusseux des nouvelles de Tomaseo. On avait espéré l'attirer en Piémont, mais il reste sur les rochers de Corfou. Cependant il n'oublie point ses amis de Paris et il me charge de les saluer dans un billet qu'il répond à quelques lignes de moi. Je n'ai point vu M. Capei, mais j'ai su qu'il avait gardé ses honneurs. Le pauvre M. Niccolini n'a pas gardé sa santé, il est dans un état fort pénible.

Vraiment on ne se lasserait jamais de revoir Florence, surtout les *Vies* de Vasari à la main. Chaque fois j'y prends quelque nouvelle passion. Cette fois c'est pour *Orsanmichele*, cette halle transformée en sanctuaire d'art et de piété par les corporations d'ouvriers et de marchands florentins. Cette vieille basilique domine la *Via Calzaioli*, la nouvelle rue Vivienne de Florence, elle est là comme pour rappeler à notre siècle industriel, que d'autres siècles ont su élever et purifier l'industrie par le culte du saint et du beau. Je veux du bien aux orfèvres et forgerons italiens d'y avoir fait sculpter notre bon saint Éloi ; le serviteur de Dieu est représenté s'escrimant à ferrer le diable en personne sous la figure d'un cheval rétif.

Chaque fois aussi, je trouve quelque nouvelle

merveille à visiter ; car si le temps fait des ravages, il fait aussi des réparations ; et si d'un côté la pluie efface bien des fresques, d'autres se découvrent sous le badigeon qui tombe. C'est ainsi qu'à Santa Croce on a trouvé dernièrement toute une chapelle de Giotto. J'ai pu m'introduire en fraude, grimper sur les échafauds, et m'assurer que le peintre *restaurateur* avait vraiment peu de chose à faire pour rendre la vie à l'œuvre du vieux Maître. C'est une histoire de saint François en six tableaux, dont quatre ont déjà revu la lumière. Le plus beau peut-être, le plus animé est celui où le Saint vient de se dépouiller de ses habits devant son père Pierre Bernardone. Le père irrité lève la main pour frapper, ses amis le retiennent : cependant le sublime mendiant s'est rejeté dans les bras de l'évêque d'Assise qui le couvre d'un pan de sa chape. On ne peut rien imaginer de plus pathétique et en même temps de plus calme que cette scène, ni mieux opposer aux cupidités triviales du monde la pauvreté évangélique dans toute sa puissance et sa grandeur. Je ne sais si je me trompe ; mais plus je vais en Italie, plus Giotto grandit pour moi ; maintenant je le trouve de la taille de Dante ; cependant ne craignez pas que je pousse le fanatisme jusqu'à lui sacrifier Raphaël.

Je ne me sens point encore la force d'écrire la Vie de Savonarola, mais j'ai lu de ce fougueux adversaire de la renaissance des paroles que je voudrais recommander à plus d'un écrivain de nos jours : « E vorrebbe si che non si leggesse per le scuole poeti cattivi... Leggete san Geronimo, e san Agostino... ovvero Tullio e Virgilio. »

Pendant le peu de beaux jours que nous avons eus, nous avons beaucoup visité les monuments de Pise et des environs. Que de belles choses détruites ou délaissées! Les étrangers ne sortent guère de la grande place, sauf pour s'arrêter un moment à la Spina. Mais outre ces incomparables édifices, la vieille ville de Pise avait d'autres merveilles; il était impossible que le rayon descendu sur le Dôme et le Campo Santo n'illuminât pas les nombreux sanctuaires qui s'élevaient autour. Nous avons vu l'antique basilique de Saint-Pierre in Grado, où la tradition raconte que saint Pierre débarqua, et qui garde encore des fresques précieuses de Giunta de Pise, le précurseur de Cimabue.

Connaissez-vous l'église de Saint-François et dans le cloître de cette église la chapelle peinte par Niccolo di Pietro en 1391? Si vous ne l'avez pas vue, pendez-vous ou revenez à Pise tout exprès : car cette chapelle, que l'humidité détruit chaque jour, pourrait encore rivaliser avec le Cappellone de' Spagnuoli à Sainte-Marie-Nouvelle. On y voit un Christ ressuscitant, et mettant le pied sur le bord du tombeau, avec une majesté si divine, et des regards si impassibles, qu'on reconnaît bien le vainqueur de la mort. J'ai aussi une ancienne amitié pour Sainte-Catherine, l'église des dominicains, l'une des plus anciennes Écoles de cet ordre. On y conserve la chaire de saint Thomas d'Aquin, et les restes d'une curieuse bibliothèque. J'y ai trouvé dans un manuscrit du treizième siècle la traduction française des sermons de Maurice, évêque de Paris. J'en ai fait quelques extraits que je publierai peut-être dans le journal des *Missions scientifiques*, si Dieu me permet encore de publier.

Vous voyez, cher ami, que je m'oublie à causer avec vous. Je m'y abandonne d'autant plus volontiers, que c'est vous prouver que je ne suis pas tout à fait mort, ni même désespéré. Vous m'aimez tant que vous avez besoin de cette assurance. Je ne saurais vous dire combien nous touchent les tendres expressions de votre lettre. Amélie en est aussi bien reconnaissante. Elle se joint à moi pour vous prier de nous rappeler comme vous savez le faire, de la manière la plus aimable, chez madame Lenormant, et chez madame de Salvo. A vous la plus vive et la plus fraternelle affection d'un homme qui vous doit tant et qui ne pourra jamais s'acquitter.

XCVIII

A M. FRANCHISTEGUY.

Pise, 3 avril 1853.

Mon cher ami,

La date de cette lettre me servira d'excuse. Pendant que vous me croyez à Rome, et que vous m'accusez de ne point vous dire les merveilles que j'y vois ; pendant que vous attendez des récits de la semaine sainte, d'une descente aux catacombes et d'une visite au Saint-Père, la volonté de Dieu me retient à Pise et c'est ici qu'est venue me trouver votre amicale et douloureuse lettre. Cher ami, il est impossible d'écrire avec plus d'affection que vous ne faites : tout ce que vous nous dites de vous-même et de la part des vôtres nous touche beaucoup, surtout quand nous pensons qu'il y a sept mois vous ne nous connaissiez point, que vous prodiguez ainsi à un nouveau venu le meilleur de votre cœur, et que c'est la charité chrétienne qui fait ces merveilles. D'un autre côté, que votre lettre nous afflige! que de deuils à la fois elle porte dans ses plis. Assurément en serrant la main à ce pauvre G..., je craignais bien de ne plus le revoir ; mais je n'aurais pas cru que la mort eût frappé sitôt. Sa tristesse résignée, l'air de souffrance, mais de souffrance patiente et religieuse répandue sur toute sa personne, m'attachait beaucoup : j'admirais, dans un état si fâcheux, son zèle, son activité pour le bien. Il a été appelé à l'improviste, mais ne disons pas qu'il n'était pas préparé. Car quelle meilleure préparation qu'une longue maladie et beaucoup de bonnes œuvres? Pour moi, quand je vois des chrétiens éprouvés par ces maux lents et cruels, je me figure des âmes qui font leur purgatoire en ce monde, et qui ont droit à la pitié respectueuse que nous devons aux justes de l'Église souffrante. Ah! si Dieu veut accepter pour l'expiation de leurs péchés ces peines supportées ici-bas, qu'ils sont heureux de s'être purifiés à ce prix, par des douleurs infiniment au-dessous de celles de l'autre vie, au milieu des consolations de la religion, de l'amitié, de la famille ; auprès d'une femme qui s'épuise de tendresse et de bons soins, avec de joyeux enfants qui ramèneraient le sourire sur les lèvres les plus désolées! Souffrir ainsi deux ans, dix ans même, et ensuite entrer de plain-pied dans la paix du ciel, ne serait-ce pas la plus heureuse destinée? Et combien n'est-elle pas enviée peut-être par ces autres chrétiens qui nous ont semblé plus favorisés, qui ont eu dans ce monde la santé, la joie, et qui satisfont maintenant la justice divine par des angoisses inouïes!

Dites bien à M. S.... quelle part je prends à sa perte. Je ne suis pas de ceux qui croient qu'on pleure moins une mère, quand on a le bonheur de la garder longtemps. Et vous, pauvre ami, vous ne quitterez donc jamais le deuil? vous faites bien de le faire porter en blanc par votre petite Marie. Il serait trop triste de voir cette joyeuse enfant garder toujours les livrées de la douleur.

Pour nous, cher ami, nous avons bien nos ennuis. Je me suis trouvé tout à coup très-fatigué, dans un extrême accablement. C'est alors qu'il a fallu renoncer au voyage de Rome et s'occuper d'un traitement énergique. Mais pour hâter ma guérison il aurait fallu un séjour sec et chaud, c'était le premier article de l'ordonnance des médecins. Or, pendant deux mois, nous avons été noyés des torrents d'une pluie éternelle. Je ne sais si Bayonne a échappé; mais toute l'Italie, Nice, Pise, Rome, Naples, se sont vus enveloppés sous le tourbillon humide; et les pauvres malades qui venaient chercher la santé dans ces climats privilégiés, n'y ont trouvé qu'un temps capable d'affaiblir et d'énerver les mieux portants. Grâces à Dieu, depuis Pâques le ciel semble reprendre sa sérénité; nous avons de beaux jours et j'en profite pour prendre des bains d'air et de soleil. Du reste, vous pouvez être tranquille sur les soins qu'on me prodigue.

Vous connaissez celle que Dieu m'a donnée pour ange gardien visible : vous l'avez vue à l'œuvre. Mais depuis que le mal est devenu plus sérieux, vous ne sauriez croire tout ce qu'elle a trouvé de ressources dans son cœur, non-seulement pour me soulager, mais pour me consoler ; quelle tendresse ingénieuse, patiente, infatigable, m'entoure à toute heure et prévient tous mes désirs. Heureusement Dieu lui donne de la force, elle et notre petite Marie sont tout à fait bien portantes dans ce moment. Ma belle-mère a fait aussi sans accident son pèlerinage de Rome ; nous recevons souvent de ses nouvelles : nous en recevons souvent de mes frères et de nos amis, entre lesquels vous n'êtes pas le dernier. Quelques personnes aimables et bienveillantes nous visitent et jettent quelque distraction dans notre solitude. Enfin les beaux et bons livres ne me manquent pas.

Vous voyez que la divine Providence en nous éprouvant ne nous a pas abandonnés. Elle nous traite avec miséricorde ; et si j'ai des jours de découragement, il y a d'autres moments, où, entre ma femme et ma petite fille, je goûte une extrême douceur. Je sais que mon mal est grave, mais non désespéré, qu'il faudra beaucoup de temps pour guérir, et que je puis ne pas guérir : mais je m'efforce de m'abandonner avec amour à la volonté de Dieu, et je dis, malheureusement de bouche bien plus que de cœur : *Volo quod vis, volo quomodo vis, volo quandiu vis, volo quia vis.*

Du reste, mon exil approche de sa fin. D'ici à quinze jours, quand nous serons à peu près sûrs d'un beau temps et d'une traversée calme, nous partirons pour Marseille par mer : et nous gagnerons ensuite Paris par les chemins de fer et les bateaux à vapeur. C'est un voyage facile et sans trop de secousses. Il me sera bien doux de revoir, après une si longue absence, mes frères et tous ceux qui m'aiment à Paris. Mais ils ne me feront pas oublier ceux qui veulent bien se souvenir de moi à Bayonne : vous d'abord, mon cher ami, et toute votre famille auprès de qui nous avons goûté le charme de l'amitié chrétienne. J'ai bien besoin de vos prières. Je me recommande aussi à toutes celles de la conférence. Il y a là tant d'âmes agréables à Dieu ! J'espère que vos œuvres croissent et prospèrent. Courage, chers confrères ; vos amis, vos confrères d'Italie ont les yeux sur ce qui se fait en France pour y trouver un modèle et un soutien. Et vous, cher docteur, adieu. Conservez-vous : ne vous usez pas avant le temps par un excès de travail, et faites que je vous retrouve bien portant, heureux au milieu de tous les vôtres, si Dieu permet que je revoie cette ville de Bayonne où, grâce à lui et à vous, j'ai passé des jours bénis.

XCIX

A M. AMPÈRE.

Pise, 15 avril 1853.

Mon cher ami,

Je viens vous dire une pensée qui n'a pas osé se glisser dans ma dernière lettre. Mais j'ai peur que vous me grondiez d'avoir manqué de confiance, et je vois bien qu'il faut avouer tout. Sachez donc, cher ami, que j'ai été fort malade et que je me le suis cru plus encore que je ne l'étais. Durant les trois dernières semaines du carême, je pensais sérieusement à me préparer aux derniers sacrifices. Il en coûtait beaucoup à la nature; cependant il me semblait que, Dieu aidant, je commençais à me détacher de tout, hormis de ceux qui m'aiment et que je puis aimer ailleurs qu'ici-bas. Mais ma pauvre femme a tant prié et tant fait prier que, depuis Pâques, je commence à revivre, et sans être guéri je puis espérer ma guérison. Le mal est que je me rattache en même temps à la vie et à toutes les vanités de la vie. A mesure que je pense sérieusement à revoir Paris, je pense à mes travaux, à mes projets, et, faut-il le dire? au jugement des savants et du public. Là-dessus je vais au cabinet de lecture — autre vanité — je lis la *Revue des Deux Mondes*, et, voyant les grands services que vous rendez à Buloz en ornant sa revue de vos beaux récits, je ne puis croire qu'il vous refusât une page pour dire un mot des *Poëtes franciscains*. Mais auriez-vous le temps de vous occuper de ces mendiants? ils ont pourtant bien mérité de vous, car vous savez ce que doivent à saint François vos deux amis Dante et Giotto. Si donc un soir la préparation de votre cours et les empressements du beau monde vous laissent quelques moments, permettez que mes pauvres *Poëtes* se recommandent à vous. Ici ils trouvent plus d'accueil que je n'espérais. Le cardinal Maï, qui a beaucoup goûté la Vie de Giacopone, m'a fait faire les plus aimables compliments. Mais à voir l'autorité dont vous jouissez ici, on peut se figurer celle que vous avez ailleurs, et le bien que six lignes de vous feront aux *Franciscains* en général et à leur historien en particulier.

Pardonnez-moi, cher ami ; mais aussi pourquoi avez-vous hâté de vos vœux le retour de ma santé? Voilà ce qu'on gagne à une demi-convalescence. Demain peut-être une rechute mettra bon ordre à mes velléités littéraires; mais aujourd'hui, avec le rayon de soleil qui réveille les fleurs, se réveillent aussi mes espérances et mes ambitions. Si le mieux obtenu se soutient, si l'on juge que l'air de Florence, de Sienne ou de Livourne puisse m'être bienfaisant, il est possible que je prolonge encore un peu mon séjour. Je n'ai point oublié vos conseils : vous ne voulez pas qu'on revienne à Paris avant la fin de mai. Mais à cette époque je vous trouverai encore, ne fût-ce que pour un mois. Alors quel bonheur de vous revoir, et de vous conter nos peines ! Dieu le permettra-t-il? Remercions-le de ce qu'il a déjà fait pour moi ; espérons qu'il achèvera l'œuvre. Pourtant je veux être soumis à sa volonté : et où devrais-je mieux apprendre cette soumission que dans ce pays de Toscane encore moins fécond en artistes qu'en saints?

Adieu, cher ami, ceci ne compte pas pour une lettre. A vrai dire même, ceci ne compte pour rien et je vous supplie de le jeter au feu, si ma demande vient dans un mauvais moment. Vous êtes déjà le parrain d'un si grand nombre de mes enfants qu'il y a conscience à vous donner encore ce filleul. J'ai assez de raisons pour être toujours le plus reconnaissant comme le plus tendrement attaché de vos amis.

La dame du logis vous fait tous ses compliments. La pauvrette a vu de bien mauvais jours. Mais la voilà qui s'épanouit aux premiers sourires d'avril, et certes si je me tire d'affaire, elle aura une grande part du mérite.

Cependant Ozanam subissait toutes les angoisses d'une maladie lente des reins, sur laquelle l'influence des meilleurs climats et des plus puissants remèdes n'avait pas de pouvoir. Il supportait le vain espoir de guérisons qui étaient suivies de rechutes chaque fois plus graves. Il savait vivre ainsi, incertain entre la vie et la mort, tour à tour reconnaissant ou résigné.

L'Écriture sainte, fut pour lui une nourriture journalière, et, malgré les plus incessantes occupations, il lisait chaque matin un passage de l'Écriture dans une Bible grecque; il y avait trouvé l'appui de sa jeunesse, et quand les jours mauvais furent venus, son âme se fortifia et grandit par les pensées mêmes dont il l'avait nourrie.

C'est ainsi qu'au milieu de ses défaillances, il passa les longues heures de ce triste hiver de Pise à relire d'un bout à l'autre l'Écriture sainte qu'il avait lue toute sa vie ; et, sa pensée se reportant alors vers tous ceux qui languissaient comme lui, il annota les passages qui pourraient les consoler (1). Il épanchait aussi son immense tristesse devant Dieu dans des prières trop fortifiantes pour ne pas les faire connaître. Il se voyait frappé de mort, jeune, aimant la vie, tout comblé de ce qui attache à la terre, et, malgré le déchirement de son âme, malgré l'épuisement de ses forces, le murmure ne touchait pas ses lèvres : elles n'eurent de parole que pour bénir !

(1) On a rassemblé ces pages éparses ; elles ont formé *le Livre des malades*, lectures tirées de l'Écriture sainte, par A.-F. Ozanam.

PRIÈRE.

Pise, 23 avril 1853.

« J'ai dit : Au milieu de mes jours, j'irai aux
« portes de la mort.

« J'ai cherché le reste de mes années. J'ai dit :
« Je ne verrai plus le Seigneur mon Dieu sur la
« terre des vivants.

« Ma vie est emportée loin de moi ; comme on
« replie la tente des pasteurs.

« Le fil que j'ourdissais encore est coupé comme
« sous les ciseaux du tisserand : entre le matin et le
« soir, vous m'avez conduit à ma fin.

« Mes yeux se sont fatigués à force de s'élever
« au ciel.

« Seigneur, je souffre violence : répondez-moi.
« Mais que dirai-je et que me répondra celui qui
« a fait mes douleurs.

« Je repasserai devant vous toutes mes années
« dans l'amertume de mon cœur. »

C'est le commencement du cantique d'Ézéchias :
je ne sais si Dieu permettra que je puisse m'en appliquer la fin. Je sais que j'accomplis aujourd'hui

ma quarantième année, plus que la moitié du chemin de la vie. Je sais que j'ai une femme jeune et bien-aimée, une charmante enfant, d'excellents frères, une seconde mère, beaucoup d'amis, une carrière honorable, des travaux conduits précisément au point où ils pourraient servir de fondements à un ouvrage longtemps rêvé. Voilà cependant que je suis pris d'un mal grave, opiniâtre, et d'autant plus dangereux qu'il cache probablement un épuisement complet. Faut-il donc quitter tous ces biens que vous-même, mon Dieu, vous m'aviez donnés? Ne voulez-vous pas, Seigneur, vous contenter d'une partie du sacrifice? Laquelle faut-il que je vous immole de mes affections déréglées? N'accepterez-vous point l'holocauste de mon amour-propre littéraire, de mes ambitions académiques, de mes projets même d'étude où se mêlait peut-être plus d'orgueil que de zèle pour la vérité? Si je vendais la moitié de mes livres pour en donner le prix aux pauvres, et, me bornant à remplir les devoirs de mon emploi, je consacrais le reste de ma vie à visiter les indigents, à instruire les apprentis et les soldats, Seigneur, seriez-vous satisfait, et me laisseriez-vous la douceur de vieillir auprès de ma femme et d'achever l'éducation de mon enfant? Peut-être, mon Dieu, ne le voulez-vous point? Vous n'acceptez pas ces offrandes intéressées : vous rejetez mes holocaustes et mes sacrifices. C'est moi que vous demandez. Il est écrit, au commencement du livre, que je dois faire votre volonté. Et j'ai dit : « Je viens, Seigneur. »

Je viens si vous m'appelez, et je n'ai pas le droit de me plaindre. Vous m'avez donné quarante ans de vie. Que les miens ne se scandalisent point, si vous ne voulez pas faire aujourd'hui un miracle pour me guérir ! A l'entrée de ma carrière, quand j'étais arrêté tout à coup par une maladie de la gorge, ne m'avez-vous pas guéri, ne m'avez-vous pas donné la joie de pouvoir publier ce que je croyais la vérité? Enfin, il y a cinq ans, ne m'avez-vous pas ramené de bien loin, et ne m'avez-vous pas accordé ce délai pour faire pénitence de mes péchés et pour devenir meilleur? Ah! toutes les prières qu'alors on vous adressa pour moi furent écoutées. Pourquoi celles qu'on vous fait aujourd'hui et en bien plus grand nombre seraient-elles perdues? Mais peut-être, Seigneur, vous les exaucerez d'une autre manière. Vous me donnerez le courage, la résignation, la paix de l'âme et ces consolations inexprimables qui accompagnent votre présence réelle. Vous me ferez trouver dans la maladie une source de mérites et de bénédictions, et ces bénédictions, vous les ferez retomber sur ma femme, mon enfant, sur tous les miens, à qui mes travaux auraient peut-être moins servi que mes souffrances.

Si je repasse devant vous mes années avec amertume, c'est à cause des péchés dont je les ai souillées ; mais quand je considère les grâces dont vous les avez enrichies, je repasse mes années devant vous, Seigneur, avec reconnaissance.

Quand vous m'enchaîneriez sur un lit pour les jours qui me restent à vivre, ils ne suffiraient pas à vous remercier des jours que j'ai vécus. Ah! si ces pages sont les dernières que j'écris, qu'elles soient un hymne à votre bonté!

Vous m'avez fait avant ma naissance le plus grand de vos dons en formant vous-même le cœur de ma mère. Il vous a plu de façonner vous-même cette sainte femme afin qu'elle me portât dans ses flancs: j'ai appris sur ses genoux votre crainte et dans ses regards votre amour. Vous avez aussi conservé à travers des temps bien mauvais l'âme chrétienne de mon père. En passant par les révolutions, par les camps, par les adversités, il avait gardé la foi, un noble caractère, un grand sentiment de justice, une infatigable charité pour les pauvres. Je dois ici à mon pauvre père un témoignage... Quand j'eus le malheur de revoir ses comptes pour le règlement de sa succession, je trouvai que le tiers de ses visites étaient faites sans espérance de payement pour des indigents reconnus comme tels. Ajoutez qu'il aimait les sciences, les arts, le travail, qu'il nous inspirait le goût du grand et du beau. En quittant les hussards, il avait lu d'un bout à l'autre la Bible de Dom Calmet, et il savait le latin comme nous autres professeurs nous ne le savons plus.

Voilà, mon Dieu, le premier de vos bienfaits, c'est de m'avoir donné de tels parents. Vous avez fait plus encore, en leur donnant le secret de bien élever leurs fils. Au milieu de ses fatigues, put-on jamais accuser mon père de négliger nos études? Notre mère manqua-t-elle de patience, de douceur, et cependant de fermeté? Elle tenait toujours le frein, et pourtant nous ne sentions jamais sa main peser sur nous. Elle nous gouvernait par la confiance, par l'honneur, par le sentiment du devoir. Aurais-je osé lire la page qu'elle me défendait dans un livre, tout en me le laissant sur ma parole? Pendant mon séjour de Paris, elle ne me perdit pas de vue, elle sut par de bons renseignements tout ce que je faisais : mais je ne m'en doutai jamais : je me croyais libre, et je ne m'en trouvais que plus lié. Si un jour ma fille élève des fils, je lui recommande cette conduite : c'est ainsi qu'on inspire des sentiments généreux, qu'on donne des ailes à l'âme, et qu'on l'habitue à se porter au bien par un essor dont elle est fière, au lieu de l'y enchaîner par les liens d'une surveillance, d'une servitude humiliante qu'elle a hâte de secouer.

Vous qui après moi prierez pour moi, continuez aussi de prier pour mon père et ma mère. Vous leur devez les bonnes traditions de la maison. La bénédiction du Seigneur est sur les familles où l'on se souvient des aïeux.

C

A M. LE MARQUIS DE SALVO.

San Jacopo, 5 mai 1853.

Monsieur le marquis,

Vos aimables reproches me touchent beaucoup, mais assurément je ne les aurais pas mérités, si j'avais la plume aussi prompte que le cœur, si mes pensées qui prennent si souvent le chemin de la rue d'Angoulême savaient se transformer en route et vous arriver sur les ailes blanches d'une lettre. Mais, hélas! ces pauvres pensées ont perdu leurs ailes, si elles en eurent jamais, et l'inaction appesantit mon esprit et ma main. Le peu de verve qui me restait, je l'ai épuisé avec Ampère, ayant intérêt en sa qualité d'académicien de lui faire croire que je n'étais pas tout à fait descendu au rang des brutes. En même temps j'ai épuisé avec lui tous mes sujets; je lui ai conté Burgos, je lui ai dit mes impressions de Florence et de Pise; mes voyages s'étant arrêtés là, je ne puis pas faire sortir de terre une ville nouvelle pour la décrire à mes amis. Il faut donc qu'ils me compatissent et qu'ils me permettent un silence utile à mon amour-propre autant qu'à ma santé, ou plutôt, votre jalousie me fait beaucoup d'honneur. Mais je vous respecte trop pour me permettre de vous écrire les fantaisies qu'une vieille familiarité me permet avec notre aventurier des deux mondes. Cependant si tout de bon vous voulez un récit, vous allez l'avoir non pas de Rome ou de Milan, mais de Saint-Jacques. Malheureusement ce n'est pas Saint-Jacques de Compostelle.

Madame Ozanam a la singulière idée d'écrire sous une vignette du Campo Santo. Je crains que vous ne preniez cela pour une lettre de *faire part*, et je me hâte de protester. Assurément à Pise, j'ai eu des jours assez mauvais pour rêver un prochain repos sous les dalles de marbre de ce beau lieu, et peut-être aurais-je trouvé assez de protecteurs pour obtenir une petite place en échange de l'amour que je porte à l'Italie et à son poëte souverain.

> Vogliami 'l lungo studio, e 'l grande amore
> Che m' han fatto cevear lo suo volume.

Mais jusqu'ici je n'ai pas eu lieu de briguer cet excès d'honneur. J'ai erré au Campo Santo devant ces fresques qui vivent toujours, j'ai pris quelques-uns des rhumes qui habitent ses humides portiques, mais je n'ai point disputé la terre à ses illustres morts. Au contraire, dès que la première aube de mai a pu nous faire croire au retour du printemps, l'avis des médecins nous a chassés de Pise, et nous sommes venus nous abattre comme une troupe de goëlands sur les rochers de San Jacopo, à un quart d'heure de Livourne. Je dis un quart d'heure si vous regardez à la montre, mais à cent lieues si vous regardez au paysage, à la tranquillité du séjour, à la pureté de l'air. Saint-Jacques a le bon esprit de tourner le dos à la ville marchande, prosaïque, et d'ouvrir ses joyeuses fenêtres sur la mer du côté du midi. Devant nous la Méditerranée avec tout le prestige de ses eaux qui changent à toute heure, tour à tour étincelantes sous les feux du soleil, chatoyantes et moirées sous un ciel nuageux. C'est l'immensité, mais ce n'est pas la solitude ; des paquebots à vapeur, de grands navires de commerce, de petites barques de pêcheur l'animent, et dans le lointain on découvre la Gorgone, Capraïa, l'île d'Elbe, la Corse. Ce beau tableau s'encadre entre les montagnes de la Spezia, que nous voyons couronnées de neige à notre droite, et à gauche le Montenero avec sa Madone, où pendant tout le mois de mai chaque village voisin ira en pèlerinage.

Ma femme adore ce pays, mais elle aime surtout les pêcheurs et leurs jolies barques à voiles latines ; elle a fait vœu que, si je guérissais, nous vendrions nos livres pour acheter un bateau et nous en aller en chantant comme les Italiens pêcher le corail sur les côtes de Sicile et de Sardaigne. Heureusement je n'ai pas fait la même promesse; je tiens pour la patrie et je crois bien que la première voile qui m'emportera me mènera vers la France. J'ai hâte de revoir tant de personnes dont le souvenir a consolé notre exil. Si Dieu a voulu déchaîner sur nous un orage, il nous a entourés de beaucoup d'abris. A cette distance de ceux que nous aimons, nous ne nous sentons point seuls. Nous savons que nos amis ne sont point de ceux à qui les absents passent du cœur. Je ne saurais vous dire combien il nous est doux de savoir qu'on pense à nous dans votre hospitalière maison; que vous y recevez avec bonté mon frère, excellent jeune homme il est vrai. Vous accueillez aussi d'une manière bien charitable et bien encourageante M. Jerusalemy, cet israélite devenu chrétien au prix de tant de sacrifices. Il nous a beaucoup intéressés, ma femme et moi, et nous avons droit de vous remercier de tout ce que vous faites pour lui.

CI

A M. JERUSALEMY.

San Jacopo, 6 mai 1853.

Mon cher ami,

Il y a déjà longtemps que vous m'avez écrit une bien affectueuse lettre. J'avais chargé mon frère de vous remercier, mais je me proposais toujours de vous écrire, et je l'aurais fait avec joie, si je ne m'étais pas trouvé si faible. Mais la main du Seigneur m'a touché, je crois, comme Job, comme Ézéchias, comme Tobie, non pas jusqu'à la mort, mais jusqu'à m'éprouver longuement. Malheureusement je n'ai pas la patience de ces justes, je me laisse abattre facilement par la souffrance, et je ne me consolerais pas de ma faiblesse, si je ne trouvais dans les Psaumes des cris de douleur que David pousse vers Dieu, et auxquels Dieu répond à la fin en lui accordant le pardon et la paix. Ah! mon ami, quand on a le bonheur d'être devenu chrétien, c'est un grand honneur d'être né israélite, de se sentir le fils de ces Patriarches et de ces

Prophètes dont les paroles sont si belles, que l'Église n'a rien trouvé de plus beau à mettre dans la bouche de ses enfants. Pendant de longues semaines de langueur, les Psaumes ne sont guère sortis de mes mains. Je ne me lassais pas de relire ces plaintes sublimes, ces élans d'espérance, ces supplications pleines d'amour qui répondent à tous les besoins, à toutes les détresses de la nature humaine. Il y a bientôt trois mille ans qu'un roi improvisait ces chants dans ses jours de désolation et de repentir; et nous y trouvons encore l'expression de nos angoisses et la consolation de nos maux. Il est de l'office du prêtre de les répéter chaque jour; des milliers de monastères ont été fondés afin que ces Psaumes fussent chantés à toute heure, et que cette voix suppliante ne se tût jamais. L'Évangile seul est supérieur aux hymnes de David, et encore parce qu'il en est l'accomplissement, parce que tous les vœux, toutes les ardeurs, toutes les saintes impatiences du prophète trouvent leur fin dans le Sauveur sorti de sa race. Tel est le lien des deux Testaments, que le Sauveur lui-même n'a pas de nom qui lui soit plus cher que celui de *fils de David*. Les deux aveugles de Jéricho l'appelaient ainsi, et moi-même je lui crie souvent comme eux : « Fils de David, ayez pitié de nous. »

Je ne sais si je vous ai dit, mais mon frère Charles peut vous le conter avec plus de détail, comment nous aussi, nous croyons notre famille d'origine israélite. C'est un lien de plus entre vous et nous, et vous devez mieux comprendre pourquoi nous nous associons avec un tendre intérêt à tout ce qui vous touche. J'ai suivi de loin les succès par lesquels il a plu à la divine Providence de récompenser vos sacrifices. Vous continuerez, j'en suis sûr, à justifier la confiante affection de M. de Dalmas. Mais, en même temps, vous n'oubliez pas les bontés, quoique un peu sévères, de M. Gossin. Vous aurez été profondément affecté comme nous tous du coup qui a frappé ce saint homme et qui l'enlève au service des pauvres. Je vous félicite du travail de traduction confié à vos soins par M. Victor Rendu : voilà encore un chrétien bien éprouvé de Dieu. Mon frère m'écrit que vous dînez avec lui chez madame de Salvo ; je suis tout fier de vous avoir introduit dans une si respectable maison. Je pense que Charles vous aura aussi présenté dans une compagnie que je trouve encore meilleure, c'est-à-dire dans une conférence de Saint-Vincent de Paul. Il me serait doux d'apprendre que nous sommes unis encore de cette manière. Ne vous lassez pas de m'aimer, mon cher Jerusalemy, et de prier pour votre dévoué.

PRIÈRE

San Jacopo, 15 mai 1853.

Nous ne sommes pas assez reconnaissants des petits bienfaits de Dieu. Nous le remercions de nous avoir créés, rachetés et faits chrétiens, de nous avoir donné de bons parents, une femme et un enfant bien-aimés, de s'être tant de fois donné lui-même au sacrement de l'autel. Mais après ces grâces puissantes qui soutiennent pour ainsi dire la trame de la vie, combien de grâces plus délicates en forment le tissu ! C'est le bon camarade que je rencontrai la première année de collége, et qui m'édifia au lieu de me pervertir. C'est, quand j'arrivai à Paris, le paternel accueil de M. Ampère, et ce conseil de M. de Chateaubriand de ne pas mettre les pieds aux théâtres. C'est bien moins que cela, une inspiration qui me pousse à voir mes pauvres un jour de mauvaise humeur, et qui me fait descendre de chez eux tout humilié de mes misères d'imagination devant l'effroyable réalité de leurs maux. C'est souvent une circonstance de néant, une importunité ce semble, une visite à recevoir que je maudis, et elle me donne plus tard l'occasion de faire quelque bien.

A l'heure qu'il est, le grand bienfait de Dieu serait de me guérir, de me guérir d'un seul coup, ainsi que le demandent pour moi mes proches, mes amis et tant de saintes âmes. Mais jusqu'à ce jour, Seigneur, vous ne l'avez pas voulu. Je ne compterai cependant pas parmi les petites faveurs les tendres soins dont vous me faites entourer, ni les consolations religieuses qui me viennent de vous avec une douceur inexprimable.

CII

A M. AMPÈRE.

San Jacopo, 22 juin 1853.

Mon cher ami,

C'est tout à l'heure seulement, et à Livourne, que j'ai eu le plaisir de lire et de faire lire à madame Ozanam vos charmantes et trop flatteuses pages. Assurément je sais depuis longtemps de quelles aimables erreurs vous êtes capable, quand il s'agit de moi; je connais les grâces d'expression que l'amitié met sous votre plume. Cependant laissez-moi dire que vous avez dépassé tout mon désir, et que vous nous avez comblés, nous, et nos pauvres Franciscains. Oui, je veux vous remercier aussi pour ces pieux mendiants que vous traitez avec tant de bonté, dont vous rendez si bien l'inspiration, que vous faites vivre dans ce tableau raccourci, mille fois mieux que moi dans ma longue galerie. Vos trois pages ont toute la couleur et tout le parfum de ce jardin de couvent que vous crayonnez avec ces jasmins grimpant le long des cloîtres. Amélie et moi, en juges désintéressés, nous avons décidé que cet article était un de vos morceaux les plus exquis. Je veux ajouter que vos regrets pour le professeur absent ont touché autre chose que mon amour-propre, et l'accent m'en est allé jusqu'au fond du cœur.

On accuse les religieux d'intriguer un peu : les miens viennent de me faire entrer à la Crusca, avec toute sorte d'honneurs et une gracieuse lettre où l'on veut bien me dire que je succède à M. Fauriel. En même temps un Père Frediani, lui aussi franciscain et poëte fort goûté à Florence, va publier une traduction du petit volume. Enfin du fond de sa cellule d'Ara-Cœli, le général de l'Ordre m'adresse des remercîments avec un diplôme, qui n'est pas pour moi le moins touchant de mes titres. Il me met au nombre des bienfaiteurs de la famille Franciscaine, et m'associe aux mérites des frères Mineurs qui travaillent et prient par tout le monde.

Me voilà donc affilié comme notre ami Dante à cet ordre, dont il prit l'habit en mourant et qui protége ses restes. Car il faut que je finisse ce point en vous contant un fait inédit et digne de votre curiosité. Quand le cardinal del Poggetto à Ravenne fit condamner le livre *de Monarchia*, il eut la pensée d'exhumer les ossements de Dante et de les jeter hors de terre sainte. Alors les religieux de Saint-François enlevèrent secrètement les restes du poëte et les déposèrent dans la sépulture commune des frères, où le cardinal n'osa pas les poursuivre. Le tombeau froid, mesquin, devant lequel vous vous êtes sans doute arrêté comme moi, n'est plus qu'un cénotaphe. Ce récit se trouve dans les archives du couvent ; mais jusqu'ici on s'est gardé de le publier, les uns par égard pour le cardinal, les autres pour le poëte, les autres pour le tombeau. Quant à moi, je n'ai pas de Dante le génie, ni la femme acariâtre et les six enfants; mais pour peu que ma destinée continue, je pourrai devenir son digne confrère dans un ordre pauvre et voyageur.

Ne croyez pas, cher ami, que j'aie voulu attendre la publication de votre article pour vous remercier ; c'était assez qu'il fût écrit et je devinais que vous ne me maltraiteriez point. Je vous aurais répondu, il y a quinze jours, si j'avais pu vous donner de mes nouvelles, c'est-à-dire si j'avais su vous dire ce qu'on faisait de moi ; surtout s'il m'eût été permis de prendre rendez-vous sous quelque feuillée solitaire des environs de Paris, pour vous entendre lire une autre *Hilda*. Mais ces quinze jours se sont passés dans de grandes incertitudes, en attendant des avis de médecins et des informations de logements. La conclusion est que nous redevenons Italiens au moins pour deux mois, que nous allons, comme le beau monde de Florence, de Sienne et de Livourne, passer juillet et août all'Antignano, joli village au pied de Montenero, où petite Marie prendra les bains et moi le bon air. J'aurai l'aimable société du professeur Ferrucci, et par lui les livres de la bibliothèque de Pise, ma pourvoyeuse de cet hiver. Ma femme et mon enfant ne seront pas seules non plus, et si le beau temps nous revient, si Dieu permet que le progrès de ma guérison continue, nous pourrons passer là d'heureux moments. Le souvenir des absents n'y manquera pas, mais cette fois mêlé de l'espérance de les revoir. En effet ces deux mois d'accointance avec la mer m'ont déjà fait un bien inattendu. J'ai eu le plaisir de reprendre peu à peu la liberté, la facilité de vivre; je fais sans fatigue de longues promenades ; je passe des matinées sur les écueils à contempler les vagues dont je connais maintenant tous les jeux. Les forces reviennent lentement, mais je devais m'y attendre après une si longue crise ; assurément si juillet et août, qui passent pour de grands médecins, veulent me bien traiter, je serai guéri cet automne.

Hélas! j'avais compté voyager en Italie, et vous voyez que j'aurais fait peu de chemin, si je ne vous accompagnais tous les mois en Amérique. Présentement je reviens de la Nouvelle-Orléans où j'ai tout vu, comme à Wahshington, à New-York, sous la conduite du plus savant et du plus aimable guide. Figurez-vous la bonne fortune de trouver à côté de soi sur le bateau à vapeur, au débarcadère du chemin de fer, dans les rues de ces villes laborieuses, mais un peu brutales, convenez-en, un des esprits les plus délicats et en même temps les plus richement ornés de ce siècle : un écrivain, un poëte, qui sait vous expliquer les rouages de la constitution américaine, et en même temps vous démontrer la machine à broyer le riz ; qui vous fait plonger le regard dans la forêt vierge et compter les balles de coton. Je ne finirais pas si je vous disais tout le bien que je pense de ce voyageur, mais je vous sais un peu injuste à son égard et aussi sévère pour lui qu'indulgent pour les autres. Vous avez raison de persévérer dans cette sévérité où vous êtes seul de votre avis, la postérité vous en tiendra compte. Vous pensiez n'avoir qu'une tente sur la rive du Nil et une chambre garnie au bord du Mississipi : et vous vous serez construit sur les deux fleuves deux monuments.

Vous comprenez qu'une sainte émulation me gagne ; depuis que je me trouve plus capable de penser et d'écrire, malgré les protestations de madame Ozanam, j'écris aussi mon Odyssée, mon voyage à Burgos (1). Ne vous fâchez point : j'avais

(1) *Un Pèlerinage au pays du Cid*, Œuvres complètes, t. VII, p. 1. — Ce travail qu'Ozanam commença dans un moment de mieux fut achevé all' Antignano en juillet et dans les premiers jours d'août, peu de semaines avant sa mort; alors qu'il était si faible qu'il ne pouvait écrire plus de deux ou trois lignes sans s'étendre sur un canapé. Les dernières pages de ce récit sont les dernières qu'il ait écrites. Après il ne reprit la plume que pour tracer quelques prières qu'il répétait souvent et que l'on voulait conserver.

tout un portefeuille de notes aux trois quarts rédigées, et puis des légendes, des romances achetées dans la rue, puis enfin le poëme du Cid, les vers de Jorge Manrique, quelques extraits de votre Tiknor, et comme tout est dans tout, j'ai fini par faire entrer dans Burgos nombre de figures à moi connues. C'est après tout un travail court, sans efforts, qui s'interrompt facilement, qui admet la variété et le caprice, et tel qu'il convenait à mon état d'esprit. J'ai même fini par faire la paix avec mon impitoyable gardienne en lui lisant certaine page où elle a reconnu le joyeux bruit des cuisines espagnoles.

Nous sommes bien loin, vous le voyez, des tables tournantes. Est-ce que nous autres, disciples de Galilée, nous nous prêtons aux rêveries de je ne sais quel Allemand, popularisées par la frivolité des Français? Tout de bon, M. Matteucci a exprimé la même opinion que M. Chevreul, attribuant ces mouvements à une impulsion musculaire dont nous n'avons pas conscience. Mais voici qui est mieux. Un malheureux père Barnabite de Livourne ayant publié un mémoire favorable aux tables, dans lequel la physique, dit-on, était faible, et la philosophie un peu boiteuse, l'université de Pise s'est rassemblée, formée en tribunal ; elle a jugé le mémoire du religieux, et l'a déclaré erroné, attentatoire aux sciences humaines et divines, matérialiste, panthéiste, peut-être même brahmaniste et bouddhiste. Ici au logis, point d'expérience : nous n'avons pas assez de fluide électrique pour le prodiguer de la sorte.

Un ermite de Montenero ne peut guère songer à l'Académie des Inscriptions. En prenant le parti de rester en Italie, je renonçais nécessairement à briguer le fauteuil du vénérable M. Pardessus. Sans doute en ceci, comme en tant d'autres choses, j'aurais eu besoin de votre avis. J'ai cru le pressentir. D'ailleurs dans un moment si solennel pour moi, où toutes les questions de mon avenir sont suspendues à la grande question de ma santé, quand je demande à Dieu de me laisser vivre pour ma femme et mon enfant ; il me semble qu'il y aurait une sorte de témérité à demander le superflu, ce qui flatte l'amour-propre littéraire. Il me semble qu'il faut attendre avec recueillement que la Providence décide de ma guérison, et si elle permet que je rentre dans ma carrière, alors je pourrai aspirer aux honneurs légitimes qui en couronneraient la fin. Je ne dis pas que je pourrai m'en rendre digne : mais la bienveillante illusion de mes amis m'aidera.

Voilà les nouvelles de céans : donnez-nous bientôt des vôtres. Faites que nous sachions où vous prendre, au moins par la pensée, puisque nous ne pouvons vous saisir autrement. Mille tendres amitiés partout où l'on se souvient de nous, c'est-à-dire chez madame de Salvo, chez M. Lenormant et

encore dans quelques autres charitables maisons.
Ma belle-mère, qui va malheureusement nous quitter, ma femme, et même, si vous le permettez, petite Marie, vous font mille compliments affectueux ; pour moi vous savez si je vous aime, mais vous ne saurez jamais assez toutes les raisons que j'ai de vous aimer.

CIII

A M. EUGÈNE RENDU.

Antignano, près Livourne, 17 juillet 1853.

Mon cher ami,

Votre aimable lettre nous a trouvés à Florence, dans la ville des fleurs ; c'était bien le lieu pour recevoir un si joli message. Mais pourquoi n'est-il pas arrivé sous l'aile d'une blanche colombe, au lieu de venir dans la boîte poudreuse d'un courrier? Nous étions donc, madame Ozanam et moi, sur la terrasse de la petite villa qu'habite mon cousin au-dessous de San Miniato, nous avions à nos pieds toute cette cité de marbre dans une corbeille de verdure ; et tout en jouissant de cette vue, l'une des plus belles du monde, nous commentions la grande nouvelle, et nous en faisions de charmants discours qui ne finissaient pas : « Il est donc pris « cet imprenable, et ce cœur libre a trouvé des « chaînes ! Chaînes d'or et de soie, liens où rien « ne manque de ce qui peut captiver les yeux et « les oreilles, l'imagination et la raison. Les bons

« génies, qui voulaient lui donner cette compagne,
« ont pris soin de la charger de leurs présents,
« ils l'ont couronnée de toutes les grâces; ne nous
« étonnons plus que ce superbe ait capitulé. »

Sérieusement, cher ami, nous nous réjouissons de deux choses. D'abord vous épousez une personne que vous aimez, et je crois que Dieu bénit l'amour chrétien. Ensuite vous vous alliez aux plus honorables familles; et pour tout dire, à des noms dignes du vôtre. La Providence vous réservait cette récompense d'une vertueuse jeunesse, courageusement conduite à travers les périls que vous causaient l'activité même de votre vie et l'agrément de votre esprit. Vous méritiez de rencontrer tôt ou tard une de ces âmes, dont la compagnie fait l'honneur et le bonheur de notre destinée. De telles rencontres ne sont pas communes; et ceux-là seuls qui en connaissent la douceur ont le droit d'en parler. C'est pourquoi je vous félicite, mon cher ami, et je me réjouis comme d'un heureux augure de ce nom d'Amélie que vous donnerez à votre compagne.

Est-ce notre exemple aussi qui vous a fait choisir un 23 pour vos noces? Le 23 porte bonheur. Du moins dans notre déplaisir de ne pouvoir vous accompagner à l'autel, nous prierons tendrement pour vous ce jour-là. Nous vous avons toujours beaucoup aimé; et comment n'aurions-nous pas aimé, vous d'abord pour vous-même, puis le fils de votre père, et le frère de votre sœur? Nous espérons que vous ne diminuerez rien de cette affection que vous nous rendiez. Vous êtes trop bon pour ne pas conserver un peu d'attachement aux pauvres pèlerins d'Italie, si Dieu les ramène, hélas! bien délabrés, bien arriérés de carrière et d'esprit après une si longue absence. Nous vous apprendrons du moins, car les vieilles gens ont toujours la prétention d'apprendre aux jeunes, que tous les chagrins d'esprit, de carrière et même de santé, ont une consolation infinie dans la tendresse chrétienne.

Mais pourquoi mêler ici de tristes images? J'ai sur ma table d'admirables branches de myrte, cueillies dans les buissons qui décorent ces bords heureux de la Méditerranée. Ces rameaux sont tout blancs d'une neige de fleurs, et je ne me lasse pas d'en admirer la délicatesse et d'en respirer le parfum. Nous voudrions pouvoir envoyer une de nos branches à la jeune épousée qui la porterait avec tant de grâce. Mais, à vrai dire, cette fleur enivrante et légère, sur laquelle il ne faut pas souffler, est bien le symbole des amours profanes. Nous voulons à notre ami, à celle qui va partager sa vie, des joies plus durables; les vœux de vos amis, les mérites de vos parents vous tressent une couronne qui ne se flétrira pas.

Mes amitiés à Cochin, puisqu'il a trempé dans cette mauvaise action.

CIV

AU RÉVÉREND PÈRE PENDOLA.

Antignano, 19 juillet 1853.

Mon Révérend Père et tendre ami,

Il faut que désormais vous me permettiez de vous donner ces deux titres. D'un côté je ne puis pas me défaire du respect que toute l'Italie a pour vous et dont je vous ai vu environné dans cette bonne ville de Sienne. Et en même temps comment n'aurais-je pas la plus douce amitié, la plus vive reconnaissance pour les bontés dont vous venez de me combler moi et les miens? Comment faites-vous? quelle largeur de cœur, quelle présence d'esprit Dieu vous a-t-il données, et quel est votre secret pour multiplier le temps? Vous avez la triple charge des sourds-muets de toute la Toscane, d'une des plus grandes écoles italiennes, le collége Tolomei, d'une chaire à l'Université : vous êtes le Père de Sienne, et il n'y a pas un coin de rue, pas une porte, où nous n'ayons rencontré quelqu'un de vos obligés. Enfin, vous vous occupez de tout le monde, et cependant nous arrivons, cinq étrangers tombent sur vous, et pendant quatre jours vous ne vivez que pour nous ; vous êtes notre providence. Nous formons un convoi pitoyable; nous traînons avec nous femme, malade, enfant; chacun trouve ce qui lui convient parfaitement prévu et préparé : logement, nourriture, plaisir, édification, la part de l'âme, la part du corps, le nécessaire et l'agréable. Enfin nous n'avons qu'à nous laisser vivre dans cette bienheureuse Sienne, où l'on raconte que tant de saints ont été servis par les anges. Nous ne sommes pas des saints ; mais certainement un bon ange nous a servis. Enfin nous partons chargés de cadeaux et de souvenirs : moi, avec votre bel *Éloge* nouvellement publié et votre volume de la *Ligue lombarde* et surtout votre portrait; Amélie, avec sainte Catherine, et petite Marie avec tant de choses qu'autant valait emporter la tour du Palais de la commune.

Eh bien, mon Révérend Père, tout ce que vous avez fait pour ma petite famille et pour moi me touche moins que l'espérance que vous m'avez donnée pour Saint-Vincent de Paul. Cette chère Société est aussi ma famille. C'est elle, après Dieu, qui m'a conservé dans la foi, quand j'ai quitté mes bons et pieux parents. Je l'aime donc et j'y tiens par le plus profond du cœur : j'ai été tout joyeux d'en voir la bonne semence germer et prospérer dans cette terre de Toscane.

Mais surtout je lui ai vu faire tant de bien, soutenir dans la vertu un si grand nombre de jeunes gens, allumer dans un plus petit nombre un zèle si merveilleux! Nous avons des conférences à Québec et à Mexico. Nous en avons à Jérusalem. Nous avons même assurément une conférence en paradis, car plus de mille des nôtres, depuis vingt ans que nous existons, ont pris le chemin d'une meilleure vie. Comment donc n'aurions-nous pas une conférence à Sienne, qu'on appelait l'*antichambre du paradis?* Comment dans la ville de la sainte Vierge ne verrions-nous pas réussir une œuvre qui a la sainte Vierge pour première patronne? Et surtout comment ne réussirions-nous pas au collége Tolomei où notre jeune rejeton croîtra sous votre main, à l'ombre, sans les inconvénients d'une publicité précoce?

Vous avez des enfants riches. O mon père, l'utile leçon pour fortifier ces cœurs amollis, le bienfaisant spectacle de leur montrer des pauvres, de leur montrer Notre-Seigneur Jésus-Christ non-seulement dans des images peintes par les plus grands maîtres, ou sur des autels éclatants d'or et de lumière, mais de leur montrer Jésus-Christ et ses plaies dans la personne des pauvres! Nous avons souvent parlé de la faiblesse, de la frivolité, de la nullité des hommes même chrétiens dans la noblesse de France et d'Italie. Mais je m'assure qu'ils sont ainsi parce qu'une chose a manqué à leur éducation; il y a une chose qu'on ne leur a point enseignée, une chose qu'ils ne connaissent que de nom et qu'il faut avoir vu souffrir aux autres, pour apprendre à la souffrir quand elle viendra tôt ou tard. Cette chose, c'est la douleur, c'est la privation, c'est le besoin... Il faut que ces jeunes seigneurs sachent ce qu'est la faim, la soif, le dénûment d'un grenier. Il faut qu'ils voient des misérables, des enfants malades, des enfants en pleurs. Il faut qu'ils les voient et qu'ils les aiment. Ou cette vue réveillera quelque battement dans leur cœur, ou cette génération est perdue. Mais il ne faut jamais croire à la mort d'une jeune âme chrétienne. Elle n'est pas morte, mais elle dort.

Mon cher et respectable ami, je vous envoie dans le Bulletin de la Société de Saint-Vincent de Paul, une excellente instruction *sur la formation des conférences dans les maisons d'éducation.* Assurément votre expérience n'a pas besoin d'être éclairée, et vous pourrez adapter notre petite œuvre à votre grande maison, sans cesser de nous être uni et de faire gagner à vos élèves les riches indulgences accordées à la Société de Saint-Vincent de Paul. Bientôt vos meilleurs jeunes gens, divisés en petites escouades de trois, de quatre, accompagnés d'un maître, vont monter l'escalier de l'indigent; vous les verrez revenir à la fois tristes et heureux, tristes du mal qu'ils auront vu, heureux du peu de bien qu'ils auront fait. Quelques-uns s'y porteront peut-être froidement, sans intelligence; mais d'autres s'y embraseront d'un feu qu'ils iront porter dans des villes où les conférences n'existaient point, ou bien ils iront réchauffer les conférences plus anciennes de Florence, de Gênes, de Milan, de Rome; et de toutes leurs bonnes actions, une part viendra s'ajouter à la couronne que Dieu prépare au Père Pendola, mais qu'il donnera, j'espère, le plus tard possible.

Je m'aperçois que je renouvelle le proverbe français : Gros-Jean veut prêcher son curé. Non, mon Père, je ne vous prêche pas; c'est votre exemple, c'est votre charité qui me prêche, qui me dit d'avoir confiance en vous et de remettre cette œuvre entre vos mains.

« La veille du mois de septembre, accompagné de sa femme, de sa fille, de ses deux frères, Ozanam sortit de la maison qu'il occupait au petit village de l'Antignano, sur le bord de la mer. En sortant, il ôta son chapeau, et, les mains levées vers le ciel, il prononça cette prière : « Mon Dieu, je vous re-
« mercie des souffrances et des afflictions que vous m'avez
« envoyées dans cette demeure; acceptez-les en expiation de
« mes péchés. » Puis, se tournant vers sa femme : « Je veux
« qu'avec moi tu bénisses Dieu de mes douleurs. » Et aussitôt, se jetant dans ses bras : « Je le bénis aussi des consola-
« tions qu'il m'a données. »

« Dieu lui accorda, pour la dernière fois qu'il traversait la mer, un temps et des flots sereins. Couché sur le pont du navire qui le rapportait en France, il put jouir en paix de l'air, du ciel, des eaux, de ces poétiques rivages de l'Italie qu'il avait passionnément aimés, et où il venait de recevoir un accueil digne de la terre qui a nourri tant de grands hommes, et qui sait encore les reconnaître de quelque part qu'ils abordent à ses ruines. Quand les côtes de la Provence se levèrent à ses yeux, il éprouva une grande joie de revoir la patrie et de la certitude d'y mourir. Le vaisseau ne tarda pas d'entrer au port de Marseille, où l'attendaient sa belle-mère et la famille de sa femme. « A présent, dit-il, que j'ai remis Amélie « entre les mains de qui elle doit être, Dieu fera de moi ce « qu'il voudra. »

« Il eût encore désiré revoir Paris, Paris où tant de souvenirs l'attachaient, où ses amis et sa gloire l'eussent si pieusement accueilli. Mais ce vœu du serviteur ne fut pas exaucé. Seulement Dieu lui retira les angoisses du grand passage; il ne souffrit plus dès qu'il eut touché la terre de ses aïeux et de ses travaux. Un calme qui n'était ni celui de la vie ni celui de la mort se répandit dans sa personne, et il reçut dans cet état les derniers sacrements de l'Église dont il avait été le fidèle et le défenseur. Le prêtre lui ayant dit d'avoir confiance en Dieu : « Eh! pourquoi le craindrais-je? répondit-il, « je l'aime tant! »

« Ce devoir rempli, un sommeil précurseur s'empara de ses membres épuisés. Il se réveillait çà et là pour remercier et bénir, pour tendre la main, pour essuyer une larme, pour sourire encore une fois. Le matin de sa mort, jour de la Nativité de la très-sainte Vierge, il ouvrit les yeux, souleva ses bras, et dit d'une voix forte : « Mon Dieu, mon Dieu, ayez pitié de moi ! » Ce fut sur la terre la dernière parole de cette âme qui en avait eu tant d'éloquentes.

« Ses amis reçurent son cercueil avec vénération. Lyon voulut le garder, Paris l'obtint. Il repose sous les pieds de cette jeunesse qu'il a évangélisée par sa vie, et à laquelle il parle encore du fond de sa tombe. »

(LACORDAIRE, *Notice sur Ozanam.*)

EXTRAIT DU TESTAMENT

DE

ANTOINE-FRÉDÉRIC OZANAM

DÉCÉDÉ A MARSEILLE, LE 8 SEPTEMBRE 1853, LE JOUR DE LA FÊTE
DE LA NATIVITÉ DE LA TRÈS-SAINTE VIERGE

Au nom du Père, du Fils et du Saint-Esprit. Ainsi soit-il.

Aujourd'hui, vingt-trois avril mil huit cent cinquante-trois, au moment où j'accomplis ma quarantième année, dans les inquiétudes d'une maladie grave, souffrant de corps, mais sain d'esprit, j'ai écrit en peu de mots mes dernières volontés, me proposant de les exprimer plus complétement quand j'aurai plus de force.

Je remets mon âme à Jésus-Christ mon Sauveur; effrayé de mes péchés, mais confiant dans l'infinie miséricorde, je meurs au sein de l'Église catholique, apostolique et romaine. J'ai connu les doutes du siècle présent, mais toute ma vie m'a convaincu qu'il n'y a de repos pour l'esprit et le cœur que dans la foi de l'Église et sous son autorité. Si j'attache quelque prix à mes longues études, c'est qu'elles me donnent droit de supplier tous ceux que j'aime de rester fidèles à une religion où j'ai trouvé la lumière et la paix.

Ma prière suprême à ma famille, à ma femme, à mon enfant, à mes frères et beaux-frères, à tous ceux qui naîtront d'eux, c'est de persévérer dans la foi, malgré les humiliations, les scandales, les désertions dont ils seront témoins.

A ma tendre Amélie, qui a fait la joie et le charme de ma vie, et dont les soins si doux ont consolé depuis un an tous mes maux, j'adresse des adieux courts comme toutes les choses de la terre. Je la remercie, je la bénis et je l'attends. Au Ciel seulement je pourrai lui rendre autant d'amour qu'elle en mérite. Je donne à mon enfant la bénédiction des Patriarches, au nom du Père, du Fils et du Saint-Esprit. Il m'est triste de ne pouvoir travailler plus longtemps à l'œuvre si chère de son éducation, mais je la confie sans regret à sa vertueuse et très-aimée mère. A mes frères Alphonse et Charles toute ma reconnaissance pour leur affection. A mon frère Charles particulièrement pour toutes les sollicitudes que lui a causées ma santé. A ma mère, madame Soulacroix, à Charles Soulacroix, rendez-vous auprès de ceux que j'ai pleurés avec eux. J'embrasse dans une seule pensée tous mes parents et amis que je ne puis nommer ici. Cependant je veux que mon oncle Haraneder, mes cousins Jaillard, M. Noirot et M. Ampère à qui je dois tant, Henri Pessonneaux, Lallier et Dufieux, mes plus anciens amis, trouvent ici un souvenir.

. . . .

Je remercie encore une fois ici tous ceux qui m'ont rendu service. Je demande pardon de mes vivacités et de mes mauvais exemples. Je sollicite les prières de tous les miens; de la Société de Saint-Vincent de Paul; de mes amis de Lyon.

Ne vous laissez pas ralentir par ceux qui vous diront : *Il est au ciel*. Priez toujours pour celui qui vous aime beaucoup; mais qui a beaucoup péché. Aidé de vos supplications, chers bons amis, je quitterai la terre avec moins de crainte. J'espère fermement que nous ne nous séparerons point et que je reste avec vous jusqu'à ce que vous veniez à moi.

Que sur vous tous soit la bénédiction du Père, du Fils et du Saint-Esprit. Ainsi soit-il.

Pise, 23 avril 1853.

J'ajoute ici les plus tendres remercîments pour les frères Bevilacqua, M. le docteur Prato et le Révérend M. Massucco qui m'ont comblé de leur amitié. Dieu seul peut les en récompenser dignement.

All'Antignano, 18 août 1853.

FIN DU TOME SECOND ET DERNIER.

TABLE DES MATIÈRES

DU SECOND VOLUME

I. — A M. Soulacroix. Paris, 27 janvier 1842. 1
Sa manière de travailler. — Plan de son cours à la Sorbonne. — Caractère de son éloquence. — Brochure sur les Nibelungen et la poésie épique.

II. — A M. Charles Ozanam. Paris, 30 janvier 1842. . . . 9
Il faut se relever vers le ciel quand on est frappé sur la terre.

III. — A M. Falconnet. Paris, 31 janvier 1842. 12
Présence invisible de sa mère.

IV. — A M. Charles Ozanam. Pâques 1842. 18
Fête de Pâques à Notre-Dame. — « En sortant de l'asile religieux où se passèrent nos premières années, on est consterné de trouver si peu de foi... On finit par découvrir bien plus de christianisme qu'on avait cru d'abord. »

V. — A M. Charles Ozanam. Paris, 23 juin 1842. 23
La vie et les devoirs des jeunes gens d'aujourd'hui.

VI. — A M. L... Oullins, près Lyon, 17 août 1842. 28
Résumé de son cours. — Plan de son livre des *Germains*.

VII. — A M. L... Paris, 9 mars 1843. 33
Projet d'une traduction des Pères avec un ami.

VIII. — A M. Dufieux. Paris, 5 juin 1843. 37
Discours sur les *Devoirs littéraires des chrétiens*. — Quel est le but de son enseignement.

IX. — A M. Charles Ozanam. Nogent-sur-Marne, 25 juin 1843.   42
    Cours sur l'histoire littéraire en Italie, de l'ère chrétienne à Charlemagne.

X. — A M. Foisset. Paris, 21 octobre 1843.   45
    La vie littéraire. — La polémique religieuse. — Son attitude à la Faculté des lettres. — M. de Montalembert. — *Le Correspondant*.

XI. — A M. L... Paris, 14 janvier 1844.   53
    Discussion religieuse. — Dignité du Père Lacordaire. — Vie de famille.

XII. — A M. le comte de Montalembert, Paris, 6 mai 1844.   58
    Félicitations.

XIII. — A M. Foisset. Paris, jour de Quasimodo 1844. . .   59
    « Il est bon qu'un grand peuple soit occupé de grandes affaires. » État des esprits pendant la polémique religieuse pour la loi de l'enseignement.

XIV. — A M. Foisset. Paris, 29 juillet 1844.   66
    Mort de M. Fauriel. — Sera-t-il appelé à lui succéder?

XV. — A M. L... Paris, 27 août 1844.   70
    Consolations à un ami sur la mort d'un jeune enfant. — « Ces jeunes élus portent bonheur aux familles où ils sont nés. »

XVI. — A M. Ampère. Paris, 23 novembre 1844.   74
    Il est nommé à la chaire de littérature étrangère à la Sorbonne.

XVII. — A M. Foisset. Paris, 27 novembre 1844.   78
    Ce qui met le comble à sa satisfaction, c'est celle que lui témoignent ses amis.

XVIII. — A M. Foisset. Paris, 5 avril 1845.   81
    Il publie les *Sources de la Divine Comédie*. — La notice sur M. Fauriel. — Le Vendredi-Saint à Notre-Dame.

XIX. — A M. X... Paris, 17 juin 1845.   85
    Mouvement catholique à Paris.

XX. — A M. Foisset. Paris, 7 août 1845.   89
    Naissance de sa fille.

XXI. — A M. L... Paris, 27 août 1845.   92
    La joie d'être père.

TABLE DES MATIÈRES. 569

XXII. — A M. L... Nogent-sur-Marne, 11 septembre 1845. . . 95
Histoire de *la Civilisation chez les Germains.*

XXIII. — A M. L... Paris, 30 décembre 1845. 98
« Les laïques serviraient encore mieux la foi en s'emparant de tous les détails de la science, qu'en restant dans les généralités de l'apologétique. » — Cours de M. Lenormant. — « Qu'il se fait de mal dans le monde par l'inconséquence et la timidité des gens de bien. »

XXIV. — A M. L... Paris, 7 août 1846. 103
Vie de famille à la campagne. — « Il faut multiplier les terrains neutres. »

XXV. — A M. Léon Boré. Meudon, 22 septembre 1846. . . 109
Maladie et convalescence.

Notes de voyage. — Florence vue du dôme. 8 janvier 1847. 113
— Florence. 119
— Pise. 124
— San-Gemignano. 129
— Chapelle papale au Quirinal. 131
— Messe arménienne à Saint-Blaise. . . . 134

XXVI. — A M. l'abbé Ozanam. Rome, 17 février 1847. . . 137
Portrait de Pie IX. — La première année de son pontificat.

XXVII. — A M. Prosper Dugas. Rome, Pâques 1847. . . . 143
Fêtes de Pâques à Rome. — Audience du Saint-Père.

Notes de voyage. — Narni, Terni, Assise. Avril 1847. . . 156

XXVIII. — A MM. l'abbé et Charles Ozanam. Florence, 29 avril 1847. 165
Le mont Cassin. — Ovation populaire à Rome pour remercier le pape de l'édit de la création d'une consulte.

XXIX. — A M. L... Venise, 20 mai 1847. 175
Mort de son jeune beau-frère. — Visite aux Catacombes guidé par l'abbé Gerbet.

Notes de voyage. — Venise. Mai 1847. 182
— Saint-Gall. 2 juin 1847. 187
— Einsiedeln. 3 juin 1847. 189
— Échallens. 21 juin 1847. 192
— Vallée de Moutiers. Juin 1847. . . . 194
— Oberwesel et Stolzenfels. 30 juin 1847. 198

TABLE DES MATIÈRES.

XXX. — A M. Foisset. Château d'Arminvilliers, 8 octobre 1847. 202
    Il reprend ses travaux.

XXXI. — A M. Foisset. Paris, 26 janvier 1848. 208
    Plan général de tous ses travaux.

XXXII. — A M. Foisset. — Paris, 22 février 1848. . . . 216
    Son discours sur *les Dangers de Rome et ses espérances*.

XXXIII. — A M. l'abbé Ozanam. Paris, 15 mars 1848. . . . 223
    « Si un plus grand nombre de chrétiens s'étaient occupés des ouvriers depuis dix ans, nous serions plus sûrs de l'avenir. »

XXXIV. — A M. Foisset. Paris, 22 mars 1848. 226
    « Depuis la chute de l'empire romain, le monde n'a pas vu de révolution pareille à celle-ci. »

XXXV. — A M. L... Paris, 12 avril 1848. 229
    Les journaux.

XXXVI. — A M. l'abbé Ozanam. Paris, 12 et 21 avril 1848. 233
    Les élections.

XXXVII. — A M. l'abbé Ozanam. Paris, 7 mai 1848. . . . 237
    Les élections à Lyon.

XXXVIII. — A M. l'abbé Ozanam. Paris, 3 juillet 1848. . . 239
    Mort de l'archevêque de Paris.

XXXIX. — A M. le comte de Champagny. Bellevue, près Paris, 31 juillet 1848. 244
    Les événements de juin. — Mort de son beau-père.

XL. — A M. Foisset. Bellevue, près Paris. 24 septembre 1848. 247
    Pouvons-nous croire que Dieu n'ait plus rien à faire de ce monde que de le juger ?

XLI. — A M. Prosper Dugas. Paris, 11 mars 1849. . . . 251
    Dieu nous mène par de rudes chemins.

XLII. — A M. Prosper Dugas. Paris, 8 mai 1849. 253
    Publication de *la Civilisation chrétienne chez les Francs*.

XLIII. — Monseigneur Affre a *l'Ère nouvelle*. Archevêché de Paris, 16 avril 1848. 257
    Adhésion.

TABLE DES MATIÈRES. 571

XLIV. — Le R. P. Lacordaire a Frédéric Ozanam. Paris,
21 août 1848. 259

XLV. — M. Frédéric Ozanam. a M. Ernest Havet. Paris,
22 mai 1849. 261
    La liberté, la tolérance, la fraternité ne datent pas de la révolution, ces dogmes politiques sont descendus du Calvaire.

XLVI. — A M. Dufieux. Ferney, 19 octobre 1849. 265
    En présence des montagnes, les querelles des hommes paraissent bien petites.

XLVII. — A M. Dufieux. Paris, 6 décembre 1849. 267
    Les candidats au baccalauréat.

XLVIII. — A M. Dufieux. Paris, 5 juin 1850. 270
    Il y a deux écoles qui ont voulu servir Dieu par la plume.

XLIX. — A M. Dufieux. Paris, 14 juillet 1850. 273
    Il se rend témoignage.

L. — A M. Dufieux. Paris, 10 août 1850. 279
    Il croit utile de montrer la religion souverainement belle.

LI. — A M. Charles Ozanam. Saint-Gildas, 3 septembre 1850. 281
    La Bretagne. — Une fête dans le Morbihan.

LII. — A M. Charles Ozanam. Château du Truscat, 10 septembre 1850. 287
    Pardon à l'Ile d'Artz. — M. Rio.

LIII. — A M. Charles Ozanam. Kerbertrand, près Quimperlé,
18 septembre 1850. 293
    Saint-Anne-d'Auray. — Carnac.

LIV. — A M. Ampère. Quimper-Corentin, 3 octobre 1850. . 299
    Épître en vers.

LV. — A M. Eugène Rendu. Lesneven, 7 octobre 1850. . . 307
    La Bretagne.

Notes de voyage. 314

LVI. — A M. Charles Ozanam. Truscat, 15 octobre 1850. . 316
    Notre-Dame du Fol-Goat. — Le Cresker de Saint-Pol de Léon.

LVII. — A M. Eugène Rendu. Truscat, 16 octobre 1850. . . 319
    Sa mère.

TABLE DES MATIÈRES.

LVIII. — A M. Ampère. Paris, 12 novembre 1850. 322
Préparation à son livre de *la Civilisation au cinquième siècle.*
— Sténographies de son cours.

LIX. — A M. le comte de Champagny. Paris, 14 février 1851. 330
« Heureuses les maisons qui ont la moitié des leurs là-haut, pour faire la chaîne et tendre la main à ceux d'ici-bas ! »

LX. — A M. Dufresne. Paris, 21 février 1851. 332
L'église de Genève.

LXI. — A M. Ampère. Paris, 25 février 1851. 337
Ses travaux. — Les partis politiques en 1851.

LXII. — A M. Tomaseo. Paris, 5 avril 1851.. 343
Corfou. — « On est heureux de trouver des hommes à qui on puisse vouer une admiration sans réserve » — « Je ne sais comment se reconstituera l'Europe, il est clair que les rêves des partis s'évanouiront. »

LXIII. — A M. Dufieux. Paris, 9 avril 1851.. 347
Situation politique de la France. — « Quelle époque, orageuse mais instructive ! nous y périrons peut-être, mais ne nous plaignons pas d'y être venus. »

LXIV. — A M. Dufieux. Paris, 10 juin 1851.. 353
« L'amitié a bien sur les yeux la moitié du bandeau de l'amour. »

LXV. — A M. Falconnet. Orléans, 30 juillet 1851. 355
« Bénies soient nos saintes mères qui nous ont enseigné le chemin du ciel ! Quand, tout petits, elles nous apprenaient à croire, à espérer, à aimer, elles posaient les degrés par où nous remontons jusqu'à elles. »

LXVI. — A M. le vicomte de la Villemarqué. Sceaux, près Paris, 3 août 1851. 360
Souvenirs de Bretagne.

LXVII. — A M. Ampère. Dieppe, 24 août 1851.. 365
« La foi est un acte de vertu, par conséquent un acte de volonté. »

LXVIII. — A M. Dufresne. Dieppe, 28 août 1851. 370
L'Angleterre.

LXIX. — A M. Charles Ozanam. Dieppe, 5 septembre 1851.. 380
L'Angleterre. — Oxford.

LXX. — Au R. P. Lacordaire. Sceaux, 29 septembre 1851. 388
Il a des remords d'avoir répondu comme un étranger à une question d'ami.

LXXI. — Le R. P. Lacordaire a Frédéric Ozanam. Saint-Germain, 3 octobre 1851. 390

LXXII. — A M. Ampère. Sceaux, 22 octobre 1851. 391
L'Amérique.

LXXIII. — A M. le vicomte de la Villemarqué. Sceaux, 25 octobre 1851. 396
Souvenirs de la Bretagne.

LXXIV. — A M. Dufieux. Paris, 16 février 1852. 401
Un examen au Baccalauréat.

LXXV. — A M. Ampère. Paris, 18 février 1852. 404
Réception de M. de Montalembert à l'Académie.

LXXVI. — A M. H... Paris, 16 juin 1852. 410
Exposition de la foi catholique.

LXXVII. — A M. le vicomte de la Villemarqué. Eaux-Bonnes, 13 août 1852. 418
Séjour aux Eaux-Bonnes.

LXXVIII. — A M. l'abbé Maret. Biarritz, 14 septembre 1852. 421
Les Pyrénées. — Gavarnie. — Bétharran.

LXXIX. — A M. L... Biarritz, 19 octobre 1852. 426
Biarritz. — Tristesse.

LXXX. — A M. Eugène Rendu. Biarritz, 28 octobre 1852. . 430
Première excursion en Espagne. Fontarabie. — Saint-Sébastien.

LXXXI. — A M. Dufieux. Biarritz, 6 novembre 1852. . . . 438
Biarritz. — La mer et les montagnes.

LXXXII. — A M. Charles Ozanam. Burgos, 18 novembre 1852. 442
Seconde excursion en Espagne, route de Burgos.

LXXXIII. — A M. Ampère. Bayonne, 23 novembre 1852. . . 449
Burgos.

LXXXIV. — A M. Charles Ozanam. Bayonne, 23 novembre 1852. 457
Burgos.

LXXXV. — A M. Dufieux. Notre-Dame de Buglosse, 2 décembre 1852. 461
Notre-Dame de Buglosse.

TABLE DES MATIÈRES.

LXXXVI. — A M. Charles Ozanam. Bayonne, 4 décembre 1852. 464
L'arbre de Saint-Vincent de Paul.

LXXXVII. — A M. Franchisteguy. Montpellier, 16 décembre 1852. 467
Montpellier.

LXXXVIII. — A M. Charles Ozanam. Nice, 2 janvier 1853. . 469
De Marseille à Nice.

LXXXIX. — A M. Cornudet. Pise, 12 janvier 1853. 472
De Nice à Pise.

XC. — A M. Charles Lenormant. Pise, 12 janvier 1853. . 477
Arrivée à Pise.

XCI. — A M. Ampère. Pise, 13 janvier 1853. 480
Pise. — *Émancipation de la commune de Milan.*

XCII. — A M. Franchisteguy. Pise, 25 janvier 1853. . . . 489
La cathédrale de Pise.

XCIII. — A M. Foisset. Pise, 4 février 1853. 492
Le génie toscan.

XCIV. — A M. Benoit. Pise, 28 février 1853. 499
Pise.

XCV. — A M. l'abbé Maret. Pise, 4 mars 1853. 505
La Toscane.

XCVI. — A M. L... Pise, lundi de Pâques 1853. 511
La Toscane.

XCVII. — A M. Ampère. Pise, mardi de Pâques 1853. . . . 516
Les arts. — Giotto, etc.

XCVIII. — A M. Franchisteguy. Pise, 3 avril 1853. 523
Résignation devant la mort.

XCIX. — A M. Ampère. Pise, 15 avril 1853. 528
Retour à la vie.

Prière. — Pise, 23 avril 1853. 532

C. — A M. le marquis de Salvo. San Jacopo, 5 mai 1853. . 537
La Méditerranée.

CI. — A M. Jerusalemy. San Jacopo, 6 mai 1853. 541
    Les Psaumes.

Prière. — San Jacopo, 15 mai 1853. 544

CII. — A M. Ampère. San Jacopo, 22 juin 1853. 546
    Les Poëtes Franciscains. — Retour à la santé.

CIII. — A M. Eugène Rendu. Antignano, 17 juillet 1853. . 554
    Le mariage chrétien.

CIV. — Au Révérend Père Pendola. Antignano, 19 juillet 1853. 557
    Il faut que les jeunes gens sachent ce que c'est que la faim, la soif, le dénûment d'un grenier.

Extrait du testament de A.-F. Ozanam. 563

FIN DE LA TABLE DU SECOND ET DERNIER VOLUME.

PARIS. — IMP. SIMON RAÇON ET COMP., RUE D'ERFURTH, 1.

www.ingramcontent.com/pod-product-compliance
Lightning Source LLC
Chambersburg PA
CBHW050421240426
43661CB00055B/2233